TARIF CHRONOLOGIQUE
DES DOUANES
DE L'EMPIRE FRANÇAIS.

Les Exemplaires qui ne seront pas revêtus de ma signature seront considérés comme étant de contrefaçons, et les Imprimeurs ou Débitans poursuivis conformément aux Lois sur les propriétés littéraires.

Dujardin Sailly

Ouvrages qui se rattachent à ce Tarif, soit pour les formalités et le contentieux, soit comme suite, et qui se trouvent à la même adresse.

CODE DES DOUANES de l'Empire Français, d'après les seules dispositions en vigueur rangées dans un ordre méthodique, avec des explications puisées dans les Motifs des Lois, dans les Décisions ministérielles, dans les Circulaires administratives et surtout dans les Arrêts de la Cour de Cassation. Par DUJARDIN-SAILLY. — Volume in-4°. de 450 pages. . . . . Prix, 15 francs.

Cet ouvrage est divisé en six livres :
Le *premier* traite de l'Organisation des Douanes ;
Le *second*, du Régime général des Marchandises ;
Le *troisième*, des Exceptions au Régime général ;
Le *quatrième*, des Faveurs accordées au Commerce ;
Le *cinquième*, de la Procédure en matière de Douanes ;
Le *sixième*, de la Navigation marchande ;
L'ouvrage est précédé d'une table des titres et terminé par deux autres tables, l'une historique des lois de Douanes, l'autre alphabétique des matières.

BULLETIN DES DOUANES, rédigé par DUJARDIN-SAILLY. — Ouvrage de format in-4°., paroissant par demi-feuilles qui sont expédiées franches de port.

Le but du Bulletin est de tenir le CODE et le TARIF au courant des dispositions nouvelles; ainsi les lois, les décrets et même les arrêts de la Cour de Cassation intervenus depuis la confection de ces deux ouvrages, s'y trouveront constamment insérés au fur et à mesure de leur publication... Des notes explicatives seront jointes aux décisions ministérielles et aux circulaires administratives, afin de les coordonner, soit avec les numéros du Code, soit avec les articles du Tarif..... et alors, au moyen de renvois marginaux, ces trois ouvrages se rapporteront l'un à l'autre.

Comme la publication des Lois, des Décrets, des Décisions et des Arrêts, sur la matière, n'a pas lieu à des époques déterminées, on ne fixe pas non plus les jours de l'émission des demi-feuilles du Bulletin, et par la même raison le prix de la souscription, au lieu d'être établi par semestre, l'est par le nombre des feuilles d'impression..... Ce prix est de 6 francs par cent pages in-4°.

TARIF CHRONOLOGIQUE
DES DOUANES
DE L'EMPIRE FRANÇAIS,

Avec des Commentaires, des Observations, et la Description des Marchandises tarifées; des Instructions sur l'acquittement des Droits et sur les Entrepôts; un Tableau analytique des Contraventions aux lois de Douanes, désignant les peines et amendes qu'elles déterminent; le Tarif des Droits de Navigation, etc.

Par DUJARDIN-SAILLY.

CINQUIÈME ÉDITION.

PRIX, 15 FRANCS.

A PARIS,
Rue de Vaugirard, N°. 60, en face la grille du Luxembourg.

Ier. AOUT 1810.

INSTRUCTIONS

Relatives à la Perception des Droits, et Dispositions communes à l'Entrée et à la Sortie.

L'ENTRÉE et la sortie des marchandises, ainsi que leur transport dans les quatre lieues frontières de terre ou à l'approche des côtes maritimes, sont soumis à des formalités dont le but est d'assurer le maintien des prohibitions et la perception des droits.

Dans le code des douanes que je viens de publier, j'ai rapporté la lettre des nombreuses dispositions législatives qui règlent ces formalités; je ne la répéterai donc pas ici, mais pour aider aux recherches qu'on pourroit avoir besoin d'en faire, et surtout pour qu'on ne perde pas de mémoire ce que l'on a de plus indispensable à faire, je vais donner une analyse succinte de ces formalités et de tout ce qui concerne particulièrement la perception des droits...

PAR MER. 1.° il y a défense d'importer aucune marchandise sans un manifeste ou état général du chargement du bâtiment servant au transport; ce manifeste, qui doit être représenté aux préposés qui se rendent à bord, doit être signé du capitaine et exprimer la nature de la cargaison avec les marques et numéros en toutes lettres des colis. (*Code n.°s* 255 et 257.)

2°. Il y a défense d'embarquer ou de débarquer et de verser de bord à bord aucune marchandise sans le permis par écrit de la Douane, où même avec le permis si ce n'est de jour et en présence des préposés désignés pour assister à ces opérations. (*Code n.°s* 263 et 264.)

3°. Il y a défense aux capitaines de bâtimens et maîtres de barques de s'éloigner des ports et de se mettre en mer ou sur des rivières affluentes, sans être porteurs des acquits de payement ou autres expéditions de douanes nécessaires pour constater la destination des marchandises chargées à bord. (*Code n°.* 263.)

4°. Il y a défense aux capitaines de bâtimens d'aborder dans nos ports, ou même de louvoyer et de jeter l'ancre dans l'étendue des quatre lieues des côtes, avec des marchandises prohibées. (*Code n°s.* 73, 223 et 329.)

PAR TERRE, 1°. à l'entrée et à la sortie, les conducteurs des marchandises sont tenus de combiner leurs marches de manière à prendre la route directe du premier bureau de douanes ; il leur est défendu de suivre aucun chemin oblique, ou de passer le premier bureau sans y représenter leurs marchandises, ou de les introduire dans des maisons et des auberges avant leur conduite au bureau. (*Code n.°s* 246 et 249.)

2°. Les marchandises circulant sur le territoire frontière doivent être accompagnées d'une expédition de douanes; — elles ne peuvent être transportées de nuit, même avec une expédition, à moins qu'elle n'en porte la permission expresse; — les conducteurs sont tenus de suivre la route tracée par l'expédition, et ils ne peuvent en faire usage après le délai qu'elle fixe. (*Code n°.* 166 *et suivans.*)

3°. Les marchandises arrivées, soit de l'étranger, soit de l'intérieur, dans les communes de la demi-lieue frontière, à l'exception de celles dont la population est au moins de deux mille habitans, doivent être déclarées au bureau le plus prochain, et inscrites sur un registre d'après la représentation, des expéditions qui ont autorisé le transport. (*Code n°.* 157.) — Dans le reste des quatre lieues limitrophes, à l'exception des communes dont la population est au-dessus de 2000 ames, il est défendu de former des magasins ou entrepôts de marchandises. L'on répute dans ce cas, celles désignées par le règlement pour lesquelles on ne représenteroit pas des expéditions de douanes délivrées dans le jour pour leur transport ultérieur. (*Code n°s.* 156, 159 et 192 à 196.)

Quant aux marchandises sujettes aux droits, et qui doivent sortir par mer ou par terre, elles doivent, à l'égard des premières, être transportées immédiatement à l'étranger, sans qu'elles puissent, hors les cas d'avarie, de naufrage et autres semblables, rentrer dans les magasins des marchands, ni être entreposées dans d'autres maisons. (*Code n°s.* 252 et 267.)

Telles sont en général les formalités à suivre dans la route; celles à remplir dans les bureaux, sont les suivantes ;

Déclarations en Douanes.

PAR MER, à l'entrée, le capitaine du bâtiment est tenu de faire une déclaration sommaire à la Douane, et d'y déposer son manifeste dans les 24 heures de l'arrivée. (*Code n°.* 259). — Le manifeste remis à la Douane y reste déposé; on enregistre la déclaration sommaire, et le capitaine ou son courtier la signe au registre des déclarations en gros. (*Code n°.* 259.) — Dans les trois jours de l'arrivée des bâtimens, les propriétaires ou consignataires doivent présenter les déclarations en détail; l'usage général est de fournir ces déclarations par écrit, mais la loi n'autorise pas à l'exiger dans cette forme; dans tous les cas, elles doivent être transcrites sur les registres des déclarations en détail et signées au registres par les déclarans. (*Code n°.* 271 et 272.)

PAR TERRE, à l'entrée et à la sortie, les conducteurs de marchandises sont tenus de faire, à leur arrivée dans les lieux où les bureaux sont établis, une déclaration en détail sur le registre du bureau, ou d'en présenter une signée des propriétaires; laquelle déclaration demeure au bureau et est transcrite sur le registre et signée des voituriers. (*Code n°.* 250.) — Cependant, si le conducteur des marchandises en ignore les espèces et quantités, il est admis à ne faire qu'une déclaration sommaire des marques et numéros de chaque colis. Dans ce cas, les marchandises restent en dépôt au bureau et les propriétaires ont un délai de deux mois pour les retirer. (*Code n°.* 268.) — Toutefois, lorsque le conducteur connoit la qualité de la marchandise et qu'il n'en ignore que le poids, il peut la faire peser pour donner sa déclaration en détail. (*Code n°.* 272.)

Les marchandises arrivant après la clôture des bureaux, sont déposées dans les dépendances de la Douane jusqu'à l'heure de l'ouverture. (*Code n°.* 249.)

Par mer comme par terre, les déclarations en détail doivent contenir la qualité, le poids, la mesure ou le nombre des marchandises qui doivent être droits au poids, à la mesure ou au nombre, et la valeur lorsque les marchandises doivent les droits suivant leur valeur. Elles énonceront également le lieu du chargement, celui de la destination, et dans ces ports, le nom du navire et celui du capitaine. Les marques et numéros des colis seront mis en marge des déclarations. (*Code n°.* 272.)

La facture faite au lieu de l'exportation sera jointe à l'évaluation donnée au lieu d'importation. (*Code n°.* 274.)

La déclaration du poids et de la mesure des marchandises sujettes à coulage n'est point exigée. (*Code n°.* 282.) On répute marchandises sujettes à coulage, les huiles, les vins et liqueurs, les sucres bruts, etc.; les anchois conservés dans la saumure, le thon mariné dans l'huile, etc.

Les déclarations doivent être faites d'après le nouveau système des poids et mesures; depuis un arrêté du 14 fructidor an 9, il est le seul légal pour la perception des droits de douanes; la réduction en a été appliquée, dans ce tarif, à tous les articles imposés avant cette détermination... Ainsi la dénomination *quintal* dont je me suis servie, désigne le quintal décimal qu'on divise en *dix* myriagrammes ou *cent kilogrammes*; il équivaut à 204 livres, 4 onces, 4 gros, 59 grains, poids de marc.

Les déclarations faites dans les bureaux sur les côtes et frontières, sont enregistrées par les préposés et signées par les déclarans. (*Code n°.* 273.)

Ceux qui ont fait leurs déclarations n'y peuvent plus augmenter ni diminuer sous quelque prétexte que ce soit, et la vérité ou fausseté des déclarations est jugée sur ce qui a été premièrement déclaré. — Néanmoins si, dans le jour de la déclaration et avant la visite, les propriétaires ou conducteurs de marchandises reconnaissent quelque erreur dans les déclarations, quant au poids, au nombre, à la mesure ou à la valeur, ils peuvent rectifier lesdites déclarations, en représentant toutefois les colis en même nombre, marques et numéros que ceux énoncés aux déclarations, ainsi que les mêmes espèces de marchandises. (*Code n°.* 275.)

Nonobstant les manifestes et les déclarations sommaires, tous les colis qui ne sont pas déclarés *en détail* dans la forme ci-dessus, sont inscrits, le quatrième jour de leur dépôt dans les bureaux, sur un registre à ce destiné, et retenus dans le magasin de la Douane pendant deux mois; s'il n'y a pas réclamation et déclaration en détail après ce délai, elles sont vendues au profit de l'État. (*Code n°.* 268.)

Les déclarations faites, les marchandises sont visitées, pesées, mesurées ou nombrées, si les préposés l'exigent, et ensuite les droits sont perçus. (*Code n°.* 276.)

Tare des Emballages.

Les marchandises qui acquittent les droits au *poids net*, sont les suivantes:

Cacao, Café, Coton en laine, *Dentelles, Drogueries*

2. (INSTRUCTIONS. 2.)

et *Épiceries*, dont le droit excède 40..80 du quintal, *Grains* à la sortie, *Ouvrages de Soie, Or et Argent, Plumes apprêtées, Poivres, Soies, Sucres, Tabacs.*

Les autres marchandises paient au poids brut. On entend par *poids brut*, le poids réuni des marchandises et des caisses, tonneaux, pailles et serpillières, servant à leur emballage. Le *poids net* est celui des marchandises seules, déduction faite de tout emballage et de toute enveloppe. — On répute *emballage* tout ce qui sert à envelopper un ballot, une boîte, etc., mais non les cartons sur lesquels peuvent être pliées ou roulées des étoffes ou dentelles, ni les épingles qui les attachent.

La *taré* à déduire pour les drogueries, épiceries et tabacs, est de 12 pour 100 lorsqu'ils sont en boucauts; elle n'est que de 2 pour 100, lorsque ces mêmes objets sont en paniers ou en sacs.

A l'égard des ouvrages de soie, or et argent, des soies, des dentelles et des plumes apprêtées, la perception en est faite sur la déclaration au poids net, sauf vérification de la part des préposés.

La tare des autres objets est indiquée au Tarif à chacun des articles qui la concerne; et quant aux grains à la sortie, on fait déduction des sacs, barils, etc., suivant les tares reçues dans le commerce.

Les drogueries et épiceries, qui précédemment imposées à des droits inférieurs, se trouveront imposées à plus de 40 fr. du quintal, paieront également au poids net.

Lorsque des marchandises qui doivent le droit au poids net ou à la valeur, se trouvent dans les mêmes balles, caisses ou futailles, avec d'autres marchandises qui doivent les droits au poids brut, la totalité desdites caisses, balles ou futailles, acquitte les droits au poids brut.

Toute marchandise qui étant tarifée au brut, se trouve dans une double futaille, ne paie le droit que déduction faite de la futaille qui lui sert de seconde enveloppe. S'il y a contestation, on fait constater le poids net de la double futaille.

Lorsqu'une balle ou futaille contient des marchandises assujetties à des droits différens, le brut est réparti sur chacune des espèces qui y sont contenues dans la proportion de leurs quantités respectives.

La tare réglée par la loi est essentiellement facultative; mais pour jouir de cette faculté, il faut s'en réserver le droit d'une manière précise dans la déclaration primitive.

Ainsi, à la mise en entrepôt des marchandises imposées au net, le commerce doit déclarer le *poids effectif* de la marchandise, et renoncer à l'évaluation du brut, sans quoi il est censé avoir adopté le taux commun, et doit dans ce cas acquitter les droits sur le poids brut des objets, déduction faite de la tare accordée par la loi. (*Décision du Conseiller-d'état du 27 Janvier 1807.*)

Marchandises mésestimées.

Quand un droit est imposé à la valeur, le préposé doit percevoir le droit sur la valeur déclarée, en annonçant à la marchandise, en annonçant qu'il payera la valeur déclarée et le dixième en sus, dans les quinze jours qui suivront la notification du procès-verbal de retenue. (4 *floréal* 4, *art.* 1.)

La retenue n'est soumise à d'autre formalité, que celle de l'offre souscrite par le receveur du bureau, et signifiée au propriétaire ou à son fondé de pouvoir. (*Même loi, art.* 2.)

Les receveurs des douanes sont responsables des sommes à remettre aux propriétaires des marchandises retenues pour mésestimation ; ils doivent prendre toutes mesures nécessaires, tant pour la vente que pour la remise des fonds. (*LA.* 9 *floréal* 7.)

De l'acquittement des Droits.

Les droits ne seront payés que sur les quantités constatées par la vérification. (*Code n.°* 296.)

L'art. 1er. du titre 1er. et l'art. 30 du titre 13 de la loi du 22 août 1791 (*Code n°* 292 *et* 298), veulent que les droits soient payés comptant.... Cette disposition a éprouvé des difficultés, et, en conséquence, il a été consenti par décision du 8 ventôse an 9, à ce qu'il fût accordé un crédit de 20 jours pour le payement des droits de toute espèce de marchandises. Le Gouvernement a porté, depuis, ce crédit à deux mois ; la lettre du ministre du 18 nivôse an 10, qui en instruit l'Administration, autorise le propriétaire ou consignataire des marchandises dont la solvabilité est notoire, à les faire enlever après la visite, en donnant une soumission cautionnée par une des maisons de commerce de sa résidence, également connue pour solvable, d'en acquitter les droits dans le délai susdit, à compter du jour de la vérification, à peine d'y être contraint solidairement aux termes de l'article 31 du titre 13 de la loi du 22 août 1791. (*Code n°.* 35.)

Les tabacs, les sels et les denrées coloniales jouissent d'un plus long crédit ; voir ces articles au code.

Toutefois le crédit n'est accordé qu'aux seules marchandises passibles de droits montant à 50 francs et au-dessus. (*DM.* 28 *floréal an* 9.)

Les marchandises et denrées apportées de l'étranger dans un port de France, et destinées pour l'étranger ou pour un autre port de France, sont exemptes des droits d'entrée et de sortie lorsqu'elles ne sont pas déchargées des navires, mais il faut les déclarer et justifier de leur destination ultérieure. (*Code n°.* 303.)

Les marchandises dont on fait abandon par écrit, sont dispensées du payement des droits. (*Code n°.* 305.)

Marchandises non tarifées.

Avant d'appliquer aux articles qui ne sont pas tarifés nominativement, les droits des MARCHANDISES OMISES, il faut faire attention si les objets présentés n'entrent pas dans la classe de ceux repris au Tarif sous des titres généraux, tels que Bitumes non dénommés, Denrées coloniales non tarifées, Drogueries omises, Eaux médicinales et de senteur, Eaux minérales, Epiceries non dénommées, Fruits crûds et Fruits secs, Gommes communes, Graines grasses, de fourrage et de jardin, Grains, Graisses, Herbes médicinales non tarifées, Herbes propres à la teinture non dénommées, Huiles essentielles de fleurs, Instrumens non dénommés, Légumes secs ou verts, Ratafiats, Mercerie non dénommée, Modes, Ouvrages, Parfums, Pelleterie non dénommée, Semences médicinales, Sirops non tarifés, Tapisseries, Toiles, etc.

On conçoit que dès qu'une marchandise omise fait partie de la classe de celles indiquées génériquement, soit à l'entrée, soit à la sortie, le seul régime qui lui soit applicable, est celui de son espèce, et non la taxe des marchandises omises ; il est donc indispensable de se pénétrer de l'esprit du Tarif pour bien opérer.

Marchandises avariées.

Les avaries ne donnent lieu à rédaction de droit, que dans le cas d'échouement ou autres accidens de mer constatés suivant les formes prescrites, ou qui emportent recours contre les assureurs. (8 *floréal* 11, *art.* 79.)

Les experts pour faire l'estimation de ces avaries, seront nommés par le directeur ou le receveur des douanes ; ils y procéderont dans les vingt-quatre heures de la déclaration d'avaries ; ils établiront, par leur rapport, la valeur primitive des marchandises au cours du jour, et la perte résultant de l'avarie. (*Même loi*, *art.* 80.)

Sur la question de savoir si la déclaration d'avaries, que l'article ci-dessus prescrit de faire dans les vingt-quatre heures, consistoit dans le rapport de mer du capitaine, ou une déclaration particulière de la part des propriétaires ou consignataires des marchandises ; il a été répondu, le 12 août 1806, que la déclaration d'avaries doit être faite le même jour ou le lendemain du rapport de mer, à moins que des circonstances extraordinaires n'y mettent obstacle, mais que dans ce cas même, on ne doit s'écarter que le moins possible du délai fixé, ces sortes d'opérations exigeant autant de célérité que d'exactitude.

Le rapport des experts sera communiqué aux parties intéressées ou à leurs représentans, qui, dans les vingt-quatre heures, pourront donner eux-mêmes aux marchandises une estimation supérieure à celle des experts.

Les préposés des douanes ne pourront user du droit de préemption qu'à l'expiration de ce délai, et seulement d'après la nouvelle valeur, s'il en a été donné une par les parties intéressées ou par leurs représentans : sinon, que d'après la valeur résultant du rapport des experts. (8 *floréal* 11., *art.* 81.)

Si les préposés des douanes reconnoissent que les experts ont donné aux marchandises dont les droits se payent au poids, une estimation supérieure à leur valeur primitive avant qu'elles eussent été avariées, le payement des droits et la remise des marchandises entre les mains du propriétaire ou consignataire, seront suspendus. Des échantillons seront levés, mis sous le cachet des experts, et adressés au directeur-général des douanes, qui les soumettra à l'examen du Ministre de l'intérieur. Cependant, si le propriétaire ou consignataire désire avoir la libre disposition des marchandises, elles pourront lui être remises, sous soumission valablement cautionnée de payer les droits, conformément à la décision du Ministre de l'intérieur. (*Même loi*, *art.* 82.)

Lorsque la marchandise est vendue publiquement, comme dans les cas d'échouement, etc., la réfraction du droit peut s'établir d'après le prix de la vente publique, comparé avec celui du cours ordinaire des objets avariés ; dans ce cas, le rapport des experts ne sert qu'à établir le prix courant. (*LD.* 9 *ventôse* 12.)

Quant aux marchandises imposées à la valeur, le droit étant toujours relatif à cette valeur, en quelque état qu'elles soient, la réduction du droit pour cause d'avaries, ne leur est point applicable. (*Circulaire du* 5 *thermidor* 10.)

La réduction n'a pas lieu non plus pour le *tabac en feuilles.* Lors de la reconnoissance qui en est faite, les particuliers ont la faculté d'en distraire les parties avariées, pour être brûlées ou réexportées, sans qu'ils puissent séparer la tige des feuilles. (29 *flor.* 10, *art.* 7.)

Elle ne peut également être demandée sous prétexte d'avarie survenue dans le transport des marchandises par mutation d'entrepôt. (*DM.* 28 *nivose* 11.)

Si celui à qui une marchandise avariée est adressée, en fait l'abandon par écrit, il est dispensé d'en payer les droits. (22 *août* 1791, *art.* 4, *titre* 1.)

Les avaries que les navires éprouvent à l'étranger ne

peuvent être constatées légalement que par les commissaires consuls françois. Tout certificat délivré dans cet objet par d'autres seroit rejetté. (*LD.* 17 *juillet* 1807.)

Droit de Magasinage.

Les propriétaires des marchandises qui, à défaut de déclaration détaillée, ont été déposées dans le magasin de la douane, sont tenus d'un droit particulier de magasinage, d'un pour cent de la valeur. (4 *germ.* 2, *art.* 9, *titre* 2.)

Il n'est que dé demi pour cent sur les objets déchargés par suite d'une relâche forcée, et rechargés faute de vente. (*Art.* 8.)

Celui d'un pour cent est dû, après trois mois d'entrepôt, sur les marchandises provenant de confiscation. (*LM.* 28 *floréal* 8.)

Il est dû aussi sur les marchandises de prises, après trois mois d'entrepôt, quelque soit le lieu du dépôt. (*DM.* 28 *thermid.* 9.)

Il est encore dû sur les effets des marins morts en mer, et des déserteurs de la marine, à raison du séjour de ces effets dans les douanes. (*Circ. du* 12 *fruct.* 10.)

Le droit n'est pas perçu sur les marchandises mises en dépôt par suite de relâche forcée à l'étranger.

ENTREPÔTS.

On nomme ainsi l'asile donné à une marchandise en attendant sa destination ultérieure.

La faveur de l'entrepôt consiste généralement dans la faculté accordée au commerce, de mettre en magasin des marchandises étrangères pour un tems déterminé, pendant lequel il a l'option de les déclarer pour la consommation ou de les réexporter.

L'ENTREPÔT est réel ou fictif: RÉEL, quand il se trouve subordonné à la condition de mettre les marchandises dans un magasin sous la clef de la Douane; FICTIF, quand on permet à un négociant d'entreposer les marchandises dans ses magasins, sous la soumission cautionnée de les réexporter ou d'en payer les droits au moment où elles sortiront de l'entrepôt pour la consommation.

Les villes auxquelles l'entrepôt réel est accordé, n'en jouiront qu'à la charge de fournir sur le port des magasins convenables, sûrs et réunis en un seul corps de bâtiment, pour y établir ledit entrepôt ; à l'effet de quoi le plan du local sera présenté au Gouvernement, qui, après avoir fait examiner s'il est propre à sa destination, l'y affectera, s'il y a lieu, par un arrêté spécial. (*Loi du* 8 *floréal* 11, *art.* 25.)

Tous les magasins servant d'entrepôt seront fermés à deux clefs, dont l'une restera entre les mains des préposés des douanes, et l'autre entre les mains du commerce, qui fournira et entretiendra lesdits magasins. (*Art.* 26.)

Les marchandises étrangères mises en entrepôt ne doivent à leur entrée que le droit de balance du commerce; et, en cas de réexportation, elles sont exemptes de tous droits à la sortie.

La faculté de l'entrepôt est accordée aux commerces du Levant, de l'Inde, d'Afrique et des colonies françaises.

COMMERCE DU LEVANT. Un entrepôt de dix-huit mois est accordé dans le port d'arrivée, aux marchandises provenant du commerce français au Levant. (*Loi du* 11 *nivose* 5.)

COMMERCE DE L'INDE. L'entrepôt étoit de *cinq années* pour les toiles rayées ou à carreaux, et les guinées bleues du commerce français au-delà du Cap de Bonne-Espérance, et il est de *deux années* pour les autres marchandises de ce commerce. (*Loi du* 6 *juillet* 1791.)

(4. INSTRUCTIONS. 4.)

COMMERCE D'AFRIQUE. La durée de l'entrepôt des marchandises étrangères destinées à entrer dans les armemens du commerce françois pour le Sénégal, a été fixée à quatre années par arrêt du 2 octobre 1742.

Il pourra être reçu, dans l'entrepôt réel, des marchandises prohibées, dites de *traite*, ci-après désignées ; savoir :

Couteaux de traite. — Flacons de verre. — Rassades et autres verroteries. — Grosse quincaillerie. — Tabac du Brésil à fumer. — Toiles dites guinées. — Des bajulapaux, negaupeaux et autres toiles à carreaux des Indes. — Cauris. — Fers de Suède. — Pipes de Hollande. — Platilles de Breslau. — Vases de cuisine venant de Saxe. — Barbues. — Moques de faïence bariolées. — Poteries d'étain. — Rhum et tafia des colonies françaises ou de l'étranger. — Féveroles de Hollande. — Neptunes. — Bassins. — Chaudrons. — Baguettes. — Manilles. — Trompettes. — Cuivre rouge. — Clous de cuivre. — Verges rondes et barres plates. — Plomb de deux points. — Gros cartons bruns de 43 à 49 centimètres sur 119 à 130 centimètres. — Les bonnets de laine. — Grelots. — Clochettes en métal. — Les bayettes. (8 *flor.* 11, *art.* 24.)

COMMERCE DES COLONIES FRANÇAISES. Les productions de ces colonies jouissent d'un entrepôt d'une année. (*Loi du* 8 *floréal* 11.)

Les bœufs, beurres, lards, saumons salés, et chandelles importés de l'étranger pour ces colonies, pourront être remis en Entrepôt réel.

Les chaudières de cuivre, cuivre et clous à doublage venant de l'étranger, et destinés pour ces colonies, jouiront du même avantage, à la charge du paiement de 12 fr. par quintal décimal au moment de l'expédition pour ces colonies. (*Loi du* 8 *floréal* 11, *art.* 27.)

Pour les productions de ces colonies et celles des colonies étrangères. (Voyez DENRÉES COLONIALES au tarif.)

Les dispositions relatives aux entrepôts des *eaux-de-vie de genièvre*, *des rhums et tafias*, sont rapportées au tarif, titre EAUX-DE-VIE autres que de vin.

Celles qui concernent les TABACS, les SELS, etc., sont également rapportées au tarif à chacun de ces articles. Voyez-y donc ces mots.

Des Villes qui ont un Entrepôt.

Il y aura un ENTREPÔT RÉEL de marchandises et denrées étrangères, coloniales et autres dans les ports suivans. (8 *floréal* 11, *art.* 23.)

Anvers,   La Rochelle,
Bayonne,   Le Havre,
Bordeaux.   L'Orient.
Bruges.   Marseille.
Cette,   Nantes.
Cherbourg,   Ostende.
Dunkerque,   Rouen.
Honfleur,   Saint-Malo.

Ces ports jouiront aussi de l'*Entrepôt fictif*.
L'entrepôt a aussi été accordé aux villes suivantes :
Alexandrie. (*Loi du 30 avril 1806, art.* 60.)
Civita-Vecchia. (*DI* 1.er *février* 1810.)
Cologne. (*Loi du* 1er. *pluviose* 13, *art.* 31.)
Florence. (*DI.* 22 *octobre* 1808.)
Gênes. (*Loi du* 30 *avril* 1806, *art.* 42.)
Livourne. (*DI.* 22 *octobre* 1808.)
Lyon. (*Loi du* 30 *avril* 1806, *art.* 29.)
Mayence, (*Loi du* 1.er *pluviose* 13, *art.* 48.)
Rome. (*DI.* 1.er *février* 1810.)
Savone. (*DI.* 27 *septembre* 1807.)
Strasbourg. (*Loi du* 8 *floréal* 11, *art.* 40.)

Les autres ports auxquels il a été accordé un ENTREPÔT FICTIF par la loi du 8 floréal 11, sont, outre ceux qui ont un entrepôt réel,

Boulogne,   Morlaix.
Brest,   Nice.
Calais,   Rochefort.
Dieppe,   Saint-Valery-sur-Somme.
Fécamp,   Toulon.
Granville,   Gand. (22 *ventose* 12.)

ENTREPÔTS DANS L'INTÉRIEUR. Il sera établi à *Toulouse*, *Paris*, et dans quatre autres villes, un entrepôt de feuilles de tabac étranger.

Dispositions particulières à quelques Entrepôts.

ENTREPÔT D'ALEXANDRIE. Il y aura dans cette ville un entrepôt réel de marchandises prohibées et non prohibées, à l'exception de celles venant des fabriques ou du commerce anglais. (*Loi du* 30 *avril* 1806, *art.* 60.)

Cet entrepôt sera une continuation de celui de Gênes; les marchandises expédiées de ce dernier entrepôt à destination de l'Italie et de la Suisse, ainsi que celles venant de l'Italie, de la Suisse ou d'autres pays étrangers, par la navigation du Pô, à destination de Gênes, devront arriver à l'entrepôt d'Alexandrie, sauf quelques exceptions. (*Art.* 61.)

La durée de l'entrepôt sera d'un an. Avant l'expiration de l'année, les marchandises devront être déclarées pour la consommation, ou expédiées pour l'étranger. (*Art.* 71.)

OBS. Ces dispositions n'ont pas encore été mises à exécution.

ENTREPÔT DE BRUGES. L'entrepôt de Bruges fait partie de celui d'*Ostende* : en conséquence, les capitaines des bâtimens chargés de marchandises destinées à l'entrepôt de Bruges, seront tenus de s'arrêter à Ostende, et de présenter à la douane le manifeste contenant la déclaration en détail des quantités et qualités de marchandises qui composeront leurs cargaisons. Cette formalité remplie, les écoutilles seront plombées, et les bâtimens expédiés sous acquit-à-caution, seront montés par des préposés des douanes qui les accompagneront jusqu'à Bruges, et à chacun desquels il sera payé par les propriétaires des cargaisons, 2 fr. par jour pour leurs frais de route.

A l'arrivée des navires dans le bassin de Bruges, les marchandises seront déchargées, vérifiées et mises en entrepôt. Il y aura fraude dans tous les cas où les quantités desdites marchandises ne seront pas conformes à la déclaration faite à la douane d'Ostende. (*Loi du* 8 *floréal* 11, *art.* 38.)

Les marchandises qui sortiront de l'entrepôt de Bruges pour être réexportées, seront expédiées sous plomb, acquit-à-caution, et convoi de deux préposés des douanes qui resteront à bord des bâtimens jusqu'à leur arrivée à Ostende, où la vérification sera faite. Il y aura fraude si les quantités et qualités desdites marchandises ne sont pas conformes à celles portées sur l'acquit-à-caution délivré par la douane de Bruges. (*Même loi*, *art.* 39.)

ENTREPÔT DE CIVITA-VECCHIA. Il y aura à Civita-Vecchia un entrepôt de marchandises étrangères prohibées et non prohibées, à l'exception de celles venant des fabriques, des colonies ou du commerce de l'Angleterre, qui en sont formellement exclues : cet entrepôt sera placé dans un local convenable, qui sera fourni par le commerce ; sa durée sera d'une année. (*DI.* 1.er *février* 1810, *art.* 14.)

Les marchandises prohibées qui seront mises dans ledit entrepôt, devront être réexportées par mer ;

Celles permises qui en seront tirées pour la consommation, acquitteront les droits à la douane de Civita-Vecchia.

Les marchandises destinées pour les entrepôts de Rome, Florence, Livourne, ou pour les royaumes de Naples ou d'Italie, seront expédiées sous plombs et acquits-à-caution. (*Même décret*, *art.* 15.)

ENTREPÔT DE COLOGNE. Il y a sur le port de Cologne un entrepôt réel de marchandises et denrées étrangères prohibées. (1er. *pluviose* 13, *art.* 31.)

Cet entrepôt est établi dans les enceintes dont les maisons et magasins ne peuvent être employés qu'à recevoir les marchandises pour lesquelles on usera de la faculté d'entrepôt.

Un bureau succursal de douanes est placé sur la partie du quai servant à l'abordage du pont volant. Les marchandises arrivant par le pont volant ne pourront entrer que par la seule porte pratiquée dans le mur d'enceinte, et les clefs de cette porte resteront entre les mains des préposés des douanes.

Les marchandises destinées pour l'intérieur de la ville, ne sortiront de la partie franche que par la porte du bureau des douanes. (*Art.* 43.)

ENTREPÔT DE FLORENCE. Il y aura à Florence un entrepôt réel pour les marchandises étrangères non prohibées, expédiées soit de Livourne, soit du royaume d'Italie et de l'état romain; Cet entrepôt sera placé dans les bâtimens actuellement employés à cet objet. Les réparations nécessaires au premier étage, pour le logement du receveur, seront faites aux frais du commerce. (*DI.* 22 *octobre* 1808, *art.* 16.)

Les marchandises expédiées de Livourne, du royaume d'Italie ou de l'état romain pour l'entrepôt de Florence, seront mises sous plombs; soit au bureau du faubourg de Livourne, soit dans ceux de terre ouverts au transit, et accompagnées d'acquits-à-caution qui indiqueront en détail les quantités et espèces, ainsi que les poids, nombre ou mesure de chaque balle, caisse, baril, etc. (*Art.* 17.)

Au moment de l'arrivée des marchandises à l'entrepôt, les préposés des douanes, après avoir reconnu l'état des plombs et cordes, procéderont à la vérification de toutes les marchandises. S'il y a excédant ou déficit aux quantités indiquées sur les acquits-à-caution, ou substitution d'une marchandise à une autre, les soumissionnaires encourront les peines portées par les lois de l'empire. (*Art.* 18.)

Immédiatement après la vérification des marchandises, elles seront mises en entrepôt et portées en charge sur un registre. Chaque propriétaire ou consignataire des marchandises fera, au bas de chacun des enregistremens qui les concerneront, la soumission pour la sûreté des droits. (*Art.* 19.)

Les marchandises entreposées à Florence pourront être déclarées, soit pour la consommation, soit pour l'étranger.

Dans le premier cas, elles acquitteront les droits du tarif français. Dans le second cas, elles seront expédiées sous plombs et acquits-à-caution, pour l'état romain, le royaume d'Italie, ou Livourne.

Les acquits-à-caution seront déchargés dans les bureaux de terre ouverts au transit, ou à la douane de Livourne, suivant la destination donnée aux marchandises. (*Art.* 20.)

La durée de l'entrepôt sera d'un an. Avant l'expiration de l'année, les marchandises devront être déclarées pour la consommation ou expédiées pour l'étranger. (*Art.* 21.)

Les entrepôts de Sienne, Pise et Pistoie, sont supprimés. Avant le 1er. janvier 1809, les denrées et marchandises qui existent dans lesdits entrepôts, seront expédiées en transit pour l'étranger, ou déclarées pour la consommation en acquittant les droits du tarif français. (*Art.* 22.)

ENTREPÔT DE GÊNES. Il y a à Gênes un port franc, ou entrepôt réel de marchandises étrangères prohibées et non prohibées, à l'exception de celles venant des fabriques ou du commerce de l'Angleterre, lesquelles en sont formellement exclues. (*Loi du 30 avril 1806, art.* 42.)

Les navires chargés de marchandises destinées pour l'entrepôt, doivent aborder sur la partie du quai appelée *Ponte de marcanti*. Ils peuvent aussi aborder près de la partie de l'entrepôt qui a une communication directe avec la mer; les portes de ces passages qui conduisent dans le local franc, sont gardées par des préposés des douanes, et tous les soirs les clefs sont remises entre les mains du receveur de la douane. (*Art.* 44.)

Dans les vingt-quatre heures de l'arrivée, les capitaines ou patrons des bâtimens sont tenus de remettre au bureau de la douane le manifeste de leur chargement, avec indications des marques, numéros des caisses, ballots, barils, bouccuts, etc., qui les composent; (*Art.* 45.)

Dans les trois jours de l'arrivée des bâtimens, les propriétaires ou consignataires doivent déclarer à la douane les marchandises, en désignant les marques, le nombre et le contenu des caisses, balles, etc., ainsi que les quantités et espèces. (*Art.* 46.)

Immédiatement après le débarquement, qui ne pourra s'effectuer que sur les deux points désignés, en présence des préposés des douanes, les marchandises sont vérifiées, pesées et portées sur deux registres, dont l'un est tenu par un receveur aux déclarations, et l'autre par un contrôleur aux entrepôts; les propriétaires ou consignataires sont tenus de faire, au bas de chacun des enregistremens qui les concernent, leur soumission de représenter lesdites marchandises dans les délais déterminés. (*Art.* 47.)

Les marchandises sont ensuite transportées à l'entrepôt, sous la surveillance des préposés des douanes, qui les accompagnent jusqu'à la porte intérieure du local franc. (*Art.* 48.)

Lorsque les marchandises seront tirées de l'entrepôt, déclaration préalable devra en être faite à la douane, où elles seront immédiatement conduites et vérifiées. Celles arrivées par mer, et qui seront réexportées par la même voie, ne paieront que le droit de balance; celles qui seront envoyées par terre à l'étranger, acquitteront les droits de transit fixés par le tarif joint à la loi du 30 avril 1806. (*Art.* 50.)

Les marchandises qui seront expédiées à l'étranger, en transit par terre, à la destination de l'entrepôt de Gênes (celles venant du royaume d'Italie ou de la république helvétique) seront vérifiées, enregistrées et soumissionnées, conformément aux dispositions de l'art. 47, et mises dans l'entrepôt. (*Même art.* 50.)

Celles desdites marchandises qui seront envoyées à l'étranger, soit par terre, soit par mer, paieront le droit de transit. (*Même art.*)

Les marchandises venant du royaume d'Italie ou de la république helvétique, à la destination de l'entrepôt de Gênes, et celles qui seront expédiées de Gênes pour transiter sur le territoire français, et se rendre, soit en Italie, soit en Suisse, devront passer *par Casatisme*. (*Art.* 51.)

Les marchandises permises qui seront tirées du local franc pour la consommation de la France ou du duché de Parme, acquitteront les droits fixés par le tarif de l'Empire français. (*Art.* 52.)

La durée de l'entrepôt est de deux années; elle pourra être prorogée lorsque les circonstances l'exigeront; mais à l'expiration de chaque semestre, les contrôleurs aux entrepôts se transporteront dans les différens magasins du local franc, et se feront représenter les marchandises par chaque propriétaire ou consignataire. S'il y a déficit, les propriétaires ou consignataires seront tenus de payer le double des droits pour les marchandises permises, et le double de la valeur pour celles prohibées. (*Art.* 55.)

Aucun individu ne pourra entrer dans l'entrepôt ou port franc de Gênes, s'il n'est porteur de sa patente de négociant, ou d'une carte délivrée par le directeur des douanes. (*Art.* 56.)

Tout individu qui sera surpris sortant du port franc avec des marchandises prohibées ou en fraude des droits, sera, indépendamment de la confiscation des marchandises, et de l'amende prononcée par les lois, condamné, pour la première fois, à six mois de prison, et pour la seconde à un an, conformément à l'article 26 de la loi du 22 ventôse an 12. (*Art.* 58.)

Les négocians qui ont des magasins dans l'entrepôt ne pourront vendre ni laisser sortir desdits magasins aucunes marchandises, qu'après en avoir fait la déclaration à la douane: ceux qui seront convaincus d'avoir contrevenu à cette disposition, ou d'avoir eux-mêmes confié des marchandises à des hommes salariés pour les introduire dans la ville, seront, indépendamment des peines portées par les lois, privés de la faculté de l'entrepôt, du transit et de tout crédit de droits, conformément à l'art. 83, section 4, de la loi du 8 floréal an 11. (*Art.* 59.)

ENTREPOT DE LIVOURNE. Les marchandises étrangères prohibées, à l'exception de celles venant des fabriques, des colonies ou du commerce de l'Angleterre, qui en sont formellement exclues, pourront être entreposées dans la ville de Livourne. (*DI. du 22 octobre 1808, Art.* 4.)

Les capitaines ou patrons des navires seront tenus, dans les vingt-quatre heures de leur arrivée, de remettre au bureau de la douane, qui sera placé dans le bâtiment actuellement affecté à ce service, le manifeste de leur chargement. (*Art.* 5.)

Dans les trois jours de l'arrivée des navires, les propriétaires ou consignataires feront, au bureau de la douane, la déclaration des marchandises, en désignant les marques, le nombre et le contenu des caisses, balles, etc.; ainsi que les quantités et espèces. (*Art.* 6.)

Immédiatement après le débarquement, qui ne pourra s'effectuer qu'en présence des préposés des douanes, les marchandises seront vérifiées et portées sur un registre, par poids, quantités et espèces. (*Art.* 7.)

Les marchandises prohibées seront mises en entrepôt sous la clef des douanes, et devront être réexportées par mer dans le délai de deux ans.

Celles dont l'entrée est permise seront laissées à la disposition des propriétaires ou consignataires jusqu'à l'époque de leur réexportation, soit par mer, soit par terre en transit, ou de leur introduction dans la consommation pour la Toscane. (*Art.* 8.)

Néanmoins, les marchandises étrangères de même espèce que celles fabriquées à Livourne, qui arriveront dans ce port, seront mises en entrepôt réel, et n'en sortiront, pour la consommation de la ville ou de l'intérieur, qu'en payant les droits du tarif français. (*DI. 13 octobre 1809, art.* 5.)

Lorsque les propriétaires ou consignataires voudront tirer de l'entrepôt les marchandises prohibées, ou de leurs magasins, celles permises, pour les réexporter par mer, ils en feront la déclaration au bureau de la douane; elles seront conduites, vérifiées et ensuite embarquées en présence des préposés des douanes. (*DI. 22 octobre 1808, art.* 9.)

Les propriétaires ou consignataires qui voudront expédier des marchandises permises, soit pour la Toscane, soit en transit pour l'entrepôt de Florence, le royaume d'Italie ou l'état romain, feront la déclaration des quantités et des lieux de destination au bureau de la douane de la ville, qui délivrera un permis de les conduire au bureau placé à l'entrée du faubourg, où elles seront vérifiées : celles déclarées pour la consommation de ce faubourg ou de la Toscane, y acquitteront les droits d'entrée ; celles déclarées en transit, seront expédiées sous plombs et acquits-à-caution, qui seront déchargés, soit à l'entrepôt de Florence, soit dans l'un des bureaux des frontières ouverts au transit, suivant la destination indiquée par lesdits acquits-à-caution. (*Art.* 10.)

Les ouvrages en corail et albâtre, les ouvrages d'argenterie et bijouterie, les cuirs teints et perfectionnés dans la ville de Livourne, seront assimilés à ceux provenant des fabriques nationales, et ne seront pas soumis aux droits imposés sur les marchandises de même espèce venant de l'étranger. (*DI. 13 octobre 1809, art.* 2.)

7. (INSTRUCTIONS. 7.)

La partie des marchandises permises et laissées par l'art. 8 à la disposition des propriétaires ou consignataires, qui sera consommée dans l'enceinte de la ville, ne sera point soumise au paiement des droits du tarif français.

Le droits de *stallagio* ou de colis, imposé sur toutes les marchandises qui entrent dans le port de Livourne, continuera d'être perçu, ainsi que celui de 16 sous par baril sur les vins étrangers.

Le droit d'un pour cent de la valeur, établi sur les mêmes marchandises, est maintenu, ainsi que celui sur les blés, grains et légumes. (*Voir plus bas.*)

Les droits auxquels sont assujettis, à l'entrée de Livourne, les bestiaux, viandes fraîches et salées, les farines, pâtes et biscuits venant de la Toscane ou de l'étranger par mer, ainsi que les vins du pays, sont également maintenus. (*Voir plus bas.*)

Les autres denrées et marchandises arrivant par terre à Livourne acquitteront les droits de sortie du tarif français. (*DI. 22 octobre 1808, art.* 9.)

Les objets dont la sortie est défendue par la législation de l'Empire, et qui seront importés de l'étranger dans le port de Livourne, ne seront point mis en entrepôt réel, et pourront être réexportés. (*DI. 13 octobre 1809, art.* 4.)

Toutes les matières premières, telles que les soies, chanvres et lins, les cuirs en poil en en vert, les laines, et généralement tous les objets prohibés à la sortie, ne pourront être expédiés de France à la destination de la ville close de Livourne. (*Même décret, art.* 5.)

Sont exceptés les grains, bestiaux et autres denrées nécessaires à la consommation des habitans, et pour les quantités qui seront réglées sur un état présenté au Ministre des finances. (*Même décret, art.* 6.)

Il sera présenté, par les Ministres de l'intérieur et des finances, un projet de réglement sur l'exécution des deux articles précédens. (*Même décret, art.* 7.)

Les marchandises dont l'exportation est défendue, qui seront expédiées des ports de l'Empire pour la Toscane en passant par celui de Livourne, seront mises sous plombs et cordes, accompagnées d'acquits-à-caution, et devront, sous les peines de droit, être représentées à la Douane du faubourg de Livourne, où elles seront vérifiées par les préposés, qui en délivreront leurs certificats sur lesdits acquits-à-caution. (*Même décret, art.* 8.)

Les tabacs en feuilles ou fabriqués à Livourne et les sels ne pourront être débarqués à Livourne que sous la condition de la mise immédiate dans l'entrepôt réel, et de leur réexportation par mer, à moins qu'ils ne soient achetés pour le compte de la régie impériale. (*DI. 22 octobre 1808.*)

Les sels et tabacs ne pourront entrer en Toscane, soit par terre, soit par mer, s'ils ne sont pas destinés aux approvisionnemens de la régie impériale. (*Art.* 14.)

Les lois et réglemens relatifs à l'acte et aux droits de navigation, seront exécutés à Livourne, ainsi que dans les autres ports de l'empire. (*Art.* 15.)

ENTREPOT DE LYON. Il y aura à Lyon un dépôt pour les marchandises étrangères non prohibées et denrées coloniales mises à leur débarquement dans l'entrepôt réel de Marseille. (*Loi du 30 Avril 1806, art.* 29.)

Toutes les marchandises fabriquées sont formellement exclues de la faculté du dépôt. (*Art.* 30.)

Les droits d'entrée seront acquis au trésor public au moment où les marchandises seront tirées de l'entrepôt de Marseille pour le dépôt de Lyon ; mais la perception en sera suspendue jusqu'à celui de leur sortie dudit dépôt pour la consommation. (*Art.* 31.)

Elles doivent arriver à Lyon dans le délai d'un mois, si elles sont transportées par terre, et dans celui de deux mois, si elles sont embarquées sur le Rhône. (*Art.* 32.)

Après le délai d'une année, à compter du jour de l'entrée des marchandises de l'entrepôt de Marseille, elles devront acquitter ces droits et sortir du dépôt. Celles qui en seront tirées avant l'expiration du délai, paieront immédiatement les droits. (*Art.* 36.)

Les sucres têtes et terrés, les cafés, cacao des colonies françaises et les poivres qui jouissent du transit en exécution de la loi du 8 floréal an 11, auront la même faculté en sortant du dépôt de Lyon : le transit ne pourra s'effectuer que par les bureaux de Versoix, Verrières-de-Joux, Bourg-Libre et Strasbourg. (*Art.* 37.)

ENTREPOT DE MARSEILLE. Il y aura un entrepôt de marchandises étrangères dans le port de Marseille. (*8 floréal* 11, *art.* 28.)

L'entrepôt sera réel, 1°. pour toutes les marchandises et denrées dont l'entrée est ou sera prohibée, ainsi que pour celles qui sont ou seront soumises au certificat d'origine ; 2°. pour les marchandises manufacturées de toute espèce (les savons compris), les tabacs en feuilles ; poissons salés, vins, eaux-de-vie, liqueurs, huiles ; sucres, cafés, indigo, cacao et toutes denrées coloniales venant de l'étranger. (*Art.* 29.)

L'entrepôt sera *fictif*, sur la demande des négocians, pour toutes les marchandises et denrées dont l'entrée est permise, et qui ne sont pas désignées ci-dessus. (*Art.* 31.)

Les marchandises et denrées destinées pour l'entrepôt réel ou fictif seront, après vérification, inscrites sur deux registres particuliers, tenus par le receveur des douanes. Les consignataires remettront entre les mains de ce receveur, une soumission valablement cautionnée de réexporter dans l'année les marchandises et denrées mises en entrepôt fictif, ou d'en payer les droits. (*Art.* 32.)

La durée de l'entrepôt réel ne pourra excéder le terme de *deux ans* ; les marchandises et denrées dont l'entrée est ou sera prohibée devront être réexportées dans ce délai ; les marchandises et denrées permises seront soumises à la même condition, ou acquitteront les droits. (*Art.* 33.)

Le directeur des douanes indiquera la partie du port pour les débarquemens et la réexportation. (*Art.* 34 et 35.)

ENTREPOT DE MAYENCE. Il y aura à Mayence un entrepôt réel de marchandises et denrées étrangères prohibées et non prohibées. (1er *pluviose an* 13, *art.* 48.)

Les bâtimens ne pourront aborder et décharger que sur le quai du port franc. (*Art.* 50.)

Les marchandises venant de l'étranger par le pont du Rhin seront conduites immédiatement à l'entrepôt et ne pourront, pour y arriver, suivre d'autre chemin que celui pratiqué entre le fleuve et le parapet. (*Art.* 51.)

Lorsque les débordemens du Rhin ne permettront pas aux voitures de se rendre à l'entrepôt par le chemin ci-dessus, elles pourront suivre la chaussée pavée est au-delà du parapet, et entreront dans l'entrepôt par la porte pratiquée dans le mur d'enceinte en face de la chaussée pavée ; elles seront accompagnées par des préposés jusqu'à leur entrée en entrepôt. (*Art.* 52.)

Les clefs des portes d'entrée et de sortie du port franc et de la cour de l'entrepôt resteront entre les mains des préposés des douanes. (*Art.* 53.)

Deux patachés stationnaires, montées par des préposés des douanes, seront placées sur le Rhin aux deux extrémités de l'enceinte du port franc, afin d'empêcher toute communication, par le fleuve, entre la partie franche et les autres parties du port. (*Art.* 60.)

ENTREPOT DE ROME. Il y aura à Rome un entrepôt réel pour les marchandises étrangères non prohibées, expédiées, soit des entrepôts de Civita-Vecchia, Livourne et Florence, soit des royaumes d'Italie et de Naples, ou qui arriveront par mer en remontant le Tibre.

Cet entrepôt sera placé dans un local convenable, qui sera fourni par le commerce ; sa durée sera d'un an: avant l'expiration de l'année, les marchandises devront être déclarées pour la consommation, ou envoyées à l'étranger. (*DI.* 1er *février* 1810, *art.* 5.)

Les marchandises expédiées des entrepôts de Livourne, Florence et Civita-Vecchia ou des royaumes d'Italie et de Naples, pour l'entrepôt de Rome, seront mises sous plombs, soit aux bureaux des douanes de Livourne, de Florence et Civita-Vecchia, soit dans ceux placés sur les frontières desdits royaumes, qui seront ouverts au transit, et accompagnées d'acquits-à-caution qui indiqueront en détail les quantités et espèces, ainsi que les poids, nombre ou mesure des balles, caisses, barils, etc. (*Même décret, art.* 6.)

Les marchandises étrangères qui arriveront par le Tibre, à destination de l'entrepôt de Rome, ou à celles des royaumes de Naples et d'Italie, seront vérifiées et pesées à la Douane de Ripa-Grande, située sur le fleuve à l'extrémité de la ville, et expédiées sous plombs et acquits-à-caution, pour ledit entrepôt ou transit pour les royaumes d'Italie et de Naples. (*Même décret, art.* 7.)

Au moment de l'arrivée des marchandises à l'entrepôt ou dans les bureaux ouverts au transit, les préposés des douanes, après avoir reconnu l'état des plombs et cordes, procéderont à la vérification de toutes les marchandises : s'il y a excédant ou déficit aux quantités portées sur les acquits-à-caution, ou substitution d'une marchandise à une autre, les soumissionaires encourront les peines portées par les lois de l'Empire. (*Même décret, art.* 8.)

Immédiatement après la vérification des marchandises destinées pour l'entrepôt, elles seront portées en charge sur un registre. Chaque propriétaire ou consignataire fera, au bas de chacun des enregistremens qui le concerneront, sa soumission pour la sûreté des droits. (*Même décret, art.* 9.)

Les marchandises entreposées à Rome, pourront être déclarées soit pour la consommation, soit pour les entrepôts de Florence ou Livourne, soit pour les royaumes d'Italie et de Naples ; dans le premier cas, elles acquitteront les droits du tarif françois ; dans le second, elles seront expédiées sous plombs et acquits-à-caution, qui seront déchargés dans les bureaux ouverts au transit, ou dans ceux de Florence et de Livourne, suivant la destination donnée aux marchandises. (*Même décr., art.* 10.)

Toutes les marchandises importées par le Tibre, acquitteront les droits auxquels elles sont imposées par le tarif français, à la Douane de Ripa-Grande, située sur le fleuve, à l'extrémité de la ville de Rome. (*Même décret, art.* 11.)

8. (INSTRUCTIONS. 8°)

Les capitaines ou patrons des bâtimens qui remonteront le Tibre jusqu'à Rome, devront faire viser leur manifeste à la douane nommée *Capo Due-Ranie*, et seront tenus de recevoir à leur bord un ou deux préposés, et de payer à chacun d'eux un franc vingt-cinq centimes, pour leurs frais de conduite. (*Même décret, art. 12.*)

Les capitaines ou patrons, dont les bâtimens seroient d'un trop fort tonnage pour remonter le Tibre, devront présenter leur manifeste à la douane de *Capo Due-Ranie*, y faire leur déclaration, et y prendre un permis de décharger leurs cargaisons sur des allèges. Ces transbordemens se feront sous la surveillance des préposés des douanes; et les allèges seront accompagnées d'acquits-à-caution pour assurer l'arrivée des marchandises à la douane de Ripa-Grande. (*Même décret, art. 13.*)

ENTREPOT DE ROUEN. L'entrepôt de Rouen, pour les marchandises et denrées étrangères, non prohibées, coloniales ou autres, fera partie de celui du Havre. En conséquence, tout bâtiment chargé de marchandises destinées à l'entrepôt de Rouen, se présentera au Havre pour y faire sa déclaration des quantités et qualités des marchandises qu'il se propose de verser dans l'entrepôt de Rouen, et le principal préposé des douanes du Havre donnera acte de cette déclaration.

Lorsque le principal employé des douanes n'aura pas de raison de suspecter la contrebande, il pourra exempter le bâtiment de l'entrée au Havre.

Les bâtimens venant du Havre à Rouen seront tenus de présenter l'acte de déclaration précité aux préposés qui voudront les visiter, tant sur l'une que sur l'autre rive. Il y aura fraude dans tous les cas où l'état et l'existance des marchandises ne seront pas trouvés conformes à la déclaration. Les mêmes marchandises seront vérifiées, à leur entrée dans l'entrepôt de Rouen, sur l'acte de déclaration délivré au Havre, et la fraude sera constatée si la quantité des marchandises est supérieure ou inférieure à la déclaration. (*8 floréal 11, art. 36.*)

Toute marchandise sortant de l'entrepôt de Rouen, pour être réexportée, sera spécifiée, pour les poids et qualités, sur un manifeste délivré par le directeur des douanes de Rouen. Le manifeste suivra le bâtiment, et sera présenté au principal préposé des douanes du Havre, pour qu'il soit fait vérification de la marchandise, et la fraude sera constatée s'il y a plus ou moins de marchandises que celles portées sur le manifeste. (*Art. 37.*)

ENTREPOT DE SAVONE. Il y aura dans la ville de Savone un entrepôt de denrées coloniales et de marchandises étrangères non prohibées. Cet entrepôt, dont la durée pourra être d'une année, sera soumis aux conditions prescrites par la section 3 du titre IV de la loi du 8 floréal 11. Les marchandises qui en sont tirées pour la consommation, acquitteront immédiatement les droits; celles qui seront renvoyées, devront être réexportées directement par mer. (*DI. 27 sept. 1807, art. 9, et loi du 12 janvier 1810, art. 10.*)

ENTREPOT DE STRASBOURG. Les marchandises étrangères, autres que celles dont l'entrée est prohibée en France, importées par le pont du Rhin à la destination de Strasbourg, pourront y être entreposées. (*8 floréal 11, art. 40.*)

B. 9. (INSTRUCTIONS. 9.)

Les marchandises destinées pour lesdits entrepôts ne seront point vérifiées à leur passage au bureau du pont du Rhin; mais les conducteurs seront tenus de représenter des lettres de voiture indicatives des espèces, poids, quantités et marques de chaque colis, aux préposés dudit bureau, qui les visiteront, plomberont les voitures par capacité, et les expédieront sous la conduite d'un employé et sous la formalité d'un acquit-à-caution, portant lesdites espèces, poids, quantités et marques, pour la douane de Strasbourg, où les déclarations en détail, fournies par les propriétaires ou consignataires, seront aussitôt transcrites.

Les objets déclarés, après vérification immédiate faite par les visiteurs et autres préposés, seront portés sur un registre qui sera tenu par le receveur de l'entrepôt, et sur lequel chaque propriétaire ou consignataire signera pour les objets qui les concerneront.

Les marchandises étrangères arrivant à Strasbourg par le Rhin ou la rivière d'Ill seront dispensées de la visite au bureau de la Wentzenau; mais les bateliers seront tenus, avant l'abordage, d'en prévenir les préposés de la régie des douanes, et de représenter des connoissemens ou manifestes qui indiqueront les espèces, poids et quantités des marchandises, ainsi que la marque de chaque colis. Ces connoissemens ou manifestes seront visés par les préposés de la Wentzenau, et les marchandises seront conduites par l'un d'eux, avec acquit-à-caution, spécifiant les espèces, poids, quantités et marques, à la douane de Strasbourg, où les déclarations détaillées, vérifications et enregistremens se feront dans la forme indiquée par l'article précédent. (*Art 41.*)

Pour empêcher les abus auxquels les facilités accordées par les articles précédens peuvent donner lieu, s'il y a déficit de colis, ou s'il est constaté qu'une marchandise a été substituée à celle qui aura été déclarée, le voiturier ou le batelier sera condamné à deux mille francs d'amende par chaque colis manquant, ou dans lequel on aura mis une marchandise autre que celle déclarée : pour sûreté de laquelle amende les voitures, chevaux et bateaux seront saisis; s'il s'agit de colis qu'on aura vu décharger dans le transport de la douane et à l'entrepôt, ou lors de la réexportation dans le trajet de l'entrepôt à l'étranger, le colis sera saisi, et le voiturier ou batelier condamné à l'amende de cinq cents francs; si ce qui aura été vu décharger et celui qui aura été substitué, seront saisis avec pareille amende de cinq cents francs : le tout conformément à l'art. 14 de la loi du 7 septembre 1792. (*Art 42.*)

La durée de l'entrepôt sera de six mois, pendant lesquels les marchandises entreposées pourront être expédiées pour l'étranger, par les bureaux du pont du Rhin et de la Wentzenau.

Chaque colis réexporté sera plombé, et les acquits-à-caution, délivrés pour assurer le passage des marchandises à l'étranger, seront déchargés par les préposés desdits bureaux, après reconnoissance du nombre des colis, et d'un état des cordes et plombs, sous les peines portées par l'art. 42. Les objets qui, pendant le même délai, seront tirés de l'entrepôt pour la consommation de la France, ainsi que ceux qui s'y trouveront à l'expiration de six mois, seront passibles des droits d'entrée.

Le receveur de l'entrepôt tiendra un registre sur lequel il sera fait mention de la sortie de l'entrepôt, tant pour les marchandises envoyées à l'étranger, que pour celles qui auront dû acquitter les droits. (*Art 43.*)

ISLES FRANÇAISES EN EUROPE,

Qui ont pour les Douanes un régime particulier.

Iles d'Ouessant, Molène, Hoedic, de Sain et île Dieu.

Ces îles ne sont point sujettes aux droits du tarif.

Leurs habitants peuvent introduire, en exemption de droits, les sels et les produits de leur pêche, et recevoir les bois nécessaires à leur consommation. (*Loi du 10 Juillet 1791.*)

Pour les sels, voir les notes de cet article au tarif.

L'article 5 du titre 1er. de la loi du 4 germinal an 2, exempte les autres denrées et productions du sol; il porte encore qu'il ne pourra être importé desdites îles aucun objet manufacturé, tant qu'il ne sera pas justifié qu'il est le produit de manufacture y existante et reconnue par le Gouvernement.

Iles de Croix, de Bouin et de la Crosnière.

La perception des droits de douane a lieu à l'entrée et à la sortie des îles de Croix, Bouin et la Crosnière, et cependant, pour empêcher qu'elles servent d'entrepôt à des productions étrangères, les habitans desdites îles peuvent seulement apporter, en exemptions de droits, les produits de leur culture et de leur pêche. Toute autre importation est traitée comme étrangère, si elle n'est accompagnée d'un acquit des droits payés à l'entrée desdites îles. (*Loi du 10 juillet 1791, art. 1.*)

Ils peuvent encore importer, en exemption, les autres denrées et productions du sol, mais non des objets manufacturés. (*Loi du 4 germinal an 2, tit. 1, art. 5.*)

L'article 4 du titre 1er. du décret du 4 germinal an 2, défendoit l'admission dans les îles ci-dessus, hors le cas de relâche forcée, des bâtimens étrangers et des bâtimens français venant de l'étranger. Il y a été dérogé pour l'île de Noirmoutiers, par arrêté du 2 thermidor an 10, qui rétablit les relations commerciales entre cette île et l'étranger, ainsi qu'elles existoient avant le décret du 4 germinal.

Belle-île et Noirmoutiers.

Les marchandises et denrées expédiées du Continent français pour ces îles, ne sont soumises à aucun droit de sortie et d'entrée. (*8 floréal XI, art. 72 et 65.*)

Les marchandises et denrées du crû et des fabriques de ces îles sont également exemptes des droits de sortie et d'entrée, lorsqu'elles sont accompagnées d'un certificat d'origine et d'une expédition de la douane du port d'embarquement. (*Art. 66.*)

Les objets dont l'exportation à l'étranger est prohibée peuvent être expédiés du Continent pour ces îles, que sur des permissions particulières du Gouvernement. (*Art. 67.*)

Les marchandises étrangères dont l'importation n'est pas défendue, qui, après avoir été introduites dans ces îles, sont expédiées pour le Continent, n'y sont admises, en exemption de droits, qu'en représentant les acquits de paiement de ceux qui ont été perçus à leur entrée dans ces îles, et une expédition de la douane du port d'embarquement. (*Art. 69.*)

Les marchandises qui y sont manufacturées, et de l'espèce de celles dont l'importation est défendue, qui sont expédiées de ces îles pour les ports du Continent, n'y sont admises qu'en justifiant, par des certificats authentiques, qu'elles y ont été fabriquées. (*Art. 70.*)

Iles de Corse et de Capraja.

Le régime des Douanes dans les îles de Corse et de Capraja est supprimé... Celui de navigation y est seul maintenu. (*DI. 12 juillet 1808.*)

En conséquence toutes les relations commerciales des ports de la France continentale avec ces îles, seront considérées comme étrangères; leur navigation réciproque continuera à jouir des avantages de la nationalité. (*CD. 2 septembre 1808.*)

Ile d'Elbe.

Ses ports et son territoire sont francs des droits de douane. (*Loi du 8 floréal an 11. art. 73.*)

Les droits de navigation y ont été établis.

Ile de Walcheren.

Les douanes y ont été organisées. (*DI. 17 février 1810.*)

Le quinquina qui en est importé doit, en raison de son origine, évidemment étrangère, acquitter les droits comme s'il venoit de l'étranger. (*LD. 12 mars 1810.*)

Et généralement les marchandises expédiées de l'île de Walcheren pour le continent, doivent être préalablement soumises aux droits, lorsqu'étant d'origine étrangère, le paiement n'en a pas été justifié. (*LD. 30 mars 1810.*)

Les grains qui y sont expédiés sont assujettis au permis préalable du ministre de l'intérieur. (*DM. 19 mars 1810.*)

Aucune matière première prohibée à la sortie ne peut y être expédiée, à moins qu'il ne soit constaté qu'il y a dans cette île des fabriques où elles puissent être employées. (*LD. 18 avril 1810.*)

L'acte de navigation y sera exécuté. (*DI. du 16 juin 1808.*)

CERTIFICAT D'ORIGINE.

Tous *objets de fabrique étrangère* dont l'entrée est permise, ne sont admis dans l'Empire, qu'autant qu'ils sont accompagnés de certificats d'origine constatant qu'ils sont fabriqués dans les pays avec lesquels la France n'est point en guerre, conformément à la loi du 1.er mars 1793.

Quant aux *objets de fabrique de l'Inde*, ils ne peuvent être importés qu'autant qu'ils sont accompagnés de certificats délivrés par les compagnies hollandoise ou danoise, visés par les Consuls de France, constatant que ces objets proviennent du commerce de ces compagnies. (10. *brumaire* 5, *art.* 13.)

Les certificats nécessaires doivent contenir la déclaration assermentée des envoyeurs, faite tant devant les magistrats du pays que devant les Consuls français, que les objets y énoncés ont été fabriqués dans les lieux mêmes où ces certificats sont délivrés. (1 *mars* 1793, *art.* 4 et 19 *pluviose* 5, *art.* 1.)

Les bâtimens neutres, destinés pour les ports de France (et même les bâtimens français venant de l'étranger, (*DII.* 26 *fructidor* 12), devront être munis d'un certificat délivré par le commissaire ou agent commercial de France, au port d'embarquement, lequel certificat portera le nom du vaisseau, celui du capitaine, la nature de la cargaison, le nombre d'hommes d'équipage et la destination du bâtiment. — Dans cette déclaration, le commissaire certifiera qu'il a vu le chargement s'opérer sous ses yeux..... (22 *ventose* 12, *art.* 14 et 15.)

Tout capitaine qui, par oubli de formes, ou par changement de destination, ne se trouvera pas muni d'une semblable déclaration, ne sera admis dans les ports de l'Empire, qu'à condition de changer en retour, en produits des manufactures françaises, une somme égale à celle de sa cargaison. (22 *ventose* 12, *art.* 16.)

Les marchandises venant sur des bâtimens partis des ports où Sa Majesté n'a point de commissaire de relations commerciales, pourront aborder sans les formalités prescrites ci-dessus, quand ils seront chargés de *marchandises du Levant*, du crû du pays auquel appartient le bâtiment, ou *de productions du Nord*, sans qu'on puisse les recevoir, s'ils sont chargés de marchandises coloniales, de l'Inde ou angloises. (22 *ventose* 12, *art.* 17.)

Les *denrées coloniales étrangères*, non prohibées, ne seront admises dans les ports de France qu'autant qu'elles seront accompagnées de certificats délivrés par les commissaires des relations commerciales de S. M. l'Empereur, portant qu'elles ne proviennent ni des colonies d'Angleterre, ni de son commerce. Toutes les denrées coloniales et étrangères pour lesquelles on ne représentera pas le certificat prescrit, quand même elles viendroient des ports où S. M. n'a point de commissaires, seront saisies et confisquées. (*DI.* 30 *ventose* 13.)

Les commissaires des relations commerciales qui délivreront des certificats d'origine pour les marchandises qui seront chargées dans les ports de leur résidence à destination de ceux de France, ne se borneront pas à attester que les marchandises ou denrées ne viennent ni d'Angleterre, ni de ses Colonies, ni de son commerce; ils

indiqueront le lieu de l'origine, les pièces qui leur ont été représentées à l'appui de la déclaration qui leur a été faite, et le nom du bâtiment à bord duquel elles ont été transportées primitivement du lieu de l'origine dans celui de leur résidence. — Ils adresseront un duplicata de leur certificat au Directeur général des Douanes. (*DI.* 23 *novembre* 1807.)

Toutes ces dispositions sont d'ailleurs subordonnées à celles-ci : « Les navires étrangers ne seront admis dans » nos ports qu'avec des cargaisons de marchandises du » crû du pays auquel ils appartiennent ; celles d'une » autre origine qu'ils auroient à bord devront ou être » réexportées ou mises en entrepôt réel, selon la volonté » des capitaines ou subrécargues... On bornera l'admis- » sion aux parties indigènes. » (*CD.* 7 *juillet* 1810.)

Tout bâtiment, de quelque nation qu'il soit, *quelque soit son chargement*, expédié des ports d'Angleterre ou des Colonies anglaises, ou des pays occupés par les troupes anglaises, ou allant dans ces endroits, est déclaré de bonne prise. (*DI.* 17 *décembre* 1807.)

Tous les bâtimens qui, après avoir touché en Angleterre, par quelque motif que ce soit, entreront dans les ports de France, seront saisis et confisqués, ainsi que la cargaison, sans exception ni distinction de marchandises. (*DI.* 23 *novembre* 1807.)

Tout bâtiment, de quelque nation qu'il soit, qui aura souffert la visite d'un vaisseau anglais, ou se sera soumis à un voyage en Angleterre, ou aura payé une imposition quelconque au Gouvernement anglais, est par cela seul déclaré dénationalisé et de bonne prise. (*DI.* 17 *décembre* 1807.)

Le droit à percevoir par les consuls généraux, consuls et vice-consuls en pays étranger, à raison des certificats d'origine qu'ils sont chargés de délivrer par la loi du 22 *ventose* 12 et le décret impérial du 23 *novembre* 1807, est fixé ainsi qu'il suit, savoir :

	fr.	c.
Pour le chargement d'un bâtiment, dont le port est au-dessous de 200 quintaux décimaux (environ 20 tonneaux).	6	o
Pour un bâtiment de 200 à 400 quintaux décimaux	10	c.
———— de 400 à 750 *idem*.	15	o
———— de 750 à 1000 *idem*.	20	o
———— de 1000 à 1500 *idem*.	30	o
———— de 1500 à 2000 *idem*.	40	o
———— de 2000 à et au-dessus *idem*.	50	o
Pour les marchandises transportées par terre et qui seront sujettes au certificat d'origine *pour le premier quintal décimal*.	2	o
Et pour chaque quintal décimal excédant.	o	25

Le certificat d'origine comprendra la totalité du chargement. ——— Il ne sera délivré de certificats partiels que sur la réquisition des expéditeurs : ces certificats partiels contiendront l'extrait requis du certificat général et ne seront soumis qu'au droit d'expédition, lequel est fixé à 1 fr. 50 cent. ———Le montant du droit perçu, tant pour le certificat d'origine que pour les certificats partiels, sera énoncé en toutes lettres en marge desdits certificats. (*DI.* 11 *août* 1808.)

EXPLICATION DES ABRÉVIATIONS.

Aux citations des dispositions qui fixent la quotité des droits, plusieurs abréviations ont été employées pour indiquer les espèces d'ordres qui ordonnent les régimes à suivre. En voici l'explication :

DI. *signifie* Décret impérial.
AC...... Arrêté des Consuls.
AD...... Arrêté du Directoire.
DM...... Décision du Ministre.
LM...... Lettre du Ministre.

OM. *signifie* Ordre du Ministre.
CM...... Circulaire du Ministre.
CD...... Circulaire du Directeur-général.
CA...... Circulaire de l'Administration.
LD...... Lettre du Directeur-général.

Lorsqu'il n'y a aucun de ces signes, c'est que la date citée est celle d'une loi.

Quoique le régime à suivre soit naturellement indiqué par la dernière loi, et qu'il se trouve en conséquence placé le seul ou le dernier de chaque article, j'ai, pour plus de régularité, indiqué le régime *au courant*, en mettant des *points* (......) entre les chiffres; or, les *traits* (..—..) signifient que les dispositions y rapportées n'ont plus lieu, du moins en vertu de la loi citée. Ces *traits* finissent quelquefois la chronologie d'un article, ou parce que cette marchandise a été assimilée à une autre, ou parce que son régime est devenu douteux : une note indique alors ce qui en est.

Pour qu'on puisse tenir ce Tarif au courant, j'ai laissé exister entre chaque article, des blancs assez grands pour y écrire cinq lignes; on conçoit dès-lors que cinq changemens peuvent y être annotés à la suite les uns des autres; seulement on aura le soin, pour éviter la confusion, de placer à la colonne des chiffres un *trait* (—), au régime supprimé.

TARIF DES DOUANES

A L'IMPORTATION.

Il sera perçu, à titre de subvention extraordinaire de guerre, *dix centimes par franc*, en sus des droits de Douane et de Navigation. (*Loi du 6 prairial an 7.*) Ce droit, imposé d'abord pour une année, a été prorogé depuis, et est encore en vigueur.

Les Productions étrangères qui jouissent d'une franchise absolue à l'entrée, paieront (à l'exception des Bestiaux, Grains, Habillemens des voyageurs, et Objets d'histoire naturelle destinés pour le Muséum) un droit de 5½ *centimes par quintal*, ou de 15 *centimes par valeur de* 100 *francs*, au choix du redevable. (*Loi du 24 nivôse an 5.*) Ce droit, nommé *de Balance du Commerce*, a été établi pour assurer les tableaux d'importation et d'exportation, et subvenir aux frais de leur confection. (*Code*, n.° 307.)

Les Marchandises et Denrées qui ne sont pas tarifées génériquement à l'Entrée, acquitteront les Droits suivant leurs espèces, d'après la fixation indiquée dans cet ouvrage à l'article MARCHANDISES OMISES.

Les droits fixés par le tarif sur les MARCHANDISES COLONIALES, dans lesquelles sont comprises les DROGUERIES et ÉPICERIES, et généralement les PRODUCTIONS DES DEUX INDES, soit qu'elles proviennent de prises, de saisies ou autres confiscations, soit qu'elles entrent en vertu d'autorisation, sont doublés. (*DI.* 8 *février* 1810.) (1).

PROHIBITIONS LOCALES. On ne peut admettre, par des Bureaux de terre non placés sur les grandes routes,
Plus de 5 kilogrammes pesant de DROGUERIES et ÉPICERIES ;
Plus de 25 kilogrammes de TOILES DE LIN et DE CHANVRE, *blanches* ou *écrues*, de BAZINS *de fil*, BOUGRANS et TREILLIS ;
Des SOIES et FILOSELLES, telle modique qu'en soit la quantité, des SIAMOISES, des BATISTES, ni des LINONS.

Les RESTRICTIONS d'Entrée, pour les DENRÉES COLONIALES, les TABACS, et pour certaines fabrications, telles que *les Nankins*, sont indiquées aux articles qui les concernent.

MARCHANDISES.	QUOTITÉ des DROITS.		DATES DES LOIS.
	fr.	c.	
ABSINTHE. [Plante à tige cannelée et branchue, feuilles découpées, d'un vert blanchâtre, odeur aromatique très-forte, saveur très-amère.]...........................(2) *Quintal*.... *Idem*......	0 1..	51 4	15 mars 1791. DI. 8 février 1810.
ACACIA. [Suc épaissi, dur et cassant, dont il y a de deux sortes. Le *vrai*, d'un brun un peu rougeâtre, vient du Levant en boules de 5 à 6 onces, enveloppées dans des vessies. Le *commun*, fait avec le fruit non mûr des prunes sauvages, est noir, et vient d'Allemagne aussi dans des vessies.]................. *Quintal*.... *Idem*......	12.. 24..	24 48	15 mars 1791. DI. 8 février 1810.

RENVOIS.

ABELMOSC. *Voyez* Ambrette.
ABLETTE (Écailles d'). *Voyez* à Écailles.
ABSINTHE (Extrait d'). *Comme* Liqueur [*Lettre du 5 therm. an 12.*)

(1) J'ai fait, dans cette édition, l'application du double droit à toutes les marchandises qui, par origine et par espèce, devaient le supporter... Mais il est certains objets tels que la *cire jaune*, les *cuirs*, les *poissons*, les *fruits*, etc., qui ne peuvent y être assujettis qu'autant qu'ils soient importés directement de l'Inde ou des colonies; ceux-là donc, qui ne doivent être soumis au doublement des droits qu'à raison des lieux de leur exportation, ont été laissés sous leurs anciennes tarifications, parce que les certificats d'origine qui accompagnent les marchandises peuvent seuls, dans ce cas, indiquer si le décret du 8 février 1810, leur est ou non applicable.

Voir au surplus la note de la page 17. (ENTRÉE 5.) Et relativement aux denrées des colonies françoises, la note de l'article *Denrées coloniales non tarifées*.

(2) L'absinthe n'étoit pas reprise au Tarif de 1664.

ACAJA. [Prunes des Indes, de couleur jaune, succulentes, d'un goût très-agréable et de bonne odeur. C'est un fruit médicinal.] (1)	Quintal..... Idem......	2— 4 4.. 8	15 mars 1791. DI. 8 février 1810.
ACAJOU (*Noix d'*). [Fruit de la forme d'un rein, de couleur d'olive, à écorce dure et ligneuse, renfermant une amande blanche et douce. L'enveloppe contient une liqueur huileuse, brune et caustique.].................................(1)	Quintal..... Idem......	3— 6 6..12	15 mars 1791. DI. 8 février 1810.
ACIDE *sulfurique*. [Il est blanc, liquide, transparent et très-caustique. On le retiroit autrefois de diverses espèces de vitriols ou sulfates de fer, de cuivre et de zinc; mais aujourd'hui on le fait par la combustion vive et rapide du soufre dans des chambres de plomb.]...............................(2)	Quintal..... Idem..... Idem..... Idem..... Idem.....	40—80 20—40 2— 4 20—40 40..80	15 mars 1791. 1 août 1792. 12 pluviôse 3. 3 frimaire 5. DI. 8 février 1810.
ACIER *non ouvré* et ACIER *fondu*. [C'est un fer combiné avec le charbon par le moyen de la cémentation et ensuite trempé; il est plus blanc et d'un grain plus fin que le fer. L'*Acier fondu* est produit par la fonte de l'acier de cémentation; il se reconnoît en ce qu'il est si bien martelé qu'on le croiroit laminé; c'est le plus parfait.]...............................	Quintal..... Idem..... Idem..... Idem.....	3— 6 0—6½ 3— 6 9.. 0	15 mars 1791. 12 pluviôse 3. 3 frimaire 5. DI. 17 pluv. 13 et loi du 30 avr. 1806.
ACIER *en feuilles* ou *en planches*. [Cet article s'étend aux planches d'acier pour ressorts de voitures, aux garnitures de couteaux et aux feuilles broussées pour ressorts de montres.] (*CA... mai 1792.*)..............................(3)	Par 100 fr...	10.. 0	1 août 1792.
ACIER (*Limaille d'*) *et d'aiguilles*. [Elle est d'usage en médecine. On la reconnoît en la mettant sur la lumière d'une chandelle: si elle ne brûle qu'à moitié et souffle la chandelle, c'est de la limaille de fer, ou elle en est mélangée. Le plus d'éclat et de blancheur la distingue aussi de celle de fer.]	Quintal.....	3.. 6	15 mars 1791.
ACORUS *vrai* ou *faux*. (Droguerie.) [Le vrai, nommé aussi *calamus aromaticus*, vient de Tartarie, de Lithuanie et de Java. C'est une racine grosse comme le doigt, noueuse, rougeâtre en dehors et blanche en dedans, odorante et âcre au goût. Le faux est une espèce de glayeul à fleurs jaunes, dont la racine est tubéreuse, blanche, remplie de suc, odorante, âcre et astringente.]...............................	Quintal..... Idem......	3— 6 6..12	15 mars 1791. DI. 8 février 1810.

RENVOIS.

ACAJOU (Bois d'). *Voyez* à Bois.
ACAJOU (Gomme d'). *Voyez* à Gomme.
ACIDE vitriolique. *Voyez* Acide sulfurique.
ACIER (Fil d'). *Voyez* à Fer.
ACIER (Paille d'). *Voyez* à Fer.
ACIER ouvré. *Voyez* Mercerie, Quincaillerie et Ouvrages en Acier, suivant la différente qualité de ces ouvrages.
ADIANTE. *Voyez* Capillaire.

(1) L'acaja ni la noix d'acajou n'étoient repris au Tarif de 1664.
(2) Il diffère de l'eau forte en ce que cette dernière a une odeur désagréable, est plus légère, et présente toujours un coup-d'œil citrin. (*CA.* 18 nivôse 10.)
L'aigre, ou esprit de vitriol, appelé aussi *huile de vitriol* ou *acide vitriolique*, paye le même droit. (1 août 1792.)
La faculté d'entrer leur est continuée, mais avec certificat d'origine, pourvu qu'ils ne viennent pas d'Angleterre. (*A.* 27 messid. 8.)
Les bouteilles qui ont servi à leur exportation peuvent rentrer en payant le droit de balance. (*Décis.* du 17 *flor.* 6.)
(3) Quoique la décision de la Régie soit antérieure à la loi du 10 frimaire an 5, ces sortes d'Aciers ne peuvent être compris dans la prohibition, par cela que la dénomination d'*Ouvrages* leur est d'autant moins applicable qu'ils ne peuvent être consommés dans cet état.

Désignation	Unité	Droits	Date
Aes-Ustum. (Droguerie.) [C'est du cuivre brûlé avec du soufre et du sel marin réduit en petits morceaux carrés, plats et cassans, de couleur noirâtre en dehors, rouge et brillante en dedans.]	Quintal..... Idem......	3— 6 6.. 12	15 mars 1791. DI. 8 février 1810.
Aëtite. [Pierre ferrugineuse d'usage en médecine, nommée aussi *pierre d'aigle*. Il y en a de quatre sortes, rondes ou ovales; elles renferment une espèce de noyau pierreux.]	Quintal..... Idem......	2— 4 4.. 8	15 mars 1791. DI. 8 février 1810.
Agaric *en trochisques*. (Droguerie.) [C'est ordinairement de l'agaric de mélèze réduit en poudre très-déliée, incorporé avec quelque liqueur, et refait alors en petits pains de diverses figures et grosseurs.]	Quintal..... Idem......	15—30 30—60	15 mars 1791. DI. 8 février 1810.
Agaric (*tout autre*). [Excroissance qui naît, comme un champignon, sur divers arbres. Il y en a de trois sortes: celui de chêne, qui est jaunâtre, sert en chirurgie; celui de mélèze, qui est blanc et friable, sert en médecine; le faux agaric est rougeâtre et très-pesant: il sert pour teindre en noir.]	Quintal..... Idem......	8—16 16..32	15 mars 1791. DI. 8 février 1810.
Agnus-Castus (*Graine d'*). [Elle est ronde, grise, grosse comme le poivre, ayant un goût âcre et aromatique, d'usage en médecine. Elle provient d'un arbrisseau à fleurs pourpres.]	Quintal..... Idem......	4— 8 8..16	15 mars 1791. DI. 8 février 1810.
Agrès et Apparaux *de navires*. [Voiles, Poulies, etc.; ce qui comprend tout ce qui est nécessaire pour mettre un vaisseau en état de naviguer.] (1)	Par 100 fr. Idem...... Idem......	10— 0 1— 0 10.. 0	15 mars 1791. 12 pluviôse 3. 9 floréal 7.
Ail. [Racine potagère à douze à quinze gousses charnues, oblongues, pointues, d'une odeur très-forte; d'usage en médecine et pour la cuisine.]	Quintal.....	0.. 31	15 mars 1791.
Aimant. [Substance ferrugineuse connue par la propriété qu'elle a d'attirer le fer et d'avoir des poles qui se dirigent vers les poles de la terre. La pierre d'aimant est compacte, très-dure, fort pesante, d'une couleur grise tirant sur le noir, à-peu-près comme celle du fer forgé.] (2)	Quintal..... Idem......	2— 4 4.. 8	15 mars 1791. DI. 8 février 1810.

RENVOIS.

ADIPOCIRE, nom donné aux substances dont la consistance est analogue à celle de la cire et qui participent aux propriétés physiques de la graisse.
ADRAGANTE. *Voyez* aux Gommes.
AGATHE. *Voyez* Pierres fines et fausses.
AGNEAUX. *Voyez* Bestiaux.
AGOURAL. *Voyez* Fenugrec.
AGRAFFES de fer. *Voyez* Fer.
AIGLE (Pierre d'). *Voyez* Aëtite.
AIGRE. *Voyez* Acide sulfurique.
AIGRETTES. *Voyez* Modes.
AIGUILLES. *Voyez* Mercerie commune.
AIGUILLETTES. *Voyez* Passementerie.

(1) Les agrès et apparaux des navires de prises sont exempts de droits (19 mai 1793), c'est-à-dire soumis seulement au droit de balance; mais ceux qui sont chargés dans la cale ne jouissent pas de cette faveur.
(2) Sous la dénomination de *lapis magnes*, le tarif de 1664 a classé la pierre d'aimant parmi les drogueries.

Désignation	Unité	Droits	Date
ALBATRE. [Pierre calcinable, un peu moins dure que le marbre. Sa transparence est d'autant plus grande, qu'elle approche du blanc de cire. Il y en a de roussâtre, de rougeâtre, d'un blanc sale, d'un beau blanc, et de couleur citron.]............	Exempt..... Droit de bal.	——.. — ——.. —	15 mars 1791. 24 nivôse 5.
ALKECANGE (*Baies* et *Feuilles d'*). [Plante à tiges rondes, menues et rougeâtres. Les feuilles ressemblent à celles de la morelle, et les baies aux cerises. D'un goût d'abord acide, ensuite très-amer.].	Quintal..... Idem.....	2.. 4 4.. 8	15 mars 1791. DI. 8 février 1810.
ALLIAIRE (*Graines d'*). [Semences oblongues, menues et noires, d'une plante à plusieurs tiges; d'une odeur d'ail et d'usage en médecine.].	Quintal..... Idem.....	1— 2 2.. 4	15 mars 1791. DI. 8 février 1810.
ALLUMETTES. [Petits brins de bois soufrés par les deux bouts, servant à allumer les chandelles.].......................	Quintal.....	1..22	15 mars 1791.
ALOE. [Droguerie en suc épaissi d'une plante portant le même nom. Il y en a de noirâtre et citrin en dedans, d'autre de couleur de foie, et un troisième fort noir, compacte et pesant.].................................. (1)	Quintal..... Idem *net*.. Idem *net*.. Idem *net*..	8—16 100— 0 100— 0 200.. 0	15 mars 1791. DI. 17 pluv. 13. 30 avril 1806. DI. 8 février 1810.
ALOÈS, ASPALATUM et XILOBALSAMUM (*Bois d'*). [A l'usage des parfumeurs et de la médecine. L'Aloès est un arbre ressemblant à un olivier; son bois est léger, résineux, de couleur tannée, jaspé, luisant en dehors et jaunâtre en dedans. Le bois d'Aspalat est pesant, de couleur purpurine, obscure et marbrée. Le Xilobalsamum, ou Bois de Baume, est blanchâtre et moelleux. Il est apporté du Caire en morceaux très-menus.]..	Quintal..... Idem *net*..	40—30 61..60	15 mars 1791. DI. 8 février 1810.
ALPAGATES. [Ce sont des souliers de corde.]..................	Les 12 paires.	1..50	15 mars 1791.
ALPISTE. [Semences d'une plante de ce nom, à épis, et dont les feuilles ressemblent à celles du bled. Ses graines sont oblongues et luisantes comme le millet, ayant la figure et la grosseur de celles de lin.]............................ (2)	Quintal.....	1.. 2	15 mars 1791.

RENVOIS.

AIRAIN. *Voyez* Bronze.
AIRAIN ouvré. *Voyez* à Ouvrages.
ALANA. *Voyez* Craie.
ALÈNES. *Voyez* Quincaillerie fine.
ALKERME (Confection d'). *Voyez* la note à Confection.
ALKERMÈS. *Voyez* Kermès.
ALIZARI. *Voyez* Garance.
ALPAGAS. *Voyez* Draperie.

(1) Quant à celui importé par le commerce national au-delà du cap de Bonne-Espérance, voir l'article MARCHANDISES DU COMMERCE FRANÇOIS.
(2) Par cela qu'il a été reconnu par décision du Conseil du 6 avril 1757, que le millet avoit été classé par erreur dans le tarif des drogues de 1664, il en résulte que l'alpiste qui ne sert qu'au même usage, celui de nourrir les oiseaux, ne doit pas le double droit.

Désignation	Unité	Droits	Date
ALUN *brûlé* ou *calciné*. [C'est de l'alun qu'on a chauffé fortement dans un creuset. Il se fond d'abord dans une eau de cristallisation, se boursoufle, perd sa demi-transparence et acquiert de la causticité. On s'en sert en chirurgie.]............(1)	Quintal..... Idem *net*..	30—60 61..20	15 mars 1791. DI. 8 février 1810.
ALUN (*tout autre*). [Espèces de sels fossiles et minéraux, cristallisés par la fabrication. Ceux de Rome et du Levant sont rougeâtres; les autres sont blancs. Ils sont d'usage en médecine, et sur-tout pour la teinture. On s'en sert aussi pour clarifier les liqueurs, pour raffiner le sucre, pour dessaler le poisson, etc.]	Quintal..... Idem...... Idem...... Idem. (1).. Idem......	0—51 0—25 0—51 1— 2 10.. 0	15 mars 1791. 12 pluviôse 3. 3 frimaire 5. DI. 8 février 1810. DI. 11 juillet 1810.
AMADOU. [C'est l'agaric de chêne préparé, et dont on a séparé la substance calleuse et ligneuse. Il est mou et de deux couleurs: noir si on l'a préparé avec la poudre à canon, jaune s'il a été trempé dans une solution de nitrate de potasse.]............	Quintal.....	6..12	15 mars 1791.
AMANDES *en coques*. [Fruit d'un arbre à fleurs dont l'enveloppe ligneuse et oblongue approche de celle de la noix. L'amande est blanche et huileuse, à coques tendres ou dures.].......	Quintal..... Idem......	2— 4 10.. 0	15 mars 1791. DI. 17 pluv. 13 et loi du 30 avr. 1806.
AMANDES *cassées*. [Ce sont les amandes dégagées de leurs coques, et sur lesquelles on ne laisse que les pellicules.].......... (2)	Quintal..... Idem......	4— 8 10.. 0	15 mars 1791. DI. 17 pluv. 13 et loi du 30 avr. 1806.
AMBRE *gris* et *liquide*. [Le premier est un adipocire, de couleur cendrée, parsemée de taches blanches, odoriférant, d'usage antispasmodique, servant aux parfums, qu'on croit être l'excrément endurci d'une espèce de cachalot ; — le second est une sorte de résine claire et rougeâtre, qui découle, dit-on, des cocotiers.]...	Kilogr. net.. Idem......	30—60 61..20	15 mars 1791. DI. 8 février 1810.
AMBRE *jaune*. [Matière dure, transparente et cassante. On en trouve dans les mines de la Prusse et sur les bords de la mer Baltique. Il y en a de citrin, de blanc et de brunâtre. On s'en sert pour faire des colliers, des bracelets, etc. Il est aussi d'usage en médecine.].. (1)	Quintal..... Idem......	18—36 36..72	15 mars 1791. DI. 8 février 1810.

ALQUIFOUX. *Voyez* Plomb minéral.
AMANDES en pâte. *Voyez* Pâte d'amande.
AMBRE (Huile d'). *Voyez* à Huile.
AMBRE JAUNE travaillé. *Voyez* à Mercerie commune.

(1) Le doublement des droits ordonné par le décret du 8 février 1810, n'est pas d'une application facile.... pour y parvenir le moins irrégulièrement possible, il faut recourir au Tarif de 1664 parce qu'on y trouve une nomenclature de ce qu'en douanes, on nomme *drogueries* ;.... toutefois, à l'aide même de ce Tarif, on éprouve des difficultés, parce qu'il n'a pas réputé drogues, certains ingrédiens, à la vérité plus particulièrement propres aux arts, mais qui servent également en médecine et en teinture, et qu'au contraire, il a classé parmi les drogueries, des matières dont l'usage le plus commun ne tient plus à la pharmacie;... ces difficultés ne sont, par les lettres que l'administration adresse dans les directions, aplanies *pour la perception* que relativement aux objets sur lesquelles elles décident, mais par cela même que ces lettres réputent drogues plusieurs des ingrédiens pour la teinture et la peinture, que le tarif de 1664 avoit classés à marchandises, et qu'elles retirent de la classe des drogueries-épiceries des matières, telles que la cire, dont le trafic le plus fort se fait par les épiciers, il devient plus difficile encore de faire l'application du décret du 8 février 1810....

L'ALUN n'étoit pas réputé drogue par le tarif de 1664, toutefois une lettre du 21 mai 1810 avoit ordonné de le traiter comme telle, mais depuis le décret du 11 juillet, en le réimposant à 10 fr., a rappelé le droit primitif de 51 centimes, ce qui semble indiquer qu'il ne le considère pas comme drogue.

L'AMBRE JAUNE étoit, en 1664, classé parmi les drogueries, et il a été maintenu *drogue* par la lettre du 14 mai 1810.

Ces décisions n'indiquent donc pas de bases pour la classification, et on ne peut, pour les articles indécis, que s'en rapporter provisoirement à celle du tarif de 1664.... Ainsi, par ce principe qu'en fait de perception il vaut encore mieux errer avec une loi

Désignation	Unité	Droits	Date
AMBRETTE ou ABELMOSC. [Semence de la grosseur de celle du millet, ayant la figure d'un rein, de couleur brune, d'une odeur de musc et d'un goût un peu amer. Elle arrive sèche de la Martinique et de l'Égypte. Elle sert aux apothicaires, aux parfumeurs et aux distillateurs.]	Quintal..... Idem......	5—10 10..20	15 mars 1791. DI. 8 février 1810.
AMIANTE. [Matière fossile de deux formes bien différentes : l'une est en pierre brunâtre, dure, mais s'étendant sous le marteau ; l'autre est disposée en filets très-fins, souples et soyeux, ordinairement d'une couleur blanche et nacrée.]	Quintal.....	0..51	15 mars 1791.
AMIDON. [Pâte sèche, friable et très-blanche, fabriquée avec de la farine et découpée en petits morceaux. On s'en sert pour faire de la colle, de l'empois, de la poudre à poudrer, etc.]	Quintal.....	10..20	15 mars 1791.
AMMI. [Semence menue, presque ronde, ressemblant à des grains de sable, grise-brune, de goût et d'odeur aromatiques. Le meilleur vient de Candie ou d'Alexandrie. Il sert en médecine.]	Quintal..... Idem......	4— 8 8..16	15 mars 1791. DI. 8 février 1810.
AMOME. [Gousses rondes disposées en grappe comme le raisin, de couleur blanchâtre, contenant des grains purpurins presque carrés, dont le goût est âcre et mordicant et l'odeur aromatique. L'amome nous est apporté des Grandes-Indes en coques et non pas en grappes.] (1)	Quintal..... Idem......	15—30 30..60	15 mars 1791. DI. 8 février 1810.
AMURCA. [C'est le marc de l'huile d'olive qui se dépose dans les vaisseaux où on a mis, pour l'épurer, celle nouvellement exprimée.]	Exempt.:..... Droit de bal.		15 mars 1791. 24 nivôse 5.
ANACARDES. [Espèce de fèves de la grosseur d'une châtaigne, ayant la figure du cœur d'un oiseau. Elles sont de couleur noire et contiennent deux amandes blanches qui ont le goût de pistaches. Elles croissent à un arbre des Indes et servent en médecine.] (2)	Quintal..... Idem......	6—12 12..24	15 mars 1791. DI. 8 février 1810.
ANATRON. [Matière saline qui se forme journellement à la surface des terreins sablonneux, sur-tout en Égypte. Il est tantôt sous une forme pulvérulente et tantôt en masses solides et compactes comme la pierre. Sa couleur est d'un blanc grisâtre, et il est communément mêlé de parties terreuses et de sel marin. On s'en servoit pour faire du savon et du verre et pour préparer les cuirs ; on lui a substitué le *Natron* factice, qu'on réduit en consistance de sel.]	Exempt...... Droit de bal.		15 mars 1791. 24 nivôse 5.

RENVOIS.

AMMOMUM. *Voyez* AMOME.
AMMONIAQUE (Gomme). *Voyez* aux Gommes.
AMMONIAC (Sel). *Voyez* aux Sels.
ANACARDINES (Marmelade d'). *Voyez* la note à Confection.
ANANAS. *Voyez* Fruits.
ANCHOIS. *Voyez* l'article Poissons.
ANGRES de fer. *Voyez* à Fer.

que de n'avoir d'autre guide que l'arbitraire, ce sera, à moins qu'il n'y ait décisions contraires, d'après les classifications de ce Tarif que j'appliquerai le décret du 8 février 1810, seulement, lorsqu'il y aura lieu, je me permettrai des observations afin de contribuer à appeler des rectifications....

La plus importante à faire sans doute, est celle que, si le Tarif de 1791 avoit été bien pensé, bien divisé, rien ne seroit aussi facile que d'appliquer le décret du 8 février 1810.... Les difficultés qui se présentent démontrent donc combien il seroit utile, et pour les opérations des employés, et pour la prospérité du commerce même, qu'on s'occupât de refondre entièrement ce Tarif, et de classer les marchandises non-seulement sous leur véritable dénomination et relativement aux lieux de leur origine, mais encore d'après leur principale propriété et leur usage le plus commun.

(2) Le droit de 10 fr. imposé sur les amandes en coques est évidemment applicable aux amandes cassées, puisqu'à poids égal elles ont une valeur plus considérable. (CD. 23 *ventôse* 25.)

(1) Parmi les véritables *amomes* on distingue le *gingembre*, le *zédoaire*, le *cardamome*, la *graine de paradis*, qui sont tarifés particulièrement. On donne aussi le nom d'*amome* à la *graine de sison* et à celle d'une espèce de *myrte*. Les jardiniers appellent encore de ce nom la *morelle faux-piment*.

Anes ou Anesses....................................	Pièce......	0..25	15 mars 1791.

Angélique (*Graines, Racines* et *Côtes d'*). [Plante à plusieurs tiges, creuses et odorantes. La racine est brune à l'extérieur et blanche à l'intérieur. La graine est oblongue, cannelée et ailée.]

Quintal.....	8—16	15 mars 1791.
Idem... (1)	16..32	DI. 8 février 1810.

Anis vert (*Graines* ou *Semences d'*). [Plante à fleurs disposées en parasol. Les semences sont cannelées et d'un gris verdâtre, de goût et d'odeur très-suaves.].................... (2)

Quintal.....	6—12	15 mars 1791.
Idem......	18.. 0	DI. 17 pluv. 13.
Idem......	18.. 0	30 avril 1806.
Idem......	36.. 0	DI. 8 février 1810.

Anis *étoilé*, ou Badiane. [Fruit d'un arbre de la Chine, de Tartarie et des îles Philippines, qui a la figure et la grosseur d'une coloquinte, dans laquelle sont des semences en forme d'étoile à sept rayons qui ont le goût et l'odeur de notre anis.]

Quintal.....	10—20	15 mars 1791.
Idem nat.	75.. 0	DI. 17 pluv. 13.
Idem nat.	75.. 0	30 avril 1806.
Idem nat.	150.. 0	DI. 8 février 1810.

Antale. [Coquillage de mer fait en tuyau courbé en croissant, de couleur blanche, quelquefois nuancée de vert, de rose ou d'aurore. Il renferme un vermisseau et contient un peu de sel volatil et fixe.]................................ (3)

Quintal.....	3— 6	15 mars 1791.
Idem......	6..12	DI. 8 février 1810.

Antimoine *cru*, ou Sulfure d'antimoine. [Substance minérale pesante, luisante et cristalline, ou disposée en longues aiguilles, de couleur noire à reflet argentin. On le débarrasse de sa gangue en le faisant fondre dans des creusets percés à leur partie inférieure, d'où il coule dans des pots.].......(4)

Quintal.....	3— 6	15 mars 1791.
Idem......	6..12	DI. 8 février 1810.

Antimoine *préparé*. [Les principales préparations de l'antimoine sont : 1°. le verre d'antimoine, 2°. le foie d'antimoine, 3°. l'antimoine diaphorétique, 4°. l'huile d'antimoine, 5°. la teinture d'antimoine, 6°. le régule d'antimoine.]...... (5)

Quintal.....	8—16	15 mars 1791.
Idem......	16..32	DI. 8 février 1810.

Antore. [Plante d'usage en médecine, dont les feuilles sont découpées en lanières. Ses fleurs, en manière d'épi, se forment en fruits qui renferment des semences anguleuses, ridées et noirâtres. Sa racine est composée de deux navets ressemblant à l'olive.]..

Quintal.....	2— 4	15 mars 1791.
Idem......	4.. 8	DI. 8 février 1810.

RENVOIS.

Angélique (fausse). *Voyez* Appius.
Anguilles marines. Comme Poissons de mer. (CD. 13 oct. 1807.)
Animé. *Voyez* Gomme animée.
Anis (Essence d'). *Voyez* aux Essences.
Anis (Huile d'). *Voyez* aux Huiles.
Anisette. *Voyez* Liqueurs.
Anneaux d'or ou d'argent. *V.* Bijouterie.
Antofle de Girofle. *Voyez* Girofle.

(1) C'est par lettre du 25 mai 1810, que l'angélique a été maintenue dans la classe des drogueries.
(2) L'anis-vert étoit réputé drogue par le Tarif de 1664 et une Lettre du 8 mai 1810, a confirmé cette classification.
(3) Voyez la note à l'article *Lepis entalis*.
(4) La loi du 15 mars 1791, ne tarife que l'antimoine cru et l'antimoine préparé, ceux-là sont des drogueries reconnues pour telles par lettre du 21 mai 1810, mais cette loi ne parle pas de l'antimoine métal, de celui uniquement destiné à s'allier avec d'autres métaux, comme pour la composition des miroirs de télescopes, des caractères d'imprimerie, etc.
(5) On avoit coté le régule d'antimoine en poudre à dix pour cent de la valeur, comme *omis*. Mais cette taxe a été reconnue mal appliquée, en ce que la loi du 15 mars 1791 ayant tarifé toutes les préparations d'antimoine à 8 fr. 16 c. du quintal, sous la dénomination générique d'*antimoine préparé*, son régule en poudre ne pouvoit être compris dans les articles omis, puisqu'il est effectivement une préparation de l'antimoine.
Voir la note à Régule.

Apocin (*Graine d'*). [Plante grasse dont les fleurs, en forme de cloches, se forment en un fruit gros comme le poing. Ce fruit contient une espèce de ouate dans laquelle se trouvent des semences rougeâtres et d'un goût amer.]............(1)	Quintal...... Idem......	0—51 1..2	15 mars 1791. DI. 8 février 1810.
Appios. [Plante à petites feuilles courtes ; fleurs jaunes en godet, fruit relevé de trois coins ; racine en forme de poire, empreinte de lait, noire en dehors, blanche en dedans.]....	Quintal...... Idem......	5—10 10..20	15 mars 1791. DI. 8 février 1810.
Arbres *en plants*. [On nomme ainsi ceux qui ont leurs racines et qui sont propres à être transplantés.]........................	*Exempts*.... *Droit de bal.*		15 mars 1791. 24 nivôse 5.
Ardoises *ordinaires*. [Espèce de pierre de couleur bleue ou grise, divisée en lames minces, plates et unies, employées pour la couverture des maisons.]............................	*Le 1000 en N.* Idem......	3—0 7..50	15 mars 1791. DI. 17 pluv. 13 et loi du 30 avr. 1806.
Ardoises *en table*. [Ce sont celles choisies du cœur de la pierre, et qu'on apprête pour écrire.]................................	*Le 100 en N.* Idem......	2—50 30..0	15 mars 1791. DI. 17 pluv. 13 et loi du 30 avr. 1806.
Arec. [Fruit ovale du *mimosa catechu*, arbre des Indes ; ôté d'une écorce qui l'enveloppe comme la noix, ce fruit ressemble à une muscade cassée. On peut en faire du cachou.].......(2)	Quintal.... Idem......	5—10 10..20	15 mars 1791. DI. 8 février 1810.
Argent *faux ou cuivre argenté*, et Argent *faux en lames*, en feuilles, trait et battu. L'argent faux est un lingot de cuivre rouge couvert en plusieurs fois de différentes feuilles d'argent que l'on applique sur le cuivre par l'action du feu. Ceux en lames, etc. sont décrits à Argent *fin*.]................(3)	Quintal.....	102..0	15 mars 1791.
Argent *faux* filé sur fil ou filé faux..........................	Quintal.....	163..20	15 mars 1791.

RENVOIS.

Apparaux de Navires. *Voyez* Agrès.
Appeau. *Voyez* Étain en feuilles.
Approvisionnemens. *V.* la note à Munitions.
Arabique (Gomme). *Voyez* aux Gommes.
Arack. *Voyez* Eau-de-vie autre que de vin.
Arbue. *Voyez* Castine.
Arcanson. *Voyez* Colophane et Brai sec.
Arco. *Voyez* Potin gris.

(1) Ce n'est pas comme droguerie que je double les droits sur l'apocin d'abord parce qu'il est très-peu en usage en médecine, et que d'ailleurs, il n'étoit pas coté au tarif de 1664 ; ce n'est pas non plus à raison de son origine puisqu'il vient d'Égypte, mais c'est parce qu'on s'en sert actuellement au lieu de coton, et que l'esprit de la circulaire du 6 mars 1810, est d'appliquer le doublement des droits non seulement à la marchandise, qui par sa nature doit ce nouveau droit, mais encore à celle de même espèce. — D'ailleurs, une lettre du 16 avril 1810, a ordonné de percevoir le double droit sur l'apocin.

(2) L'arec n'est pas repris au tarif de 1664 ; mais le cachou l'est ; donc l'un devant suivre la classification de l'autre, il doit le double droit ; il le devroit également comme production de l'Inde.

(3) Les paillons, paillettes et cannetilles de cuivre argenté sont susceptibles de ce droit.

Dans les bureaux on y comprenoit aussi les chandeliers, réchauds, et autres ouvrages argentés de ce genre ; mais la loi du 10 brumaire an 5, en prohibant toute sorte de plaqués et tous ouvrages en cuivre, étain ou autres métaux, polis ou non polis, purs ou mélangés, doit nécessairement les avoir compris dans cette prohibition.

ARGENT *faux* filé sur soie............................(1)	Prohibé.......		15 mars 1791.
ARGENT *fin* en *trait*, en *lames*, en *feuilles* et *filé*. [L'argent *en trait* ou fil d'argent est celui qu'on a tiré au travers les trous d'une filière et qui n'a que la grosseur d'un cheveu. Celui *en lames* est de l'argent trait aplati entre deux rouleaux d'acier pour le disposer à être filé sur la soie, ou pour servir aux broderies. L'argent *filé* est le même que celui en lames, dont on recouvre un fil en soie avec lequel il est ensuite tordu par le rouet pour en faire ce que l'on nomme un fil d'argent. Celui *en feuilles* ou battu est celui que les batteurs d'or réduisent en feuilles très-minces et très-déliées pour l'usage des doreurs.].... (2)	Kilogr. net..	24..48	15 mars 1791.
ARGENT en masse et en lingots, en espèces monnoyées et *Argenterie* cassée..	Exempt....... Droit de bal..		15 mars 1791. 24 nivôse 5.
ARGENTERIE *de toute espèce*, sauf celle ci-après. [On appelle *argenterie* la vaisselle et autres ouvrages d'orfévrerie faits avec ce métal.]..(3)	Kilogr. net..	24..48	15 mars 1791.
ARGENTERIE *vieille*, quelle que soit son origine.............(4)	Exempte...... Droit de bal..		1 août 1792. 24 nivôse 5.
ARGENTERIE *neuve* au poinçon de France, revenant de l'étranger....	Exempte...... Droit de bal..		1 août 1792. 24 nivôse 5.
ARGENTINE (*Graine d'*). [Petite plante à feuilles dentées garnies de petits poils argentins. Son fruit, presque rond, est composé de plusieurs semences enveloppées par le calice de la fleur.]	Quintal...... Idem:.........	1- 2 2.. 4	15 mars 1791. DI. 8 février 1810.
ARGILE ou *terre glaise*. [C'est une terre grasse adhérente à la langue, qui, humectée, se pétrit facilement. Elle est grise-blanche ou roussâtre, et sert à faire la poterie.]................	Exempte...... Droit de bal..		15 mars 1791. 24 nivôse 5.

ARGENT VIF. *Voyez* Mercure.
ARGENT MONNOYÉ. *Voyez* la note à Monnoies de métal, pour les espèces de cuivre ou de billon.

(1) L'erreur dans laquelle peut jeter cette marchandise est la cause de sa prohibition. Pour distinguer le faux du vrai, il suffit d'en faire rougir une lame au feu ; cette opération fait reprendre au cuivre sa couleur rouge.
(2) Les paillettes, paillons et cannetilles doivent être compris dans cet article.
(3) Toute espèce d'ouvrages d'or et d'argent doit en outre un *droit de garantie* de 20 francs par hectogramme d'or, et d'un franc par hectogramme d'argent. Ils doivent être expédiés sous plomb et par acquit-à-caution au bureau de garantie le plus voisin. (*Loi du 19 brumaire 6.*) Les ouvrages d'or et d'argent vieux seront assujettis à ce droit, à moins qu'on ne consente à les briser au premier bureau d'entrée, pour être simplement considérés comme matière. (*DM. 12 prairial 7.*) Dans ces deux cas, ils doivent le droit de balance. Sont exceptés des dispositions ci-dessus les objets d'or et d'argent appartenant aux Ambassadeurs et Envoyés des Puissances étrangères, les bijoux d'or à l'usage personnel des voyageurs, et les ouvrages en argent servant également à leur personne, pourvu que leur poids n'excède pas en totalité cinq hectogrammes. (*Loi du 19 brumaire 6.*) Il ne doit pas être fait de différence entre l'argenterie marquée au poinçon des pays faisant partie intégrante de l'Empire français et celle qui porte le coin de France. (*DM. 17 vent. 12, rendue en faveur de la Belgique.*)
L'argenterie pour laquelle les propriétaires obtiennent une exemption de droits du ministre, ne concerne que celui de douane et non celui de garantie, qui dans tous les cas doit être assuré. (*Décis. du 6 messid. 11.*)
(4) Quoique non comprise au Tarif de 1664, l'argentine est une droguerie.

Aristoloches. [Plantes à fleurs rondes ou oblongues à-peu-près comme celles de lierre, d'usage en médecine, et dont il y a quatre espèces. On se sert aussi de leurs racines, principalement de la ronde, qui est solide, charnue, cassante, brune en dehors, jaunâtre en dedans, et fort amère.]	Quintal.....	3— 6	15 mars 1791.
	Idem......	6..12	DI. 8 février 1810.
Armes blanches. [Ce qui s'entend des Epées, des Sabres, des Couteaux de chasse, des Baïonnettes, etc.]................(1)	Quintal.....	81—60	15 mars 1791.
	Exemptes...		22 août 1792.
	Idem......		19 mai 1793.
	Droit de bal.		24 nivôse 5.
	Quintal.....	81—60	AC. 6 messid. 10.
	Idem......	200.. 0	AC. 20 vend. 11 et loi du 8 flor. 11.
Armes à feu. [Ce sont les Fusils, Pistolets et autres armes dont l'effet est produit par l'emploi de la poudre à tirer.]..... (1)	Quintal.....	73—44	15 mars 1791.
	Exemptes...		22 août 1792.
	Idem......		19 mai 1793.
	Droit de bal.		24 nivôse 5.
	Quintal.....	73..44	AC. 6 messid. 10 et loi du 8 flor. 11.
Arsenic, ou Oxide blanc d'arsenic. [Substance minérale, pesante, luisante, blanche, opaque. On en distingue de trois espèces, dont l'une, l'orpiment, est tarifée particulièrement. Il ne s'agit ici que de l'arsenic blanc, lequel est très-luisant, et du rouge qui est ou naturel ou artificiel. Ce sont des poisons très-violens. On s'en sert en teinture, pour la verrerie, etc.]......... (2)	Quintal.....	1— 2	15 mars 1791.
	Idem......	7—50	DI. 17 pluv. 13.
	Idem......	7—50	30 avril 1806.
	Idem......	15.. 0	DI. 8 février 1810.
Arsenic (Régule d'). [C'est l'oxide d'arsenic réduit à l'état métallique. Exposé à l'air, il se couvre bientôt d'une efflorescence noirâtre, mais il est intérieurement gris, brillant et grenu comme l'acier : il est très-cassant et ne donne pas le moindre signe de ductilité.].................(2)	Quintal.....	8—16	15 mars 1791.
	Idem......	16..32	DI. 8 février 1810.
Asarum. [Petite plante nommée en français cabaret, nard sauvage ou oreillette. Sa racine, dont on se sert en médecine, est de la grosseur d'une plume à écrire, de couleur grise, d'odeur forte et agréable.]..........................	Quintal.....	1— 2	15 mars 1791.
	Idem......	2.. 4	DI. 8 février 1810.
Asphalte, ou Bitume de Judée. [Substance solide, fragile, d'un brun noirâtre, ressemblant à de la poix noire, d'une odeur résineuse très-forte quand on la chauffe. Il se trouve nageant sur la superficie du lac Asphaltide.]................	Quintal.....	10—20	15 mars 1791.
	Idem......	20..40	DI. 8 février 1810.

RENVOIS.

Arméniennes (Pierres). Voyez à l'art. Pierres.
Arquebuserie. Voyez Armes.
Asclépias. Voyez Contrayerva blanc.
Aspalatum. Voyez Aloès.
Asphalte (Huile d'). Voyez l'art. Huiles.
Aspic (Huile d'). Voyez l'art. Huiles.
Aspini. Voyez Epines anglières.

(1) La loi du 22 août 1792 spécifioit les armes dont elle autorisoit l'entrée en exemption de droits sous la dénomination d'armes de guerre, telles que canons, mortiers, obusiers, couleuvrines, fusils de rempart, de munition, de chasse, mousquetons, pistolets, damas, sabres, et généralement toutes sortes d'armes à feu ou armes blanches, soit montées, soit en pièces détachées, telles que canons ou platines de fusils, de mousquetons et pistolets, les montures et lames de damas, sabres, briquets et épées..... Les armes blanches et à feu, pour être admises, doivent être accompagnées d'un certificat d'origine.... La destination des armes de guerre dans l'intérieur doit en être assurée par un acquit-à-caution qui sera visé par la municipalité du lieu où réside la personne chez laquelle elles auront été déchargées. Ces dispositions de l'article 2 de la loi du 22 août 1792, restent conservées indéfiniment. (CD. 14 brum. 11.)

Les armes à feu provenant des fabriques du royaume d'Italie ne paieront que la moitié des droits du Tarif françois actuellement existant. (Traité de Comm. du 20 juin 1808.)

(2) Encore que la plus grande consommation de l'arsenic se fasse dans les fabriques de toiles peintes, je le traite comme droguerie parce qu'il est classé ainsi par le Tarif de 1664.

Assa-Fœtida. [Gomme-résine, molle et obéissante comme la cire, en partie jaune et rousse, garnie de larmes, souvent blanche intérieurement et quelquefois rose, d'une odeur très-désa-gréable. Elle découle d'un arbrisseau des Indes.]............	Quintal..... Idem...... Idem...... Idem net..	6—12 25.. 0 25.— 0 50.. 0	15 mars 1791. DI. 17 pluv. 13. 30 avril 1806. DI. 8 février 1810.
Auine (Écorce d'). [Arbre de grosseur médiocre, dont l'écorce raboteuse, fragile, noirâtre en dehors et jaunâtre en dedans, sert pour teindre les cuirs et les chapeaux en noir.]........	Exempte.... Droit de bal.	—	15 mars 1791. 24 nivôse 5.
Aulnée, ou *Enula campana* (Racine d'). [Plante à feuilles longues d'une coudée, dont la racine, d'usage en médecine, est longue, grosse et charnue, brune en dehors, blanche en dedans, d'odeur aromatique quand elle est sèche.]...... (1)	Quintal..... Idem......	0—51 1.. 2	15 mars 1791. DI. 8 février 1810.
Autour. [On dit que c'est une écorce assez semblable à la cannelle, mais plus pâle en dessus ; qu'en dedans elle a la couleur de la noix muscade avec des points brillans ; qu'elle vient du Levant ; qu'elle est sans odeur, d'un goût insipide, et qu'elle entre dans la composition du carmin. Tout cela est beaucoup plus douteux.... Voir la note à *Carmin*.]......(2)	Quintal..... Idem net..	20—40 40..80	15 mars 1791. DI. 8 février 1810.
Autruche (*Poil*, *Ploc* ou *Duvet d'*). [Le duvet de cet oiseau est de deux sortes : le fin dont on fabrique des chapeaux communs, et le gros dont on fait les lisières des draps noirs les plus fins.].........................	Exempt..... Droit de bal.	—	15 mars 1791. 24 nivôse 5.
Avelanède. [Cosse du gland de chêne. On s'en sert pour passer les cuirs.]........................	Exempt..... Droit de bal.	—	15 mars 1791. 24 nivôse 5.
Aventurines. [Pierres qui, sur un fond coloré et demi-transparent, offrent une multitude de petits points qui semblent dorés ou argentés. Il y en a de naturelles et d'artificielles : ces dernières sont un mélange de paillettes de cuivre et de verre en fusion.]...	Par 100 fr..	5— 0	............(3)

RENVOIS.

Aupte. *Voyez* Ouvrages de paille.
Autruche (Plumes d'). *Voyez* l'art. Plumes.
Avelines. *Voyez* Р uits.
Avignon (Graine d'). *Voyez* aux Graines.
Avoine (Gruau d'). *Voyez* Farine d'avoine.
Avoine. *Voyez* à Grains.

(1) Encore que le Tarif de 1664 ne parle pas de l'aulnée, c'est une droguerie.
(2) Je double le droit sur ce qu'on nomme *autour*, parce que s'il existe et que son seul usage soit d'entrer dans la composition du carmin, il doit suivre le régime de cette préparation.
(3) Je ne sais en vertu de quelle disposition, ni par quelle assimilation, les aventurines ont été tarifées à 5 pour 100 de la valeur ; elles étoient omises au Tarif de 1791, et, par leur nature et par leur usage, elles devroient être traitées comme Pierres fausses ou pintes.

Avirons *de bateaux*. [Longues pièces de bois, plates par un bout et rondes de l'autre. Elles servent à faire aller les bateaux sur les rivières.]..	*Le 100 en N.*	1.. 0	15 mars 1791.
Azur *de roche fin*, ou *Lapis lazuli*. [Pierre très-dure, opaque, d'un bleu vif, parsemé de paillettes ou de mica jaune, ou d'or ; elle est quelquefois d'un bleu foncé.].............. (1)	*Quintal net*.. Idem......	122..40 244..80	15 mars 1791. DI. 8 février 1810.
Azur *en pierre* ou *en poudre*. [C'est une vitrification de métaux, de sable et de soude d'Alicante fondus et mêlés ensemble. On en fait de plusieurs couleurs. Les émailleurs, les orfévres, les potiers de terre, etc., en font usage.]......... (2 et 3)	*Quintal*..... Idem...... Idem......	20— 0 20— 0 40.. 0	DI. 17 pluv. 17. 30 avril 1806. DI. 8 février 1810.
Azur, ou *Émail ouvré*. [Ce qui s'entend des ouvrages en émail non enrichis.]....................................	*Quintal*.....	91..80	15 mars 1791.
Balais *de bouleau* et autres communs. [Masse de branches très-menues liées ensemble.].............................	*Par 100 fr*.	5.. 0	15 mars 1791.
Ceux de *millet*........................	*Comme* Balais de Bouleau.		1 août 1792.
Balaustes *fines* et *communes*. [Ce sont les fleurs du grenadier sauvage. Elles sont d'un rouge purpurin et ont la forme d'une cloche pleine, dont les feuilles du calice sont très-échancrées. D'usage en médecine et quelquefois en teinture. On les réputefines lorsqu'elles sont revêtues de leurs pétales, et communes quand elles en sont dépouillées.].............	*Quintal*..... Idem......	5..10 10..20	15 mars 1791. DI. 8 février 1810.
Baleine *en fanons*. [Sorte de cornes noires qui se trouvent au lieu de dents dans la bouche du cétacée de ce nom.]...........	*Quintal*.... Idem...... Idem......	30—60 3— 6 30..60	15 mars 1791. 12 pluviôse 3. 3 frimaire 5.

RENVOIS.

Azarum. *Voyez* Asarum.
Azer. *Voyez* Assa-fœtida.
Babelaer. *Comme* Sucre candi. (*LD.* 20 *vend.* 13.)
Badiane. *Voyez* Anis étoilé.
Badille. *Voyez* Vanille.
Bagues d'Or ou d'Argent. *Voyez* Bijouterie ; Ouvrages à pierres de composition, ou Pierres fines et fausses, suivant le cas.
Bagues de Cuivre ou Etain. *Voyez* Mercerie.
Baies de laurier. *Voyez* Laurier.
Baies des autres plantes. *V.* à leurs noms propres.
Baillarge. *Voyez* Grains.
Baïonnettes. *Voyez* Armes blanches.
Balais de Crin. *Voyez* Brosserie.

(1) L'azur de roche, par lettre du 14 mai 1810, a été maintenu dans la classe des drogueries, où déjà il avoit été classé par le Tarif de 1664 et la loi du 22 août 1792.

(2) L'azur d'émail est réputé droguerie-épicerie par le Tarif de 1664, comme par lettre du 10 mai 1810.

(3) La loi du 15 mars 1791 tarifoit par quintal décimal l'*azur en pierre* ou *smalt* à 51 cent., l'*azur en poudre* ou *émail* à 6 fr. 12 cent., et l'*émail brut* à 12 fr. 24 cent. Ces trois dénominations ne désignant que la même marchandise, et le décret impérial du 17 pluviôse an 13 l'imposant à un même taux sous le nom générique d'*azur en poudre* ou *en pierre* (CD. 23 pluviôse 13.), je ne rapporte comme premier droit que celui de l'an 13 ; parce qu'étant la rectification de trois erreurs, il a semblé que ce seroit les perpétuer que de maintenir les différentes taxes de 1791, dans ces colonnes.

BALEINE *coupée* et *apprêtée*. [C'est celle fendue en baguettes et façonnée pour être employée à la fabrication des parapluies, manches de couteaux, etc.].............................	Quintal.....	61—20	15 mars 1791.
BALEINE (*Blanc de*). [C'est la cervelle du cachalot épurée par plusieurs fontes, et qu'on réduit en écailles huileuses. D'usage en médecine et dans la parfumerie.]................ (1)	Quintal..... Idem...... Idem...... Idem *net*..	30—60 3— 6 30—60 61—20	15 mars 1791. 12 pluviôse 3. 3 frimaire 5. DI. 8 février 1810.
BALEINE (*Bougies de blanc de*), ou de *Sperma ceti*. [Elles sont d'un poli supérieur à celui des plus belles bougies de cire, transparentes et ne tachent point les étoffes quand elles ne sont pas falsifiées.]..................................... (2)	Quintal.... Idem *net*..	61—20 122..40	15 mars 1791. DI. 8 février 1810.
BALLES *de paume*. [Petites pelottes rondes, faites ordinairement de rognures d'étoffes, recouvertes de drap ou de peau.]......	Quintal.....	12..24	15 mars 1791.
BAMBOUS. [Sorte de roseaux des pays maritimes des Indes orientales, de différentes grosseurs. Ils sont creux et moelleux en dedans, et divisés par des nœuds très-durs.].......................	Par 100 *fr*..	12.. 0	15 mars 1791.
BANDOULIÈRES et BAUDRIERS. [Les bandoulières sont des bandes de cuir, le plus souvent en buffle, servant à l'équipement des troupes; les baudriers se font actuellement en draps, sont galonnés et ne servent guère qu'aux Suisses d'églises ou d'hôtels.]	Quintal..... *Prohibés*....	40—80	15 mars 1791. 10 brumaire 5.
BANGUE. [Plante des Indes assez semblable au chanvre. Les Indiens en mangent les semences pour s'exciter à l'acte vénérien. Cette semence est moins blanche et plus menue que celle du chanvre.].. (3)	Quintal..... Idem......	6—12 12..24	15 mars 1791. DI. 8 février 1810.
BARBOTINE, ou *Semen-contra*. Semence menue, oblongue, verdâtre; d'une odeur désagréable, d'un goût amer et aromatique. C'est un vermifuge qui vient de Perse.]......................	Quintal..... Idem...... Idem...... Idem *net*..	10—20 30— 0 30— 0 60....	15 mars 1791. DI. 17 pluv. 13. 30 avril 1806. DI. 8 février 1810.

RENVOIS.

BALANCES, même du pays de Berg, comme ouvrages en fer, prohibées (*LD*. 21 *fruct*. 14.)
BALEINE (Huile de). *Voyez* l'art. Huiles.
BANDES de roues. *Voyez* Fers en verges.
BARBANÇONS. *Voyez* Poterie de terre.
BARBUES. *Voyez* Poterie de terre.

(1) Le blanc de baleine est dans l'Ordonnance de 1664 tarifé à drogueries-épiceries sous la dénomination de *nature de baleine*.

(2) Par cela que le blanc de baleine et le coton doivent le double droit, il est clair que les bougies de blanc de baleine le doivent également.

(3) D'après des renseignemens puisés dans les écrits des anciens visiteurs, il paroîtroit que c'est la semence de la bangue et non la plante elle-même qui est l'objet du tarif.

La bangue n'est pas reprise au Tarif de 1664; à proprement parler elle n'est pas une droguerie, mais elle doit le double droit comme production des Indes.

BARDANE (*Racine de*). [Plante à tiges anguleuses, lanugineuses et rougeâtres ; sa racine est longue, grosse, noire en dehors, blanche en dedans, d'un goût douceâtre.].............(1)	Quintal..... Idem......	0—51 1.. 2	15 mars 1791. DL. 8 février 1810.
BASIN *piqué*. [C'est une étoffe de coton, croisée.]...............	Quintal.... Prohibé....	306—0	15 mars 1791. 10 brumaire 5.
Celui *uni*................(2) *Sera traité comme* le Basin piqué......			1 août 1792.
BATEAUX, CANOTS et autres BATIMENS DE MER *hors d'état de servir*. (3)	Exempts.... Droit de bal.		15 mars 1791. 3 frimaire 5.
Les mêmes, *en état de servir*....................(4) Y compris leurs agrès et apparaux..................	Prohibés.... Idem..... Exempts.... Par 100 fr...	2..50	15 mars 1791. 13 mai 1791. 31 janvier 1793. 19 mai 1793.
Les mêmes, *de Savoie* (5) et du Rhin, *neufs*..........	Par 100 fr.,	10.. 0	15 mars 1791.
BATISTE. [Tissu de fil de lin très-fin et très-serré.].............	Kilogramme	12..24	15 mars 1791.
BATS. [Selles grossières dont on se sert particulièrement pour harnacher les ânes.].............................	Pièce......	0..56	15 mars 1791.

RENVOIS.

BAROMÈTRES. *Voyez* Instrumens de physique.
BAS. *Voyez* Bonneterie.
BASSES et CONTRE-BASSES. *Voyez* Instrumens de musique.
BATEAUX (Avirons de). *Voyez* Avirons.
BATIMENS de mer (Agrès et Apparaux de). *Voyez* Agrès et Apparaux de navires.
BATTEFEUX. *Voyez* Mercerie.

(1) La bardane qu'on nomme aussi *glouteron* ou *herbe aux teigneux*, n'est pas reprise au Tarif de 1664 ; toutefois cette plante sert en médecine.
(2) En disant que le Basin uni sera traité comme Basin piqué, c'est annoncer assez qu'il est compris dans la prohibition par la loi du 10 brumaire an 5.
(3) Les navires de prise ne doivent que le droit de balance. (*Même loi et 24 nivôse 5.*) Cette exemption s'étend aux droits de navigation. (*DM. 5 therm. 12.*) Les canons dont ils sont armés sont également exempts. (*Décis.* 11 mars 1806.).
(4) Ceux échoués ou vendus pour rester en France comme étant hors d'état de naviguer, doivent être considérés comme matières premières, et exempts du droit de deux et demi pour cent. (*LR. 25 brumaire 6.*)
L'admission des bâtimens étrangers n'autorise pas celle de la *francisation*, cependant les navires de prise peuvent l'obtenir sous certaines conditions. *Voyez* le Tarif de Navigation. (*CD. 23 pluviôse 10.*)
(5) L'importation des bateaux de Savoie n'est plus assujettie aux droits depuis la réunion de ce pays à la France.

Désignation	Droits		Date
BATTIN non ouvré. [Espèce de jonc qui croît sur les bords de la mer, et qu'on nomme aussi *Sparte*. On en fabrique des cordes, des tapis, des nattes, etc.] .... (1)	*Exempt*...... *Droit de bal.*	....	15 mars 1791. 24 nivôse 5.
BAUME du Canada. [Résine plus ou moins liquide, très-limpide, presque sans couleur ni odeur, mais d'un goût de térébenthine le plus agréable.]	*Kilogr. net.*. Idem......	1— 2 2.. 4	15 mars 1791. DI. 8 février 1810.
BAUME de Copahu. [Liqueurs d'un arbre de l'Amérique, dont celle qui sort d'abord des incisions est huileuse, d'un blanc jaunâtre et d'odeur aromatique; l'autre a la consistance du miel et une odeur pénétrante.]	*Kilogr. net.*. Idem...... Idem...... Idem......	0—51 1—50 1—50 3.. 0	15 mars 1791. DI. 17 pluv. 13. 30 avril 1806. DI. 8 février 1810.
BAUME du Pérou, noir, liquide, sec. [Il y en a de trois espèces: le *blanc*, qui est liquide; le *rouge*, qui est sec; le *noir ou brun*, qui est liquide. Tous trois sont odorans, et découlent d'un arbre du Pérou, du Mexique et du Brésil.]	*Kilogr. net.*. Idem...... Idem...... Idem......	2—55 6— 0 6— 0 12.. 0	15 mars 1791. DI. 17 pluv. 13. 30 avril 1806. DI. 8 février 1810.
BAUME de la Mecque. [Il est liquide, blanc jaunâtre, et d'une odeur approchant celle de l'huile de citron. Il découle du *xilobalsamum*.]	*Kilogr. net.*. Idem......	2—55 5..10	15 mars 1791. DI. 8 février 1810.
BAUME du Tolu. [Il est résineux, glutineux, de couleur d'or ou d'un blond roussâtre, d'odeur du benjoin et d'un goût agréable. On en apporte de deux espèces, l'une renfermée dans de petites callebasses bouchées avec un épi de maïs dont on a retiré le grain, et l'autre en masses, dans des caisses ou tonneaux.] ..	*Kilogr. net.*. Idem......	2—55 5..10	15 mars 1791. DI. 8 février 1810.
BDELIUM. [Gomme odorante, jaunâtre ou roussâtre, qui découle d'un arbre épineux des Indes. On l'apporte en morceaux transparens de différentes figures. Il s'amollit dans la bouche et s'attache aux dents]	*Quintal*..... Idem......	12—24 24..48	15 mars 1791. DI. 8 février 1810.
BEN (Noix de). [Fruit oblong, arrondi ou triangulaire, couvert d'une coque grise, contenant une amande blanchâtre et assez grosse, dont on retire par expression une huile inodore qui ne rancit point en vieillissant.] .... (2)	*Quintal*..... Idem......	12—24 24..48	15 mars 1791. DI. 8 février 1810.

RENVOIS.

BATTIN ouvré. *Voyez* Nattes de jonc ou Ouvrages en jonc, suivant la qualité, et s'il est en cordes, il sera traité comme cordages de jonc. (*LD. 6 févr. 1806.*)
BAUDRIERS. *Voyez* Bandoulières.
BAUME de Riga. *Comme* Drogueries omises. (*LD. 20 janv. 1806.*)
BÊCHES. *Voyez* Quincaillerie.
BELEMNITES. *Voyez* Plin.

(1) L'exemption qui lui est accordée est fondée sur ce qu'il est matière première; ainsi, jusqu'à ce qu'il a reçu une main-d'œuvre quelconque, il devient susceptible des droits suivant l'usage auquel il est employé. (*Voyez* NATTES ou OUVRAGES EN JONC.)
(2) *Voyez* la note 1 de la page suivante.

Ben (*Semences de*). Cette semence n'est autre chose que la noix de Ben débarrassée de sa coque, en un mot l'amande elle-même, que les Indiens vendent comme les fèves au marché.] .... (1)	Quintal..... Idem......	4— 8 8..16	15 mars 1791. DI. 8 février 1810.
Benjoin *de toute sorte*. [Gommes résineuses fort odorantes qui sortent d'un bel arbre des Indes par incision. On l'apporte en larmes claires, tranparentes et rougeâtres, ou en masses de couleur grise, jaunâtre ou rougeâtre, ayant des larmes blanches à l'intérieur.]..................................	Quintal..... Idem *net*.. Idem *net*.. Idem *net*..	20—40 60— 0 60— 0 120.. 0	15 mars 1791. DI. 17 pluv. 13. 30. avril 1806. DI. 8 février 1810.
Bestiaux *de toute sorte, comme* Agneaux, Béliers, Bœufs, Boucs, Brebis, Chevreaux, Chèvres, Cochons, Génisses, Moutons, Taureaux, Vaches et Veaux.]....................	*Exempts*..... Idem......	....	15 mars 1791. 24 nivôse 5.
Betel (*Feuilles de*). Plante des Indes orientales qui s'attache comme le lierre. Ses feuilles ressemblent à celles du citronnier et ont un goût d'amertume.] .... (2)	Quintal..... Idem *au net*.	20—40 40..80	15 mars 1791. DI. 8 février 1810.
Beurre *frais*. [Substance grasse et onctueuse, de couleur jaune clair; d'usage en cuisine.]	*Exempt*..... *Droit de bal*.	....	15 mars 1791. 24 nivôse 5.
Celui *salé* et *fondu* (ainsi apprêté pour pouvoir le conserver)	Quintal..... *Exempt*..... *Droit de bal*.	5—10	15 mars 1791. 19 mai 1793. 24 nivôse 5.
Beurre *de Saturne*. [Médicament onctueux, de couleur jaunâtre et d'odeur de vinaigre.] .... (3)	Quintal..... Idem......	5—10 10..20	15 mars 1791. DI. 8 février 1810.
Bezoard. [Pierres qui se trouvent dans le corps de certains animaux des Indes, et qui diffèrent par la forme, le volume et la couleur : il y en a d'olives ou grises, de cendrées ou blanchâtres, de blanches verdâtres et de noirâtres. Ce sont des sudorifiques.]..................................	Quintal *net*. Idem	122—40 244..80	15 mars 1791. DI. 8 février 1810.

RENVOIS.

Bergamotte. *Voyez* à Fruits.
Bergamotte (Écorce de). *Voyez* aux Écorces.
Bergamotte (Esprit ou Essence de). *Voyez* Esprit de bergamotte.
Beurre de cacao. *Voyez* Huile de cacao.
Beurre de nitre. *Voyez* Nitre.
Beurre de pierre. *Voyez* Kamine mâle.
Beurre de salpêtre. *Voyez* Nitre.

(1) Le droit le plus fort paroîtroit donc n'être applicable qu'aux amandes de ben revêtues de leurs coques; cependant ces coques ne sont d'aucun usage et ne donnent point de qualité au ben. Il existe bien une autre espèce de ben; mais il présente les mêmes difficultés que celui-ci, nommé par Linné *guilandina moringa*... Il y a donc erreur dans l'une ou l'autre des tarifications de la loi du 15 mars 1791.
(2) Le betel n'est pas repris dans la nomenclature des drogues du Tarif de 1664, et en effet, ce n'en est pas positivement une; toutefois il doit le double droit comme productions des Indes.
(3) Le beurre de Saturne n'étoit pas repris au Tarif de 1664.

Bière. [Liqueur brassée avec du sucrion et de la fleur de houblon, dont les habitans du nord de l'Europe font leur boisson ordinaire.]	268 *litres*....	10— 0	15 mars 1791.
	Idem......	1— 0	12 pluviôse 3.
	Idem......	10— 0	3 frimaire 5.
	Idem......	15.. 0	DI. 17 pluv. 13 et loi du 30 avr. 1806.
Bière (*Levain de*). [Écume qui provient de la bière en fermentation, et qui sert de levure aux boulangers, etc.]. (1) *Comme omis*.	*Par* 100 *fr*..	3.. 0	22 août 1791.
Bijouterie *de toute sorte*. [Ce qui comprend les divers ouvrages en or et argent ou garnis de ces matières, tels que Bagues, Boites, Boucles d'oreilles, Boutons, Brasselets, Breloques, Cachets, Chaines de montres, Colliers, dez à coudre, Étuis, Flacons, Garnitures de toilettes, et enfin toute espèce de Bijoux.]..(2)	*Par* 100 *fr*..	12.. 0	15 mars 1791.
Bimbeloterie. [On comprend sous ce nom tout ce qui sert à l'amusement des enfans, les Joujous coulés en plomb ou faits en bois, les Poupées, Chapelles, etc.]............ (3)	*Par* 100 *fr*..	12— 0	15 mars 1791.
	Comme Mercerie commune.	...... —	1 août 1792.
	Quintal.....	80.. 0	DI. 17 pluv. 13 et loi du 30 avr. 1806.
Biscuit *de mer*. [C'est du pain qui a reçu deux cuissons.].........	*Exempt*......	...... —	15 mars 1791.
	Droit de bal.	......	24 nivôse 5.
Bistorte. [Plante ainsi nommée parce que sa racine, noirâtre, oblongue et noueuse, est repliée sur elle-même comme un serpent. Elle sert en médecine.].............. (4)	*Quintal*.....	1—53	15 mars 1791.
	Idem......	3.. 6	DI. 8 février 1810.
Bistre. [Couleur brune et un peu jaunâtre dont les dessinateurs se servent pour faire les lavis. Il se met dans le commerce en petits pains d'un brun foncé.].............. (5)	*Quintal*.....	1—53	15 mars 1791.
	Idem......	3.. 6	DI. 8 février 1810.
Bitumes, *autres que ceux dénommés au présent Tarif*. [Les bitumes sont, comme les huiles et les graisses, composés d'hydrogène, de carbone et d'azote, mais dans un état particulier et modifiés par l'oxigène : ils sont ou fluides, ou dans un état de mollesse, ou secs et friables. On en rencontre dans le sein de la terre et quelquefois nageant à la surface des eaux.]... (6)	*Quintal*.....	2— 4	15 mars 1791.
	Idem......	4.. 8	DI. 8 février 1810.

RENVOIS.

Bigarrades. *Voyez* Fruits.
Bismuth. *Voyez* Étain de glace.
Bisnague. *Voyez* Visnage.
Bisquains. *V.* Peaux de moutons avec la laine.
Bitume de Judée. *Voyez* Asphalte.

(1) C'est par décision du 8 germinal an 10 que ce droit a été appliqué au levain de bière.
(2) *Voyez* la note à Argent, pour le droit de garantie, et observer que par arrêté du 1.er messidor an 6, les ouvrages de joaillerie dont la monture est très-légère et contient des pierres ou perles, dont la surface est entièrement éraillée, ou, enfin, qui ne pourroient supporter l'empreinte sans détérioration, sont aussi dispensés du droit de garantie. (*Code* n.° 415.)
La bijouterie cassée ne doit que le droit de balance, comme matière première.
(3) La bimbeloterie doit être accompagnée d'un certificat d'origine.
(4) La bistorte n'étoit pas reprise au Tarif de 1664.
(5) Le bistre n'étoit pas repris au Tarif de 1664 et ce n'est pas une droguerie ; toutefois il a été décidé que le décret du 8 février 1810 lui étoit applicable.
(6) L'espèce seule du bitume peut indiquer si elle doit ou non être considérée comme drogue... toutefois, comme la plupart sont effectivement des drogueries, je leur applique le décret du 8 février 1810, sous la restriction de ne percevoir que le simple droit si le bitume présenté n'étoit pas une drogue.

Désignation	Unité	Droit	Date
BLANC à l'usage des femmes. [Matière blanche, pesante et pulvérante. Il y en a aussi de liquide.]	Quintal.....	48..96	15 mars 1791.
BLANC de plomb, en écailles. [Ce sont des morceaux de plomb dissous par la vapeur du vinaigre et convertis en une matière blanche et cassante. On l'emploie dans les onguens, dans la peinture et on en fait la céruse. (1)	Quintal..... Idem......	12..24 20..0	15 mars 1791. DI. 11 juillet 1810.
BLEU de Prusse. [Couleur qui sert en peinture et qui est faite avec une lessive de sel alcali calcinée avec une substance animale, une dissolution de vitriol vert et d'alun.] (2)	Quintal..... Idem net..	61—20 122..40	15 mars 1791. DI. 8 février 1810.
BOIS d'acajou. [Arbre qui naît dans l'Amérique, le Brésil et les Indes. Il est fort dur et d'une couleur rougeâtre plus ou moins foncée, veiné ou moucheté. On l'apporte en madriers de 3 à 4 mètres de long sur 60 à 150 centimètres de large. On en fait les plus beaux meubles.] (3)	Quintal..... Idem...... Idem...... Idem...... Idem......	15—0 15—0 25—0 25..0 50..0	AC. 3 therm. 10. 8 floréal 11. DI. 17 pluv. 13. 30 avril 1806. DI. 8 février 1810.
Le même, venant des Colonies françaises	Exempt. Idem...... Quintal..... Idem...... Idem...... Idem...... Idem...... (3)	.—. .—. 10—0 10—0 20—0 20..9 40..0	29 mars 1791. 11 septembre 1793. AC. 3 therm. 10. 8 floréal 11. DI. 17 pluv. 13. 30 avril 1806. DI. 8 février 1810.
BOIS à bâtir et à brûler	Exempt.... Droit de bal.	.—.	15 mars 1791. 24 nivôse 5.
BOIS de Buis. [Il y en a de deux espèces, le nain qu'on emploie pour bordures dans les jardins, et la grande sorte dont il est ici question, qui a un bois dur, compacte, pesant, jaune et sans moelle. Il est employé par les tourneurs, graveurs et très-peu en médecine.]	Quintal.....	2..4	15 mars 1791.
BOIS de construction navale ou civile	Exempt.... Droit de bal.	.—.	15 mars 1791. 24 nivôse 5.

RENVOIS.

BLANC de baleine. *Voyez* Baleine.
BLÉ. *Voyez* Grains.
BLEU MINÉRAL dont le cuivre fait la base. *Comme* drogueries omises. (*LD*. 25 mai 1810.)
BLONDES de fil. *Voyez* Dentelles.
BŒUFS. *Voyez* Bestiaux.
BOIS d'aloès. *Voyez* Aloès.
BOIS d'aspalat. *Voyez* l'art. Aloès.
BOIS de baume. *Voyez* l'art. Aloès.
BOIS de chêne. (Ecorces de). *Voyez* à l'article Écorces.
BOIS de crabe. *Voyez* à Girofle.

(1) Le blanc de plomb n'étoit pas réputé drogue par le Tarif de 1664... toutefois une lettre du 25 mai 1810 l'avoit, a assez juste titre, rangé dans cette classe... mais, par circulaire du 19 juin 1810, il a été reporté à marchandises et depuis le décret du 11 juillet l'a tarifé à 20 fr. en rappelant le droit primitif.
(2) Par décision du 10 août 1786, le Bleu de Prusse fut classé à drogueries, et il y a été maintenu par lettres des 10, 14 et 22 mai 1810.
(3) Les bois d'Acajou en planches ou en feuilles doivent le même droit que ceux en madriers (*LD*. 20 *fructidor* 10.)
C'est comme production des Indes que le bois d'acajou se trouve frappé par le décret du 8 février 1810.

Bois d'éclisses. [Bois fendu en planches très-minces, pour tamis, seaux, cribles, etc.] .... } Par 100 fr.	5..	0	15 mars 1791.
Bois feuillard. [Ce sont des lattes à faire cercles, cerceaux, etc.] (1) Le 1000 en N.	0..25		15 mars 1791.
Bois de marqueterie et de tabletterie. [Ce sont le bois benoist fin, fond jaunâtre à veines rouges; bois de citron, jaunâtre; bois de corail, rougeâtre; bois de la Chine, violet; bois d'ébène, qui est noir; bois de fer, rougeâtre; bois de lettres, jaune ou fond rouge moucheté de jaune; bois de palixandre, d'un violet marbré; bois de rose, qui est d'un rose veiné; bois satiné ou bois de férolle, fond rouge veiné de jaune; bois tapiré, mêlé de rouge et de jonquille; bois vert, ainsi nommé de sa couleur, etc.] .... (2) Exempts. Droit de bal. Quintal..... Idem..... Idem.....	15— 15— 30..	0 0 0	15 mars 1791. 24 nivôse 5. AC. 3 therm. 10. 8 floréal 11. DI. 8 février 1810.
Les mêmes, venant des Colonies françaises .... Exempts. Idem..... Quintal..... Idem..... Idem.....	10— 10— 20..	0 0 0	29 mars 1791. 11 septembre 1793. AC. 3 therm. 10. 8 floréal 11. DI. 8 février 1810.
Bois merrain. [Ce sont des planches de chêne apprêtées pour douves de tonneaux.] .... } Exempt. Droit de bal.			15 mars 1791. 24 nivôse 5.
Bois néfrétique, pour la médecine et les parfumeurs. [C'est un bois d'un jaune rougeâtre, qui est apporté de la Nouvelle-Espagne en gros morceaux sans noeuds.] .... } Quintal net. Idem.	51— 102..	0 0	15 mars 1791. DI. 8 février 1810.
Bois ouvrés, de toute sorte. [Ce qui s'entend de tous les ouvrages en bois non tarifés particulièrement.] .... (3) } Par 100 fr.	15..	0	15 mars 1791.
Bois en planches et madriers. .... (4) Exempt. Droit de bal.			1 août 1792. 24 nivôse 5.

RENVOIS.

Bois d'éventails communs. *Voyez* Bois ouvré.
Bois d'éventails enrichis. *Voyez* Bijouterie.
Bois de gaïac. *Voyez* Gaïac.
Bois de girofle. *Voyez* à Girofle.
Bois de miroirs non enrichis. *Voyez* à Mercerie commune.

(1) Les *échalats* doivent 25 centimes du mille en nombre, comme bois feuillard. (*Décis. du DG., du 26 germinal 10.*)
(2) Par décision du 16 pluviôse an 11, le *bois de Cayenne* ou *bois satiné de Férolle*, est traité comme *bois de marqueterie*. — Même classification pour le *bois de palixandre*, par LM. du 24 messidor an 13, et pour le *bois rouge* par lettre du 20 janvier 1806.
C'est comme productions des Indes, que ces différens bois sont soumis au double droit.
(3) Cet article est aussi repris à OUVRAGES en bois.
(4) Ces bois entrant par les départemens de la Lys, de l'Escaut et des Deux-Nèthes, doivent 10 pour 100. *Voyez* Bois sciés.
Mais les madriers, fascines, venant de Hollande pour les réparations des digues des polders des départemens de l'Escaut et des Deux-Nèthes, ne doivent que le droit de balance. (*Décis. du DG*., relatée dans la circulaire du directeur d'Anvers, du 5 brumaire an 13.)
Les bois disposés pour le charronnage, et qui n'ont reçu d'autre main-d'œuvre que la division et le dégrossissement, doivent être admis en exemption de droits. (C.L. 20 mars 1792.) Ils sont néanmoins passibles du droit de balance.

Désignation	Unité	Droits	Date
Bois de Rhodès, à l'usage des parfumeurs. [Il est tiré d'un arbre fort haut qui croît aux Canaries, à la Martinique, etc. Son bois est de couleur jaunâtre, d'odeur de rose : il est couvert d'une écorce blanchâtre ; son cœur est jaspé de blanc, de noir et de jaune.].. (1)	Quintal..... Idem......	10—20 20..40	15 mars 1791. DI. 8 février 1810.
Bois de santal citrin. [Il est apporté de l'Inde en bûches mondées de leur écorce. Ce bois est compacte, pesant, de couleur citrine, d'une odeur douce et fort agréable. Il sert en médecine, aux parfumeurs et même aux tourneurs et tabletiers,]....(1 et 2)	Quintal..... Idem net..	20—40 40..80	15 mars 1791. DI. 8 février 1810.
Bois sciés, venant de l'étranger par les départemens de la Lys, de l'Escaut et des Deux-Nèthes................................... (3)	Par 100 fr.	10..0	19 thermidor 4.
Bois à tan. [C'est principalement l'écorce de chêne qui est épaisse, raboteuse, crevassée et rude.]............................ (4)	Exempt..... Droit de bal........		15 mars 1791. 24 nivôse 5.
Bois de teinture. [Ce sont ceux dont on peut retirer quelque couleur, tels que ceux du Brésil ou Fernambouc, de Campêche ou d'Inde, le fustet, le fustok, le bois de sang, le bois jaune, etc.] Quand il est en BÛCHES ou ÉCLISSES................. (5)	Exempt...,— Droit de bal.......		15 mars 1791. 24 nivôse 5.
Ceux moulus. [Ce sont les mêmes réduits en très-petites parties.]...	Quintal,... Idem...... Idem...(5)	6—12 10..0 20..0	15 mars 1791. 9 floréal 7. DI. 8 février 1810.
Boîtes de bois blanc...	Quintal.....	15..30	15 mars 1791.
Boîtes et Tabatières de carton et de papier,....................	Quintal.....	183..60	15 mars 1791.

RENVOIS.

Bois tamaris. *Voyez* Tamaris.
Bois. Pour les autres espèces, *voyez* à leurs noms propres.

(1) Ces bois, comme productions des Indes, doivent le double droit.
(2) Il y a deux autres espèces de santal, l'un blanc et l'autre rouge. Ils servent également en médecine et en teinture. Sur la question de savoir à quel droit devoit être imposé le *bois de santal rouge*, il a été répondu qu'il doit être rangé dans la classe de ceux de Brésil et de Campêche ; et qu'il n'est passible que du droit de balance. (L. 7 mai 1806.)
(3) La Belgique a beaucoup de bois et un grand nombre de moulins à scier ; le droit prohibitif de 10 pour 100 a été déterminé par la crainte de voir ces moulins sans activité.... — Par les autres départemens, ces bois ne doivent que les droits de balance. *Voyez* l'article Bois *en planches*.
(4) *Voyez* aussi Écorces *de chêne*.
(5) Les bois de teinture sont dispensés du certificat d'origine. Ils sont soumis au double droit comme productions des Indes. — Toutefois le droit de balance, n'étant pas un droit de Douanes, ne peut être doublé.

Boîtes et Tabatières de cuir...............................	Quintal....	183—60	15 mars 1791.
	Prohibées.........		10 brumaire 5.

Bol d'Arménie. [Terre argileuse, très-pesante, grasse, friable, d'un goût astringent, de couleur de safran ou rougeâtre, et d'usage en médecine. Ce bol s'attache à la langue, teint les mains, et se divise facilement dans l'eau. On l'emploie aussi pour dorer.]	Quintal....	4— 8	15 mars 1791.
	Idem..	8..16	DI. 8 février 1810.

Bonneterie de laine ou étame................................	Quintal...	204— 0	
de coton...	Idem...	285—60	
de fil...	Idem...	183—60	
de laine, fil et coton, poil et autres matières mêlées...	Idem...	183—60	
de poil de lièvre, de lapin et de chèvre..............	Idem...	183—60	15 mars 1791.
de filoselle ou fleurets...............................	Kilogramme.	9—18	
de soie...	Idem...	12—24	
de soie mêlée d'autres matières......................	Idem...	9—18	
de castor...	Idem...	3—57	
de vigogne...	Idem...	3— 6	
Bonneterie de toute espèce...............................	Prohibée...		1 mars 1793.
Celle en laine............... Moitié des droits du Tarif de 1791.			12 pluviôse 3.
Bonneterie de toute espèce, de coton ou en laine, unie ou mélangée.. (1)	Prohibée...		10 brumaire 5.

Borax brut ou gras. [Sel minéral qui se trouve principalement en Perse. Il est graisseux et rougeâtre, ou grisâtre en sa superficie.]	Quintal....	6—12	15 mars 1791.
	Idem...	25— 0	DI. 17 pluv. 13.
	Idem...	25— 0	30 avril 1806.
	Idem net..	50.. 0	DI. 8 février 1810.

Borax purifié et raffiné. [Il est en cristaux blancs, nets et à demi-transparens. D'usage en médecine.]..................	Quintal....	25—50	15 mars 1791.
	Idem net.	90— 0	DI. 17 pluv. 13.
	Idem net.	90— 0	30 avril 1806.
	Idem net.	180.. 0	DI. 8 février 1810.

Boules de mail. [Elles sont ordinairement de buis, et servent à jouer à ce jeu.]................................... (2)	Quintal....	8..16	15 mars 1791.

RENVOIS.

Boîtes fermées. *Voyez* Mercerie commune.
Boîtes de sapin peintes. *V.* Mercerie commune.
Bottes, Bottines. *Voyez* Cordonnerie.
Bouchons de liège. *Voyez* Liège ouvré.
Boucles de cuivre. *Voir* la note à Mercerie fine.
Boucles de fer. *Voyez* Mercerie commune.
Boucles d'oreilles en or. *Voyez* Bijouterie.
Boucles d'oreilles en pierres fausses ou fines. *Voyez* Pierres fausses ou fines.
Boucs. *Voyez* Bestiaux.
Bougettes. *Voyez* Mercerie commune.
Bougies de Blanc de Baleine. *Voyez* Baleine.
Bougies de Cire. *Voyez* Cire ouvrée.
Bougran. *Voyez* Toile gommée.

(1) Cette disposition annulle l'exception faite par la loi du 12 pluviôse an 3; ce qui fait que toutes les espèces de Bonneterie sont prohibées. On ne doit pas comprendre dans la Bonneterie le Tricot en pièces, servant à faire des vêtemens.
La bonneterie de coton, quoique provenant de prises, ne peut être admise dans la consommation....; elle doit être réexportée. (*Voyez* Marchandises de prises.)

(2) Les boules de mail, comme ouvrages de tabletterie, devroient être prohibées.

Désignation	Unité	Droits	Date
BOULES de terre. [Ce sont des tourbes ou mottes faites d'une espèce de terre noirâtre : elles servent à faire du feu. On les nomme *boules* parce qu'on leur donnoit autrefois cette forme.]	Exemptes... Droit de bal.	— 15 mars 1791. 24 nivôse 5.	
BOURDAINE. [Grand arbrisseau à écorces noirâtres, du genre nerprun, dont le bois, qui est blanc et tendre, fournit le charbon le plus léger ; aussi est-il employé pour la fabrication de la poudre à feu.]	Exempte... Droit de bal.	— 15 mars 1791. 24 nivôse 5.	
BOURGEONS *de sapin*. [Ce sont les boutons épanouis et développés de cet arbre.] (1)	Quintal..... Idem......	1—53 15 mars 1791. 3..6 DI. 8 février 1810.	
BOURRES ou PLOCS *de toutes sortes*, comme *rouge* et autres à faire lits, *lanisse* ou *nolisse*, *tontisse*, de chèvres, etc. [On nomme *bourre* le poil des animaux que les tanneurs détachent des peaux lorsqu'ils les préparent. Celle *tontisse* provient de la tonte des draps.]	Exemptes... Droit de bal.	— 15 mars 1791. 24 nivôse 5.	
BOUTARGUE. [On donne ce nom, sur les côtes de la Méditerranée, à une préparation des œufs de Muge, poisson à tête grosse et à corps oblong.]	Quintal.....	6..12 15 mars 1791.	
BOUTONNERIE *de toute sorte*, savoir :			
Boutons de fil d'or fin, trait ou clinquant............	Kilogramme.	18—36	
de fil d'argent............................	Idem......	14—28	
de soie...................................	Idem......	6—12	
de soie mêlée de crin, de poil, de fil, de laine et autres matières........................	Idem......	2—4	15 mars 1791.
de fil...................................	Quintal.....	204—0	
de laine.................................	Idem......	146—88	
d'étoffes, de draps et autres faits au métier....	Idem......	40—80	
de nacre de perle........................	Idem......	81—60	
de cuivre ou d'autres métaux.............	Idem......	110—16	
de crin............. Comme Boutons de soie mêlée de crin.			
Boutons de cuivre ou d'autres métaux................	Prohibés...	—	1 août 1792.
			1 mars 1793.
Boutonnerie de toute espèce............... (2)	Prohibée...	—	10 brumaire 5.

RENVOIS.

BOULETS et BOMBES. *Voyez* Munitions de guerre.
BOURRE de soie. *Voyez* Soies.
BOURSES à cheveux. *Voyez* Mercerie fine.
BOURSES de Cuir, de Fil et de Laine. *Voyez* Mercerie commune.
BOUSSOLES. *Voyez* Instrumens d'astronomie.
BOUTEILLES de Grès. *Voyez* Poterie de terre.
BOUTEILLES de Verre. *Voyez* Verre en Bouteille.
BOUTONS. (Moules de). *Voy.* Moules de Boutons.
BOUTONS de Coco. *Voyez* Mercerie commune.
BOUTONS de manches en Étain. *Voyez* Mercerie commune.

(1) Les bourgeons de sapin n'ont pas été repris au Tarif de 1664, toutefois, comme ils ne servent qu'en médecine, ils doivent le double droit ; une lettre du 25 mai 1810, l'a d'ailleurs décidé ainsi.

(2) On en excepte, en vertu de la loi du 19 pluviôse an 5, les Boutons de coco, ceux de manches en étain et autres métaux communs, qui sont classés dans la Mercerie. (Voir cet article.).

Brai gras et Goudron. [Le goudron est une substance noirâtre, assez liquide, qu'on retire par la combustion des pins dans des fourneaux construits exprès. Le brai gras se fait par une opération peu différente avec le même bois, mais plus vert et plus menu, et au moyen d'un feu plus lent. Il est moins liquide que le goudron; mais on donne du corps à ce dernier en y mêlant du gros rouge en poudre. Tous deux servent également à caréner et à enduire les vaisseaux.] (1)	120 à 150 kil. Idem. Idem.	0–75 0–15 0..75	15 mars 1791. 12 pluviôse 13. 3 frimaire 5.
Brai sec et Arcanson. [C'est le résidu de la distillation de la résine de pin et de sapin ; c'est-à-dire, la résine dont on a retiré l'huile essentielle.]	Quintal. Idem. Idem. Idem.	0–51 0–10 0–51 3..0	15 mars 1791. 12 pluviôse 3. 3 frimaire 5. 30 avril 1806.
Briques, Tuiles et Carreaux de terre. [Terre argileuse pétrie et moulée, puis séchée au soleil et ensuite cuite au feu. Servant à la bâtisse.]	Le 1000 en N.	0..75	15 mars 1791.
Bronze ou Airain non ouvré. [Alliages de cuivre, de zinc et d'une fort petite quantité d'étain. Ils ne diffèrent que par la proportion de l'étain.] (2)	Quintal.	12..24	15 mars 1791.
Bronze ouvré, en statues, vases, urnes et autres ornemens de bronze.] (3)	Quintal. Prohibé.	61–20	15 mars 1791. 10 brumaire 5.
Brosses et Brosserie. [Ce qui comprend les vergettes, balais de crin, etc.]	Comme Mercerie commune.		15 mars 1791.
Brun-Rouge. [Oxide de fer naturellement jaune, mais auquel la calcination donne une couleur rouge obscure. D'usage en peinture.] (4)	Quintal.	0..51	15 mars 1791.
Bruyères à faire vergettes. [Sous-arbrisseau dont les rameaux petits et très-souples sont employés pour la brosserie.]	Quintal.	0..51	15 mars 1791.

Bracelets. *Voyez* Bijouterie.
Branches. *Voyez* aux noms propres des arbres.
Brebis. *Voyez* Bestiaux.
Breloques en or et argent. *Voyez* Bijouterie.
Brides et Bradone. *Voyez* Harnois.
Briquets limés. *Voyez* Mercerie commune.
Broches. *Voyez* Quincaillerie fine.
Brou de noix. *Voyez* Écorces de noix.
Buis (Bois de). *Voyez* Bois de buis.

(1) Le droit de 4 fr. sur la poix-résine, imposé par le décret du 17 pluv. an 13, est réduit à 5 fr. sur le brai sec, poix grasse, poix noire et poix-résine, qui ne forment qu'une espèce préparée : le goudron reste seul dans la classe soumise au droit primitif de 75 cent. le baril ordinaire. (*Développemens donnés par M. le Directeur général, en date du 28 mai 1806.*)

Le Bulletin des Lois dans lequel la loi du 30 avril 1806 est inséré, cote le brai gras à 3 francs du quintal; les développemens ci-dessous, donnés par le Directeur Général, maintiennent le goudron au taux de 75 centimes.... Entend-t-on faire actuellement une différence entre le brai gras et le goudron, qui ont toujours été soumis aux mêmes droits, et qui dans la réalité sont la même chose, ou bien le Bulletin des Lois a-t-il fait une faute d'impression?

(2) Les bronzes en vieux canons seront traités comme cuivre en rosette, mitraille et lingots. (*Décision du 1 complém. 12.*)

(3) Voyez le dernier paragraphe de la note 2 à l'art. Ouvrages : ceux des Arts sont exceptés de la prohibition.

(4) Le Tarif de 1664, avoit classé le rouge-brun, comme terre rouge, à marchandises. Mais le rouge d'Inde étoit réputé droguerie... Le tarif de 1791, tire le brun-rouge à 51 cent., et la terre rouge ou rouge d'Inde, à néant; de manière donc, qu'en 1664, on disoit, que le brun-rouge étoit de la terre rouge et non pas du rouge d'Inde, et au contraire, en 1791, on prétend, que la terre rouge est du rouge d'Inde et non pas du brun-rouge.... Voilà bien se torturer sans sujet, car, enfin, ces différens rouges ne sont dans la réalité que de l'ochre de fer plus ou moins soumis à l'action du calorique.

BURAILS et CRÉPONS de Zurich. [Étoffes croisées, entièrement de laine, dont celle de la chaîne est filée plus torse que celle de la trame. Les pièces ont ½ de large sur 26 aunes de long.]	Quintal	142..80	DM. 28 brum. 9.
CACAO et EPLUCHURES DE CACAO (1). [Amandes un peu plus grosses qu'une olive, charnues, lisses, de couleur brunâtre, d'odeur très-agréable. Elles forment le principal ingrédient du chocolat, et croissent sur un arbre de l'Amérique, enveloppées au nombre de vingt-cinq à quarante, dans un fruit ayant à-peu-près la forme d'un concombre.] (2)	Quintal net	51— 0	15 mars 1791.
	Idem	5—10	12 pluviôse 3.
	Idem	20—40	3 frimaire 5.
	Idem	75— 0	AC. 3 therm. 10.
	Idem	75— 0	8 floréal 11.
	Idem	120— 0	DI. 17 pluv. 13.
	Idem	200— 0	DI. 4 mars 1806.
	Idem	200— 0	30 avril 1806.
	Idem net	400.. 0	DI. 8 février 1810.
Celui venant des Colonies françaises (3)	Par 100 fr.	3— 0	29 mars 1791.
Plus, un droit additionnel par	Quintal net	2—55	Même loi.
	Mêmes droits		27 août 1792.
	Mêmes droits		12 mars 1793.
	Exempt		11 septemb. 1793.
	Idem		3 frimaire 5.
Pour droit d'entrée	Quintal net	6— 0	AC. 3 therm. 10 et
Pour droit de consommation	Idem	44— 0	loi du 8 flor. 11.
Pour droit d'entrée	Quintal net	6— 0	DI. 17 pluv. 13.
Pour droit de consommation	Idem	89— 0	Même décret.
Pour droit d'entrée	Quintal net	6— 0	DI. 4 mars 1806.
Pour droit de consommation	Idem	169— 0	30 avril 1806.
Pour droit d'entrée	Quintal net	12.. 0	DI. 8 février 1810.
Pour droit de consommation	Idem	338.. 0	Même décret.

RENVOIS.

BURATS de laine. *Voyez* Draperie.
CABAS. *Voyez* Ouvrages d'osier.
CABLES. *Voyez* Cordages et Cordages usés.
CABRIS. *Voyez* Bestiaux.
CACAO (Beurre de). *Voyez* aux Huiles.
CACAO en pâte. *Voyez* Chocolat.
CACHETS. *Voyez* Bijouterie, ou Pierres fausses et fines, ou Ouvrages à pierres de composition, suivant le cas.

(1) Une lettre du 3 juillet 1807 ordonne de classer les pelures de cacao parmi les drogueries omises.... Il faut une bien grande habitude pour distinguer les pelures des épluchures.

(2) Les droits d'entrée et de consommation sur les Cafés et Cacaos seront perçus au net. La tare à déduire sera, pour ceux en futailles, de 12 pour 100; elle ne sera que de 3 pour 100 lorsqu'ils arriveront en sacs. (8 *floréal* 11.) *Voyez* les différentes notes des articles DENRÉES COLONIALES.

(3) Cette loi déterminoit la valeur du quintal de Cacao à 81 fr. 60 cent.; c'étoit d'après cette estimation que se percevoit le droit de 5 pour 100.

CACHOU (*Suc de*). [Fécule que l'on retire du fruit d'un arbre indien nommé *cat-cho*. Il arrive en morceaux gros comme un œuf, communément d'un rouge noirâtre à l'extérieur; sans odeur, d'un goût amer d'abord, ensuite très-agréable.]	Quintal.....	24—48	15 mars 1791.
	Idem *net*..	48..96	DI. 8 février 1810.

CAFÉ. [On donne ce nom à la graine du fruit que porte un arbrisseau toujours vert, cultivé dans les régions situées entre les tropiques. Ce fruit, de la forme d'une cerise, sert d'enveloppe à deux petites fèves : ce sont ces fèves qu'on nous apporte en Europe.] .... (1)	*Quintal net*.	61—20	15 mars 1791.
	Idem......	12—24	12 pluviôse 3.
	Idem......	61—20	3 frimaire 5.
	Idem......	25— 0	9 floréal 7.
	Idem......	75— 0	AC. 3 therm. 10.
	Idem......	75— 0	8 floréal 11.
	Idem......	100— 0	DI. 17 pluv. 13.
	Idem......	150— 0	DI. 4 mars 1806.
	Idem......	150— 0	30 avril 1806.
	Idem......	300...	DI. 8 février 1810.

Celui venant des Colonies françaises............ (2)	*Par 100 fr*..	3— 0	29 mars 1791.
Plus, un droit additionnel par	*Quintal net*.	2—55	*Même loi*.
	Mêmes droits.		27 août 1792.
	Mêmes droits.		12 mars 1793.
	Exempt......		11 septemb. 1793.
	Idem......		3 frimaire 5.
Pour droit d'entrée........	*Quintal net*.	6— 0	AC. 3 therm. 10 et
Pour droit de consommation.	Idem......	44— 0	loi du 8 floréal 11.
Pour droit d'entrée........	*Quintal net*.	6— 0	DI. 17 pluv. 13.
Pour droit de consommation.	Idem......	69— 0	*Même décret*.
Pour droit d'entrée........	*Quintal net*.	6— 0	DI. 4 mars 1806.
Pour droit de consommation.	Idem......	119— 0	30 avril 1806.
Pour droit d'entrée........	*Quintal net*.	12... 0	DI. 8 février 1810.
Pour droit de consommation..	Idem......	238... 0	*Même décret*.

RENVOIS.

CADE (Huile de). *Voyez* aux Huiles.
CADENAS. *Voyez* Fer ouvré.
CADMIE. *Voyez* Calamine.
CADRANS d'horloges et de montres. *Voyez* Mercerie commune.
CADRANS solaires. *Voyez* Instrumens de mathématiques.
CADRES. *Voyez* Tableaux.

(1) *Voyez* la note 1 à la page précédente.
(2) Le droit de 5 pour 100 se percevoit sur les valeurs des Cafés déterminées par cette loi; elles étoient fixées, pour un quintal, à 163 fr. 20 cent. pour le café Saint-Domingue, à 175 fr. 40 cent. pour le café Martinique, et à 185 fr. 60 cent. pour le café de Cayenne.

CAILLOU à *faïence* ou *porcelaine*. [Sorte de pierre blanche et sablonneuse.]	Exempt..... Droit de bal.	—	15 mars 1791. 24 nivôse 5.
CALAMINE ou CADMIE. [Oxide de zinc et de fer mêlé de suie, qui se ramasse dans les cheminées des usines où on fabrique le laiton ; sa couleur est d'un gris rougeâtre ; il est très-pesant. On nomme aussi *calamine* ou *pierre calaminaire* un minerai composé pour l'ordinaire d'oxide de zinc, d'oxide de fer et de parties terreuses ; ce qui forme un mélange couleur de rouille.]	Exempte..... Droit de bal.	—	15 mars 1791. 24 nivôse 5.
CALAMINE *blanche*, ou POMPHOLIX. [Espèce de fleur de zinc compacte et friable qui se trouve attachée au couvercle du creuset dans lequel on a mis fondre du cuivre avec la pierre calaminaire.]	Quintal..... Idem......	6—12 12..24	15 mars 1791. DI. 8 février 1810.
CALAMUS VERUS, ou AMARUS. [Racine d'une espèce de roseau noueux qu'on nous apporte sèche des Indes. Elle est rougeâtre en dehors et blanche en dedans, d'un goût très-amer.] (1)	Quintal..... Idem......	4—5 9..18	15 mars 1791. DI. 8 février 1810.
CALEBASSE *de terre*. [Plante à grandes feuilles rondes et lanugineuses ; fleur à cloches coupées en cinq parties ; fruit cylindrique très-gros, recouvert d'une écorce dure, ligneuse et jaunâtre. Il renferme beaucoup de semences qui contiennent une petite amande blanche.] (2)	Quintal.....	1.. 2	15 mars 1791.
CALEBASSES *et* COURGES *vidées*. [C'est l'écorce de la calebasse d'herbe. Il suffit, pour la transformer en bouteille, en seau ou en assiette, de la vider de sa pulpe, et de la couper plus ou moins à son sommet.] (2)	Quintal.....	6..12	15 mars 1791.

RENVOIS.

CALAMUS aromaticus. *Voyez* Acorus verus.
CALCANTUM. *Voyez* Vitriol rubéfié.
CALAGNALA (racine de). *Comme droguerie omise*. (*Lettre du 30 juillet 1807.*)

(1) La loi du 15 mars 1791 a compris le *calamus aromaticus* sous ce droit ; c'est une erreur, le *calamus aromaticus* étant la même chose que l'*acorus verus*.

(2) Il importe d'observer que le Tarif de 1791 impose ici la *calebasse de terre*, et pour qu'on ne s'y trompe, il ajoute la dénomination *plante* ; c'est elle que j'ai décrite et comme elle n'est pas une drogue, elle n'est donc pas soumise au double droit ; toutefois s'il se présentoit des calebasses des Antilles, fruit d'un arbre nommé *crescentia cujete*, il faudroit leur appliquer le double droit, comme étant productions des Indes.

CAMOMILLE (*Fleurs de*). [Plante dont il y a plusieurs espèces. Les fleurs naissent au sommet des tiges dispersées de part et d'autre, radiées, ayant le disque jaune et la couronne blanche, d'odeur aromatique très-forte.] . . . . (1)	Quintal..... Idem......	6—12 12..24	15 mars 1791. DI. 8 février 1810.
CAMPHRE *brut et raffiné*. [Substance blanche, transparente, légère, très-volatile et combustible, d'odeur forte et pénétrante, retirée principalement par sublimation du laurier-camphrier. Il arrive ordinairement en pains orbiculaires, percés d'un trou à la partie supérieure.]	Quintal..... Idem. *net*. Idem...... Idem......	12—24 100— 0 100— 0 200.. 0	15 mars 1791. DI. 17 pluv. 13. 30 avril 1806. DI. 8 février 1810.
CANNELLE *de Ceylan*. [Seconde écorce d'un arbre aromatique de cette île, qu'on nous apporte roulée en tuyau. Elle est menue, un peu pliante, de l'épaisseur d'une carte à jouer, de couleur tirant sur le jaune, d'odeur suave, d'un goût doux, piquant et aromatique.]	Kilogr. *net*.. Idem......	3— 6 6..12	15 mars 1791. DI. 8 février 1810.
CANNELLE *commune*. [Plus la canelle est commune, plus elle est dure et cassante, plus aussi elle est piquante, épaisse, brune ou noirâtre. Elle vient ordinairement de Chine et a une odeur de punaise.]	Kilogr. *net*. Idem......	1—53 3.. 6	15 mars 1791. DI. 8 février 1810.
CANTHARIDES. [Mouches oblongues, de couleur verdâtre, luisante, azurée, tirant sur le doré, d'odeur désagréable. Celles qu'on apporte sont desséchées et très-légères.]	Quintal..... Idem *net*.	30—60 61..20	15 mars 1791. DI. 8 février 1810.
CAPILLAIRE. [Plante de la classe des fougères, à tiges menues et rougeâtres, garnies de feuilles vertes, d'odeur et de saveur assez agréables. Il y en a de plusieurs espèces.] . . . . (1)	Quintal..... Idem......	6—12 12..24	15 mars 1791. DI. 8 février 1810.
CAPRIER (*Racines et Écorces de*). [Les racines de cet arbrisseau sont longues et grosses. On en sépare l'écorce qu'on fait sécher : elle est jaunâtre, grisâtre, difficile à rompre, de consistance tenace et solide comme le cuir.] . . . . (2)	Quintal..... Idem......	6—12 12..24	15 mars 1791. DI. 8 février 1810.

RENVOIS.

CAMBAGIUM. *Voyez* Gomme gutte.
CAMÉLÉON. *Voyez* Carline.
CAMELOTS de laine. *Voyez* Draperie.
CANÉFICE. *Voyez* Casse.
CANETILLES. *Voyez* les notes à Or ou Argent, suivant leur nature.
CANNELLE blanche. *Voyez* Costus doux.
CANNELLE (Essence de). *Voyez* l'art. Essences.
CANNELLE (Huile de). *Voyez* l'art. Huiles.
CANNES. *Voyez* Joncs.
CANONS. *Voyez* Munitions de guerre.
CANONS (vieux). *Voyez* la note à Bronze.
CANOTS. *Voyez* Bâteaux.
CAPARAÇONS. *Voyez* Harnois de chevaux.
CAPRES. *Voyez* l'art. Fruits.

(1) La *camomille*, ni le *capillaire*, ne sont repris au Tarif de 1664 ; toutefois, ce sont des drogues, et comme telles, elles doivent le double droit.
(2) Les écorces de caprier étoient tarifées en 1664, sous les dénominations de *cortex capraris*, et d'écorces de capres.

CARACTÈRES d'imprimerie, en langue française. [Petits parallélipipèdes de fonte de plomb et de régule, à l'extrémité desquels se trouve une lettre en relief ou tout autre signe.]	Quintal.....	81..60	15 mars 1791.
CARACTÈRES d'imprimerie, en langues étrangères. (Ce qui se reconnoît lorsque la lettre est du caractère grec, hébreu, arabe, allemand, etc., en un mot n'est pas celle française.)	Quintal.....	40..80	15 mars 1791.
CARACTÈRES (vieux) d'imprimerie, en sacs ou en blocs. [On entend par vieux caractères ceux dont la lettre est usée; alors ils sont considérés comme matière.] (1)	Exempts.... Droit de bal.	....	15 mars 1791. 24 nivôse 5.
CARDAMOME. [Espèce d'amome. Celle dont il s'agit ici est apportée en gousses triangulaires de couleur cendrée, attachées à de petites queues de même couleur. Ces gousses sont remplies de semences plus menues que les graines de paradis, presque carrées, arrangées les unes sur les autres, mais séparées par des pellicules très-déliées.]	Quintal net. Idem.....	61—20 122..40	15 mars 1791. DI. 8 février 1810.
CARDES à carder. [Petites planches garnies d'un côté de petits fils d'archal courbés et rangés de suite. Elles servent à peigner les laines.]	Quintal.....	9..18	15 mars 1791.
CARLINE, CAROLINE ou CAMÉLÉON. [Plante dont la fleur à tête garnie de poils blancs naît entre les feuilles sur sa racine, qui est longue et droite, de la grosseur du pouce, d'un brun obscur en dehors, blanchâtre en dedans.] (2)	Quintal..... Idem......	4— 8 8..16	15 mars 1791. DI. 8 février 1810.
CARMIN fin. [C'est une poudre d'un très-beau rouge foncé et velouté qu'on tire de la cochenille.] (3)	Kilogramme. Idem net..	28—56 57..12	15 mars 1791. DI. 8 février 1810.
Le commun. [C'est le même que celui ci-dessus, mais allongé avec l'alumine ou base de l'alun.] (3)	Quintal..... Idem......	16—32 32..64	15 mars 1791. DI. 8 février 1810.

RENVOIS.

CARABÉ. *Voyez* Ambre jaune.
CARABÉ (Huile de). *Voyez* l'art. Huiles.
CARABÉ (Sel de). *Voyez* aux Sels.
CARABINES enrichies. *Voyez* Bijouterie.
CARABINES non enrichies. *Voyez* Armes à feu.
CARET. *Voyez* Écailles de tortue.
CARLETS. *Voyez* Quincaillerie fine.
CAROLINE. *Voyez* Carline.

(1) Les difficultés auxquelles cet article pourroit donner lieu sont faciles à résoudre : l'exemption n'est accordée aux vieux caractères que comme matière première; ainsi on peut exiger qu'ils soient fondus.
(2) La carline n'a pas été reprise au Tarif de 1664, mais comme c'est une drogue, elle doit le double droit.
(3) J'ai dit, sur la foi des livres, que l'*autour* et le *chouan* entroient dans la composition du carmin; ceci est plus que douteux, puisque l'existence même de l'autour et du chouan n'est pas positivement reconnue.
Comme le carmin n'étoit pas repris au Tarif de 1664, on le traitoit alors comme vermillon ou cinabre, classé à marchandises... Mais une lettre du 21 mai 1810, ayant rangé le cinabre dans la classe des drogueries, il devient clair que le carmin s'y trouve implicitement porté et qu'en conséquence, il doit le double droit.... Il le devroit, d'ailleurs, à raison de sa matière première, car, enfin, c'est bien effectivement avec des cochenilles qu'on fait le carmin; et les cochenilles se ramassent dans les Indes.

CARPOBALSAMUM. [C'est le fruit du xylobalsamum qu'on nous apporte séché. Dans cet état il est ridé et sans suc; mais il conserve son goût et son odeur. Il est de la grosseur du cubebe.].................................	Quintal.... Idem......	12—24 24..48	15 mars 1791. DL 8 février 1810.
CARREAUX de pierre. [Ce sont des pierres blanches ou bleues qu'on a sciées et taillées en carré ou en octogone.].............	Exempts.... Droit de bal.	— —	15 mars 1791. 24 nivôse 5.
CARROBE, ou CARROUGE. [Fruits à gousses d'un rouge obscur, contenant des semences plates assez semblables à la casse. Ils croissent sur un arbre toujours vert dont le bois raboteux s'emploie dans la marqueterie. Les feuilles peuvent servir à la préparation des cuirs, en manière de tan.]............ (1)	Quintal.... Idem......	0—51 1..2	15 mars 1791. DL 8 février 1810.
CARTHAME (Graine de). [C'est la graine d'une plante à une seule tige dont la semence oblongue, un peu plus grosse que des grains d'orge, est lisse, blanche, luisante, couverte d'une écorce dure et pleine de moelle blanche, douce et huileuse.]	Quintal.... Idem......	3—6 6..12	15 mars 1791. DL 8 février 1810.
CARTES géographiques. [Ce sont de grandes feuilles de papier sur lesquelles on a imprimé et souvent colorié la position de quelque pays.]..................................	Par 100 fr..	5..0	15 mars 1791.
CARTES à jouer. [Ce sont de petits cartons fins coupés en carré long, marqués de quelque figure et de quelque couleur.]........	Prohibées... Idem...... Idem...... Idem......	— — — —	15 mars 1791. 9 vendém. 6. AD. 3 pluviôse 6. DI. 13 fruct. 13.
CARTON gris, ou PATE de papier. [Ce sont des drilles réduites en pâte qu'on a mise dans des espèces de caisses où elle s'est séchée.].....................................	Exempt.... Droit de bal.	— —	15 mars 1791. 24 nivôse 5.
CARTONS en feuilles et de toute espèce. [Composition compacte et pesante de mauvais papier, qui a beaucoup de surface et très-peu d'épaisseur.]............................. (2)	Quintal.... Idem...... Idem......	48—96 4—90 48..96	15 mars 1791. 12 pluviôse 3. 3 frimaire 5.

RENVOIS.

CARREAUX de faïence. *Voyez* Faïence.
CARREAUX de terre. *Voyez* Briques.
CARREAUX de terre vernissée. *Voyez* la note à Poterie de terre.
CARTHAME (Fleurs de). *Voyez* Safran bâtard.
CASIMIR. *Voyez* Draperies.

(1) Le carrouge n'a pas été tarifé par l'Ordonnance de 1664, mais ses feuilles et son fruit étant d'usage en médecine, le décret du 8 février lui devient applicable.
(2) Ceux propres à presser les draps sont soumis à ce droit.

CARVI. [Semences jointes ensemble deux à deux, planes d'un côté, convexes de l'autre, et marquées de cinq nervures, d'odeur aromatique très-agréable.] .... (1)	*Quintal*..... Idem......	6—12 12..24	15 mars 1791. DL. 8 février 1810.
CASSE ou CANÉFICE. [Fruit d'un grand arbre, pendant en gousses droites et longues d'environ un demi-mètre : dans les loges de ces gousses se trouvent une ou deux semences en cœur, dures et plates, enveloppées d'une pulpe moelleuse, noire et un peu sucrée. C'est à cette pulpe que le commerce donne le nom de *casse*.]	*Quintal*..... Idem...... Idem...... Idem......	14—28 9— 0 9— 0 18.. 0	15 mars 1791. AC. 3 therm. 10. 8 floréal 11. DL. 8 février 1810.
Celle venant des *Colonies françaises*...............	*Quintal*..... Idem...... Idem......	6— 0 6— 0 12.. 0	AC. 3 therm. 10. 8 floréal 11. DL. 8 février 1810.
CASSE *confite*. [C'est la pulpe dont nous venons de parler, qu'on confit avec du sucre ou du sirop de violette, et qu'on aromatise avec de la fleur d'orange. On confit aussi les bâtons ou gousses de casse encore jeunes, tendres et vertes.]	*Quintal*..... Idem *net*..	30—60 61..20	15 mars 1791. DL. 8 février 1810.
CASSIA LIGNEA. [Écorce du laurier-casse, qu'on nous apporte roulée en tuyau et dépouillée de sa pellicule extérieure, d'un jaune rougeâtre, ressemblant beaucoup à la cannelle, mais moins aromatique. Mâchée, elle porte avec elle une espèce de mucilage très-sensible.]	*Quintal*..... Comme Cannelle commune.....	16—32	15 mars 1791. AC. 18 brum. 11 et loi du 8 floréal 11.
CASTINE. [Pierre calcaire d'un gris blanchâtre dont on se sert pour faciliter la fonte du minerai de fer.]	*Exempte*.... *Droit de bal*.	....	15 mars 1791. 24 nivôse 5.
CASTOREUM. [Matière animale et gélatineuse, contenue dans deux grosses vésicules situées aux aines des castors des deux sexes. Elle est brune et d'une odeur forte et fétide.]	*Quintal net*. Idem......	91—80 183..60	15 mars 1791. DL. 8 février 1810.
CATAPUCE, ou PALMA CHRYSTI. [On donne ce nom à la graine du *ricin officinal*. Elle cache, sous une coquille mince, rayée et tachetée de gris et de noir, une amande blanche partagée en deux lobes, contenant deux huiles, l'une douce, l'autre âcre.] .... (1)	*Quintal*..... Idem......	6—12 12..24	15 mars 1791. DL. 8 février 1810.

RENVOIS.

CASSONADE. *Voyez* Sucre terré.
CÉDRA. *Voyez* l'art. Fruits.
CÉDRA (Huile de). *Voyez* l'art. Huiles.
CÈDRE (Gomme de). *Voyez* l'art. Gommes.

(1) Le carvi ni le catapuce, n'étoient pas repris au Tarif de 1664.

Cendres *bleues* et *vertes*, à l'usage des peintres. [Poudre bleue ou verte, préparée avec la pierre arménienne; mais en général celles du commerce sont un nitrate de cuivre précipité par la chaux ou par l'ammoniaque.]........................	Quintal net.. Idem......	81—60 163..20	15 mars 1791. DI. 8 février 1810.
Cendres *de bronze*. [C'est un oxide ou chaux de cuivre quelquefois mélangé de zinc ou d'étain.]........................	Quintal.....	6—12	15 mars 1791.
Cendres *à l'usage des manufactures*, telles que cendres communes, cendres d'orfévres, cendres de chaux, etc..............	Exemptes.... Droit de bal	— 24	15 mars 1791. nivôse 5.
Cerf (*Cornes de*) et de Snack. [Cornes à plusieurs branches, assez connues par leur usage en coutellerie et en médecine.]..(1)	Quintal....	2..55	15 mars 1791.
Cerf (*Cornes de*) *rapées*. [Rasures blanches dont on se sert pour faire de la tisanne, de la gelée, etc.]...................(1)	Quintal..... Idem......	4— 8 8..16	15 mars 1791. DI. 8 février 1810.
Cerf. (*Esprit, Huile* et *Sel de*). [Produits de la distillation de la corne de cerf. L'esprit et l'huile sont des liquides de couleur brune et d'odeur pénétrante et désagréable. Le sel, de forme cristalline, est de couleur blanchâtre..............(1 et 2)	Quintal..... Idem......	6—12 12..24	15 mars 1791. DI. 8 février 1810.
Cerf (*Os de Cœur de*). Petit os plat et mince, ordinairement triangulaire, blanc, long comme la moitié du petit doigt et large comme l'ongle.]...........................	Quintal..... Idem net..	20—40 40..80	15 mars 1791. DI. 8 février 1810.
Cerf (*Moelle, Nerfs* et *Vessie de*). [La moelle est jaunâtre tirant sur le blanc; c'est un résolutif. Le nerf est la partie génitale desséchée. La vessie sert pour la teigne.].............(1 et 3)	Quintal..... Idem......	6—12 12..24	15 mars 1791. DI. 8 février 1810.
Céruse *en pains* ou *en poudre*. [C'est du blanc de plomb altéré par un mélange de craie souvent d'un quart et quelquefois à parties égales qu'on broye avec de l'eau et dont on forme de petits pains pyramidaux. On la reconnoît en versant dessus de l'acide de vinaigre : alors il y a dégagement de l'acide carbonique de la craie, tandis que le blanc de plomb bien pur ne fait point d'effervescence.]..................(4)	Quintal..... Idem...... Idem...... Idem.....	8—16 12— 0 12— 0 20— 0	15 mars 1791. DI. 17 pluv. 13. 30 avril 1806. DI. 11 juillet 1810.

RENVOIS.

Ceintures de laine. *Comme* Bonneterie. (D. 3 vendém. 13.)
Cendres de plomb. *Voyez* Plomb à tirer.
Cendres d'azur. *Voyez* Azur en poudre.
Cendres d'ivoire. *Voyez* Spode.
Cendres gravelées. *Voyez* Cendres à l'usage des manufactures.
Cercles de bois. *Voyez* Bois fouillard.
Cercles en fer des futailles. *Voyez* la note à Futailles.

(1) Ni les rapures de cornes de cerf, ni l'huile, ni le sel, ni la moelle du même animal, n'étoient repris au Tarif de 1664; toutefois, l'usage unique de ces ingrédiens, comme drogues, les soumet au double droit.
Mais les cornes de cerf entières étoient classées à marchandises dans le Tarif de 1664; c'est à cette raison que je ne leur applique pas le double droit.
(2) En classant le sel de cerf avec l'esprit et l'huile, je suis ponctuellement le texte de la loi du 15 mars 1791 : c'est probablement par erreur que ce sel étoit tarifé à 6 fr. 12 cent., puisque la même loi le cotoit, dans l'article *sel volatil*, à 122 francs. J'ai cru nécessaire d'indiquer cette discordance, afin d'éviter de fausses perceptions, puisque c'est la même marchandise sous deux dénominations.
(3) Cet article de la loi du 15 mars 1791, à l'égard des *Nerfs*, n'est, nullement concordant avec cet autre du même tarif, *Nerfs de bœufs* et *autres animaux*, qui sont tirés à néant.
(4) La céruse n'étoit pas réputée drogue par le Tarif de 1664;... une circulaire du 19 juin 1810, a également décidé qu'elle devoit être classée à marchandises... Voir la note à Blanc de Plomb.

Cétérac. [Espèce de capillaire, Sa racine est noirâtre et filamenteuse; elle pousse un grand nombre de petites feuilles ondées, dorées, vertes en dessus, couvertes de petites écailles en dessous. Séchées, elles se recoquillent]........................ (1)	Quintal..... Idem......	1— 2 2.. 4	15 mars 1791. DI. 8 février 1810.
Cévadille (Graine de). [Elle nait à une plante qui porte un épi semblable à celui de l'orge; elle est noire, très-caustique et brûlante; elle ressemble à l'avoine et vient de la Nouvelle-Espagne.]........................ (1)	Quintal..... Idem......	4— 8 8..16	15 mars 1791. DI. 8 février 1810.
Chairs salées. [C'est la viande des animaux qu'on a salée pour la conserver.]........................	Quintal..... Exempts ... Droit de bal.	10—20 ——— ———	15 mars 1791. 19 mai 1793. 24 nivôse 5.
Champignons secs. [Genre de plantes sans feuilles, ayant un pédicule qui soutient un chapiteau convexe en dessus et concave en dessous.]........................	Quintal.....	30..60	15 mars 1791.
Chandelles de suif. [Mèche de coton entourée de suif qu'on allume le soir pour éclairer les appartemens.]........................	Quintal..... Idem...... Idem......	6—12 1—22 6..12	15 mars 1791. 12 pluviôse 3. 3 frimaire 5.
Chanvre en masse, même celui apprêté ou en filasse. [Écorce filamenteuse de la plante qui porte le chenevis. Pour le mettre en filasse, on prend celui roui, qu'on roule en paquets; on le bat et on le peigne sur deux grandes cardes dont l'une est plus fine que l'autre.]........................ (1)	Exempt..... Droit de bal.	——— ———	15 mars 1791. 24 nivôse 5.
Chanvre (Étoupes de). [C'est le rebut du peignage du chanvre.]..	Exemptes... Droit de bal.	——— ———	15 mars 1791. 24 nivôse 5.
Chapeaux de castor et demi-castor. [Ce sont les plus beaux, les plus fins et les plus chers.]........................	Pièce......	6.. 0	15 mars 1791.

RENVOIS.

Chadecs. *Voyez* l'art. Fruits.
Chagrin. *Voyez* Peaux.
Chaînes de fer. (Grosses.) *Comme* ouvrages de Serrurerie. (1ᵉʳ. août 1792.)
Chaînes de montres en acier. *Voyez* Ouvrages en acier.
Chaînes de montres en or ou on argent. *Voyez* Bijouterie.
Chaises communes en bois. *Comme* ouvrages en bois. (*Lettre du* 23 *février* 1807.)
Chambres dorées. *Voyez* Instrumens d'optique.
Champignons frais, 3 pour 100 de la valeur. (*LD.* 12 *novembre* 1808.)
Chanvre (Fil de). *Voyez* l'article Fils.

(1) Ni le cétérac ni la cévadille ne sont repris au Tarif de 1664, mais tous deux sont des drogues.

44. (Entrée. 32.)

Chapeaux *en poils communs* et *en laine*, de toute espèce. [Ce sont ceux dont les hommes font leur coiffure ordinaire.]	Pièce......	3.. 0	15 mars 1791.
Chapeaux *de crins*. [Ourdissage de crins auquel on donne différentes formes, suivant la mode].	La douzaine.	2..50	15 mars 1791.
Chapeaux *de cuirs*. [Ce sont ceux faits de cuir verni.]	La douzaine. Prohibés...	15—0	15 mars 1791. 10 brumaire 5.
Chapeaux *d'écorces de bois*. [Ce sont ceux faits avec certaines écorces très-minces.] .... (1 et 3)	La douzaine. Idem......	2—50 5.. 0	15 mars 1791. DI. 17 pluv. 13 et loi du 30 avr. 1806.
Chapeaux *de paille*, autres qu'anglais.] Ce sont des nattes de paille cousues ensemble dans la forme de chapeaux, et dont les femmes se coiffent en été.] .... (2 et 3)	La douzaine. Idem......	4— 0 8.. 0	15 mars 1791. DI. 17 pluv. 13 et loi du 30 avr. 1806.
Chapes *de boucles*, de fer ou d'acier. [La chape est la partie de la boucle par laquelle celle-ci s'accroche.]	Quintal..... Prohibées...	40—80	15 mars 1791. 10 brumaire 5.
Charbons *de bois* et *de chenevottes*. [Branches d'arbres ou éclats de la partie boiseuse du chanvre, réduits, par la combustion, en corps noirs, friables et légers.]	Exempts.... Droit de bal.		15 mars 1791. 24 nivôse 5.
Charbon *de terre*. [Substance inflammable, composée d'un mélange de terre, de pierre, de bitume, et quelquefois de soufre. Elle est d'un noir foncé, feuilletée, et sa nature varie suivant les endroits d'où elle est tirée.] .... (4)			
Importé par mer, depuis *Anvers* inclusivement, jusqu'au département de la *Somme* exclusivement ..... (5)	Tonn. de mer.	15.. 0	AC. 11 prair. 10 et loi du 8 floréal 11.

RENVOIS.

Chapeaux anglais. *V.* Marchandises anglaises.
Chapeaux marc de roses. *Voyez* Roses.
Chapelets de bois et de rocaille. *Voyez* Mercerie commune.

(1) Ces chapeaux sont ordinairement importés en deux parties, la *coque* et le *plateau*. Le ministre de l'intérieur a décidé, le 17 ventôse an 10, que le droit à la douzaine porte sur la réunion de ces deux élémens de chapeaux ; qu'ainsi une douzaine de coques et une douzaine de plateaux n'en forment qu'une de chapeaux ; cependant s'il étoit présenté les uns sans les autres, ils acquitteroient le droit au nombre de douze. Cette circonstance a été prévue dans la lettre d'envoi au directeur général.

(2) Les chapeaux de paille de tout autre pays que l'Angleterre sont admissibles avec certificat d'origine. (*DM.* 2 *messidor* 5.)
Ceux dits *sparterie* ou *spannerterie* payent 10 pour 100 de la valeur.

(3) Les chapeaux de paille et d'écorces de bois provenant du royaume d'Italie ne payeront à leur entrée en France que la moitié des droits du Tarif actuellement existant. (*Traité de Commerce du 20 juin* 1808.)

(4) Avant l'arrêté du 11 prairial an 10, le charbon de terre importé par les ports de l'Océan, depuis *Bordeaux* inclusivement jusqu'aux *Sables d'Olonne* aussi inclusivement, et depuis *Redon* jusques et y'compris *Saint-Vallery-sur-Somme* et *Ableille*, étoit tarifé, par tonneau de mer, à 6 fr. par la loi du 15 mars 1791, réduit

Charbon de terre.				
— dans le département de la *Somme*, et depuis *Rédon* jusqu'aux *Sables d'Olonne*............	Tonn. de mer.	10 .. 0	AC. 11 prair. 10 et loi du 8 floréal 11.
— dans les ports de la *Méditerranée*...............	Tonn. de mer.	10 .. 0	AC. 11 prair. 10 et loi du 8 floréal 11.
— dans les autres ports de *France*................	Tonn. de mer.	8 .. 0	AC. 11 prair. 10 et loi du 8 floréal 11.
Importé par terre...................... (6)	Baril 118 kil. Idem......	0—20 0..10	15 mars 1791. 19 mai 1793.
Chardon à *bonnetier* et à *drapier*. [Sorte de plante qui produit, à l'extrémité de ses tiges, une espèce de globule un peu long et épineux dont on se sert pour tirer la laine du fond des étoffes, afin de les couvrir de poils sur leur superficie.]....	*Exempt*...... *Droit de bal.*	....	15 mars 1791. 24 nivôse 5.
Chaux à *brûler*. [Pierres calcaires calcinées au feu, et dont on fait du mortier pour bâtir.]......................	48 *pieds cub.* Mètre cube..	0—50 0..30	15 mars 1791. CD. 16 therm. 12.
Chevaux, Jumens et Poulains.... *La pièce de* { *valeur de 300 fr. et au-dessous.* *valeur au-dessus de 300 fr....* *Exempts....* *Droit de bal.*		6— 0 30— 0	15 mars 1791. *Même décret.* 16 avril 1793. 24 nivôse 5.
Chevaux *anglais*. [Ils ont l'encolure longue, fine, peu chargée de crins, la tête bien faite et moutonnée, le garot menu et relevé, les reins courts et droits, les flancs et les côtes ronds, la croupe longue, la queue placée un peu haut, les jambes bien faites et sans poils, le paturon long.]...............	*Prohibés*......	....	AC. 13 therm. 9.

RENVOIS.

Charnières de fer, *prohibées* comme Ouvrages en fer. (*CD.* 21 *frim.* 14.)
Chataignes. *Voyez* Fruits.
Chaux (Pierres à). *Voyez* l'art. Pierres.
Chêne (Ecorce de). *Voyez* l'art. Ecorces.
Chenevi. *Voyez* Graine de colza.
Cheval (Huile de). *Voyez* l'art. Huiles.

à 3 fr. par celle du 19 mai 1793, seulement taxé à 60 centimes par la loi du 12 pluviôse an 3, et reporté à 3 fr. par celle du 5 frimaire an 5. Celui importé par les autres ports de France étoit taxé, aussi par tonneau, à 10 fr. par la loi du 15 mars 1791, à 5 fr. par celle du 19 mai 1793, à 1 fr. par la loi du 12 pluviôse an 3, et reporté à 5 fr. par celle du 5 frimaire an 5. Celui importé par les départemens de la *Meurthe*, de la *Moselle* et des *Ardennes*, étoit exempt par la loi du 15 mars 1791.

(5) Les droits d'entrée sur le charbon de terre seront perçus sur le pied du tonneau, lorsque le chargement entier du bâtiment sera en charbon de terre, et d'après la pesée réelle, lorsque le navire sera chargé de marchandises diverses assujetties à différens droits. (*Loi du 1 août 1792.*)

Par arrêté du 13 brumaire an 9, le poids d'un tonneau de mer a été fixé à mille kilogrammes.

(6) L'importation du charbon de terre par les fleuves et ports qui s'y trouvent jusqu'à leur embouchure, doit être assimilée à l'importation par terre. (*CA.* 15 *messidor* 6.) Ainsi celui venant de la Prusse ou de l'Allemagne par les ports de la rive gauche du Rhin, n'est passible que du droit de 10 centimes.

Désignation	Unité	Droit	Date
CHEVEUX. [Poils longs et déliés qui viennent à la tête de l'homme. On en fait des perruques et autres ouvrages.]	Exempt....... Droit de bal.......		1 août 1792. 24 nivôse 5.
CHICORÉE *moulue*. [Racine amère de la plante de ce nom, qu'on a desséchée et brûlée, et qu'on moud comme le café, dont elle a à-peu-près la couleur.] .... *Comme* droguerie omise. (1)	*Par 100 fr.* Idem...... Idem......	5— 0 20— 0 20.. 0	22 août 1791. DL 17 pluv. 13. 30 avril 1806.
CHICOTIN. [Sacs de peau de chien de mer, propres à contenir du tabac à mâcher.] *D'abord comme* omis, *et ensuite comme* Ouvrages en peaux. (*LA.* 15 *thermidor* 9.) .... (2)	*Par 100 fr.* Prohibés....	10— 0	22 août 1791. 10 brumaire 5.
CHIENS *de chasse*. [Sont compris dans cette classe les bassets, les limiers, les lévriers, les chiens courans et couchans, etc.].	*Pièce*......	0..50	15 mars 1791.
CHOCOLAT, et CACAO *broyé et en pâte*. [Le chocolat est une composition de cacao, de sucre, de cannelle et quelquefois de vanille, réduite en pâte brunâtre, séchée sous la forme de tablettes carrées ou rondes; le cacao en pâte est ordinairement en rouleaux: tous deux d'une odeur et d'un goût très-agréables.]. (3)	*Quintal net.* Idem *net.* Idem *net.* Idem *net.* Idem *net.*	102— 0 180— 0 260— 0 260— 0 520— 0	15 mars 1791. DI. 21 germ. 13. DI. 21 mars 1806. 30 avril 1806. DI. 8 février 1810.
CHOUAN ou COUAN. [On dit que c'est une semence qu'on apporte du Levant, de couleur verte jaunâtre, d'un goût légèrement aigrelet et salé. On dit encore qu'elle entre dans la composition du carmin, mais tout cela est plus que douteux.]... (4)	*Quintal*..... Idem *net.*	51— 0 102— 0	15 mars 1791. DI. 8 février 1810.
CHOU-CROUTE. [Choux découpés en rubans qu'on a salés et mis fermenter dans un tonneau. Les Allemands en font une grande consommation.]	*Quintal*.....	4.. 8	15 mars 1791.
CIDRE. [Jus de pommes pressurées, rendu vineux par la fermentation, et dont on fait une boisson.]	*Les 268 litres.*	6.. 0	15 mars 1791.

RENVOIS.

CHÈVRES, CHEVREAUX et CABRIS. *Voyez* Bestiaux.
CHICORÉE (Racine de) 5 pour 100 de la valeur. (*LD,* 22 *février* 1809.
CHICOTIN, ou Aloë sucrotin. *Voyez* Aloë.
CHIQUE. *Voyez* Ouvrages en marbre.
CHOIN (Pierre de). *Voyez* aux Pierres.
Chou de mer. *Voyez* Soldanelle.
CIGARES. *Voyez* Tabacs fabriqués.

(1) Une circulaire de M. le directeur général, en date du 6 ventôse an 13, porte que la *chicorée moulue*, qui par la torréfaction ayant acquis en partie la propriété du café, et qui le remplace dans la consommation qu'en font quelques départemens, appartient à la droguerie, où l'ont précédemment rangée deux décisions du 27 prairial an 4 et 25 nivôse an 8; qu'en conséquence cette sorte de droguerie, n'étant point tarifée, doit être assujettie au nouveau droit.
(2) La signification donnée ici au mot *chicotin* n'est pas celle du Tarif de 1664; ce qu'il nommoit ainsi, étoit une espèce de coloquinte, et comme telle il l'avoit classée parmi les drogueries.
(3) Quoique les décrets impériaux ne tarifent que le chocolat, le cacao broyé et en pâte ayant été assimilé au chocolat par la loi du 15 mars 1791, il doit être assujetti au même droit. (*LD.* 24 *mars* 1806.)
(4) Par la raison donnée dans la note de l'article *autour*, je double le droit imposé sur le chouan.

Désignation	Unité	Droits	Date
CIMENT. [Ce qui s'entend de toute espèce de mortier, soit pour la maçonnerie, la verrerie, l'orfévrerie, etc.]	Exempt...... Droit de bal.......		15 mars 1791. 24 nivôse 5.
CINABRE *naturel* et *artificiel*. [Le premier est un minéral rouge très-pesant, provenant d'une combinaison naturelle de mercure avec le soufre. L'artificiel se fait avec trois parties de mercure et une de soufre, sublimés ensemble par un feu gradué. Il est aussi en pierres, et sert en médecine et en peinture.] (1)	Quintal...... Idem *net*..	20—40 40..80	15 mars 1791. DI. 8 février 1810.
CIRE *jaune*, non ouvrée. [Matière dure, huileuse, jaune, provenant du travail des abeilles, et qu'on recueille de leurs ruches.] (2)	Quintal...... Idem...... Idem......	6—12 0—61 6..12	15 mars 1791. 12 pluviôse 3. 3 frimaire 5.
CIRE *jaune*, ouvrée. [Ce qui s'entend des ouvrages en cette cire, tels que cierges de cire jaune, etc.] .... (2)	Quintal.....	48..96	15 mars 1791.
CIRE *blanche*, non ouvrée. [C'est la cire jaune qu'on a fondue, lavée plusieurs fois, etc. Elle est dure, blanche, transparente et insipide au goût.] .... (2 et 3)	Quintal.....	61..20	15 mars 1791.
CIRE *blanche*, ouvrée. [Ce qui comprend tous les ouvrages en cire blanche, comme bougies, cierges, figures moulées, etc.] (2)	Quintal.....	81..60	15 mars 1791.
CIRE (*Crasse de*). [C'est la croûte noire qu'on a enlevée de dessus les pains de cire. C'est aussi l'écume qu'on retire de la cire lorsqu'elle est en fusion pour la purifier] .... (2)	Quintal.....	3..6	15 mars 1791.
CIRE *à cacheter*. [Composition de gomme laque, de cire, de résine, de térébenthine, et d'oxide métallique pour la colorer, qu'on vend en petits bâtons de différentes couleurs.] .... (4)	Quintal.....	97..92	15 mars 1791.

RENVOIS.

(1) Le cinabre n'a pas été réputé drogue par le Tarif de 1664, mais une lettre du 22 mai 1810, a ordonné de lui appliquer le décret du 8 février même année.
Le droit auquel le cinabre se trouve imposé ici, est-il celui auquel il est assujetti aujourd'hui?.... je ne le pense pas; car, enfin, le cinabre est bien évidemment du vermillon; voir donc la note de l'article VERMILLON, pour ne pas faire de fausses perceptions.

(2) Les cires jaunes et blanches étoient, dans le Tarif de 1664, classées à *drogueries-épiceries*... Mais par lettre du 16 avril 1810, ces cires et la crasse de cire, ont été rangées à *marchandises*; de manière donc que le décret du 8 février 1810, ne leur est pas applicable.

(3) La cire blanche provenant du royaume d'Italie ne payera à son entrée en France que la moitié des droits du Tarif actuellement existant. (*Traité de Commerce du 20 juin 1808.*)

(4) La cire à cacheter n'a pas été réputée droguerie-épicerie par le Tarif de 1664; mais comme elle est un produit dans lequel entre la gomme laque et le vermillon, elle me paroît devoir être soumise au double droit... toutefois, avant de le lui appliquer il faudroit que l'autorité l'eût décidé.

Désignation	Unité	Droits	Date
CIRE à gommer, pour les tapissiers. [Composition de cire, de térébenthine et de poix grasse, fondues ensemble et mises dans des moules en forme de gobelets.]	Quintal	12..24	15 mars 1791.
CIRE à souliers. [Composition noire propre à lustrer les bottes, souliers, etc.]	Quintal	61..20	15 mars 1791.
CIVETTE. [Matière congelée, onctueuse, blanchâtre, d'une odeur forte et désagréable. Elle jaunit et brunit en vieillissant. Elle se trouve dans une vessie placée sous la queue de l'animal de ce nom.]	Kilogr. net. / Idem	122—40 / 244..80	15 mars 1791. / DI. 8 février 1810.
CLOCHES (Métal de). [Alliage de quatre-vingts à quatre-vingt-cinq parties de cuivre jaune avec douze à quinze parties d'étain et quelques parties d'antimoine. Il est dur, aigre, cassant et nullement ductile.]	Quintal	36..72	15 mars 1791.
CLOCHES, CLOCHETTES, MORTIERS de fonte et de métal	Quintal / Prohib... (1)	36—72	15 mars 1791. / 10 brumaire 5.
CLOPORTE. [Insecte dont le corps écailleux, oblong, convexe en dessus, plat en dessous, peut se contracter ; il est de couleur grise cendrée sur le dos, blanc en dessous, ayant six ou sept paires de pattes.] (2)	Quintal / Idem net.	30—60 / 61..20	15 mars 1791. / DI. 8 février 1810.
CLOUS de toute sorte. [Ce sont de petits morceaux de fer qui ont ordinairement une tête et une pointe.] (3)	Quintal / Prohibés	16—32	15 mars 1791. / 10 brumaire 5.
COBALT ou COBOLT. [Métal de couleur blanche tirant un peu sur le rouge, quelquefois sur le vert jaunâtre, et plus souvent de couleur grise obscure. Il n'est nullement ductile. Sa cassure présente un grain fin et serré.] — Il ne s'agit sans doute dans cette tarification que des différentes mines de cobalt	Quintal	2..4	15 mars 1791.
COBALT (Régule de). [Ce seroit l'oxide de cobalt revivifié et amené à l'état métallique ; mais ce que la loi nomme ainsi est probablement la matière métallique qui reste au fond du creuset lorsqu'on fond le safre pour faire l'azur ; matière que les allemands nomment spaiss.] (4)	Quintal	8..16	15 mars 1791.

RENVOIS.

CISEAUX. *Voyez* Coutellerie.
CISTRES. *Voyez* Instrumens de musique.
CITOUAIRE. *Voyez* Zédoaire.
CITRIN (bois de). *Voyez* à l'art. Bois.
CITRON. *Voyez* à Fruits, à Écorces, à Esprits ou à Huiles, suivant l'état sous lequel on le présente.
CLAIRONS. *Comme* Cornes de béliers.
CLARINETTES. *Voyez* Instrumens de musique.
CLAVECIN. *Voyez* Instrumens de musique.
CLOUS de cuivre. *Voyez* Cuivre laminé.
CLOUS de girofle. *Voyez* Girofle.

(1) C'est en vertu d'une décision du 27 ventôse an 5, que les cloches ont été comprises parmi les objets prohibés par la loi du 10 brumaire an 5.
(2) Les cloportes n'étoient pas repris au Tarif de 1664 ; ils doivent néanmoins le double droit comme drogueries.
(3) On excepte les clous de cuivre durcis au gros marteau, et ceux alliés pour doublage et pentures de gouvernail : ils sont tarifés à CUIVRE *laminé*.
(4) Le safre est tarifé à **30** fr. **60** c.

Cochenille *de toute sorte, même en grabeau.* [Petit insecte qu'on tue dans l'eau froide et qu'on fait sécher. Il est de couleur rouge, argenté à sa surface. Par *grabeau*, on entend toute drogue écrasée qu'on sépare à l'aide d'un crible.]	*Quintal*..... Idem......	4— 8 8..16	15 mars 1791. Dl. 8 février 1810.
Coco (*Noix de*). [Fruit d'un arbre de la famille des palmiers. On nous envoie cette noix séchée. Sa première écorce est unie et lisse en dehors, de couleur grise claire ; elle est garnie en dedans de bourre rougeâtre et filamenteuse sous laquelle on trouve une noix ovale et grise de la grosseur d'une poire de coing.] ....(1)	*Quintal*..... Idem......	12—24 24..48	15 mars 1791. Dl. 8 février 1810.
Coco (*Coques de*). [C'est la coque ligneuse du fruit dont on vient de parler. On la polit et on en fabrique des tasses et autres petits meubles.]	*Exemptes*... *Droit de bal.*		15 mars 1791. 24 nivôse 5.
Colle *de poisson*. [C'est une espèce de colle faite avec la membrane interne de l'estomac des esturgeons ou autres poissons de ce genre. Elle est en petits cordons contournés, blanche ou jaunâtre, claire, semi-transparente et sans odeur, ou en grosses masses plates et oblongues.]	*Quintal*..... Idem *net*.. Idem *net*.. Idem *net*...	40—80 80— 0 80— 0 160— 0	15 mars 1791. Dl. 17 pluv. 13. 30 avril 1806. Dl. 8 février 1810.
Colle (*toute autre*). [Ce qui s'entend de toute matière factice et tenace, propre à joindre différens objets ensemble. Il y a de la colle de farine, de peaux de gants, colle forte en feuillets, colle pour dorer, colle à miel, colle à verre, colle à pierre, colle à bouche, etc.].	*Quintal*.....	12..24	15 mars 1791.
Colophane. [Préparation de térébenthine réduite en consistance solide, de couleur brunâtre : réduite en poudre, elle devient blanche. On la nomme aussi *Arcanson*.] ....(2)	*Quintal*.....	0—5	15 mars 1791.
Coloquinte. [Fruit à coque, de la grosseur d'une orange, de couleur blanche étant débarrassée de son écorce mordorée; rempli de semences plates, dures, grises roussâtres, d'un goût âcre et amer.].	*Quintal*..... Idem......	6—12 12..24	15 mars 1791. Dl. 8 février 1810.
Confection. [Espèce de médicament en forme d'électuaire solide, dont il y a plusieurs sortes.].......................(3)	*Prohibée*...		15 mars 1791.

RENVOIS.

Cocons. *Voyez* aux Soies.
Cochons. *Voyez* Bestiaux.
Coffres garnis. *Voyez* Meubles.
Coffres non garnis. *Voyez* Mercerie commune.
Colcotar. *Voyez* Vitriol rubéfié.
Colliers de perles *et* de pierres fausses. *Voyez* Mercerie commune.
Colliers en grenat. *Voyez* Mercerie commune.
Colliers en or *ou* argent. *Voyez* Bijouterie.
Colza. *Voyez* Grains.
Compas. *Voyez* Mercerie commune.

(1) Les noix de cocos étoient classées parmi les drogueries, dans le Tarif de 1664, sous la dénomination de *noix d'Indes*.

(2) Cette perception ne se fait plus ainsi : la colophane est de l'arcanson, et l'arcanson ayant toujours été assimilé au brai sec, il s'ensuit qu'il doit comme résine de pin et de sapin. *Voyez* donc les droits au courant à Brai sec.

(3) Cette prohibition est de la plus haute importance : elle a pour objet la salubrité publique ; elle porte sur toutes les préparations médicales en forme d'électuaire ou marmelade : elle comprend celles d'alkermès, d'hyacinthe, d'anacardines, d'Harlem, et la thériaque. Cependant le beurre de saturne est tarifé particulièrement.

Confitures. [Nom qu'on donne aux fruits, aux racines, aux fleurs et à certains sucs, quand ils ont été préparés et cuits avec du sucre ou du miel.] .... (1)	Quintal.... Idem...... Idem......	30—60 70— 0 70.. 0	15 mars 1791. AC. 14 fruct. 10. 8 floréal 11.
Celles venant des Colonies françaises............. (2)	Quintal.... Exempts... Idem	12—24 ...—...	29 mars 1791. 11 septemb. 1793. 3 frimaire 5.
Pour droit d'entrée........ Pour droit de consommation. Pour droit d'entrée........ Pour droit de consommation. Pour droit d'entrée........ Pour droit de consommation.	Quintal.... Idem...... Quintal.... Idem...... Quintal.... Idem......	10— 0 40— 0 1—50 14..50 3.. 0 29.. 0	AC. 3 therm. 10. *Même décret.* 8 floréal 11. *Même loi.* DI. 8 février 1810. *Même décret.*
Contra-Yerva. [Racine du Pérou, de la grosseur d'une fève, noueuse, entourée de fibres longues, rougeâtres ou de couleur tannée en dehors, blanchâtre en dedans ; d'une odeur de feuilles de figuier, d'un goût aromatique un peu âcre.]	Quintal.... Idem......	10—20 20.. 40	15 mars 1791. DI. 8 février 1810.
Contra-Yerva *blanc*, ou Asclépias, ou Vincetoxicum. [Plante dont le caractère est d'avoir les feuilles en cœur. Son fruit contient de la laine blanche et des semences rousses. Sa racine, d'usage en médecine, est menue, composée de fibres blanches, d'une odeur forte et d'un goût désagréable.]	Quintal.... Idem......	8—16 16..32	15 mars 1791. DI. 8 février 1810.
Coques *du Levant*. [C'est une espèce de petit fruit ou baie sèche, de la grosseur d'un pois, d'un brun noirâtre : il contient une semence jaunâtre plus ou moins friable, mais très-sujette à être vermoulue. Dans le commerce on trouve toujours ces baies avec une petite queue.]	Quintal.... Idem......	8—16 16..32	15 mars 1791. DI. 8 février 1810.
Coquillages et *autres morceaux d'*Histoire naturelle............ (3)	Exempts... Droit de bal.	...—...	15 mars 1791. 24 nivôse 5.
Coquillages *de mer*.. (4)	Exempts... Droit de bal.	...—...	1 août 1792. 24 nivôse 5.

RENVOIS.

Contre-basses. *Voyez* Instrumens de musique.
Copal (Gomme). *Voyez* aux Gommes.
Coquelicots. *Voyez* Pavots rouges.
Coquilles de nacre. *Voyez* à Nacre.

(1) Si des confitures arrivoient des colonies étrangères, elles paieroient le double droit, c'est-à-dire, 140 francs. — Elles devroient même le payer venant de tous pays, car, enfin, c'est une sorte d'épicerie dans laquelle, d'ailleurs, entre près de moitié sucre.
(2) Voyez la note à Denrées coloniales.
(3) Comme l'histoire naturelle embrasse un grand nombre d'objets, il faut veiller à ce qu'on ne présente pas sous cette dénomination des marchandises sujettes aux droits.
La manière de prévenir l'abus est d'observer si on ne présente pas en grand nombre ou en grande quantité la même substance ou le même objet.
(4) Les *antales*, les *coris* ou *cauris*, les *huîtres*, le *lapis entalis*, sont tarifés particulièrement, par conséquent non compris dans cet article.

CORAIL *non ouvré*, en fragmens. [Genre de polypier ressemblant à un arbrisseau. Il est d'un rouge vif, quelquefois rose ou jaunâtre : il s'en trouve même de blanc et de noir ; mais toujours la tunique intermédiaire est blanche.]	*Quintal*..... Idem *net*..	20—40 40..80	15 mars 1791. DI. 8 février 1810.
CORAIL *ouvré* ou *taillé*. [C'est celui avec lequel on fait des bijoux. On le taille comme le diamant.]	*Par 100 fr*..	15.. 0	15 mars 1791.
CORAIL *en poudre*. [C'est celui qu'on a réduit ainsi. Il sert à nettoyer et blanchir les dents. Il est d'un rose très-pâle.]	*Prohibé*.....	....	15 mars 1791.
CORALLINE, ou MOUSSE MARINE. [Autre espèce de polypier qu'on avoit pris pour un lichen. Il ne sert guère qu'à orner les cabinets des curieux ; mais je crois que celui dont il est ici question est la *coraline officinale* ou *mousse de Corse*, d'usage en médecine, et dont le caractère est une tige bipennée et les articulations presque turbinées : couleur brune rougeâtre.]	*Quintal*..... Idem......	4— 8 8..16	15 mars 1791. DI. 8 février 1810.
CORDAGES *de chanvre* et *autres ouvrages de corderie*. [Ce qui comprend toutes les espèces de cordes et de ficelles autres que celles de jonc et de tilleul.] (*CD. 23 pluviôse 13 et Lettre du 21 mars 1807.*) .... (1)	*Quintal*..... Idem...... Idem...... Idem......	8—16 0—82 8—16 15.. 0	15 mars 1791. 12 pluviôse 13. 3 frimaire 5. DI. 17 pluv. 13 et loi du 30 avr. 1806.
CORDAGES *de jonc* et *de tilleul*...........................	*Quintal*..... Idem...... Idem...... Idem......	2— 4 0—20 2— 4 4.. 0	15 mars 1791. 12 pluviôse 3. 3 frimaire 5. DI. 17 pluv. 13 et loi du 30 avr. 1806.
CORDAGES et CABLES *usés*. [On s'en sert pour calfater les vaisseaux ou pour faire du papier à sucre.] .... (2)	*Exempts*..... *Droit de bal*.	—	15 mars 1791. 24 nivôse 5.
CORDONNERIE (*Ouvrages de*). [Ce qui comprend les bottes, souliers, brodequins, bottines, et enfin toute espèce de chaussures en cuir.]	*Quintal*..... Idem...... *Prohibés*....	142—80 71—40	15 mars 1791. 19 mai 1793. 10 brumaire 5.

RENVOIS.

Cor de chasse. *Voyez* Instrumens de musique.
CORAIL de jardin. *Voyez* Poivres de toute sorte.
CORBEILLES. *Voyez* Ouvrages d'osier.
CORDES à violon. *Voyez* Mercerie fine.
CORDES de clavecin. *Voyez* Manicordion, à Mercerie.
CORDONNETS de fil, etc. *Voyez* Rubans.
CORDONS de laine, de fil, de chanvre. *Voyez* Rubans.

(1) Les cordages de chanvre provenant du Royaume d'Italie ne payeront à leur entrée en France que la moitié des droits du Tarif actuellement existant. (*Traité de Commerce du 20 juin 1808.*)

(2) Ils ne sont traités ainsi que comme matière première, d'où on peut exiger qu'ils soient réduits à cet état s'il s'élevoit des difficultés.

CORIANDRE (*Graine de*). [Semence ronde d'une plante de ce nom, qui, séchée; est d'un jaune blanchâtre, légère, de goût et d'odeur aromatiques assez agréables.]................	Quintal.. Idem......	1 — 53 3 .. 6	15 mars 1791. DI. 8 février 1810.
CORIS ou CAURIS. [Petites coquilles toutes blanches que l'on pêche aux îles Maldives et qui servent de monnoie. On en fait des colliers et autres ornemens de femmes.]................	*Exempts*.... *Droit de bal.*	—	15 mars 1791. 24 nivôse 5.
CORNES de béliers, *moutons* et *autres animaux*, sauf celles ci-après. [Les cornes sont ces parties dures souvent contournées, pointues, noirâtres, jaunâtres, qui sortent de la tête de certains animaux.]................	*Exemptes*.... *Droit de bal.*	—	15 mars 1791. 24 nivôse 5.
CORNES de bœufs et de vaches................	Le 1000 en N.	0.. 25	15 mars 1791.
CORNES de licorne. [C'est la dent d'un poisson. Elles ont environ deux mètres de long, sont droites, tortillées en spirales et ressemblent à l'ivoire.]................	*Kilogramme.* Idem *net*..	6 — 12 12 .. 24	15 mars 1791. DI. 8 février 1810.
CORNES en *feuillets transparens*. [Ce sont celles apprêtées pour lanternes, etc.]................	*Comme mercerie.*	—	15 mars 1791.
Les 104 *feuillets* { de 19 à 24 centimètres de long, sur 19 à 22 de large. de 14 à 16..................... sur 11 à 14....... de 11 à 14..................... sur 11 .... de 11 et au-dessous............ sur 11 et au-dessous.		8.. 0 6.. 0 4.. 0 3.. 0	AC. 4 pluv. 11 et loi du 8 flor. 11.
CORNES *plates* à faire peignes................	Quintal.... Idem......	3 — 6 24., 0	15 mars 1791. AC. 4 pluv. 11 et loi du 8 flor. 11.
CORNES *rondes* à faire peignes................	Quintal....	3.. 6	15 mars 1791.

RENVOIS.

CORNES de cerf et de smack. *Voyez* Cerf.

Cornes *brûlées* et *ébauchées* pour manches de couteaux........	*Comme celles rondes pour peignes*........		1 août 1792.
Cornichons *confits*. [Espèce de concombre préparé dans le vinaigre, de couleur verte et de la longueur du petit doigt.]..........	Quintal..... Idem......	8—16 16..32	15 mars 1791. DI. 8 février 1810.
Costus *doux*, ou Cannelle *blanche*. [Ecorce en rouleau long, mondée de celle extérieure, blanchâtre en dedans et en dehors; goût aromatique âcre, odeur agréable. Sous ce nom est aussi comprise la racine, qui est assez semblable à celle du *costus amer*.]...............	Quintal..... Idem......	8—16 16..32	15 mars 1791. DI. 8 février 1810.
Costus *indicus et amarus*. [Racine forte, grosse, oblongue, coupée en deux, de couleur grise ou pâle en dehors, blanche en dedans; goût aromatique amer, et d'une odeur approchant celle de l'iris de Florence.].............	Quintal net. Idem......	122—40 244..80	15 mars 1791. DI. 8 février 1810.
Coton *en rame, en laine ou en graine* (1). [La capsule de cet arbrisseau est de la grosseur d'un petit œuf et est divisée en trois ou quatre loges remplies de semences verdâtres ou noirâtres, entourées d'un duvet blanc, quelquefois jaunâtre ou rougeâtre, plus ou moins long, fin et soyeux. On le recueille lorsqu'il a crevé sa coque. C'est ce duvet que l'on nomme coton.]........... (2)	Exempt..... Droit de bal. Quintal..... Idem...... Idem...... Idem...... Idem *net*.. Idem *net*.. Idem *net*..	.... 3— 0 3— 0 1— 0 1— 0 60— 0 60— 0 120— 0	15 mars 1791. 24 nivôse 5. AC. 3 therm. 10. 8 floréal 11. AC. 6 brum. 12. 22 ventôse 12. DI. 22 fév. 1806. 30 avril 1806. DI. 8 février 1810.
Celui des *Colonies françaises* (y compris le coton en laine du *Levant*). (AC. 20 *vendém*. 11.)............ (3)	Exempt..... Idem...... Quintal..... Idem......	.... 2— 0 2— 0	29 mars 1791. 11 septembre 1793. AC. 3 therm. 11. 8 floréal 11.
Coton (*Ouate de*) et Ouate de Soie. [La ouate du commerce est du coton cardé ou de la soie également préparée, étendus en feuilles gommées d'un côté. Mais la ouate, proprement dite, est la bourre très-douce et lustrée qui se trouve dans les gousses de l'*apocin*, et sur une plante nommée *herbe à la ouate*.]....	Quintal..... Idem *net*..	61—20 122..40	15 mars 1791. DI. 8 février 1810.

Cornets à jouer, de corne et de cuir. *Voyez* Mercerie.
Côtes d'angélique. *Voyez* Angélique.

(1) Il ne faut pas confondre *la graine de coton* avec le coton en graine... Celui-ci est la capsule de l'arbrisseau divisée en trois ou quatre loges, remplies de semences verdâtres ou noirâtres et entourée de ce duvet qu'on nomme *coton*; au lieu que la graine de coton est la semence du cotonier, cette même semence contenue dans la coque, mais dépouillée de tout duvet... elle peut entrer sous le droit de balance.

(2) Il est accordé, pour les cotons en laine, une déduction de 6 pour 100 sur les ballots et de 8 pour 100 sur les ballotins au-dessous de 50 kilogrammes. (*Décis*. de S. M. du 9 *avril* 1806, *et LM*. du 22 *dito*.)

Les circonstances présentes ayant déterminé le commerce à tirer des cotons du Levant, par la voie de terre, on a élevé la question de savoir s'ils seroient assujettis aux certificats prescrits pour les denrées coloniales.... S. M. a rendu, le 9 juin 1808, un décret portant: — 1°. Que les cotons qui seront expédiés du Levant à destination de la France, soit par la voie de terre, soit par celle de mer, devront être accompagnés de certificats d'origine délivrés par les Consuls françois dans le Levant. — 2°. Que lorsque des cotons du Levant ou des Colonies arriveront en France sans certificats d'origine, il en sera rendu compte à S. M., qui statuera suivant les circonstances. — Il n'est pas dérogé au décret ci-dessus par celui du 16 septembre 1808.

Les cotons du Levant, d'Italie, d'Espagne etc. doivent également le double droit. (*CD*. 5 *mars* 1810.)

(3) J'ai dans les trois premières éditions de mon Tarif coté le coton des colonies françoises aux mêmes droits que celui étranger parce que les dispositions des 6 brumaire et 22 ventôse an 12 avoient, sans distinction d'origine, diminué les droits de la loi du 8 floréal an 10 différenciatif, et que cette diminution sembloit au moins lui être applicable par cet axiome, que notre commerce ne peut être traité plus défavorablement que celui étranger.... De-là, et sans autre réflexion, j'en avois conclu que si la diminution étoit applicable, l'augmentation devoit l'être aussi..... Cette conséquence eût été vraie, si son principe n'eût été faux.... L'application des droits de la loi du 22 ventôse an 12 au coton des colonies françoises, n'étoit pas fondée qu'il ne le seroit aujourd'hui de doubler sur son importation le droit numéral de la loi du 30 avril 1806, puisque ce coton, par le silence de ces deux lois, est resté d'une manière ou d'autre sous le régime de celle du 8 floréal an 11..., Qu'a donc fait la loi du 22 ventôse an 12? Bien certainement elle a contrarié celle du 8 floréal an 11; mais elle ne la contrarié que dans ses tarifications et non dans son but; elle n'a pas entendu fa-

Coton *filé*. [C'est celui qui, ayant été soumis à la filature, a perdu sa forme de duvet pour prendre celle d'un fil plus ou moins délié.]	*Kilogr*......	4—59	15 mars 1791.
	Prohibé.....		10 brumaire 5.
Par kilogramme { jusqu'au n°. 30 *inclusivement*.		4— 0	
du n°. 31 à 60..................		4—50	A.C. du 6 brum.
du n°. 61 à 100.................		5— 0	an 12, et loi du
du n°. 101 et *au-dessus*.......		6— 0	22 vent. an 12.
	Kilogr......	7— 0	DI. 22 févr. 1806.
	Idem......	7— 0	30 avril 1806.
	Prohibé....		DI. 22 déc. 1809.
Coton *filé* pour mèches................ *Comme omis.*	*Par 100 fr.*.	10— 0	DM. 27 nivôse 5.
	Prohibé.....		DI. 22 fév. 1806 et loi du 30 avr. 1806.
Couleurs *à peindre, de toute sorte*, en sacs, en vases, en boîtes et en tablettes....................(1) et (2)	*Quintal*.....	14—28	15 mars 1791.
	Idem......	28..56	DI. 8 février 1810.
Couperose *blanche* ou *bleue*. [La couperose blanche est le sulfate de zinc: elle est en gros morceaux blancs, purs, nets, ressemblant à du sucre en pain. La couperose bleue est le sulfate de cuivre; elle est en cristaux d'une belle couleur bleue céleste.]..(3)	*Quintal*.....	15—30	15 mars 1791.
	Idem......	1—53	12 pluviôse 3.
	Idem......	15—30	3 frimaire 5.
	Idem......	30..60	DI. 8 février 1810.
Couperose *verte*. [C'est le sulfate de fer. Elle est en cristaux de couleur verte, et presque toujours humide.].............. (3)	*Quintal*.....	6—12	15 mars 1791.
	Idem......	5—10	1 août 1792.
	Idem......	0—51	12 pluviôse 3.
	Idem......	5—10	3 frimaire 5.
	Idem......	10— 0	DI. 30 therm. 12.
	Idem......	20— 0	1 pluviôse 13.
	Idem......	40.. 0	DI. 8 février 1810.
Coutellerie (*Ouvrages de*). [Ce qui comprend toutes ces sortes d'ouvrages, tels que canifs, ciseaux, couteaux, rasoirs, etc.]	*Quintal*.....	40—80	15 mars 1791.
	Prohibés....		10 brumaire 5.

RENVOIS.

Coton (Etoffes de). *Voyez* Draps de Coton.
Coton (Toiles de). *Voyez* Toiles de coton.
Couffins de palme. *Comme* Cordages de jonc et tilleul. (*Lettre du 6 février 1806.*)
Couillawan. *Voyez* l'art. Ecorces.
Courges vidées. *Voyez* Calebasse.
Courtes-pointes. *Voyez* Couvertures.
Couteaux de chasse enrichis. *Voyez* Bijouterie.
Couteaux de chasse non enrichis. *Voyez* Armes blanches.
Coutellerie en instrumens de chirurgie. *Voyez* Instrumens d'astronomie.
Coutils. *Voyez* Toiles.

roriser le coton étranger, car, si cela étoit, elle eût dit : or, en diminuant les droits sur le coton, sans en rappeler l'origine, elle a rayé de fait celui des colonies françoises du tarif particulier de la loi du 8 floréal an 11, mais elle n'a pas touché à l'article 18 de cette loi ..., elle n'a enfin opéré, contradictoirement à la loi du 8 floréal an 11, que dans ce sens qu'elle a remis le coton dans l'état où il étoit avant d'être tarifé distinctement;... cet état étoit bien celui d'avoir été imposé comme provenant du commerce étranger; la loi du 30 avril 1806, en augmentant le taux de la perception, n'a rien changé à cette classification.... Donc si c'est de nos colonies que provient actuellement le coton, il rentre, par cela positivement que les lois postérieures se taisent sur son régime, dans la classe des Denrées coloniales françoises non dénommées, et comme telle, le coton de nos colonies ne peut devoir que la moitié des droits imposés nouvellement sur celui coton étranger par le décret du 8 février 1810, c'est-à-dire, que le simple droit de 60 francs, fixé par la loi du 30 avril 1810, devient aujourd'hui celui qui lui est applicable.... Quelque plausible, cependant, que soit cette opinion, comme elle m'est personnelle, on fera bien de demander des instructions avant de percevoir.

(1) Celles en poudre ou en nature sont tarifées particulièrement à leurs noms propres.
(2) Les couleurs ne sont pas réputées drogueries - épiceries par le Tarif de 1664 : toutefois il a été décidé que le décret du 8 février 1810 leur étoit applicable.
(3) Le vitriol étant classé parmi les drogueries dans le Tarif de 1664, il s'ensuit que les couperoses doivent le double droit. D'ailleurs, il en a été décidé ainsi pour la *blanche* par lettre du 14 mai, pour la *bleue* par lettre du 16 mai, et pour la *verte* par lettre du 11 avril 1810.

COUVERTURES. [Pièces d'étoffe qu'on étend sur les lits pour se garantir du froid.] Celles de *soie*, *filoselle* ou *fleurets*.............	Quintal.....	204..0	15 mars 1791.
Celles de *laine* (1), de *coton* et de *fil et coton*........	Quintal..... Idem...... Idem...... Prohibées...	102— 0 51— 0 102— 0	15 mars 1791. 12 pluviôse 3. 3 frimaire 5. 30 avril 1806.
Celles de *ploc* et autres basses matières. [Le ploc est le poil de vaches, de chevrotins et de chiens.].........	Quintal.....	48..96	15 mars 1791.
CRAIE ou ALANA et TRIPOLI. [Pierres calcaires plus ou moins friables, ordinairement blanches, mais quelquefois colorées, sur-tout de rouge. Elle n'ont ni saveur ni odeur.].............	Quintal.....	1..2	15 mars 1791.
CRAYONS *en pastel*, et autres de toute sorte. [Sortes de terres colorées, de différentes nuances, réduites en pâte, à laquelle on donne, tandis qu'elle est molle, la forme de petits rouleaux.]............................. (2, 3 et 4)	Quintal..... Idem.....	10—20 20..40	15 mars 1791. DI. 8 février 1810.
CRAYONS *noirs*. [Ce sont ceux de Blende ou de mine de plomb, qui souvent sont incrustés dans du bois.]............. (3 et 4)	Quintal.....	1..2	15 mars 1791.
CRÈME ou CRISTAL *de tartre*. [C'est le tartre de vin purifié : il est en cristaux nets, bien blancs, détachés, secs, d'un goût aigrelet, agréable.].......................................(5)	Quintal..... Idem...... Idem...... Idem......	9—18 0—92 9—18 18..36	15 mars 1791. 12 pluviôse 3. 9 floréal 7. DI. 8 février 1810.
CRIN *frisé* ou *uni*. [Poils longs et rudes qui croissent à la queue et à la crinière des chevaux et de quelques autres animaux. Le crin frisé est celui qui a été cordé et bouilli ; l'uni est celui qui n'a reçu aucune préparation.]...................	Quintal..... Idem......	4— 8 12.. 0	15 mars 1791. DI. 17 pluv. 13 et loi du 30 avr. 1806.
CRISTAL *de roche* non ouvré. [Pierre transparente avec ou sans couleur, qui fait feu contre le briquet. Elle a ordinairement la forme d'un prisme à six pans, terminé par une pyramide hexagone.]....................................	Quintal.....	30..60	15 mars 1791.

CRABE. *Voyez* Bois de crabe.
CRASSE de cire. *Voyez* Cire.
CRASSE de Sel. *Voyez* Sel.
CRÊPES de soie. *Voyez* Étoffes de soie.
CRÉPONS. *Voyez* Burail.
CREUSETS d'orfèvres ou propres aux monnoies. *Voyez* Poterie de terre.
CRICS. *Prohibés* comme ouvrages en fer. (*Lettre du 14 mai 1807*.)

(1) J'avois observé, dans la première édition de cet ouvrage, qu'on avoit improprement assimilé les couvertures de laine aux étoffes prohibées par la loi du 10 brumaire an 5, puisqu'une loi postérieure (celle du 5 frimaire an 5) avoit rétabli, à l'égard des couvertures de laine, les droits auxquels elles avoient été imposées par le Tarif de 1791..... Cette observation étoit juste relativement à l'assimilation ; mais M*. le Directeur Général, par sa lettre du 2 décembre 1806, a jugé, relativement au régime, que les couvertures de laine seroient prohibées.... Ce ne peut être comme étoffes, puisque jamais leur régime n'a été semblable, mais seulement par assimilation aux couvertures de coton, prohibées nominativement par la loi du 30 avril 1806. C'est donc cette loi que j'indique, et non celle du 10 brumaire an 5, qui n'a jamais été applicable aux couvertures, quoiqu'actuellement ce qui est prescrit pour les marchandises angloises le leur seroit probablement.

(2) Il ne faut pas leur assimiler la sanguine, qui est tarifée particulièrement.

(3) Des crayons incrustés dans du bois, ont néanmoins, dans une prise, été traités comme crayons en pastel.

(4) Ce qu'en 1664 on nommoit *crayon* étoit classé à drogueries.... Mais une lettre du 16 avril 1810, avoit à juste titre, réputé *marchandises* tout ce qui aujourd'hui porte cette dénomination ; toutefois il a été arrêté, depuis, que le décret du 8 février 1810 seroit appliqué aux crayons en pastel.

(5) Par le Tarif de 1664 le cristal de tartre étoit réputé *marchandise* et la crème de tartre *drogue*... des lettres des 14 et 15 mai les ont classés à drogueries.

Désignation	Unité	Droit	Date
CRISTAL de roche ouvré. [C'est celui gravé, taillé ou arrangé en lustres, girandoles, etc.]	Par 100 fr. Prohibé	15—0	15 mars 1791. 10 brumaire 5.
CUIRS secs, en poils. [Ce sont les peaux de bœufs, vaches, buffles, etc. qu'on a fait sécher sans en ôter le poil ou bourre.] (1)	Exempts Droit de bal. Par cuir. Idem.	— 0—40 0..25	15 mars 1791. 24 nivôse 5. AC. 3 therm. 10. AC. 14 fruct. 10 et loi du 8 flor. 11.
CUIRS bouillis. [Ce sont des cuirs forts qu'on a fait bouillir dans de la cire mêlée de quelques gommes ou résines.]	Quintal Prohibés	16—32	15 mars 1791. 10 brumaire 5.
CUIRS dorés et argentés. [Espèces de tapisseries faites de cuir où sont représentées diverses figures relevées en or, en argent, en vermillon, etc.]	Quintal Prohibés	76—50	15 mars 1791. 10 brumaire 5.
CUIRS ouvrés, autres que de cordonnerie. (2)	Quintal Prohibés	81—60	15 mars 1791. 10 brumaire 5.
CUIVRE ROUGE brut, fondu en gâteau, en plaque, lingot ou rosette, et MITRAILLE rouge de toute espèce. [Le cuivre est un métal imparfait, d'un rouge éclatant, sonore, dur, ductile et malléable. On en distingue plusieurs sortes, soit brutes, soit préparées.] (3)	Exempt Droit de bal.	—	15 mars 1791. 24 nivôse 5.
CUIVRE rouge en flaons, pour les monnoies. [Ce qui s'entend des pièces de cuivre coupées en rond et préparées pour être marquées à la monnoie.] (4)	Quintal Exempt Droit de bal.	36—72 —	15 mars 1791. 19 mai 1793. 24 nivôse 5.

RENVOIS.

CRISTAL de tartre. *Voyez* Crème de tartre.
CRISTAUX. *Voyez* Mercerie.
CROISÉS. *Voyez* Draperie.
CRUCHES de grès. *Voyez* Poterie.
CUBÈBE. *Voyez* Poivre à queue.
CUILLERS et fourchettes d'étain. *Voyez* à Mercerie commune.
CUIR (Chapeaux de). *Voyez* Chapeaux.
CULOTTES de peaux. *Voyez* Ouvrages en peaux.
CUIRS ouvrés. *Voyez* Ouvrages en cuirs ou peaux, suivant la différence.
CUIRS tannés, corroyés ou apprêtés. *V.* Peaux.

(1) Ce droit n'affecte pas les peaux de veaux sèches en poil et en vert, qui, tirées à néant au Tarif d'Entrée, doivent continuer à n'acquitter que celui de balance. (CD. 28 *fructidor* 10.) *Voyez* l'art. PEAUX.
Quelques éditions de la loi du 8 floréal 11 ont porté ces cuirs à 40 cent.; mais c'étoit une faute d'impression ou une erreur de copiste.
Les cuirs ne doivent le double droit, que lorsqu'ils sont importés des Deux-Indes.
(2) Les havresacs en cuir seront traités comme les cuirs ouvrés autres que de cordonnerie. (1 *août* 1792.)
(3) Les vieux canons doivent être assimilés au cuivre rosette ou en lingots. (DM. 1 *complém*. 12.)
(4) Les médailles ou pièces de cuivre étoient traitées comme cuivre en flaons par la loi du 1 août 1792, mais le décret du 5 septembre de la même année, la loi du 10 brumaire an 5, et un arrêté du 5 germinal an 12, les ont frappés de prohibition. Une lettre du Directeur Général, en date du 29 juin 1800, confirme ce régime en disant que les médailles et jetons étant exclusivement dans les attributions de l'établissement des monnoies, sont prohibés. . . . . Cependant la prohibition

Cuivre *rouge laminé* en planches et fonds plats de toute dimension (1). *Excepté celui pour doublage de navires*............	Quintal..... Idem...... Idem...... Idem...... Idem......	24—48 4—90 24—48 76—50 75.. 0	15 mars 1791. 12 pluviôse 3. 9 floréal 7. AC. 5 brum. 11. 8 floréal 11.
Celui *laminé*, pour doublage de navires...............	Exempt..... Droit de bal... Quintal..... Idem......	— — 76—50 75.. 0	19 mai 1793. 24 nivôse 5. AC. 5 brum. 11. 8 floréal 11.
Cuivre *rouge battu* en fonds de chaudières relevés, baquets, casseroles, barreaux carrés ou ronds, anses, poignées et clous de toute espèce en œuvre. Celui à fonds de chaudières, les barres à chevilles, les clous de cuivre rouge durcis au gros marteau, les clous de cuivre allié pour doublage et les pentures de gouvernail............	Quintal..... Prohibé..... Quintal..... Idem......	36—72 — 76—50 75.. 0	15 mars 1791. 10 brumaire 5. AC. 5 brum. 11. 8 floréal 11.
Cuivre *rouge ouvragé*; savoir : alambics avec leurs chapiteaux et serpentins, bassinoires, baguettes de Guinée, bouilloires, cafetières, lingots vernis pour les Indes, pompes, robinets...	Quintal..... Prohibé.....	40—80 —	15 mars 1791. 10 brumaire 5.
Cuivre *ciselé*, *vernis* et *plaqué*, comme vases et urnes de toute espèce, théières étamées ou vernies; garnitures de pendules, flambeaux et ornemens dépendans du ciseleur, doreur, et toute espèce de quincaillerie avec cuivre rouge, jaune ou plaqué..........	Quintal..... Prohibé.....	48—96 —	15 mars 1791. 10 brumaire 5.
Cuivre (*Fil de*) de 14 millimètres de diamètre et au-dessous.......	Quintal.....	40..80	15 mars 1791.
Cuivre (*Limaille de*). [Particules de ce métal qu'on a enlevées avec la lime. Elles servent à la teinture des métaux.]	Exempte..... Droit de bal...	— —	15 mars 1791. 24 nivôse 5.

RENVOIS.

Cuivre brûlé. *Voyez* Aes-Ustum.
Cuivre en chandeliers, flambeaux, tire-bouchons, etc. *Voyez* Mercerie commune.

n'affecte point les médailles antiques ou celles frappées relativement à des évènemens survenus dans les pays étrangers et qui seroient de différentes formes et en foible nombre pour chaque espèce.

(2) Une décision ministérielle, du 22 thermidor an 5, a déclaré que ces cuivres n'étant en quelque sorte qu'une matière première, propre à nos manufactures, l'admission n'en est pas défendue.

Cuivre jaune, ou Laiton, *en lingots* ou *en mitraille*. [Alliage qu'on obtient par la cémentation d'un mélange de cuivre rouge, de calamine ou oxide natif de zinc et de poussière de charbon. Il est d'une belle couleur jaune, dur, ductile et malléable.]	Comme cuivre brut.	....	1 août 1792.
Cuivre jaune, ou Laiton *battu* et *laminé* en planches de toutes dimensions, *gratté*, *noir* et *décapé*. [Le cuivre gratté est celui qui est brillant des deux côtés : le *noir* n'est brillant que d'un seul côté : le *décapé* est seulement nettoyé de son vert-de-gris.]	Quintal..... Idem..... Idem.....	30—60 6—12 30..60	15 mars 1791. 12 pluviôse 3. 9 floréal 7.
Cuivre jaune, ou Laiton *ouvré*, comme chaudières, poêlons, bassines, et toute espèce de *Dinanderie* .... (1)	Quintal..... Prohibé.....	40—80	15 mars 1791. 10 brumaire 5.
Cuivre jaune, ou Laiton *de toute espèce*, en instrumens de quincaillerie et mercerie .... (2)	Quintal..... Prohibé.....	48—96	15 mars 1791. 10 brumaire 5.
Cuivre jaune *filé*, ou Fil *de laiton noir*. [C'est du cuivre jaune tiré et passé à travers la filière.]	Quintal..... Idem..... Idem..... Idem..... Idem..... Idem.....	2— 4 0—4 2— 4 12— 0 12— 0 24.. 0	15 mars 1791. 12 pluviôse 3. 9 floréal 7. DI. 17 pluv. 13. 30 avril 1806. DL 4 décem. 1809.
Cumin. [Semences oblongues, cannelées, d'un gris jaunâtre ou verdâtre, pointues par les deux bouts, convexes d'un côté, aplaties de l'autre, de saveur âcre, amère et aromatique, d'odeur forte et désagréable.]	Quintal..... Idem.....	2— 4 4.. 8	15 mars 1791. DI. 8 février 1810.
Curcuma, ou Terra merita. [Racine tubéreuse, oblongue, noueuse, jaunâtre, de la grosseur du doigt, d'un goût un peu âcre et d'une odeur approchant de celle du gingembre. Elle est d'usage en médecine, en teinture et en vinaigrerie.]	Quintal (3).. Idem.....	0—51 1.. 2	15 mars 1791. DI. 8 février 1810.
Cuscute ou Épithyme. [Plante parasite à fibres longues, déliées et sans feuilles, de couleur rougeâtre, grimpant et s'entortillant aux plantes voisines. Sa semence est menue et brune.]	Quintal..... Idem.....	4— 8 8.. 16	15 mars 1791. DI. 8 février 1810.
Cyprès (*Noix de*). [Fruit de l'arbre de ce nom, d'usage en teinture. Elles sont grosses comme des muscades, rondes, sèches, grises, s'ouvrant et se crevassant en écailles du centre à la circonférence, et laissant voir dans leurs fentes des semences aplaties, anguleuses, rousses et moelleuses.]	Quintal..... Idem.....	2— 4 4.. 8	15 mars 1791. DI. 8 février 1810.

RENVOIS.

Cuivre autrement ouvré. *Voyez* Ouvrages en cuivre.
Cuivre (Régule de). *Voyez* Régule de Vénus.
Curcubites. *Voyez* Instrumens de chimie.
Cyperus. *Voyez* Souchet.
Cyprès (Gomme de). *Voyez* l'art. Gommes.

(1) Les chaudières de cuivre qui seront tirées de l'étranger pourront être mises en entrepôt et être expédiées pour les Colonies françaises, en exemption de tous droits. (*A.* 5 *brum.* 11.)

Les *chaudières de cuivre, cuivre* et *clous à doublage* venant de l'étranger et destinés pour les colonies, pourront être mis en entrepôt réel, à la charge du paiement de 12 fr. par quintal au moment de l'expédition pour les colonies. (8 *floréal* 11.) Ces dispositions se rapportent à l'article 5 d'un arrêté du 5 brumaire an 11. Les trois objets y déterminés seront admis ou franchise dans les magasins d'entrepôt. Ceux qui dans le délai de l'année d'entrepôt seront expédiés pour nos îles, acquitteront le droit de 12 francs.

(2) *Voyez* à Mercerie quels sont les articles qui sont admis.

(3) Le Curcuma réduit en poudre, acquérant, par cette main-d'œuvre, plus de valeur vénale qu'il n'en a dans l'état primitif et ordinaire du commerce auquel il a été tarifé, M. le D. G. a mandé, par lettre du 6 mai 1808, qu'il fallait en conséquence le traiter comme droguerie omise.

Daucus (*Graine de*), ou Semen dauci. [Semences oblongues, cannelées, velues, convexes d'un côté et aplaties de l'autre, d'un brun rougeâtre et d'un goût âcre et aromatique.]	Quintal..... Idem......	10—20 20..40	15 mars 1791. DI. 8 février 1810.
Denrées *coloniales* étrangères. Elles ne seront admises dans les ports de France qu'autant qu'elles seront accompagnées de certificats d'origine délivrés par les Commissaires des relations commerciales de S. M. au port d'embarquement. (*Voyez aux Instructions*, page .) Celles pour lesquelles on ne représentera pas ce certificat, quand même elles viendroient des ports où S. M. n'a pas de commissaire, seront saisies et confisquées.............................. (1)	Certificat........		DI. 30 vent. 13 et 23 novemb. 1807.

RENVOIS.

Dattes. *Voyez* l'art. Fruits.
Degras de peaux. *Voyez* Huiles.

(1) L'admission des denrées et productions coloniales n'aura lieu que par les ports qui ont un entrepôt fictif. (*Voyez-en la nomenclature aux Instructions.*)
Les droits sur les denrées coloniales étrangères tarifées par la loi du 8 floréal an 11, seront payés à l'arrivée, à moins qu'elles ne soient mises en entrepôt réel, qui ne pourra excéder une année; dans ce cas elles ne devront que le droit de balance, et n'acquitteront les droits du Tarif qu'en sortant de l'entrepôt pour entrer dans l'intérieur. (8 *floréal* 11.)
Ces denrées coloniales tarifées sont : Sucre brut, sucre tête et terré, café, cacao, indigo, rocou, coton, casse, gingembre, caret ou écailles de tortue, bois d'acajou et de marqueterie, cuirs secs en poil, liqueurs, poivre, même celui importé par le commerce français au-delà du cap de Bonne-Espérance. Ces objets, en cas de réexportation pendant leur année d'entrepôt, sont exempts de tous droits de sortie.

DENRÉES *coloniales* provenant des *Colonies anglaises*.............	Confiscation........	22 ventôse 12.	
DENRÉES *coloniales*, venant des États-Unis d'Amérique................(1)	{ Ne pouvoient être admises sans ordre. ....Seront saisies	DI. 17 avril 1808. DI. 23 mars 1810.	
DENRÉES *coloniales*, venant de *l'Espagne*................(2)	Prohibées.......	DI. 16 sept. 1808.	
DENRÉES *coloniales*, venant de la *Hollande*.................	Prohibées... Permises... Prohibées... Permises... Prohibées... Permises...	DI. 16 sept. 1808. LD. 7 nov. 1808. LD. 9 déc. 1808. DI. 4 juin 1809. DI. 17 juillet 1809. Traité du 16 mars 1810.	

RENVOIS.

(1) Les produits des ventes seront déposés à la caisse d'amortissement.
(2) Différentes questions ayant été soumises sur le sens et l'application de ce décret, M. le DG. les a résolues, ainsi qu'il suit, par sa circulaire du 28 septembre 1808 :
« La prohibition comprend toutes les productions coloniales, quelles que soient
» leurs propriétés, soit comestibles, soit d'autres matières employées à d'autres
» usages.... — Elle s'étend non-seulement aux objets dénommés dans le Tarif an-
» nexé à la loi du 8 floréal 11, mais encore à ceux provenant de l'Inde, tels que la
» canelle, le girofle et autres épiceries et drogueries, dont le commerce est à pré-
» sent, en grande partie dans les mains des anglois.
« Le *quinquina* n'est point compris dans la prohibition, ainsi cette écorce et les
» cotons en laine en vertu du décret du 9 juin 1808, sont les seuls objets qui soient
« exceptés.
» Quant à l'application, elle est immédiate, suivant les principes généraux, et frappe les navires arrivés postérieurement à la
« réception du décret, ou qui se trouvent encore dans le port sans être déchargés... — Mais les marchandises coloniales mises à terre
« avant que ledit décret fut parvenu, si elles ont été déclarées et qu'elles soient enregistrées, ainsi que celles en entrepôts, sont
« admissibles. »

61. (ENTRÉE 49.)

Denrées et Marchandises coloniales, non tarifées, justifiées provenir du cru des *Colonies françaises*, ne paieront que moitié des droits imposés sur les mêmes objets venant de l'étranger. (*Art, 18 de la loi du 8 floréal an 11.*) .... (1)	*Moitié des Dr.*	8 floréal 11.	
Les *Denrées coloniales tarifées* sont les Cacaos, Cafés, Confitures, Mélasses, Poivres et Sucres bruts, têtes et terrés; les *Bois d'acajou et de marqueterie*, le Caret ou Ecailles de tortue, la *Casse*, le Coton, les *Cuirs secs en poils*, le Gingembre, l'Indigo, les *Liqueurs*, le Rocou et le *Tafia*. (*Voyez* à ces noms.)	... (2)		
Dentelles *de fil et de soie*. [Sorte d'ouvrage plat et à jour, composé de plusieurs fils entrelacés les uns dans les autres par le moyen des fuseaux. Il y en a à réseau, à brides, à fleurs, etc., de brodées à la main, etc.]	*Kilogr. net.* *Le mètre*...	30—60 2. 0	15 mars 1791. DI. 17 pluv. 13 et loi du 30 avr. 1806.
Dentelles *grossières de fil*, fabriquées aux environs de Nimègue...	*Par 100 fr.* *Par mètre...*	10— 0 0. 10	DM. 2 brum. 7. DI. 17 pluv. 13 et loi du 30 avr. 1806.

RENVOIS.

Dentale entale. *Voyez* Antale.

(1) On a avancé que cette disposition de l'article 18 de la loi du 8 floréal an 11, n'étoit applicable qu'aux espèces dont le droit n'avoit pas été changé depuis et qu'ainsi les marchandises assujetties à de nouveaux droits par des dispositions postérieures, devoient les acquitter sans distinction d'origine; d'où résulteroit, ou abrogation entière de cet article par le doublement du droit ordonné par le décret du 8 février 1810, ou du moins abrogation partielle relativement aux espèces qui depuis la loi du 8 floréal an 11 ont été réimposées simplement.... Encore que la discussion d'une pareille question soit dans les circonstances d'un mince intérêt, je ne puis toutefois m'empêcher d'observer qu'on ne pourroit la soutenir sans faire une fausse application du principe de l'abrogation des lois;... la jurisprudence la plus constante a établi qu'*une loi nouvelle n'abroge tacitement les lois précédentes que dans celles de leurs dispositions qui ne peuvent s'accorder avec les siennes*; or, en matière de tarifications, pour qu'il puisse y avoir abrogation des unes par les autres, il faut primitivement, que ces tarifications soient de même nature, car, si l'une est proportionnelle et l'autre numérale, il est clair, que la proportion existant toujours quelque soit le nombre, la tarification proportionnelle s'accordera avec la nouvelle tarification numérale; comme elle s'accordoit avec l'ancienne, et dès-lors l'article 18 de la loi du 8 floréal an 11, ne peut être abrogé tacitement;... d'ailleurs, quand ce principe n'existeroit pas, les lois postérieures, ni le décret du 8 février 1810 qui double les droits sur toutes les marchandises coloniales indistinctement, ne contiennent aucune disposition dont on puisse induire abrogation soit partielle entière de l'article 18; le décret, par cela même qu'il fait porter le doublement des droits sur toutes les origines, maintient, au contraire, les dispositions anciennes, en ce sens que les droits se trouvent doublés tant sur les denrées des colonies françoises tarifées que sur les marchandises coloniales étrangères; en conséquence, s'il se présentoit des objets du cru des colonies françoises non tarifés, ils ne devroient acquitter que la moitié des droits fixés par le décret du 8 février, c'est-à-dire, le simple droit, le droit enfin qui a précédé celui imposé par ce décret.

(2) ... A leur arrivée des colonies, les capitaines feront, dans les vingt-quatre heures et dans les formes prescrites, la déclaration de leur chargement, et remettront l'acquit des droits qui ont été perçus à la sortie desdites colonies. — Lesdits capitaines déclareront séparément les objets qu'ils auront chargés sous voiles, afin que les droits qu'ils auroient dû payer aux îles, soient acquittés en sus de ceux auxquels ils seront assujettis en France.... — A défaut de la preuve du chargement dans nos colonies, ou s'il s'agit de marchandises que le commerce étranger a la faculté d'y introduire, la cargaison sera traitée comme étrangère. (*Loi du 10 juillet 1791.*)

DENTELLES d'argent fin..	Kilogr. net..	81..60	15 mars 1791.
DENTELLES d'or fin..	Kilogr. net..	122..40	15 mars 1791.
DENTELLES d'or et d'argent faux..................................	Kilogr. net.	24..48	15 mars 1791.
DERLE, ou TERRE de porcelaine. [Terre argileuse blanche. Elle est fine et grasse : son vrai nom est *petunt-zé*.]...............	Exempte........ Droit de bal......	—	15 mars 1791. 24 nivôse 5.
DIBIDIVI. [Drogue propre à la teinture, tirée d'Espagne.].........	Exempte........ Droit de bal......	—	15 mars 1791. 24 nivôse 5.
DICTAME. [Nom marchand des feuilles de la plante de ce nom. Elles sont rondes, de la longueur d'un pouce, tirant sur le vert, couvertes de duvet et d'un poil épais, odorantes et d'un goût brûlant. On nomme aussi *radix dictami* la racine d'une autre plante que celle ci-dessus, et qui a la grosseur du doigt, blanche, d'odeur forte, sentant le bouquin et de saveur amère.]..	Quintal..... Idem......	4— 8 8..16	15 mars 1791. DL 8 février 1810.
DOMINOTERIE. [Ce qui s'entend des marchandises de papier dont le trait, les dessins et les personnages sont imprimés avec des planches de bois, ensuite les couleurs mises avec un patron.]..	Comme mercerie......		15 mars 1791.

RENVOIS.

DENTS d'éléphans. *Voyez* Ivoire.
DENTS de loups. *Voyez* Loups.
DENTS marines. *Voyez* Cornes de licorne.
DESSINS à la gouache. *Comme* Tableaux. (*Lettre du 27 février 1807.*)
DEZ à coudre, en corne, cuivre, fer, os et ivoire. *Voyez* Mercerie commune.
DEZ à coudre en or et argent. *Voyez* Bijouterie.
DEZ à jouer. *Voyez* Mercerie.
DIAGRÈDE. *Voyez* Scamonée.
DIAMANS. *Voyez* Bijouterie.
DINANDERIE. *Voyez* Cuivre ouvré.

Les droits d'entrée sur les denrées coloniales françaises seront acquittés à l'arrivée ; celles assujéties au droit désigné au Tarif sous le nom de *droit de consommation*, et qui sont les cacaos, cafés, confitures, mélasses, et sucres bruts, têtes et terrés, jouiront de la faculté de l'entrepôt, sous la soumission cautionnée de les réexporter ou de payer ledit droit au moment où elles sortiront de l'entrepôt pour la consommation.... — La durée de l'entrepôt ne peut excéder le terme d'une année. ... — Les négocians qui déclareroient pour l'entrepôt les six espèces de denrées ci-dessus et les poivres, seront tenus, avant la mise en entrepôts, de désigner les magasins où ils renfermeront leurs marchandises, et de faire leurs soumissions, de les représenter en mêmes qualité et quantité, toutes les fois qu'ils en seront requis, avec défense de les faire changer de magasin sans déclaration préalable et permis spécial de la douane, à peine de payer immédiatement les droits en cas de mutation non autorisée, et du double droit dans le cas de soustraction absolue, indépendamment d'une amende, qui pourra s'élever au double de la valeur de la marchandise soustraite. (*8 floréal 11, art. 14 et 15.*)

DRAGÉES *de toute sorte.* [Ce qui s'entend de tous petits fruits, racines, écorces, graines, confitures, entourés et couverts de différentes couches de sucre épuré et durci par le travail.] (1)	Quintal....	30—60	15 mars 1791.
DRAPERIES, ou ÉTOFFES *de laine*, savoir : *Draps* fins, façon de Sedan, de Louviers, d'Elbœuf, et autres dénominations, sur largeur de $\frac{5}{4}$, $\frac{6}{4}$, $\frac{7}{4}$ de l'ancienne aune. — *Draps* dits à longs poils ou à poils raz, avec ou sans lustre. — *Draps* de Vigogne, poil de chameau, castor et autres matières. — *Draps* fins rayés et unis, façon de Silésie ou de royale, et autres dénominations, sur largeur de $\frac{1}{2}$, $\frac{3}{4}$, et $\frac{7}{8}$ aune ancienne. — *Draps* dits rayés, unis, à poils. — *Ratines* en $\frac{3}{4}$ et $\frac{1}{2}$ d'aune ancienne de large, façon de Hollande. — *D'Andely* de Vienne, et autres dénominations. — *Casimir.* — *Raz-de-castor* croisés et unis. — *Flanelles* croisées et unies. — *Espagnolettes*, façon de Rouen, et autres dénominations, croisées et unies, en blanc ou en couleur. — *Camelot* en poil, laine et soie. — *Serges de satin* ou *Satin turc*, *Prunelle* et *Turquoise*. — *Tricots* en pièces ou gilets. — *Etamines* ou *Burats* imitant les voiles de Rheims, et autres *Étoffes*, sous quelque dénomination que ce puisse être, fabriquées avec de la laine fine. (2)	Quintal.... Prohibées..	612— 0	15 mars 1791. 10 brumaire 5.
DRAPS *communs*, forts; ceux à poils, sur une aune ou demi-aune ancienne de large, croisés, rayés ou unis. — *Moltons*, façon de Sommiers, et autres dénominations. — *Ratines* communes. — *Croisés* communs. — *Kalmoucks* ordinaires. — *Camelots* en laine, unis ou rayés. — *Sagatis*, et autres genres d'*Étoffes* fabriquées avec de la laine commune.	Quintal.... Prohibés... Idem......	306— 0 153— 0	15 mars 1791. 12 pluviose 3. 10 brumaire 5.
DRAPS et ÉTOFFES *de coton*, et VELOURS *de coton*. .... (3)	Quintal.... Prohibés... Idem......	306— 0	15 mars 1791. 1 mars 1793. 10 brumaire 5.
DRILLES ou VIEUX LINGES. [Ce qui s'entend des vieux chiffons de toiles de lin, de coton et de laine, propres à la fabrication du papier.]	Exempts... Droit de bal.		15 mars 1791. 24 nivôse 5.
DUVET de cygne, d'oie et de canard. [On donne le nom de duvet aux plumes menues et chaudes qui touchent immédiatement le corps des oiseaux.] (4)	Quintal.... Idem......	30—60 100. 0	15 mars 1791. Dl. 17 pluv. 13 et loi du 30 avr. 1806.

RENVOIS.

DROGUERIES omises. *V.* Marchandises omises.
DUOBUS (Sel de). *Voyez* Sels.
DUVET d'Autruche. *Voyez* Autruche.
DUVET d'Eider. *Voyez* Edredon.

(1) Il faut comprendre sous la dénomination de dragées, les pastilles et en général tout ce qu'on appelle bonbons.
Le Tarif de 1664 n'a pas rangé les dragées parmi les drogueries épiceries; je ne me permettrai donc pas de leur appliquer le décret du 8 février 1810.... toutefois il seroit assez juste qu'elles supportassent au moins le doublement des droits à raison du sucre qui entre dans leur composition, s'il ne l'étoit pas plus de les prohiber ou de les imposer à un droit proportionnel à celui actuel du sucre.
(2) Les étoffes de laine connues sous le nom de *casimir* avoient déjà été prohibées par la loi du 1 mars 1793.
Les draps de laine des fabriques d'Italie pourront entrer en France en payant 1-50 par mètre. — Ils seront soumis aux mêmes conditions que les crêpes. (*Traité de Commerce du 20 juin 1808.*).... *Voyez* ÉTOFFES DE SOIE, page 75.
(3) *Voyez* la note à ÉTOFFES *de coton*.... — Ceux de prises doivent être réexportés. *Voir* MARCHANDISES DE PRISES.
(4) Les duvets d'autruche et d'eider sont tarifés particulièrement; voyez ces mots.

Eau-de-vie, *autre que de vin*. [Ces eaux-de-vie sont des liqueurs qui se tirent, par la distillation, de différentes substances fermentées, telles que le grain, le riz, les figues, les carottes, les pois, le genièvre, la cire, etc.] .... (1)	*Prohibée*		15 mars 1791.
Eau-de-vie simple *de vin*. [C'est celle provenue par la distillation du vin.] .... (2)	*Les 268 litres.* *Le litre* ..... Idem......	24— 0 0—15 0..20	15 mars 1791. 9 floréal 7. DI. 17 pluv. 13 et loi du 30 avr. 1806.
Eau-de-vie double *et rectifiée*. [C'est c'elle au-dessus de 22 degrés jusques et compris 32.] .... (2)	*Les 268 litres.* *Le litre* ..... Idem......	48— 0 0—30 0..40	15 mars 1791. 9 floréal 7. DI. 17 pluv. 13 et loi du 30 avr. 1806.
Eau-de-vie *au-dessus de 32 degrés*. (Esprit-de-vin.) [On appelle esprit-de-vin l'eau-de-vie qui a été distillée deux fois.] ...(2)	*Les 268 litres.* *Le litre*	72— 0 0..45	15 mars 1791. 9 floréal 7.
Eau forte. [C'est l'acide nitreux le plus pur et le plus fort. Cette eau est ou blanche, ou rouge, ou verte.]	*Quintal* .... Idem..... Idem..... Idem..... Idem *net*..	16—3 20—40 2— 4 20—40 40..80	15 mars 1791. 1 août 1792. 12 pluviôse 3. 3 frimaire 5. DI. 8 février 1810.
Eau *de fleurs d'orange*. [C'est l'eau distillée de ces fleurs; elle en conserve toute l'odeur.] .... (3)	*Comme* eau médicinale.......		1 août 1792.
Eaux *médicinales et de senteur*. [Les principales sont celles d'arquebusade, styptique, cordiale, vulnéraire, eaux des Carmes, de Cette, de Cologne, impériale, de lavande, de mélisse, de menthe, de miel, de la reine de Hongrie, de thim, etc.] (3)	*Quintal net*. Idem......	61—20 122..40	15 mars 1791. DI. 8 février 1810.
Eaux *minérales*. [Ce qui comprend les *eaux sulfureuses*, les *eaux ferrugineuses*, les *eaux gazeuses* et les *eaux salines*, froides ou chaudes, simples ou composées.] .... (4)	*Exemptes*....... *Droit de bal.*		15 mars 1791. 24 nivôse 5.

RENVOIS.

Eau de Cerises. *Voyez* Kirschwaser.
Eau-de-vie d'Andaye. *Voyez* Liqueurs.

(1) Les eaux-de-vie de grains dites de genièvre, venant de l'étranger, pourront être entreposées en franchise de tous droits dans les ports de *Gravelines, Calais, Boulogne, Dieppe, Fécamp, Cherbourg, Saint-Malo, Morlaix* et *Roscoff*, à la charge d'être réexportées à l'étranger dans l'année de l'arrivée. Il pourra être établi dans lesdits ports, aux frais du commerce, des dépôts où les tafias des Colonies françaises, reçus en entrepôts, pourront être convertis en rhum en exemption de droits, à la charge d'être aussi réexportés dans l'année. (*19 octobre 1791.*)

Cet entrepôt a été étendu à *Dunkerque* par décision du 18 ventôse an 10, et à *Ostende* par celle du 18 germinal même année.

Les rhums et les tafias sont aussi admis en entrepôt réel dans le port de *Cherbourg*. (*8 Floréal 11.*) L'importation de ces rhums et tafias, et celle des eaux-de-vie de genièvre dont cette loi confirme l'entrepôt, ne peut être faite que par bâtiments de 100 tonneaux et au-dessus. (*Même loi.*)

Les genièvres et autres liqueurs de l'espèce, qui proviennent de prises, doivent 40 pour 100 de la valeur par application du DI. 24 juin 1808 (*CD. 27 janvier 1809*).

(2) La différence des droits entre l'eau-de-vie double et l'eau-de-vie simple exige que les Préposés s'assurent avec exactitude du degré réel de sa force, que l'on pèse avec un aréomètre ou pèse-liqueur; plus elle est spiritueuse, plus le pèse-liqueur enfonce; lorsqu'il ne descend pas à plus de 22 degrés, l'eau-de-vie est réputée simple; au-delà elle est réputée double, et passé 32 de

ÉCAILLES d'Ablette. [L'ablette est un petit poisson de rivière dont les écailles argentées servent à colorer les fausses perles. On les conserve ordinairement dans de l'ammoniaque ou alcali volatil.] .... } Quintal..... 2.. 4 15 mars 1791.

ÉCAILLES de Tortue, de toutes sortes. [Elles se lèvent de dessus la carapace de ces animaux. Celles dont on se sert principalement sont tirées des TORTUES CARETS. Toutes ont trois couleurs, le blond, le brun et le noirâtre, d'une demi-transparence agréable.] .... (5)

Quintal.....	20—40	15 mars 1791.
Idem.....	2— 4	12 pluviôse 3.
Idem.....	20—40	9 floréal 7.
Idem.....	45— 0	AC. 3 therm. 10.
Idem.....	45— 0	8 floréal 11.
Idem.....	120— 0	DL 17 pluv. 13.
Idem.....	120— 0	30 avril 1806.
Idem.....	240.. 0	DI. 8 février 1810.

Celles dites CARETS, provenant des Colonies françaises.

Exemptes...	———	29 mars 1791.
Idem.....	———	11 septembre 1793.
Quintal.....	30— 0	AC. 3 therm. 10.
Idem..,...	30— 0	8 floréal 11.

(5 et 6)

ÉCHANTILLONS de Gants et de Bas de soie, dépareillés et n'excédant pas le nombre de trois. [Ceux des autres marchandises ne peuvent non plus supporter les droits imposés sur les espèces, pourvu qu'ils ne présentent qu'une fois le dessin sans le répéter. (C.A. 18 octobre 1791.)] .... } Exempts.... ——— 1 août 1792. Droit de bal....... 24 nivôse 5.

ÉCORCES de bois propres à faire des chapeaux pour femmes. (Comme omises. L. 18 prairial 13.)........................ } Par 100 fr. 10.. 0 22 août 1791.

ÉCORCES de Chêne et autres à faire du tan. [Celle de chêne est épaisse, raboteuse, crevassée et rude.]........................ } Exempte.... ——— 15 mars 1791. Droit de bal....... 24 nivôse 5.

ÉCORCES de Citron, d'Orange et de Bergamotte. [Peaux des fruits de ce nom: elles sont jaunes en dehors et blanches en dedans.] (7) } Quintal..... 8..16 15 mars 1791.

ÉCORCES de Coulilawan. [Écorce gommo-résineuse d'un arbre aromatique des îles Moluques : elle est épaisse et compacte, brune en dehors, d'une couleur claire en dedans, facile à réduire en poudre d'une odeur suave et forte. C'est une nouvelle espèce d'épicerie.] .... } Quintal..... 12—24 15 mars 1791. Idem..... 24—48 DI. 8 février 1810.

ÉCORCES de Grenadier. [C'est l'écorce du fruit de l'arbre de ce nom: elle est dure comme du cuir, de couleur purpurine obscure en dehors, jaune en dedans. On s'en sert en médecine, et pour préparer les cuirs.] .... (8) } Exemptes... ——— 15 mars 1791. Droit de bal....... 24 nivôse 5.

ÉBÉNISTERIE. *Voyez* Marqueterie.
ÉCARLATE (Graine d'). *Voyez* Kermès.
ÉCHALATS. *Voyez* Bois feuillard.
ÉCHANTILLONS DE TABACS. *Voir* la note à tabacs.
ÉCLISSES. *Voyez* Bois d'éclisses.
ÉCORCES de chêne blanc. *Voyez* Quercitron.
ÉCORCES de chêne blanc moulues. *Voyez* Quercitron.
ÉCORCES de Câprier. *Voyez* Câprier.
ÉCORCES de Gaïac. *Voyez* Gaïac.

(5) C'est comme productions coloniales que les écailles de tortue doivent le double droit.

(6) J'ai dit dans les premières éditions que les carets des Colonies françaises paroissoient devoir comme ceux étrangers, depuis la loi du 30 avril 1806... De nouvelles réflexions m'ont fait rejeter cette opinion : on en trouvera les motifs dans la note de l'article DENRÉES COLONIALES FRANÇOISES et dans celle de l'article COTON.

(7) qu'il faut percevoir le droit de balance sur les eaux, plus celui fixé sur les bouteilles. Pour ce dernier droit, *voyez* à VERRE.

grés c'est de l'esprit de vin. Mais il est essentiel de se fixer sur le degré de température, et d'observer qu'elle influe tellement sur les liquides, que le pèse-liqueur qui se trouve juste lorsque le thermomètre n'est qu'à 10 degrés, enfoncé d'un degré de plus par chaque 5 degrés de chaleur; c'est-à-dire, que lorsque le thermomètre est à 15 degrés, l'eau-de-vie de 22 degrés en pèse 25, et que quand il monte à 20, la même eau-de-vie en pèse 24, et n'en doit pas moins être réputée simple.

(8) Les eaux de fleurs d'orange et de senteur n'étoient pas réputées drogueries par le Tarif de 1664, mais les eaux médicinales étoient traitées comme drogueries omises; dès-lors le Tarif de 1791 et la loi du 1er août ayant assimilé toutes ces eaux, il en résulte que le double droit leur est applicable.

(4) Les bouteilles qui contiennent ces liquides sont sujettes au droit; de manière

ÉCORCES de *Mandragore* ou *Faux-ginseng*. [Ce sont celles de la racine de la plante de ce nom : il y en a deux espèces, l'une dont l'écorce est blanchâtre en dehors, cendrée et grisâtre en dedans ; l'autre, au contraire, est blanche en dedans et brune au dehors ; de saveur âcre, gluante et amère. On envoie quelquefois la racine coupée par tranches comme le jasap.]	Quintal..... Idem......	18—36 36..72	15 mars 1791. DI. 8 février 1810.
ÉCORCES ou BROU de *Noix*. [Écorce verte, charnue, acerbe et un peu amère qui recouvre la coque ligneuse de la noix. Elle sert en médecine et en teinture.]	Exemptes... Droit de bal.	——	15 mars 1791. 24 nivôse 5.
ÉCORCES d'*Orme pyramidal*. [Seconde écorce de cet arbre, très-souple, jaune en dehors et en dedans. On l'importe en petites lanières. Elle contient un suc mucilagineux et gluant.]	Par 100 fr..	2..50	15 mars 1791.
ÉCORCES de *Simarouba*. [C'est celle de la racine de la plante qui produit le bois de cayan. On l'apporte de la Guyane en lanières et en paquets de 35 kilogrammes. Cette écorce est brune et jaunâtre.] (9)	Quintal..... Idem......	15..30 30..60	15 mars 1791. DI. 8 février 1810.
ÉCORCES de *Tilleul*. [Écorces jaunâtres qu'on importe en lanières minces et longues pour en faire des cordages.]	Exemptes... Droit de bal.	——	15 mars 1791. 24 nivôse 5.
EIDERDON ou EDREDON. [Plumes de l'estomac de l'*eider*. C'est une sorte de duvet très-doux, très-moelleux, fort léger et fort chaud, très-élastique et très-durable.]	Kilogramme. Idem.	2— 4 6.. 0	15 mars 1791. DI. 17 pluv. 13 et loi du 30 avril 1806
ELLÉBORE *noir* ou *blanc* (*Racines d'*). [Celles de l'ellébore noir ont cette couleur en dehors et sont grises en dedans. La racine de l'ellébore blanc est en tête assez grosse, également blanche. Toutes deux sont garnies de beaucoup de fibres ; mais on les apporte ordinairement dégarnies de ces filamens.]	Quintal..... Idem......	4— 8 8..16	15 mars 1791. DI. 8 février 1810.
ÉMERIL *en poudre* et *en grains*. [Minéral particulier sur lequel les naturalistes ne sont pas d'accord : on en connoît trois espèces, l'une, qui naît dans les mines d'or, est jaunâtre, parsemée de points d'or et d'argent ; la seconde est unie et d'un gris rougeâtre : on la trouve dans les mines de cuivre ; la troisième est noirâtre, très-dure. Elles servent à couper et nettoyer les pierres précieuses. On les pulvérise pour polir les métaux et les glaces.]	Quintal.....	1.. 2	15 mars 1791.

ÉCORCES de *Scavisson*. Comme droguerie omise. (*Lettre du 5 nov.* 1806.)
ÉCORCES de *Tamaris*. *Voyez* TAMARIS.
ÉCORCES. Pour les autres il faut voir à leurs noms propres.
ÉCRITOIRES simples. *Voyez* Mercerie commune.
ÉCUME de Verre. *Voyez* Anatron.
EFFETS militaires. *Voyez* la note à Munitions de guerre.
EFFETS à l'usage des voyageurs. *Voyez* Linge de corps et Habillemens.
ÉLASTIQUE (Gomme). *Voyez* aux Gommes.
ÉLECTUAIRES de toutes sortes. *V.* Confection.
ÉLÉMI (Gomme). *Voyez* aux Gommes.
ÉMAIL. *Voyez* Azur.
EMPORTE-PIÈCES. *Voyez* Quincaillerie fine.

(7) Il s'agit ici d'écorces desséchées et non mélangées avec du sucre ; car dans ce dernier cas elles devroient comme confitures.

(8) Une lettre administrative du 26 avril 1806 a ordonné de percevoir, en conformité du décret du 17 pluviôse an 13, le droit de 20 pour 100 de la valeur sur les ÉCORCES DE GRENADES ou malicorium, comme devant être rangées dans la classe des drogueries omises....

ÉCORCES DE GRENADIER, ou ÉCORCES DE GRENADES, ou MALICORIUM, ou SIDIUM, sont la même chose sous quatre noms différens ; tirées à *néant* par la loi du 15 mars 1791 sous la dénomination D'ÉCORCES DE GRENADIER, il s'ensuit donc qu'elles ne sont pas omises.

Or, si l'on porte les *écorces de grenades* à 20 pour 100, et celles de *grenadier* au droit de balance : il doit en résulter que, si réellement ces écorces doivent comme drogueries omises, elles n'acquitteront que 51 centimes du quintal ou 15 centimes de la valeur, si on la présente sous le nom d'*écorces de grenadier*, qui effectivement est un nom impropre, mais c'est celui du commerce et du tarif.

(9) Les écorces de simarouba, n'ont pas été reprises au Tarif de 1664, mais

Désignation	Unité	Droits	Date
ENCENS *commun*, ou GALIPOT. [Poix odoriférante qui sort par les incisions qu'on a faites au pin, et qui n'a point été cuite. Elle se sèche, est blanche et nette.]	Quintal..... Idem...... Idem...... Idem......	0—51 20— 0 20— 0 40.. 0	15 mars 1791. DI. 17 pluv. 13. 30 avril 1806. DI. 8 février 1810.
ENCENS *fin*, ou OLIBAN. [Substance résineuse qui découle d'un petit arbre de l'Arabie. Elle est d'un jaune pâle ou transparent, en larmes dures, d'un goût âcre et résineux, d'odeur pénétrante.]	Quintal..... Idem...... Idem...... Idem......	10—20 20— 0 20— 0 40.. 0	15 mars 1791. DI. 17 pluv. 13. 30 avril 1806. DI. 8 février 1810.
ENCRE *de la Chine*. [Substance noire, en tablettes carrées longues, revêtues de quelques caractères chinois ou en relief, ou dorés, ou de couleur rouge.]............(1 et 2)	Quintal.....	81..60	15 mars 1791.
ENCRE *à écrire*. [Composition liquide, le plus ordinairement noire, résultante d'une infusion de noix de galle, gomme arabique, bois de Brésil, alun et sulfate de fer.]............(1)	Quintal.....	24..48	15 mars 1791.
ENCRE *à imprimer* et *en taille-douce*. [C'est un composé de térébenthine, d'huile de noix ou de lin et de noir de fumée, qu'on réduit, par la cuisson et le broiement, en une espèce de pâte presque solide.]............(1)	Quintal.....	12..24	15 mars 1791.
ENGRAIS *de toutes sortes* pour les terres. [Ce qui comprend toutes les matières propres à engraisser les terres, telles que fumier, colombine, clapous, cornes râpées, etc.]	Exempts.... Droit de bal.	...—....	15 mars 1791. 24 nivôse 5.
ÉPINES *anglières*, ou ASPINI. [Nombre de savans que nous avons consultés pour savoir ce que c'étoit qu'*aspini* n'ayant pu nous donner de solution, nous invitons les personnes qui en auroient connoissance à nous en instruire.]	Quintal.....	2.. 4	15 mars 1791.
ÉPINGLES *blanches*. [Bouts de fil de laiton coupés de certaine longueur, et qui ont une tête et une pointe. — Les *Épingles jaunes* leur ont été assimilées par lettre du 1er décembre 1809.]	Quintal.....	61..20	15 mars 1791.

ENCLUMES comme étaux (CD. 30 novemb. 1809.) c'est-à-dire, que s'ils sont grossiers ils payent comme quincaillerie commune; et s'ils sont fins, 10 pour cent.
ENULA CAMPANA. *Voyez* Aulnée.
Épées montées en or ou argent, ou enrichies. *Voyez* Bijouterie.
Épées non enrichies. *Voyez* Armes blanches.
ÉPERONS communs. *Voyez* Mercerie commune.
ÉPICERIES NON DÉNOMMÉES. *V.* Marchandises omises.
ÉPERONS d'argent, enrichis. *Voyez* Bijouterie.
ÉPIEU. *Voyez* Armes blanches.
ÉPINETTES. *Voyez* Instrumens de musique.
ÉPINGLES d'or. *Voyez* Bijouterie.
ÉPITHIME. *Voyez* Cuscute.
ÉPLUCHURES de Cacao. *Voyez* Cacao.

comme leur seul usage est dans la pharmacie, elles doivent conséquemment le double droit.

(1) A raison de ce qu'une partie des ingrédiens qui entrent dans la composition des encres doivent le double droit, il pourroit se faire qu'ils y fussent également soumis; toutefois, jusqu'à décision positive, je ne leur appliquerai pas le décret du 8 février 1810.

(2) De ce que l'encre à lavis porte le nom d'encre de la Chine, ce n'est pas un motif pour lui appliquer le double droit plutôt qu'aux autres encres..... Ce nom de *la Chine* fait d'autant moins à la chose que celle dont on se sert généralement en Europe, s'y fabrique avec des ingrédiens d'Europe..... Conséquemment, à moins qu'elle n'arrive directement des Indes, l'encre de la Chine n'est ni plus ni moins affectée par le décret du 8 février 1810, que les autres encres.

Désignation		Unité	Droits	Date
Éponges *communes*. [Espèce de champignons marins très-poreux qu'on trouve attachés aux rochers : ceux-ci sont de couleur brunâtre.] .... (1)		Quintal..... Idem......	6—12 60.. 0	15 mars 1791. DI. 17 pluv. 13 et loi du 30 avr. 1806.
Éponges *fines*. [Elles sont plus légères, plus blondes, et ont les trous plus serrés que celles ci-dessus.]		Quintal..... Idem......	51— 0 200.. 0	15 mars 1791. DI. 17 pluv. 13 et loi du 30 avr. 1806.
Éponges *servant à la fabrication de l'amadou*. [Quoique l'amadou se fasse ordinairement avec l'agaric de chêne préparé, on en fait aussi avec le *bolet amadouvier*, gros champignon qui croît autour des vieux arbres. C'est de ce champignon dont il est ici question.]		Exemptes... Droit de bal.	....—.... ....—....	15 mars 1791. 24 nivôse 5.
Escayolles. [Graines propres à nourrir les oiseaux, qu'on tire de Tunis et d'Alger.] .... (2)		Quintal.....	0..51	15 mars 1791.
Esprit de nitre. [C'est une sorte d'eau forte blanche qui, exposée aux rayons du soleil, se colore en rouge.]		Quintal..... Idem...... Idem *net*..	20—40 20—40 40..80	15 mars 1791. 1 août 1792. DI. 8 février 1810.
Esprit de sel. [Fluide de couleur d'ambre jaune tiré du sel marin, d'un goût acide, fort et pénétrant. C'est l'acide muriatique.]		Quintal..... Idem *net*..	30—60 6v..20	15 mars 1791. DI. 8 février 1810.
Esprit de soufre. [Liqueur provenant de la combustion du soufre, plus ou moins acide, suivant son degré de concentration.] (3)		Quintal..... Idem...... Idem *net*..	10—20 20—40 40..80	15 mars 1791. 1 août 1792. DI. 8 février 1810.
Esquine. [Grosse racine noueuse, genouillée, pesante, ligneuse, à tubercules inégaux, d'un brun rougeâtre en dehors et d'un blanc rougeâtre en dedans, un peu résineuse, d'un goût terreux et astringent.]		Quintal..... Idem......	6—12 12..24	15 mars 1791. DI. 8 février 1810.
Essaye. [Racine dont on se sert dans les Indes orientales pour teindre en écarlate. Sa couleur est d'un rouge obscur, son goût ressemble à celui du sel de nitre.] .... (4)		Quintal..... Idem......	1— 2 2.. 4	15 mars 1791. DI. 8 février 1810.

RENVOIS.

Époussettes. *Voyez* Brosserie.
Epsum (Sel d'). *Voyez* l'art. Sels.
Équipemens militaires. *V.* la note à Munitions.
Escourgeon. *Voyez* Grains.
Espagnolettes. *Voyez* Draperies.
Esparcettes. *Voyez* l'art. Graines.
Esprit de Cerf. *Voyez* Cerf.
Esprit-de-Vin. *Voyez* Eau-de-vie de 32 degrés.
Esprit de Vitriol. *Voyez* Acide sulfurique.
Esprits. Pour les autres, *voyez* à leurs noms propres et à Essences.

(1) En douanes, les éponges sont réputées communes lorsque la valeur du quintal n'excède pas 300 francs. (1 *août* 1792.)
(2) En raison de la note de l'article alpiste, l'escayolle ne doit pas le double droit.
(3) L'esprit de soufre n'est autre chose que de l'acide sulfurique étendu d'eau ; lorsqu'il est plus concentré, il devient huile de soufre. La tarification pour l'huile n'est pas la même. (*Voyez* la note de cet article.)
(4) L'essaye doit le double droit comme productions des Indes.

Essences ; c'est en chimie l'huile aromatique très-subtile qu'on obtient par la distillation des plantes ; cela s'appelle aussi *huile essentielle*. Esprits ; c'est un mélange d'alcool et d'huile essentielle ; ils sont incolores................ (1)			
Essence ou *Quintessence d'*Anis. [Liqueur très-souvent congelée, blanche ou verdâtre ; produit de la distillation de la semence d'anis.].....................	*Quintal net*.. Idem......	204— 0 408.. 0	15 mars 1791. DI. 8 février 1810.
Essence ou *Esprit de* Bergamotte *et de* Citron. [Celle de bergamotte est jaune, celle de citron est d'un jaune verdâtre.].................................. (1)	*Kilogr. net*.. Idem......	1—53 3.. 6	15 mars 1791. DI. 8 février 1810.
Essence de Cannelle. [Fluide très-aromatique de couleur ambrée, produit de la distillation de l'écorce de cannelier.]................................ (1)	*Kilogr. net*.. Idem......	146—88 293..76	15 mars 1791. DI. 8 février 1810.
Essence ou *Esprit de* Girofle. [Celle du commerce est brune ; celle qui se fait dans les laboratoires est incolore. Odeur forte, goût âcre et brûlant.]..........	*Kilogr. net*.. Idem......	4— 8 8..16	15 mars 1791. DI. 8 février 1810.
Essence de Romarin, *et autres semblables*. [Celle de romarin est d'un jaune verdâtre ; provenant de la distillation des feuilles et fleurs de romarin.].......... (1)	*Quintal net*. Idem......	81—60 163..20	15 mars 1791. DI. 8 février 1810.
Essences de Roses *et de* Rhodes. [Celle de *roses* est une huile très-facile à congeler, provenant de la distillation de ces fleurs ; elle est tantôt jaune, verte ou blanchâtre. Celle de *Rhodes* est toujours fluide et de couleur jaune ; elle provient de la distillation du bois de Rhodes. (1)	*Kilogr. net*. Idem......	48—96 97..92	15 mars 1791. DI. 8 février 1810.
Essence ou *Esprit de* Térébenthine. [Liqueur incolore, produit de la distillation de la térébenthine ; d'odeur désagréable et de saveur brûlante.]................	*Quintal*..... Idem......	6—12 12..24	15 mars 1791. DI. 8 février 1810.
Estampes *de toutes sortes*. [On nomme *estampes* les empreintes d'une planche gravée qui se tirent sur du papier.]............ (2)	*Par 100 fr*..	15.. 0	15 mars 1791.
Esule. [Petite racine rougeâtre d'une plante à plusieurs tiges rameuses et à feuilles étroites, qui contiennent un suc laiteux lorsqu'elles sont vertes.]..............................	*Quintal*..... Idem......	1— 2 2..4	15 mars 1791. DI. 8 février 1810.

RENVOIS.

Essandolles. *Voyez* Bois d'éclisses.
Essences. Pour les autres, *voyez* à leurs noms propres et à Huiles.
Esturgeons. *Voyez* Poissons.

(1) *Voyez* la note de l'art. Huiles.
(2) Cet article comprend les gravures les plus précieuses et celles de l'espèce la plus commune, autres néanmoins que les vues d'optique, qui font partie des instrumens d'optique ; les cartes géographiques, qui sont tarifées, et les images coloriées à l'usage du peuple, qui font partie de la dominoterie.... Le droit de 15 pour 100 dû sur les estampes étant le même que celui dû sur les cadres ou bordures, elles acquittent toujours à l'estimation de 15 pour 100, qu'elles soient encadrées ou en feuilles.
Une décision de la Régie, du 11 mai 1792, accordoit aux estampes de Paris le privilége de ne payer, en cas de retour de l'étranger, qu'un pour 100 de la valeur, à charge, au premier bureau d'entrée, de les expédier par acquit-à-caution pour la Douane de Paris, où elles étoient vérifiées..... Ce privilége supprimé avec la Douane de Paris a-t-il été rétabli avec elle ?....

ÉTAIN *non ouvré* et celui *usé* ou *brisé*. [L'étain est un métal d'une couleur blanche qui tient le milieu entre l'argent et le plomb. C'est le plus léger des métaux. Il crie lorsqu'on le plie.]....	Quintal.... Idem...... Idem......	4— 8 0—82 4.. 8	15 mars 1791. 12 pluviôse 3. 9 floréal 7.
ÉTAIN en *feuilles* ou *battu*........................ (1)	Quintal....	51.. 0	15 mars 1791.
ÉTAIN (*Régule d'*). [Ce seroit un oxide ou potée d'étain réduit en métal à l'aide d'une substance grasse, si la tarification ne sembloit plutôt indiquer qu'il s'agit ici du *régule jovial* qui est de l'antimoine débarrassé du soufre, son minéralisateur, à l'aide de l'étain]... (2)	Quintal....	24..48	15 mars 1791.
ÉTAIN *ouvré*, autrement que ci-dessus................... (3)	Quintal.... Prohibé...	51— 0	15 mars 1791. 10 brumaire 5.
ÉTAIN *de glace* ou BISMUTH. [Métal de couleur blanche tirant sur le jaune, dont la contexture intérieure paroît composée de cubes lamelleux. Quoiqu'il reçoive l'impression du marteau, il n'est point ductile; on peut même le pulvériser; ce qui le faisoit ranger autrefois parmi les demi-métaux. Exposé long-temps à l'air, sa surface prend une couleur rougeâtre irisée. C'est le plus fusible des métaux : le *sulfure de bismuth* se fond même à la flamme d'une bougie.].................	Quintal....	2.. 4	15 mars 1791.
ÉTAUX *fins*. [Machine composée de deux espèces de tenailles de fer qui s'approchent au moyen d'une vis qui les traverse par le milieu.]............... *Comme* omis. (DM. 22 nivôse 7.)	Par 100 fr..	10.. 0	22 août 1791.
ÉTOFFES. [Nom générique de toutes sortes d'ouvrages ou tissus faits sur des métiers.]			
Celles de *poil de chèvre*........................	Quintal....	15—30	15 mars 1791.
Celles de *soie et de coton*.....................	Kilogramme.	8—16	*Même loi.*
Celles mêlées de *soie*, de *fil*, de *coton* et de *laine*......	Kilogramme.	6—12	*Même loi.*
Les mêmes, avec *or* et *argent fin*...............	Kilogramme.	12—24	*Même loi.*
Celles mêlées de *laine grossière* et de *fil*.............	Par 100 fr..	10— 0	1 août 1792.
Toutes étoffes de *laine*, de *coton* et de *poil*, ou mélangées de ces matières, comme celles ci-dessus........ (4 et 5)	Prohibées..		10 brumaire 5.
ÉTOFFES de *fil* et *coton*............ (5 et 6) *Seront traitées comme* Étoffes *de coton*			1 août 1792.

RENVOIS.

ÉTAIN ouvré en cuillers, fourchettes, etc. *Voyez* Mercerie commune.
ÉTAMINES de Laine. *Voyez* Draperies.
ÉTAUX commun et grossiers, *comme* quincaillerie en limes communes. (LD. 16 mars 1809.)

(1) L'étain en planches propre à l'étamage des glaces est considéré comme matière première, et dispensé du certificat d'origine. (LM. 7 nivôse 5.)
(2) On excepte l'étain ouvré en cuillers, fourchettes, et autres menus ouvrages classés dans la mercerie et taxifés comme tels.
(3) Si ce que la loi du 26 mars 1791, entend par *régule d'étain*, est effectivement ce qu'en pharmacie on nommoit *régule jovial*, alors, il doit le double droit.
(4) *Voyez la* note *à* COUVERTURES *de laine*.
Les burats et crépons de Zurich ne sont pas compris dans la prohibition ; ils entrent en payant le droit fixé à leur article.
(5) Les étoffes de coton provenant de prises ne sont pas admissibles dans la consommation. (*Voir* MARCHANDISES DE PRISES.)
(6) D'où il résulte que ces sortes de tissus sont prohibés, soit comme étoffes de coton par la loi du 10 brumaire an 5, soit comme toiles de coton par celle du 30 avril 1806.
Les étoffes importées des manufactures du duché de *Berg-outre-Rhin*, payoient 19 pour 100 de la valeur par la loi du 6 fructidor an 4; celle du 19 pluviôse an 6

Étoffes avec *or* et *argent faux*..	Prohibées.........		15 mars 1791.
Étoffes *de soie* de toutes sortes, mais *unies*................... (1)	Kilogr. net..	15..30	15 mars 1791.
Étoffes *de soies* brochées, *sans or ni argent*. [On entend par *étoffes brochées*, celles ouvragées ou relevées de quelques fleurs ou autres dessins.]..	Kilogr. net..	18..36	15 mars 1791.
Les mêmes, avec *or* et *argent fin*........................	Kilogr. net..	30..60	15 mars 1791.
Étoffes *de soie*, mêlées d'autres matières, sans *argent* ni *or*......	Kilogr. net..	12..24	15 mars 1791.
Les mêmes, avec *or* et *argent fin*........................	Kilogr. net..	16..32	15 mars 1791.
Étoffes *de filoselle* ou *fleuret*..	Kilogr. net..	6..12	15 mars 1791.
Les mêmes, avec *or* et *argent fin*........................	Kilogr. net..	9..18	15 mars 1791.
Étoffes *de soie* nommées Marly *de soie*. [C'est un tissu à jour fabriqué sur le métier à faire de la gaze.]................	Kilogr. net..	30..60	15 mars 1791.

RENVOIS.

les a excepté de la prohibition prononcée contre toutes les étoffes de laine, de coton et de poil par la loi du 10 brumaire an 5; et une autre loi, du 6 nivôse an 10, en a fixé les droits conformément au tarif; toutefois, je pense que s'il s'en présentoit aujourd'hui de la nature de celles prohibées elles ne seroient pas admises; la prohibition édictée par la loi du 30 avril 1806, ne répétant pas cette exception.

(1) Les étoffes de pure soie, ou dans lesquelles il entre de la soie, et les étoffes d'écorces d'arbres, provenant du commerce français au-delà du Cap de Bonne-Espérance, sont prohibées. (*Loi du* 15 *mars* 1791.)

Étoffes de soie nommées Crêpes de soie. [Ce sont des tissus non croisés, très-clairs et très-légers, composés de trame de soie grèze.].. (1)	11 mètr. 88 c.	9..0	15 mars 1791.
Euphorbe. [Gomme-résine qui découle naturellement et par incision de deux espèces de plantes de ce nom. C'est une substance friable, jaunâtre, inodore, et d'une saveur brûlante et caustique. On l'apporte en larmes sèches.]....................	Quintal..... Idem......	6—12 12..24	15 mars 1791. DI. 8 février 1810.
Euphraise. [Petite plante à tiges grêles, velues, noirâtres, qui a les feuilles ovales, obtuses, dentées et émarginées. On l'appelle aussi *casse-lunette*.]... (2)	Quintal..... Idem......	4—8 8..16	15 mars 1791. DI. 8 février 1810.
Fabago. [Racines menues et serpentantes d'une plante à tiges rameuses et à feuilles oblongues, nerveuses et amères.]......(2)	Quintal..... Idem......	3—6 6..12	15 mars 1791. DI. 8 février 1810.
Faïence et Poterie de grès (*Ouvrages de*). Vases de terre moulée, cuite et émaillée, auxquels on a donné différentes formes. On y applique quelquefois des couleurs qui forment dessins. La faïence se distingue par un émail blanc dans la composition duquel on fait entrer l'oxide d'étain. (*LM.* 21 *pluviôse* 12.)..	Quintal.....	24..48	15 mars 1791.
Celles connues sous la dénomination de *terre de pipe* ou *grès anglais*. [Elles sont toujours d'un blanc grisâtre.]	Prohibées... Idem......	—	1 mars 1793. 10 brumaire 5.
Farine ou Gruau d'avoine. [Substance séchée au four et mise, par le moulin, en grosse farine grenue.]..................... (3)	Quintal..... Idem...... Idem......	3—6 0—31 3..6	15 mars 1791. 12 pluviôse 3. 9 floréal 7.
Farines de toute autre sorte. [La farine est un grain moulu et réduit en poudre.]...	Exemptes... Droit de bal.	—	15 mars 1791. DM. 7 frim. 8.
Fenouil. [Graines ou semences de la plante de ce nom. Elles sont oblongues, arrondies, cannelées sur le dos, applaties de l'autre côté, noirâtres, d'un goût âcre mais aromatique.] (4)	Quintal..... Idem......	6—12 12..24	15 mars 1791. DI. 8 février 1810.

Étoffes de Coton. *Voyez* Draps de Coton.
Étoffes de Laine fine. *Voyez* Draperies.
Étoffes nommées Gazes. *Voyez* Gazes.
Étoffes de Soie en Mouchoirs. *V.* Mercerie fine.
Étoupes de Chanvre. *Voyez* Chanvre.
Étoupes de Lin. *Voyez* Lin.
Étriers. *Voyez* Mercerie.
Étrilles. *Voyez* Quincaillerie de fer.
Étuis de mathémat. *V.* Instrum. de mathémat.
Éventails communs. *V.* Mercerie commune.
Éventails fins. *Voyez* Mercerie fine.
Extrait de Saturne. *Voyez* Sel de Saturne.
Faisse. *Voyez* Lie d'huile.
Farines de Châtaignes. *Comme* Châtaignes. (*Lettre du* 19 *juin* 1807.)
Faulx, Faucilles. *Voyez* Quincaillerie.
Fenouil (Huile de). *Voyez* aux Huiles.

(1) Les crêpes de soie des fabriques du royaume d'Italie, ne payeront, à leur entrée en France, qu'un droit de 3 fr. par pièce de 11 mètres 88 centimètres. (*Traité de Commerce du* 20 *juin* 1808.)
Toutes les marchandises importées du royaume d'Italie, sous moindres droits, doivent être accompagnées d'un certificat du négociant-expéditionnaire, visé par l'administration locale et d'expéditions délivrées dans les douanes d'Italie. — Elles ne pourront être introduites en France *par terre* que par les bureaux placés sur les frontières du royaume d'Italie. — Les mêmes marchandises, lorsqu'elles auront été chargées dans les ports de Venise, Goro, Rimini, Sinigaglia, Ancône, Campo-Distria, Cattaro, Spalatro, Schenico et Raguse, pourront entrer en France par ceux de Livourne, Gênes, Savone, Nice, Marseille, Toulon, Cette, Bordeaux, Nantes, Brest, le Havre et Anvers. — Elles ne seront admises dans les ports français que sur la représentation des certificats et expéditions ci-dessus prescrits.
(2) L'euphraise ni le fabago ne sont pas repris au Tarif de 1664, mais ce sont des drogues.
(3) Le gruau se vendant par les épiciers pourrait être considéré comme épicerie; toutefois, avant d'appliquer le double droit, il faudrait en faire la question.
(4) Le fenouil n'était pas réputé drogue par le Tarif de 1664, mais une lettre du

Fenu-Grec. [Plante à tige creuse, divisée en rameaux, portant trois feuilles sur une queue, à-peu-près comme le trèfle ; fleurs blanches; fruit à gousses longues, ayant la figure d'une corne; semences jaunes verdâtres; racine simple et ligneuse. On croit que c'est à cette semence qu'on a donné le nom de *chouan*.]	Quintal..... Idem......	0—51 1.. 2	15 mars 1791. DI. 8 février 1810.
Fer (*Mine de*) *brute et lavée*. [On appelle mine de fer *brute* le fer tel qu'il est tiré des filons métalliques ; *lavée* est celui nettoyé de ses parties terreuses au moyen d'un courant d'eau.]	Exempte..... Droit de bal.		15 mars 1791. 24 nivôse 5.
Fer *en gueuse*. [Le fer qui est dans le premier état de fusion, en gros lingots ordinairement de 900 kilogrammes, et qui n'a point été martelé, s'appelle *gueuse*.]	Exempt..... Droit de bal.		15 mars 1791. 24 nivôse 5.
Fer *en barres*. [C'est celui martelé ainsi. Ce métal est d'un gris noir, mais clair et brillant à l'endroit de la fracture. Il est compacte, sonore, et très-élastique.]	Quintal..... Idem...... Idem...... Idem......	2— 4 0—41 2— 4 4.. 0	15 mars 1791. 12 pluviôse 3. 3 frimaire 5. DI. 17 pluv. 13 et loi du 30 avr. 1806.
Fer *en verges*, *feuillards*, *carillons*, *rondins*, et *autres fers qui ont reçu une première main-d'œuvre*. [Ce qui comprend tous les fers qui ont moins de 9 lignes en carré, c'est-à-dire, dont la largeur multipliée par l'épaisseur donne moins de 81 lignes.] (1)	Quintal..... Idem......	3— 6 6.. 0	15 mars 1791. D. 17 pluv. 13 et loi du 30 avr. 1806.
Fer *en fonte*, *en plaques de cheminée*, et autres ouvrages pareils....	Quintal..... Prohibé.....	9—16	15 mars 1791. 10 brumaire 5.
Fer *ouvré*, de toute sorte, comme *fers en taillanderie*, *ressorts de voitures*, *serrures*, et autres ouvrages de serrurerie..... (2)	Quintal..... Prohibé.....	36—72	15 mars 1791. 10 brumaire 5.
Fer, (*Agraffes de*). [Sortes de petits crochets dont l'un s'accroche dans l'autre.].......... *Comme* omises. (*L.* 13 brum. 6.)	Par 100 fr.	10.. 0	22 août 1791.

RENVOIS.

16 avril 1810, ayant classé parmi les drogueries le *seseli*, il est clair que le fenouil doit suivre ce régime puisque le seseli n'est autre chose que le fenouil tortu.
(1) Les bandes de roues seront traitées comme fers en verges. (*Loi du 1 août 1792.*)
(2) Les grosses chaînes de fer seront traitées comme ouvrages de serrurerie (*Loi du 1 août 1792.*)

FER (*Ancres de*). [Grosses pièces de fer de la forme d'un T dont les branches seroient tournées en arcs.]	Quintal.... Idem...... Idem......	3— 6 0—31 3.. 6	15 mars 1791. 12 pluviôse 3. 9 floréal 7.
FER (*Fil de*) ou d'*acier*. [C'est du fer doux tiré à travers les pertuis d'une filière.] .... (1)	Quintal.... Idem...... Idem......	12—24 2—45 12..24	15 mars 1791. 12 pluviôse 3. 3 frimaire 5.
FER (*Limaille de*). [Ce sont les particules de ce métal qu'on a enlevées avec la lime.]	Quintal....	2.. 4	15 mars 1791.
FER (*Pailles de*) ou d'*acier*. [On nomme ainsi les espèces d'écailles qui tombent de ces métaux quand on les forge à chaud.].(2)	Quintal....	0..51	15 mars 1791.
FER *noir* et *en tôle*. [C'est du fer en lames plus ou moins minces.]..	Quintal.... Idem...... Idem...... Idem......	6—12 1—22 6—12 10.. 0	15 mars 1791. 12 pluviôse 3. 3 frimaire 5. DI. 17 pluv. 13 et loi du 30 avr. 1806.
FER *blanc*. [Ce sont des feuilles de fer équarries et recouvertes d'étain.]	Quintal.... Idem...... Idem...... Idem...... Idem...... Idem......	12—24 2—45 12—24 18— 0 18— 0 50.. 0	15 mars 1791. 12 pluviôse 3. 3 frimaire 5. DI. 17 pluv. 13. 30 avril 1806. DI. 11 juillet 1810.
FER *blanc*, FER *noir*, FER *en tôle*, ouvrés.......................	Quintal.... Prohibés....	30—60	15 mars 1791. 10 brumaire 5.

RENVOIS.

FER (Régule de). *Voyez* Régule martial.
FERS autrement ouvrés. *Voyez* Ouvrages en fer, ou Quincaillerie, ou Mercerie, ou les noms propres de ces ouvrages.

(1) Il ne sera perçu que le droit de balance sur l'importation des fils d'acier employés à la fabrication des aiguilles dans le département de la Roër. (*AC*. 14 *thermidor an* 11.) Il en sera de même pour ceux employés dans le département de la Meuse-Inférieure. Tous deux devront entrer par le bureau de *Cologne*, où ils seront expédiés pour le lieu de la destination sous acquit-à-caution. (1 *pluv*. 13.)

(2) Il ne faut pas les confondre pour les droits avec le mâchefer qui est tarifé particuliérement.

Ferraille et vieux Fer.............................	Exempts.....	——	15 mars 1791.
	Droit de bal..	——	24 nivôse 5.
Ferret d'Espagne. [On donne ce nom, dans le commerce, à l'hématite dure ou pierre à brunir. Elle est dure, pesante; sa couleur est un mélange de rouge et de gris de plomb.]..... (1)	Quintal.....	0..51	15 mars 1791.
Feuille indienne. [C'est une feuille grande comme la main, de couleur verte pâle, lisse, luisante, ayant trois nerfs qui règnent tout de son long; de goût aromatique et de légère odeur de girofle. Elle arrive séchée du Malabar, et entre dans la thériaque.].	Quintal.....	5—10	15 mars 1791.
	Idem......	10..20	DI. 8 février 1810.
Feuilles de myrte, de noyer, de houx, et autres propres à la teinture et aux tanneries. [Celles de redoul, de redon, de rusc, etc., servent aux mêmes usages.]................	Exemptes....	——	15 mars 1791.
	Droit de bal...	——	24 nivôse 5.
Fèves de Saint-Ignace.. [Semences d'un fruit assez semblable à la poire de bon chrétien. Elles sont irrégulières et anguleuses.] (2)	Quintal.....	14—28	15 mars 1791.
	Idem......	28..56	DI. 8 février 1810.
Fil de chanvre et de lin, simple, bis, écru et blanc............ (3)	Quintal.....	0—51	15 mars 1791.
	Idem......	10.. 0	DI. 17 pluv, 13 et loi du 30 avr. 1806.
Les mêmes, retors. [Ce sont ceux qui ont été tordus deux fois.]................................ (4)	Quintal.....	61..20	15 mars 1791.
Les mêmes, teints................................	Quintal....	122..40	15 mars 1791.
Fil d'étoupes simple............................... (5)	Quintal....	0..51	15 mars 1791.
Fil de linon et de Mulquinerie. [C'est un fil de lin très-fin.]......	Exempt.....	——	15 mars 1791.
	Droit de bal.......	——	24 nivôse 5.

Feuillard. *Voyez* Bois feuillard.
Feuilles d'éventails. *Voyez* Mercerie.
Feuilles de Girofle. *Voyez* Girofle.
Feuilles d'autres plantes. *Voyez* à leurs noms propres.
Fiasques, Bouteilles empaillées. *Prohibées*. (*Lettre du* 20 *mars* 1807.)
Ficelles. *Voyez* Cordages de chanvre.
Fiches de sucre de perle. *Comme* Mercerie commune. (L. 3 brum. 14.)
Fiches de fer. *Prohibées comme* Fer ouvré. (CD. 21 frim. 14.)
Fifres. *Voyez* Instrumens de musique.
Figues. *Voyez* Fruits.
Fil d'Argent ou d'Or. *Voir* Argent ou Or trait.
Fil de Coton. *Voyez* Coton filé.
Fil de Cuivre ou de Laiton. *Voyez* l'art. Cuivre.

(1) Le ferret d'Espagne étoit réputé droguerie par le Tarif de 1664, sous la dénomination de *lapis hematites*, mais une lettre du 16 avril 1810, l'a retiré de cette classe.

(2) Les fèves de St.-Ignace n'étoient pas reprises au Tarif de 1664; mais si elles ne dévoient pas déjà comme drogues, elles devroient le double droit comme productions coloniales.

(3) Les fils de lin et de chanvre, provenant des fabriques du royaume d'Italie, ne payeront à leur entrée en France que la moitié des droits fixés par le Tarif françois, actuellement existant. (*Traité de Commerce au* 20 *juin* 1808.)

(4) Le tarif de 1791 prohiboit les fils de lin retors écrus et blancs *autres que celui de Harlem*; cette disposition a été abrogée.

(5) Aucune explication n'ayant indiqué que le fil d'étoupes dût supporter l'augmentation du droit imposé sur les fils de chanvre et de lin simples, je l'ai laissé sous la tarification de la loi du 15 mars 1791.

Fil à voiles. [Ce sont des fils de chanvre très-communs; il y en a de goudronnés et de non-goudronnés.]	Quintal.....	6..12	15 mars 1791.
Fil de ploc. [C'est du poil de cheval qui a été filé.]	Quintal.....	4.. 8	15 mars 1791.
Fleurs artificielles, de toute sorte. [Elles sont une imitation des fleurs naturelles, et faites avec du parchemin, de la toile très-fine ou de la soie, des coques de vers à soie et du fil de fer pour les queues. On leur donne les couleurs des fleurs naturelles.]	Quintal.....	122..40	15 mars 1791.
Fleurs de violette, de pêcher et de romarin. [La couleur des premières est d'un bleu foncé; celle des secondes est rougeâtre; les troisièmes sont d'un bleu pâle. Toutes blanchissent en vieillissant.]	Quintal..... Idem......	7—14 14..28	15 mars 1791. DI. 8 février 1806.
Flin. [Pierre de forme pyramidale, de diverses grosseurs et de couleurs grises ou brunes. On s'en sert pour fourbir les lames d'épées.]	Quintal.....	1.. 2	15 mars 1791.
Fonte verte. [La fonte verte se fait avec du cuivre tel qu'il vient de la mine et un peu d'étain. Ce cuivre se nomme polosum.] ..	Quintal.....	24..48	15 mars 1791.
Forces à tondre les draps. [Espèces de grands ciseaux composés de deux fers tranchans, unis par un demi-cercle qui en facilite le jeu.]	Quintal.....	10..20	15 mars 1791.
Fromages. [Laitage caillé et égoutté auquel on donne diverses formes. Il y en a de plusieurs espèces, et leur consistance est aussi différente.] .... (1)	Quintal..... Idem...... Idem...... Idem......	4—59 0—46 4—59 6.. 0	15 mars 1791. 12 pluviôse 3. 3 frimaire 5. DI. 20 nov. 1806 et loi du 7 sep. 1807.
Fruits cruds, comme coings, gourraux, melons, poires, pommes, et autres fruits frais non dénommés ci-dessous. [Dans l'acception dont il est ici question, la dénomination de fruits se donne à certains produits des végétaux dont l'homme fait usage en alimens.] .... (2)	Exempts..... Droit de bal.. Quintal.....	—.— —.— 4.. 0	15 mars 1791. 24 nivôse 5. DI. 17 pluv. 13 et loi du 30 avr. 1806.

Fil de Fer ou d'Acier. *Voyez* à Fer.
Fil de Poil. *Voyez* Poil filé.
Fil de Soie. *Voyez* Soies.
Filets. *Voyez* Cordages.
Filoselle. *Voyez* Soies.
Flageolet. *Voyez* Instrumens de musique.
Flambeaux d'argent. *Voyez* Argenterie.
Flambeaux dorés. *Voyez* Cuivre ciselé.
Flambeaux en cuivre, fer, etc. *V.* Mercerie.
Fléaux de Balance. *Voyez* Quincaillerie.
Fleurs de Grenadier. *Voyez* Balaustes.
Fleur de Soufre. *Voyez* Soufre.
Fleurs. Pour les autres, *voy.* à leurs noms propres.
Fleurets. *Comme* Armes blanches. (*Lettre du* 30 juillet 1806.)
Fleurets. *Voyez* Soies.
Flutes. *Voyez* Instrumens de musique.

(1) Les fromages provenant des fabriques du royaume d'Italie, ne payeront à leur entrée en France que la moitié des droits fixés par le Tarif françois, actuellement existant. (*Traité de Commerce du 20 juin 1808.*)

(2) Les fromages de Suisse importés par *Pontarlier* et *Versoix*, accompagnés de certificats prescrits par l'édit de décembre 1781, ne payoient que le droit de balance. (*DM. 22 vend. 7.*) — Mais une lettre du ministre des Finances, du 8 thermidor an 10, a déclaré que d'après le traité d'alliance passé entre la France et la Suisse, le commerce de cette République étoit soumis à la loi commune dans tous ses rapports, soit à l'entrée, soit à la sortie, en attendant qu'un traité de commerce ait été conclu : ce qui s'applique spécialement aux *fromages*, aux *fils de fer*, aux toiles de lin et de chanvre unies, ouvrées, etc. (*LD. du 10 thermidor 10.*)

(3) Le droit de 4 francs sur les fruits non dénommés au décret du 17 pluviôse an 13 est applicable aux fruits cruds, que le tarif de 1791 avoit tiré à néant. (*CD. du 23 pluviôse 13.*).

FRUITS.	*Avelines*, ou *Noisettes*. [Fruits à amande et à écorce ligneuse qui viennent sur un arbrisseau.]	*Quintal*..... Idem. (1)....	3— 6 4.. 0	15 mars 1791. DI. 17 pluv. 13, et loi du 30 avr. 1806.
	Bigarrades, cédrats, citrons, limons, oranges, chadecs. [Fruits ronds à écorces aromatiques plus ou moins jaunes, renfermant une pulpe qui contient un suc plus ou moins doux, plus ou moins acide, et quelquefois amer.]..................................... (2)	*Quintal*..... Idem...... Idem...... Idem......	5—10 0—51 5—10 10.. 0	15 mars 1791. 12 pluviôse 3. 3 frimaire 5. DI. 17 pluv. 13 et loi du 30 avr. 1806.
	Châtaignes, marrons, noix. [Les deux premiers ont une écorce brunâtre qui renferme une substance farineuse et blanche. Les noix ont une écorce ligneuse inégale qui contient une amande huileuse émulsive, presque séparée en quartiers.].................. (1)	*Quintal*..... Idem...... Idem...... Idem......	1— 2 0—10 1— 2 4.. 0	15 mars 1791. 12 pluviôse 3. 3 frimaire 5. DI. 17 pluv. 13 et loi du 30 avr. 1806.
	Câpres. [Ce sont les boutons des câpriers que l'on cueille avant qu'ils soient épanouis. Ils sont d'une belle couleur verte.]..................................... (3)	*Quintal*..... Idem...... Idem...... Idem......	12—24 1—22 12—24 30.. 0	15 mars 1791. 12 pluviôse 3. 3 frimaire 5. DI. 17 pluv. 13 et loi du 30 avr. 1806.
	Olives et picholines. [Fruits charnus, ovales, plus ou moins allongés et plus ou moins gros, suivant les espèces. Ils contiennent un noyau fort allongé qui renferme deux semences. Les picholines sont de petites olives rondes.].....................................	*Quintal*..... Idem...... Idem...... Idem......	8—16 0—82 8—16 18.. 0	15 mars 1791. 12 pluviôse 3. 3 frimaire 5. DI. 17 pluv. 1, et loi du 30 avr. 1806.
	Pistaches cassées. [Amandes verdâtres recouvertes d'une écorce coriacée verte et rouge.].....................	*Quintal*..... Idem...... Idem...... Idem......	24—48 2—45 24—48 72.. 0	15 mars 1791. 12 pluviôse 3. 3 frimaire 5. DI. 17 pluv. 13 et loi du 30 avr. 1806.
	Pistaches non cassées. [Ce sont les amandes ci-dessus encore renfermées dans leur cosse ligneuse.].........	*Quintal*..... Idem...... Idem...... Idem......	6—12 0—61 6—12 48.. 0	15 mars 1791. 12 pluviôse 3. 3 frimaire 5. DI. 17 pluv. 13 et loi du 30 avr. 1806.

RENVOIS.

FOLICULES de séné. *Voyez* Séné.
FOLIUM gariofilatum. *Voyez* Girofle.
FOLIUM indicum. *Voyez* Feuille indienne.
FORTE-PIANO. *Voyez* Instrumens de musique.
FOUETS. *Voyez* Mercerie commune.
FOURRAGES. *Voyez* Herbes de pâturages.
FOURNISSERIE. *Voyez* Armes.
FOIN. *Voyez* Herbes de pâturage.
FOIN (Graine de). *Voyez* aux Graines.
FOURCHETTES d'étain ou de fer. *Voyez* Mercerie commune.
FOURNIMENS à Poudre. *V.* Mercerie commune.
FOURREAUX d'Épée. *Voyez* Mercerie commune.
FOURREAUX de Pistolets. *Voyez* harnois.
FOURRURES. *Voyez* Pelleterie ouvrée.

(1) La tarification de la loi du 30 avril 1806 s'applique aux avelines ou noisettes, châtaignes, marrons et noix. (*LD.* 19 *et* 28 *décembre* 1806.)

(2) Sur la question de savoir à quel droit devoient être imposées les petites pommes d'oranges sèches et amères, il a été répondu, que le décret du 17 pluviôse an 13, ne distinguant pas les oranges par les espèces et qualités; la dénomination qu'il emploie étant générique, comprend les oranges de toutes sortes, en quelqu'état naturel qu'elles soient. Celles dont il s'agit doivent dès-lors acquitter le droit de 10 francs. (*L. du* 7 *mai* 1806.)

(3) Le Tarif de 1664 n'a pas classé les câpres parmi les épiceries, conséquemment elles ne doivent pas le double droit jusqu'à décision contraire.

FRUITS SECS, tels que *jujubes* (1), *gengeoles, prunes* et *pruneaux, figues, raisins* (1), *jubispasse, picardats*, et autres non dénommés.]	Quintal..... Idem...... Idem...... Idem......	2— 4 0—20 2— 4 8.. 0	15 mars 1791. 12 pluviôse 3. 3 frimaire 5. DI. 17 pluv. 13 et loi du 30 avr. 1806.
Dattes. [Fruit oblong, ovale, un peu plus gros que le pouce, charnu, de couleur brune, renfermant un noyau gris cendré.] .... (2)	Quintal..... Idem...... Idem......	4— 8 8— 0 8.. 0	15 mars 1791. DI. 17 pluv. 13. 30 avril 1806.
Raisins de Damas et *de Corinthe.* [Les raisins de Damas sont plats et ont environ le diamètre d'un pouce; ceux de Corinthe sont très-petits, ronds et foncés en couleur.] .... (2 et 3)	Quintal..... Idem...... Idem...... Idem......	2— 4 0—20 2— 4 8.. 0	15 mars 1791. 12 pluviôse 3. 3 frimaire 5. DI. 17 pluv. 13 et loi du 30 avr. 1806.
FRUITS à *l'eau-de-vie*, de toute sorte. [Ce sont différens fruits confits dans l'eau-de-vie édulcorée avec du sucre.].........	Quintal.....	48..96	15 mars 1791.
FRUITS *artificiels* en terre fine cuite............. (4) *Comme omis.*	Par 100 fr..	10.. 0	22 août 1791.
FUSTET (*Feuilles* et *Branches de*). [Le bois de cet arbrisseau est jaune et veiné; ses feuilles sont ovales et arrondies par le bout; ses fleurs, d'un vert obscur, viennent dans des touffes de filamens rameux. D'usage en teinture et au corroyage des cuirs.].....	*Exemptes*.... *Droit de bal.*......		15 mars 1791. 24 nivôse 5.
FUTAILLES *vides* et *en bottes.* [Tonneaux de bois propres à mettre les liquides. On appelle en *bottes* celles dont les douves sont toutes préparées, mais qui ne sont pas montées.]...... (5)	*Exemptes*.... *Droit de bal.*......		15 mars 1791. 24 nivôse 5.
GAÏAC (*Bois de*) en bûches. [Arbre de la Jamaïque et des Antilles. Son bois est dur, compacte, résineux, marbré, ou de couleurs mêlées de jaune et de vert foncé. Goût âcre.]........	*Exempt.*..... *Droit de bal.*......		1 août 1792. 24 nivôse 5.

RENVOIS.

FRANGES. *Voyez* Passementerie.
FRUITS. Pour les autres, *voyez* à leurs noms propres.
FUMIER. *Voyez* Engrais de toute sorte.
FUSEAUX. *Voyez* Mercerie commune.
FUSILS enrichis. *Voyez* Bijouterie.
FUSILS non enrichis. *Voyez* Armes à feu.

(1) Les jujubes étoient réputées drogue, par le Tarif de 1664.
Les Raisins, provenant du cru du royaume d'Italie, ne payeront à leur entrée en France que la moitié des droits fixés par le Tarif français actuellement existant. (*Traité de Commerce du 20 juin 1808.*)
(2) Les dattes, et les raisins de Corinthe et de Damas ont été compris dans la classe des fruits secs par lettre du 12 thermidor 13.
Les dattes étoient réputées drogues par le Tarif de 1664, mais une lettre du 16 avril 1810, les a rayé de cette classe.
(3) Les habitans des ports de *Gravelines, Calais, Boulogne, Dieppe, Fécamp, Cherbourg, Saint-Malo, Morlaix* et *Roscoff*, pourront recevoir en entrepôt et réexporter à l'étranger, en exemption de droits, les raisins de Corinthe. (19 octobre 1791.)
(4) Ainsi décidé et transmis par lettre du 2 messidor an 8.
(5) Les cercles de fer dont sont revêtues les futailles vides payent 10 pour 100 de leur valeur comme omis. (*Lettre du 2½ frimaire 13.*)

Désignation des marchandises	Unités	Droits	Loi
GAÏAC (*Écorces de*). [Elles sont grosses, gommo-résineuses, unies, pesantes, de couleur grise au dehors, verdâtre en dedans, et d'un goût amer.]	Quintal.... Idem......	1—53 3.. 6	15 mars 1791. DI. 8 février 1810.
GALANGAL *mineur* et *majeur*. [Racines qu'on apporte sèches des Indes. Celle dite *mineure* est coupée par tranches ou en morceaux gros comme des avelines, rougeâtre en dehors et en dedans : celle *majeure* est une racine assez grosse, pesante, couverte d'une écorce rougeâtre, et blanche en dedans.]	Quintal.... Idem......	4— 8 8..16	15 mars 1791. DI. 8 février 1810.
GALBANUM. [Gomme-résine grasse, molle, ductile comme la cire, selon qu'elle est plus ou moins récente : la même cause fait varier sa couleur; elle est ou blanchâtre, ou jaune, ou rousse, ou gris de fer; de saveur amère et un peu âcre; d'odeur aromatique très-forte. On l'apporte en larmes pures ou en pains visqueux remplis d'impuretés.]	Quintal.... Idem......	8—16 16..32	15 mars 1791. DI, 8 février 1810.
GALLIUM *blanc* et *jaune*. [Plante dont la racine est noueuse, traçante, garnie de plusieurs filamens et d'un jaune tirant sur le rouge; elle pousse des tiges menues, carrées, et qui ont plusieurs nœuds où sont disposées cinq et neuf feuilles. Ses fleurs en cloches, sont jaunes dans une espèce et blanches dans l'autre.]	Quintal.... Idem... (1)	1— 2 2.. 4	15 mars 1791. DI. 8 février 1810.
GALONS *vieux*, pour brûler. [Tissus d'or ou d'argent supportés.] (2)	*Exempts*...... *Droit de bal*.		15 mars 1791. 24 nivôse 5.
GANTS et *autres ouvrages de Ganterie*. [Petits vêtemens propres à couvrir les mains.]			
Ceux en *peaux et cuirs*................. (3)	*Kilogramme*.	5—10	15 mars 1791.
Les mêmes, *garnis ou doublés en soie*...........	*Kilogramme*.	7—75	*Même loi*.
Les mêmes, *doublés en laine*................	*Kilogramme*.	4— 8	*Même loi*.
Ces ouvrages *doublés ou non*................	*Prohibés*.....		10 brumaire 5.
GARANCE *verte*. [Plante vivace haute d'environ un mètre, dont la racine est assez grosse, longue, rampante, très-branchue et rougeâtre en dehors et en dedans; feuilles en forme de lance, fleurs d'un jaune pâle, remplacées par de petites baies noirâtres. On emploie sa racine en teinture.] (4)	*Exempte*...... *Droit de bal*.. *Quintal*.... Idem...... Idem......	2— 0 2— 0 4.. 0	15 mars 1791. 24 nivôse 5. DI. 17 pluv. 13. 30 avril 1806. DI. 8 février 1810.

RENVOIS.

GAÏAC (Gomme de). *Voyez* l'art. Gommes.
GAÏAC (Huile de). *Voyez* aux Huiles.
GAÎNES. *Voyez* Mercerie commune.
GALIPOT. *Voyez* Encens commun.
GALLE (Noix de). *Voyez* Noix.
GALONS et GANSES. *Voyez* Passementerie.
GALOUBETS. *Voyez* Instrumens de Musique.
GANSES. *Voyez* Passementerie.
GANTS. Pour les autres, *voyez* Bonneterie.

(1) Le gallium n'a pas été repris au Tarif de 1664, c'est la plante qu'on nomme *caille-lait*; quoiqu'elle n'ait pas cette propriété, mais comme aujourd'hui on s'en sert beaucoup en médecine dans les affections spasmodiques, elle doit comme drogue.

(2) Ils sont exemptés comme matière première; ainsi, en cas de contestation, on peut exiger qu'ils soient brûlés.

(3) Les bas de peaux sont compris dans la ganterie.

(4) Sous son nom de *garance*, le Tarif de 1664 la classoit parmi les marchandises, et sous les dénominations de *rubia tinctorum* et d'*alisari*, elle l'étoit parmi les drogues; il semble, néanmoins, résulter d'une décision du 20 juillet 1755, qu'il n'y avoit que les tiges dépouillées des racines qui fussent réputées marchandises;.., conséquemment dans cet état la garance *verte* ne devroit pas le double droit... mais, dès-lors que les racines s'y trouvent, elles doivent être traitées comme drogueries; c'est certainement ce qu'on peut induire de la décision du 17 mars 1756.., j'applique donc le double droit sous cette restriction.

GARANCE sèche, ou ALISARI. [C'est la racine séchée de la plante que nous venons de décrire. Celle à laquelle on donne le nom d'*alisari*, ou plutôt *Isari*, vient de Smyrne.] .... (1)	Quintal..... Idem...... Idem...... Idem...... Idem...... Idem......	2— 4 0—20 2— 4 6— 0 6— 0 12.. 0	15 mars 1791. 12 pluviose 3. 9 floréal 7. DI. 17 pluv. 30 avril 1806. DI. 8 février 1810.
GARANCE moulue. [Ce sont les racines de garance réduites en poudre au moulin du tanneur. Elle est d'un jaune rouge, un peu onctueuse, et se pelote avec les doigts selon qu'elle est plus ou moins sèche.] .... (1)	Quintal..... Idem...... Idem...... Idem......	10—20 15— 0 15— 0 30— 0	15 mars 1791. DI. 17 pluv. 13. 30 avril 1806. DI. 8 février 1810.
GAROU (*Racine de*) ou THIMELÉE. [Racine d'un petit arbrisseau. Elle est longue, grosse, dure, ligneuse, grise ou rougeâtre en dehors, blanche en dedans; d'un goût d'abord doux, ensuite âcre et caustique. D'usage en teinture et pour cautères.]	*Exempte*..... *Droit de bal.*	....	15 mars 1791. 24 nivôse 5.
GAROUILLE. [Drogue propre à la teinture fauve, employée sur-tout dans les nuances de la couleur gris-de-rat.]	*Exempte*..... *Droit de bal.*	....	15 mars 1791. 24 nivôse 5.
GAUDE ou *Herbe à jaunir*. [La racine ligneuse de cette plante pousse des tiges de trois à quatre pieds, garnies de feuilles étroites, longues et douces; les fleurs, à pétales inégales, sont jaunes: le fruit est une capsule qui contient de petites semences sphériques et noirâtres. Les tiges séchées s'importent en bottes.]..	*Exempte*..... *Droit de bal.*	....	15 mars 1791. 24 nivôse 5.
GAZES. [La gaze est une étoffe très-légère travaillée à claire-voie. Elle se fabrique sur un métier de tisserand et est composée d'une chaîne et d'une trame.] Celles de *soie* .... (2)	*Kilogr. net*..	30..60	15 mars 1791.
Celles de *soie* et *fil*............................. (3)	*Kilogr. net*..	16..32	15 mars 1791.
Celles d'*or* et d'*argent*, ou mêlées de ces matières......	*Kilogr. net*..	61..20	15 mars 1791.
GAZES anglaises et SCHALS anglais	*Prohibés*....	....	10 brumaire 5.

RENVOIS.

(1) On nomme aussi GARANCE EN PAILLE une pulvérisation peu fine de cette racine. L'état dans lequel elle se trouve ne peut la faire ranger que dans la classe de celle moulue, et elle doit alors le même droit. (*LA. du 13 pluv. 5.*).

Voir la note qui précède, pour les motifs de l'application du décret du 10 février 1810, à la garance; il n'y a d'ailleurs, aucun doute, sur ce que la garance sèche doit le double droit puisqu'il a été prescrit par lettre du 29 mai 1810.

(2) La gaze de soie, provenant des fabriques du royaume d'Italie, ne payera à son entrée en France que la moitié des droits fixés par le Tarif français actuellement existant. (*Traité de Commerce du 20 juin 1808.*)

Le tulle anglais est quelquefois déclaré sous le nom de *gaze de soie*; il est cependant facile à reconnoître..., en ce qu'il n'est composé que d'un seul fil et se fabrique sur un métier à tricoter. (*CD. 14 décembre 1807.*)

(3) Pour s'assurer si la gaze est mêlée de fil, il suffit d'en tirer quelques brins du tissu.

GAZETTES et JOURNAUX. [Ce qui s'entend de toutes feuilles périodiques imprimées.]................ (1)	Exemptes... Droit de bal.	———	1 août 1792. 24 nivôse 5.
GENESTROLE. [Nom donné dans le commerce au genet des teinturiers. C'est un petit arbuste qui a ses feuilles aigües et velues : ses fleurs, disposées en épis clairs, sont jaunes et donnent une teinture de la même couleur.]................	Exempt.... Droit de bal.	———	15 mars 1791. 24 nivôse 5.
GENTIANE. [Plante dont la racine grosse comme le poignet, longue d'un pied, rameuse, spongieuse, brune en dehors, jaune roussâtre en dedans, pousse plusieurs tiges droites, dont les feuilles lisses ont cinq nervures; les fleurs, à cloches évasées, sont jaunes.]................	Quintal.... Idem......	1—53 3..6	15 mars 1791. DI. 8 février 1810.
GIBIER de toutes sortes. [Ce qui comprend tous les animaux sauvages propres à la nourriture de l'homme.]................	Exempt.... Droit de bal.	———	15 mars 1791. 24 nivôse 5.
GINGEMBRE. [Nom donné dans le commerce à la racine sèche d'une espèce d'*amome*. Elle est tuberculeuse, nouée, branchue, un peu aplatie, longue et large comme la première phalange du pouce, d'un gris jaunâtre, d'une saveur âcre et piquante, et d'odeur aromatique médiocre assez agréable.]................	Quintal.... Idem...... Idem...... Idem......	6—12 9—0 9—0 18..0	15 mars 1791. AC. 3 therm. 10. 8 floréal an 11. DI. 8 février 1810.
Celui provenant des *Colonies françaises*................	Exempt.... Idem...... Quintal.... Idem...... Idem......	——— ——— 6—0 6—0 12..0	29 mars 1791. 11 septembre 1793. AC. 3 therm. 10. 8 floréal 11. DI. 8 février 1810.
GINSENG. [Racine charnue, fusiforme, de la grosseur du doigt, longue de deux à trois pouces, un peu raboteuse, brillante et comme demi-transparente, partagée souvent en deux branches pivotantes, de couleur roussâtre en dehors, jaunâtre en dedans, de goût un peu âcre et amer, et d'odeur aromatique assez agréable.]................ (2)	Quintal net. Idem......	91—80 183.60	15 mars 1791. DI. 8 février 1810.
GIROFLE (*Bois de*) ou de CRAVE. [C'est une écorce roulée comme la cannelle, mais un peu plus grosse, grisâtre extérieurement, brune, noirâtre et comme rouillée en dedans; d'une légère odeur de girofle; sa saveur est plus mordicante. Cette écorce se tire d'un autre arbre que celui qui porte le clou de girofle.]...	Quintal.... Idem net..	30—60 61..20	15 mars 1791. DI. 8 février 1810.

RENVOIS.

GEMME (Sel). *Voyez* l'art. Sels.
GENGEOTTES. *Voyez* Fruits.
GENIÈVRE (Graine de). *Voyez* aux Graines.
GENIÈVRE (Huile de). *Voyez* aux Huiles.
GÉNISSE. *Voyez* Bestiaux.
GIBECIÈRE. *Voyez* Mercerie commune.
GILETS de Peau. *Voyez* Ouvrages en peaux.
GINSENG (Écorce de faux). *Voyez* Écorces de Mandragore.

(1) Les gazettes angloises sont sévèrement prohibées. (*Lettre du Grand-Juge, citée dans celle du Directeur de Dunkerque, du 13 vendém. 11.*)
(2) L'Ordonnance de 1664 n'avoit tarifé que le faux ginseng sous la dénomination d'*écorces de Mandragore*.

Désignation	Unité	Droits	Date
GIROFLE (*Feuilles de*). [Elles sont alternes, semblables à celles de laurier, pleines de nervures, avec les bords un peu ondés, et portées sur une queue longue d'un pouce.]	Quintal.... Idem *net*..	20—40 40..80	15 mars 1791. DI. 8 févr. 1.10.
GIROFLE (*Clous de*). [Embryons des fleurs du giroflier, desséchées avec le calice et le germe. Ces espèces de petits fruits sont presque quadrangulaires, ridés, d'un brun noirâtre, ayant la figure d'un clou dont la tête formeroit une espèce de couronne : d'odeur excellente, saveur très-mordicante.]..... (1)	Kilogr. net.. Idem...... Idem...... Idem......	1—53 3— 0 3— 0 6.. 0	15 mars 1791. DI. 17 pluv. 13. 30 avril 1806. DI. 8 février 1810.
GIROFLE (*Antofle de*). [C'est le fruit qui provient de la fleur de girofle: il a la forme d'une olive creusée en nombril ; il est d'un brun noirâtre et contient une amande oblongue, dure, noirâtre et creusée d'un sillon dans sa longueur.]	Quintal.... Idem *net*..	30—60 61..20	15 mars 1791. DI. 8 février 1810.
GLACES et MIROIRS. [Plaque de cristal ou de verre, transparente ou à réflexion, dont l'épaisseur est absolument la même dans toutes ses parties. La glace à miroir est plane, unie et sans aucune inégalité. Le moyen le plus simple de la distinguer du verre en table est d'y appliquer un morceau d'étoffe noire ; la glace réfléchira directement l'objet qu'on y présentera, et le verre tout de travers.] (2)			
Celles au-dessus de 325 millimètres (*ce qui équivaut à l'ancien pied*)..........................(3)	Par 100 fr..	15.. 0	15 mars 1791.
Celles de 325 millimètres et au-dessous..............	Quintal....	30..60	15 mars 1791.
GLAYEUL ou IRIS *du pays*. [Ses feuilles, qui ont la figure d'un glaive, embrassent leur tige et l'enferment comme dans une gaîne. Cette tige porte six à sept fleurs purpurines, rougeâtres, et quelquefois blanches. La racine est tuberculeuse et soutenue par une autre racine sous laquelle il y a des fibres menues et blanches. Les semences sont rondes, rougeâtres, et enveloppées d'une coiffe jaune].......................(4)	Quintal.... Idem...... Idem *net*..	10—20 30— 0 60.. 0	15 mars 1791. 30 avril 1806. DI. 8 février 1810.
GLUE. [Substance végétale, visqueuse et tenace dont on se sert pour prendre les oiseaux à la pipée. La glue est naturelle ou composée ; celle naturelle est fournie par l'écorce de houx, par celle du gui ou par son fruit, et par la racine de viorne.]....	Quintal.... Idem......	7—14 14..28	15 mars 1791. DI. 8 février 1810.

RENVOIS.

GIROFLE (Esprit de). *Voyez* l'art. Esprits.
GIROFLE (Huile de). *Voyez* aux Huiles.
GLACES concaves et convexes. *Voyez* Instrumens d'optique.
GLANDS de chêne. Comme Avelanède. (*Lettre du 13 germinal* 9.)
GLANDS (Huile de). *Voyez* aux Huiles.
GLANDS de fil et de soie. *Voyez* Passementerie.
GLAUBER (Sel de). *Voyez* aux Sels.
GLOBES et Sphères. *V.* Instrumens d'astronomie.
GLOUTERON. *Voyez* Bardane.

(1) Les queues de girofle payent comme drogueries omises. (*Lettre du* 13 *mai* 1806.)
(2) Il est important de faire cette distinction, attendu que le verre en table est prohibé, et que dans la ci-devant Belgique ce verre porte aussi le nom de glace.
(3) Le droit doit être perçu sur les évaluations fixées par le tarif de la manufacture des glaces à Paris. (*DM.* 8 *pluviôse* 9.) Ce tarif est augmenté de 10 pour 100 sur tous les volumes indistinctement. (*CD.* 28 *brumaire* 14.) Les miroirs et glaces doivent acquitter le droit de 15 pour 100 de leur valeur sur le tarif des glaces qui est augmenté de 16 pour 100, vu que l'augmentation ordonnée par le ministre porte sur une édition dudit tarif des glaces faite en l'an 11, qui avoit elle-même ajouté 6 pour 100 aux fixations du tarif de l'an 7 dont se servent les employés des Douanes. (*LD.* 7 *mars* 1806.)
(4) Je disois, dans la première édition de cet ouvrage, que la loi du 30 avril 1806 imposant indistinctement l'iris à 30 francs du quintal, celui-ci sembloit devoir être assujetti au même droit ; il en a été décidé ainsi. (*Lettre de la Direction de Clèves, du* 12 *sept.* 1806.)

GOMMES. [On donne ce nom à un suc végétal mucilagineux, qui découle naturellement ou par incision de certaines plantes ligneuses, s'épaissit à l'air, devient concret, et forme une substance sèche et friable assez transparente, presque inodore et sans saveur, non inflammable et soluble dans l'eau.]

Celles de *cerisier*, *abricotier*, *pêcher*, *prunier*, *olivier*, et autres communes. [Ces gommes sont plus ou moins pures, d'abord blanchâtres, ensuite jaunâtres, puis rouges et brunâtres : elles ont une sorte d'élasticité, et leur friabilité varie suivant le temps qu'on les a conservées.]	*Exemptes*... *Droit de bal.*		15 mars 1791. 24 nivôse 5.
Celle *adragant* ou de *Bassora*. [Elle est communément blanchâtre et tortillée en petits vermiceaux.]	*Quintal*....	2— 4	15 mars 1791.
Celle *arabique* ou du *Sénégal*. [Elle est jaunâtre et fragile : on l'apporte en morceaux transparens et brillans.]..(1)	Idem.....	0—20	12 pluviôse 3.
Celle *turique*. [Elle est en morceaux blancs, opaques et fendillés à la partie extérieure.]	Idem.....	2— 4	3 frimaire 5.
A l'usage des teintures, fabriques et manufactures.....	Idem.....	4.. 8	DI. 8 février 1810.
Celle *copal*. [On distingue deux espèces de résine copal : l'une en morceaux plats d'un côté et convexes de l'autre ; l'autre est en morceaux ronds ternes à l'extérieur, présentant dans leurs cassures une surface unie, transparente et jaunâtre.]............(1)			
Celle *laque*, en feuilles en grains et sur bois. [C'est une résine d'un rouge brun, demi-transparente, sèche et cassante.]..................(1)	*Quintal*.... Idem.....	12—24 24..48	15 mars 1791. DI. 8 février 1810.
Celle *mastique*. [C'est une résine en petits grains jaunâtres demi-transparens.]			
Celle *sandaraque*. [C'est la résine du *thuya aphylla* ; elle est en petites larmes, luisante, diaphane, blanche et nette.]			
Pour les vernis.....			
Celle d'*acajou*. [Elle est roussâtre et transparente : fondue dans l'eau, elle équivaut à la meilleure glue.]			
Celle *animée*. [Substance concrète, friable, d'un blanc jaunâtre, ordinairement transparente ; saveur âcre, odeur douce.]			
Celle de *cyprès*. [Résine de l'arbre de ce nom, fournie par incision : elle est blanchâtre.]	*Quintal*.... Idem.....	10—20 20..40	15 mars 1791. DI. 8 février 1810.
Celle de *hèdre*. [Résine assez semblable à l'encens, de couleur jaunâtre et d'odeur agréable.]			
Celle de *lierre*. [Résine en larmes, d'un brun rougeâtre, à peine demi-transparente, d'un goût âcre aromatique.]			
Celle de *sarcolle*, ou plutôt *sarcocolla*. [Suc gommo-résineux en miettes blanchâtres ou rougeâtres, spongieuses et très-friables, quelquefois unies par un duvet filandreux.]			

RENVOIS.

GOMMES.	Celle *ammoniaque*. [C'est une gomme-résine jaune et blanchâtre par intervalles; d'odeur pénétrante et fétide, saveur d'abord douce, puis amère et nauséabonde : on l'apporte en larmes et en pains.]	Quintal.... Idem......	6..12 12..24	15 mars 1791. DI. 8 février 1810.
	Celle de *cèdre*. [Résine transparente, friable, inflammable, et de couleur jaunâtre.] Celle *oppoponax*. [Elle est de la grosseur et de la couleur d'une praline à l'extérieur, et blanchâtre à l'intérieur.]	Quintal.... Idem *net*.	20..40 40..80	15 mars 1791. DI. 8 février 1810.
	Celle *élastique*. [Résine du *caoutchouc* : elle a l'extensibilité du cuir et une très-forte élasticité ; sa couleur est brunâtre. On l'importe sous différentes figures, le plus généralement en forme de petites bouteilles.]	Quintal.... Idem......	4..8 8..16	15 mars 1791. DI. 8 février 1810.
	Celle *élémi*, de toutes sortes. [Sucs résineux, jaunâtres, de consistance molle, presque toujours enveloppés dans des feuilles de roseau ; d'odeur fort aromatique.]	Quintal.... Idem......	18..36 36..72	15 mars 1791. DI. 8 février 1810.
	Celle *gaïac*. [Résine verdâtre, nette, luisante, friable, odorante, et d'un goût âcre.]	Quintal.... Idem......	5..10 10..20	15 mars 1791. DI. 8 février 1810.
	Celle *gutte*, ou de *Gambagium*. [Suc résino-gommeux, opaque, compacte, sec et d'un jaune safran, arrivant en bâtons ou en grosses masses.]	Quintal.... Idem *net*.	40..80 81..66	15 mars 1791. DI. 8 février 1810.
	Celle de *myrrhe*. [C'est une résine en larmes ou en morceaux plus ou moins gros, de couleur jaune ou rousse, d'un goût amer, un peu âcre et aromatique.]	Quintal.... Idem......	8..16 16..32	15 mars 1791. DI. 8 février 1810.
	Celle *séraphique*, *sagapenum* ou *seraphicum*. [Gomme-résine apportée de l'Orient en larmes concrètes ou en masses, de couleur roussâtre à l'extérieur et d'un blanc jaunâtre en dedans; d'odeur d'ail.] Celle *taccamaca*. [La résine tacamaque en coque est molle et a une odeur d'ambre gris. Celle commune est jaune, rouge ou brune : elle vient en masses ou en grains parsemés de larmes blanches.]	Quintal.... Idem......	12..24 24..48	15 mars 1791. DI. 8 février 1810.

RENVOIS.

GOMMES. Pour les autres, *voyez* à leurs noms propres.

Grabeau, ou Pousse. [C'est le résidu des drogues lorsqu'on en a séparé le meilleur.]	*Comme la drogue même.*		15 mars 1791.
Graine d'Avignon, ou Graine jaune. [Ce sont les baies du petit nerprun qu'on a cueillies vertes. Elles contiennent plusieurs semences applaties d'un côté et bombées de l'autre.]	*Exempte.* *Droit de bal.*		15 mars 1791. 24 nivôse 5.
Graines de colza, lin, navette, rabette, et autres propres à faire huile. [Ce qui comprend toutes les graines grasses non tarifées particulièrement.]	Quintal.. Idem.... Idem....	0—71 0— 7 0..71	15 mars 1791. 12 pluviôse 3. 9 floréal 7.
Graines d'esparcette, de foin, de sainfoin, luzerne, trèfle, et autres. [Ce qui comprend toutes les graines propres à semer dans les prairies, qui ne sont pas tarifées particulièrement.]	*Exemptes.* *Droit de bal.*		15 mars 1791. 24 nivôse 5.
Graines de genièvre. [Ce sont les baies d'un arbrisseau nommé genévrier. Elles sont sphériques, noirâtres, et contiennent une pulpe d'un goût aromatique légèrement amer.]	*Exemptes.* *Droit de bal.*		15 mars 1791. 24 nivôse 5.
Graines de jardin de toutes sortes. [Ce qui comprend toutes les semences de légumes et fleurs non tarifées particulièrement.]	*Exemptes.* *Droit de bal.*		15 mars 1791. 24 nivôse 5.
Graine de mirtile. [Petites semences blanchâtres, contenues dans les baies d'un arbrisseau. Ces baies sont sphériques, molles et creusées d'un nombril de couleur bleue noirâtre.]	*Exempte.* *Droit de bal.*		15 mars 1791. 24 nivôse 5.
Graine de paradis. [Espèce d'amome nommée *graine de paradis* sur la côte de Malabar. Cette semence vient dans des fruits disposés en grappes comme le raisin; elles sont anguleuses, roussâtres et blanches en dedans.] (1) *Comme droguerie omise.* LD. 4 juin 1807	*Par 100 fr.* Idem.... Idem....	5— 0 20— 0 20.. 0	22 août 1791. DI. 17 pluv. 13. 30 avril 1806.

Gorges de fouines, etc. *Voyez* Pelleteries.
Goudron. *Voyez* Brai gras.
Gourde. *Voyez* Tamarin confit.
Graine argentine. *Voyez* Argentine.
Graine d'agnus castus. *Voyez* Agnus castus.
Graine de canarie. *Voyez* Alpiste.
Graine de chicorée endive, laitue, pourpier. *Voyez* Semences froides.
Graine d'écarlate. *Voyez* Kermès.
Graine de millet. *Voyez* Alpiste.
Graine de moutarde. C'est le senevé. (*Lettre du 4 prairial an 12.*)
Graine d'œillette. *Voyez* Graine de colzat.
Graine de puce. *Comme Droguerie omise*. (*LA. 17 fruct. an 6.*)
Graines, pour celles non dénommées ici, *Voyez* le nom de leurs plantes,

(1) La plante qui porte la graine de paradis est une espèce d'*amome* rapportée par Lamarck au *cardamome*, mais elle en diffère par sa hampe rameuse et lâche et par ses feuilles ovales.

GRAINE *thurique*. [Semences qui naissent dans des gousses comme celles de lupin. Ce sont les graines de *l'acacia vera*.]	*Quintal*..... *Idem*......	1—53 3.. 6	15 mars 1791. DI. 8 février 1810.
GRAINE *de vers à soie*. [Ce sont les œufs de ces insectes. Ils sont d'un blanc plus ou moins verdâtre.]	*Exempte*.... *Droit de bal.*	—.....	15 mars 1791. 24 nivôse 5.
GRAINS *de toutes sortes*, même la graine de *vesse*. [Ce qui comprend l'avoine, baillarge, orge, escourgeon, sucrion, bled de froment, bled méteil, maïs ou bled de Turquie, sarrazin, bled seigle.] (1)	*Exempts*.... *Idem*......	—.....	15 mars 1791. 24 nivôse 5.
GRAISSES *de toutes sortes*. [Ce qui s'entend de toutes les substances onctueuses concrètes provenant des animaux.]	*Exemptes*... *Droit de bal.*	—.....	15 mars 1791. 24 nivôse 5.
GRAVELLE. [C'est le résultat de la calcination de la lie de vin. Elle est en pierre, d'un blanc verdâtre, d'un goût salé et amer, et elle attire fortement l'humidité de l'air.]	*Exempte*.... *Droit de bal.*	—.....	15 mars 1791. 24 nivôse 5.
GREMIL, ou *Herbe aux perles* (*Graines ou Semences de*). [Ces graines sont dures, arrondies, luisantes, polies, de la forme et de la couleur des perles : elles ont un goût de farine, visqueux et un peu astringent.] (2)	*Quintal*..... *Idem*......	1—53 3.. 6	15 mars 1791. DI. 8 février 1810.
GRIGNON. [Sorte de mottes à brûler faites avec du marc d'olives vieillies.]	*Comme l'Amurca.*	....	1 août 1792.
GROISON. [Pierre ou craie blanche très-fine dont les mégissiers se servent pour la préparation du parchemin.]	*Quintal*.....	2..55	15 mars 1791.
GUIMAUVE (*Fleurs et Racines de*). [Les racines sont blanches, longues, grosses comme le pouce, rondes, bien nourries, très-mucilagineuses, et divisées en plusieurs branches renfermant quelquefois un cœur ligneux qui est comme une corde. Les fleurs sont d'un blanc purpurin, formées en cloches et échancrées en cinq parties.] (2)	*Quintal*..... *Idem*......	2—55 5.. 10	15 mars 1791. DI. 8 février 1810.

RENVOIS.

GRAINES (Huile de). *Voyez* aux Huiles.
GRAINS de Verre. *Voyez* Mercerie.
GRAISSE d'Asphalt. *Voyez* aux Huiles.
GRATEAUX de noix de galle. *Comme* Noix de galle.
GRAVURES. *Voyez* Estampes.
GRELOTS. *Voyez* Mercerie commune.
GRENADIER (Écorce de). *Voyez* aux Écorces.
GRENADIER (Fleurs de). *Voyez* Balaustes.
GROISIL. *Voyez* Verre cassé.
GRUAU d'Avoine. *Comme* Farine d'avoine.
GRUAU de Blé noir, *comme* Farines.
GUEDE. *Voyez* Pastel.

(1) Le riz est tarifé particulièrement à son article. Les grains destinés à être réexportés doivent le droit de balance, à raison du transit franc résultant de l'entrepôt permis; mais il n'est point exigible sur ceux déchargés des navires qui entrent par relâche forcée pour être réparés. (*DM.* 8 *fructidor* 8.)

Les POMMES-DE-TERRE jouissent aussi d'une franchise absolue à l'entrée. (*Ld.* 29 *vend.* 7 *au directeur d'Anvers.*)

(2) L'herbe aux perles ni la guimauve n'étoient reprises au Tarif de 1664; elles doivent, toutefois, le double droit comme drogues.

GUIMAUVE (*Suc de*). [Il est en pâte ou en tablettes, de couleur blanche.]	Quintal..... Idem......	12—24 24..48	15 mars 1791. DI. 8 février 1810.
GUY *de chêne*. [Plante parasite, vivace et ligneuse, qui végète dans l'écorce des chênes : ses rameaux ont l'écorce verte, un peu inégale et grenue : ses baies sont ovales, molles, et perlées comme des groseilles blanches.]	Quintal..... Idem......	18—36 36..72	15 mars 1791. DI. 8 février 1810.
GYPSE ou *Sulfate de chaux*. [Matières pierreuses de différentes sortes, de couleur blanchâtre, grisâtre, roussâtre, et quelquefois plus rembrunie.]	Quintal.....	3..6	15 mars 1791.
HABILLEMENS *neufs* à l'usage des hommes et des femmes, *et* ORNEMENS *d'église*............(1)	Par 100 fr.	15..0	15 mars 1791.
HABILLEMENS *vieux*. [Ce qui comprend tous les vêtemens *supportés*, de quelque nature qu'ils soient, sauf ceux ci-dessous.]..(2)	Quintal.....	51..0	15 mars 1791.
Ceux à *l'usage des voyageurs*, n'excédant pas le nombre de six et ayant servis....................(3)	Exempts..... Idem......	—	15 mars 1791. DM. 2 fruct. 5.
HARNOIS *de chevaux*. [Ce qui comprend tout ce qui sert à l'équipement des chevaux, tels que sangles, selles, housses, caparaçons, brides, bridons, faux fourreaux de pistolets, etc.] (*Loi du 1 août 1792*.)	Par 100 fr.,	15..0	15 mars 1791.
Ceux en *cuirs*, les brides, bridons, et tous autres objets de sellerie en cuir...................(4)	Prohibés.....		10 brumaire 5.
HÉLIOTROPE. [Plante dont on tire une teinture. Sa racine est dure, menue et ligneuse ; sa tige est cotonneuse, d'un vert blanchâtre, remplie de moelle ; ses feuilles sont ovales et velues ; ses fleurs naissent en épis blancs lilas et contournés : il leur succède quatre semences jointes ensemble.]	Exempte..... Droit de bal.	—	15 mars 1791. 24 nivôse 5.

RENVOIS.

GUINÉES bleues. *Voyez* Toiles.
GUITARES. *Voyez* Instrumens de musique.
GUTTE. *Voyez* Gomme gutte.
HABILLEMENS militaires. *Voyez* la note à Munitions.
HACHES. *Voyez* Quincaillerie.
HALLEBARDES. *Voyez* Armes blanches.
HAMEÇONS. *Voyez* Mercerie commune.
HARDEAU. *Voyez* Viorne.
HARPES. *Voyez* Instrumens de musique.
HAUTBOIS. *Voyez* Instrumens de musique.
HAVRESAC en Cuir. *Voyez* Cuir ouvré.
HÈDRE (Gomme de). *Voyez* aux Gommes.

(1) S'ils étoient en laine, coton et poil, ils seroient prohibés comme les étoffes.
(2) Les habits de théâtre qui accompagnent les acteurs dans leurs déplacemens, ne sont pas sujets aux droits. (*LD. 5 germinal an 13.*)
(3) L'exemption a également lieu, quoiqu'ils n'accompagnent pas les voyageurs, dès qu'ils sont dans une même malle avec d'autres effets, et qu'ils n'excédent pas le nombre de six. (*1er août 1792 et DM. 27 nivôse 8.*)
(4) Cette prohibition n'affecte ceux des voyageurs qu'autant qu'ils sont neufs, et qu'il y a forte présomption de fraude par l'état des voyageurs. (*Ld. 15 nivôse 5.*)

Désignation des marchandises	Unité	Droits	Date
HÉMATITE. [Minerai ferrugineux de diverses couleurs, depuis le jaune roussâtre jusqu'au noir. L'hématite, proprement dite, est tarifée particulièrement sous le nom de *sanguine*; celle dure l'est à *ferret d'Espagne* : c'est donc des autres espèces qu'il est ici question.]............................. (1)	*Quintal*.....	1..2	15 mars 1791.
HERBE de maroquin. [Nom donné dans le commerce à l'herbe dont se servent les maroquiniers pour remplacer le sumac.]......	*Exempte*.... *Droit de bal.*	..—..	15 mars 1791. 24 nivôse 5.
HERBES *médicinales*, non dénommées dans ce tarif............ (2)	*Quintal*..... Idem......	3—6 6..12	15 mars 1791. DI. 8 février 1810.
HERBES *propres à la teinture*, non dénommées au tarif........... (2)	*Exemptes*... *Droit de bal.*	..—..	15 mars 1791. 24 nivôse 5.
HERBES de *pâturages* et FOIN. [Ce qui comprend toutes les herbes propres à la nourriture des bestiaux.]..................	*Exemptes*... *Droit de bal.*	..—..	15 mars 1791. 24 nivôse 5.
HERBE aux vers, ou TANAISIE. [Sa racine ligneuse, fibrée et serpentante, pousse des tiges rondes, rayées et moelleuses dont les feuilles, ailées et longues, sont ornées de découpures dentelées; la fleur en ombelle est jaune, et toute la plante aromatique.]	*Quintal*..... Idem (3)...	10—20 20..40	15 mars 1791. DI. 8 février 1810.
HERMODACTE. [Racine apportée d'Orient, toute dépouillée de ses tuniques : elle est dure, tubéreuse, triangulaire ou représentant la figure d'un cœur coupé par le milieu ; de la longueur du pouce, jaunâtre en dehors, blanche en dedans, et d'un goût visqueux et douceâtre.]..................	*Quintal*..... Idem......	4—8 8..16	15 mars 1791. DI. 8 février 1810.
HIPOCISTIS. [Suc astringent tiré de la plante parasite qui croit sur le *ciste*, de consistance dure et noire comme le jus de réglisse et de goût austère.].............................	*Quintal*..... Idem......	6—12 12..24	15 mars 1791. DI. 8 février 1810.
HISTOIRE NATURELLE. [Lorsque les objets qui en font partie sont destinés pour le Muséum, ils sont *exempts*, par décision du 12 messidor an 6 ; quand ils doivent entrer dans le commerce, ils doivent le *droit de balance*.]........................ (4)	*Exempte*.... *Droit de bal.*	..—..	15 mars 1791. 24 nivôse 5.

RENVOIS.

HERBE jaune. *Voyez* Gaude.
HERBE aux Perles. *Voyez* Gremil.
HERBES. Pour les autres, *voyez* à leurs noms propres.
HERBAGES frais. *Voyez* Herbes de pâturage.

(1) L'hématite étoit réputée drogue par le Tarif de 1664, sous la dénomination de *lapis hematites*, mais une lettre du 16 avril 1810, en classant le ferret d'Espagne à marchandises, a implicitement retiré l'hématite de la classe des drogueries.
(2) Les herbes employées à la médecine et à la teinture se distinguent, pour le droit ou la franchise, d'après leur principale propriété et leur usage le plus commun.
(3) L'herbe aux vers n'étoit pas reprise au Tarif de 1664.
(4) Voyez la Note à COQUILLAGES.

HORLOGERIE.... En pendules de toutes sortes................	Par 100 fr..	15— 0	
En montres d'or et d'argent.................	Pièce......	2— 0	
En mouvemens de montres en blanc, montés.........	Pièce......	0—75	15 mars 1791.
En pièces d'horlogerie non montées................	Kilogramme.	6—12	
Horlogerie en montres, pendules, etc..............	Par 100 fr..	10.. 0	7 messidor 3.
Horlogerie de toute espèce, sauf l'exception ci-dessous...	Prohibée...	....	10 brumaire 5.
Fournitures d'horlogerie, consistant en pivots, ressorts, spiraux, et autres pièces du dedans des montres, lesquels réunis ne peuvent former de mouvemens complets .... (1)	Par 100 fr..	10.. 0	7 messidor 3.
HORLOGES de bois............................ *Seront traitées comme* Pendules.		....	1 août 1792.
Comme non prohibées par la loi du 10 brumaire an 5...	Par 100 fr..	10.. 0	7 messidor 3.
HOUBLON. [Plante grimpante dont les fleurs entrent dans la composition de la bière. Ces fleurs ou fruits sont ovoïdes et oblus, composés d'écailles entières et colorées, attachées à un axe commun et se recouvrant les unes les autres]..............	*Exempt*.....	....—	15 mars 1791.
	Droit de bal.	....	24 nivôse 5.
HUILES à l'usage de la médecine et des parfumeurs. [Ce sont des liqueurs grasses et onctueuses qui se tirent par la distillation, l'infusion ou l'expression.] (2 et 3)			
Celle d'ambre. [C'est l'huile de been aromatisée avec l'ambre.].................................	*Quintal net.*	102— 0	15 mars 1791.
	Idem......	204.. 0	DI. 8 février 1810.
Huile d'*ambre jaune, carabé* ou *succin*. [Elle est blanche, jaune ou noire, suivant qu'elle a été exposée plus longtemps à la lumière.] Par *distillation* du succin commun.			
Celle de *citron*. [L'une légèrement verdâtre est obtenue par *expression*; l'autre incolore, plus fluide, et d'une odeur plus suave, se fait par *distillation*......... (3)			
Celle de *gaïac*. [Huile inédiate d'un brun noir et fétide.] Par *distillation*...........................	*Quintal net..*	51— 0	15 mars 1791.
Celle de *jasmin*. Par *infusion* dans l'huile de been.....	*Idem*......	102.. 0	DI. 8 février 1810.
Celle d'*orange*. [Elle est jaunâtre et fluide.] Par *distillation*..................................			
Celles de *roses* et *autres fleurs*. [Les couleurs varient suivant l'espèce de fleurs dont elles sont extraites : elles sont presque toutes fluides. Celle de roses est verte, jaune, incolore, de consistance butireuse, et se reconnoît à l'odeur.] Par *distillation*................ (3)			

RENVOIS.

HORLOGES à Sable. *Voyez* Mercerie commune.
HOUILLE. *Voyez* Charbon de terre.
HOUPES à Cheveux, de duvet. *Voyez* Mercerie commune.
HOUSSES de Chevaux. *Voyez* Harnois.
HOUSSES en Peaux de mouton. *Voyez* Peaux de mouton.
HOUZES en Peaux de mouton. *Voyez* Peaux de mouton.
HOYAU. *Voyez* Quincaillerie.

(1) Cette exception à la prohibition a été transmise par DM. du 8 germinal 9.
(2) Les huiles venues en potiches doivent être pesées au net, sauf l'addition de la tare connue des futailles qui sont employées ordinairement au transport des huiles. Les potiches doivent séparément le droit, comme *poterie de terre*. (*DM.* 15 *vend.* 13)
(3) Il se présente ici une singulière discordance de tarification entre les HUILES et les ESSENCES; cependant les essences et les huiles sont exactement la même chose. On croirait à tort que les essences sont plus pures que les huiles, le degré de pureté dépend de la qualité, mais il ne change aucunement le nom de la marchandise. J'ai dit à l'article ESSENCES ce qu'on entendoit en chimie par ce mot : il est précisément le synonyme d'huile essentielle ou huile à l'usage de la médecine et des parfumeurs.

L'huile de cannelle est tarifée *ici* à 8 fr. 16 cent. du kilogramme, et à l'article *essences* elle l'est à 295 fr. 76 cent. du kilogramme.

L'huile de citron est portée *ici* à 102 fr. du quintal, et à l'article *essences* elle l'est à 3 fr. 6 cent. du kilogramme, ce qui triple le droit.

L'huile de roses est soumise *ici* à 102 fr. du quintal, ce qui fait 1 fr. 2 c. du kilogramme, et à l'article *essences* elle l'est à 97 fr. 92 cent. du kilogramme.

Les autres huiles ci-dessus payent les mêmes droits que les essences; cependant

HUILES. Celle d'*anis*. [Blanche, quelquefois verte, fluide en été solide dans les autres saisons.] Par *distillation*.....	Quintal net.	204— 0	15 mars 1791.
Celle de *fenouil*. [Brune ou jaune.] Par *distillation*..	Idem......	408.. 0	DI. 8 février 1810.
Huile d'*asphalte*. [Huile épaisse empyreumatique de couleur noire, résultat de l'analyse du succin]............			
Celle de *marjolaine*. [De couleur jaune ou verte.].....	Quintal.....	36—72	15 mars 1791.
Celle de *sauge*. [Elle est jaune.] Par *distillation*......	Idem net..	73..44	DI. 8 février 1810.
Celle de *soufre*. [Elle est incolore et acide.] Par *distillation*................................ (2)			
Huile d'*aspic*. [Elle est jaunâtre, volatile et très-inflammable.] Par *distillation*........................	Quintal.....	15—30	15 mars 1791.
Celle de *gland*........................... (1)	Idem......	30..60	DI. 8 février 1810.
Huile de *cacao*, ou *beurre de cacao*. [Elle est d'un blanc jaune et solide.] Par *expression*...................	Quintal net.	45—90	15 mars 1791.
	Idem......	91..80	DI. 8 février 1810.
Huile de *cade*. [Elle est noire et brune.] Par *expression*....			
Celle de *cédra*. [Elle est jaune verdâtre.] Par *distillation*.	Quintal.....	4— 8	15 mars 1791.
Celle d'*oxicèdre*. [Huile médiate obtenue par la distillation de ce bois.]...........	Idem......	8..16	DI. 8 février 1810.
Huile de *cannelle*. [Elle est jaune.] Par *distillation*......			
Celle de *girofle*. [Elle est brune ou incolore.] Par *distillation*............................	Kilogr. net..	4— 8	15 mars 1791.
Celle de *macis*. [Elle est concrète, mixte, et de couleur citrine.]..............	Idem......	8..16	DI. 8 février 1810.
Huile de *genièvre* ou *sandaraque*. [Elle est paillée.] Par *distillation*......			
Celle de *lavande*. [Elle est jaune et volatile.] Par *distillation*.......	Quintal.....	30—60	15 mars 1791.
	Idem net..	61..20	DI. 8 février 1810.
Celle de *sassafras*. [Elle est jaune.] Par *distillation*.....			
Huile de *laurier*. [Elle est d'un vert jaune, et solide.]....	Quintal.....	20—40	15 mars 1791.
	Idem net..	40..80	DI. 8 février 1810.
Huile de *muscade*. [C'est une huile concrète, mixte, qui participe de la nature de l'huile fixe et volatile : on sépare cette dernière par la distillation.] Par *expression*.	Kilogr. net..	3— 6	15 mars 1791.
	Idem......	6..12	DI. 8 février 1810.
Huile d'*œillette* ou de *pavot blanc*. [Elle est blanche ou jaune, âcre ou douce, suivant le degré de chaleur qu'on a fait éprouver à la graine.] Par *expression*....	Quintal.....	8—16	15 mars 1791.
	Idem......	16..32	DI. 8 février 1810.

RENVOIS.

HUILE d'Antimoine. *Voyez* Antimoine préparé.
HUILE de Cerf. *Voyez* Cerf.
HUILE (Lie d'). *Voyez* Lie d'huile.

auquel des deux titres *huiles de roses* et AUTRES FLEURS imposées à 102 fr., ou *essences de romarin* et AUTRES SEMBLABLES portées à 165 fr. 20 cent., rapportera-t-on justement les huiles ou essences non tarifées et indiquées par les mots *et autres semblables* et *autres fleurs*. Souvent encore on vend pour *essences de romarin*, dont le droit est de 165 fr. 20 cent., les *huiles de lavande* qui ne payent que 61 fr. 20 c., ou les *huiles d'aspic* seulement tarifées à 30 fr. 60 cent. Il est d'observation que l'aspic est une sorte de lavande.

Ces discordances qui proviennent du Tarif du 15 mars 1791, sont inexplicables et telles que probablement le commerce ne présente jamais d'*essences* à la douane sans employer le mot *huiles*, la latitude laissée par ce tarif ne lui faisant courir aucun risque de donner dans ses déclarations la dénomination sous laquelle la marchandise par lui présentée, paye le droit le plus faible.

La loi ne peut pas non plus avoir entendu par le mot *essence*, les *esprits ardens* dont l'objet est d'unir l'esprit recteur des plantes à un esprit ardent quelconque, plus particulièrement à l'esprit de vin : ces préparations d'esprit ardent sont d'une valeur beaucoup moindre que les essences. Que conclure donc de tout ceci, sinon que ces deux titres ont besoin d'être rectifiés par l'Autorité.

(1) L'huile d'aspic n'étoit pas réputée droguerie par le Tarif de 1664, et cependant il traitoit comme telle l'huile de lavande; c'étoit là une erreur d'autant plus matérielle que, l'aspic n'étant qu'une espèce de lavande, l'une et l'autre des huiles en provenant auroient dû être, comme elles le sont ici, classées parmi les drogues.

(2) L'huile de soufre n'étant autre chose que de l'esprit de soufre concentré, le droit de l'acide sulfurique lui seroit plutôt

HUILES.	Celle de *palme*. [Elle est onctueuse et grasse comme du beurre, d'un jaune doré et d'odeur de violette.] Par *expression*..............	Quintal.... Idem......	10—20 20..40	15 mars 1791. DI. 8 février 1810.
	Huile de *palma-christi*. [Elle est jaune, demi-fluide, d'une saveur douce.] Par *expression*. Celle de *pignons*. [Elle ressemble à celle d'amandes douces.]........	Quintal.... Idem......	18—36 36..72	15 mars 1791. DI. 8 février 1810.
	Huile de *pétrole*. [Huile minérale découlant des rochers; elle est ou rouge, ou blanche, ou citrine.]...........	Quintal.... Idem......	12—24 24..48	15 mars 1791. DI. 8 février 1810.
	Huile de *tartre*. [Elle est épaisse et d'une couleur très-foncée.]..............	Quintal.... Idem *ici*..	22—44 44..88	15 mars 1791. DI. 8 février 1810.
HUILES COMESTIBLES, ou pour les fabriques.	Celle d'*olive*, *fine*. [Elle est de couleur jaunâtre, congelée ou liquide, suivant sa qualité.] Par *expression*.... (1)	Quintal.... Idem...... Idem...... Idem...... Idem......	15—30 1—53 15—30 20— 0 20.. 0	15 mars 1791. 12 pluviôse 3. 3 frimaire 5. DI. 17 pluv. 13. 30 avril 1806.
	La *même*, mais *commune*, et seulement propre aux fabriques..................	Quintal.... Idem...... Idem...... Idem...... Idem......	9—18 0—92 9—18 12— 0 12.. 0	15 mars 1791. 12 pluviôse 3. 3 frimaire 5. DI. 17 pluv. 13. 30 avril 1806.
	Huile de *cheval*. [C'est la graisse de cet animal fondue et clarifiée.]............................ (2) Celle de *graines*. [Ce sont celles de *navette*, *rabette*, *colzat*, etc.]...................... Celle de *noix*. [Celle vierge par simple expression est de couleur légèrement ambrée, l'autre par le secours du feu est plus ambrée, et sert à la lampe........	Quintal.... Idem...... Idem......	9—18 0—92 9..18	15 mars 1791. 12 pluviôse 3. 3 frimaire 5.

RENVOIS.

Huile de térébenthine. *Voyez* aux Essences.
Huile de vitriol. *Voyez* Acide sulfurique.

applicable que celui-ci. La loi du 1 août 1792 viendroit même à l'appui de cette observation, puisqu'elle dit que l'huile de vitriol et l'esprit de soufre ne paieront qu'un même droit : or, l'huile de vitriol et l'huile de soufre sont en chimie la même chose, ces acides étant faits ou avec le soufre, ou avec la couperose verte, ou vitriol vert, ou sulfate de fer. Il y a donc encore contradiction ici.

(1) Les taxes qui précédent celle imposée sur les huiles fines par la loi du 30 avril 1806, furent d'abord perçues sur les *huiles d'olive de la côte d'Italie*, sans distinction, jusqu'à la loi du 1 août 1792, qui ordonna, en faveur de l'importation directe par bâtimens italiens ou français, que les huiles de cette côte qui seroient déclarées et reconnues n'être propres qu'aux fabriques, ne payeroient que comme les huiles d'olives venant de Naples, de Sicile, Levant, Barbarie, Espagne et Portugal, dont les droits d'entrée étoient ceux rapportés ci-dessus à l'article *huiles communes*. Ainsi, avant la loi du 30 avril 1806, les huiles d'olive se distinguoient, pour les droits, d'après leur origine : depuis elle, cette distinction dépend de leur qualité; les huiles bonnes à manger payent les droits des huiles fines, celles qui ne se vent qu'aux fabriques payent comme huiles communes.

Par le traité de commerce du 20 juin 1808, l'huile d'olive, provenant du royaume d'Italie ne paye que la moitié des droits fixés par le Tarif français actuellement existant.

(2) Cette huile ou graisse fondue fait donc exception aux articles *graisses de toutes sortes* et *suif*, soumis seulement au droit de balance.

Huiles.	Celle de *baleine*. [C'est la graisse fondue et clarifiée de ce cétacée.]	Quintal....	12—24	15 mars 1791.
		Idem.....	20—40	19 mai 1793.
	Celle de *poisson*. [On la retire généralement des gros poissons de mer.] .... (1)	Idem.....	2— 4	12 pluviôse 3.
		Idem.....	20—40	3 frimaire 5.
		Idem.....	12..50	9 floréal 7.
	Huile dite *dégras de peaux*. [C'est de l'huile de poisson qui a servi à passer des peaux en chamois.]	Quintal....	10..20	15 mars 1791.
Huîtres *fraîches*. [Coquillage marin, bivalve, dont la chair est un excellent comestible.]		Le 1000 en N.	5.. 0	15 mars 1791.
Huîtres *marinées*. [C'est ce poisson débarrassé de sa coquille et conservé dans une saumure aromatisée.]		Quintal....	12..24	15 mars 1791.
Hyacinthe. [Pierre précieuse, mais peu estimée, dont la couleur est ordinairement le jaune orangé, tirant sur le brun ou le rouge foncé.] .... (2)		Quintal....	16..32	15 mars 1791.
Impératoire. [Racine de la grosseur du pouce et très-garnie de fibres; genouillée, brune en dehors et blanche en dedans, d'un goût aromatique très-âcre qui pique la langue et échauffe toute la bouche.]		Quintal....	3— 6	15 mars 1791.
		Idem.....	6..12	DI. 8 février 1810.
Indigo. [Fécule extraite de l'écorce, des branches, de la tige et des feuilles de l'*anil*. Elle est préparée en petits pains carrés d'une belle couleur bleue. Quand on la frotte sur l'ongle, il y reste une trace qui imite le coloris de l'ancien bronze.]		Quintal....	30—60	15 mars 1791.
		Idem.....	3— 6	12 pluviôse 3.
		Idem.....	30—60	3 frimaire 5.
		Idem.....	15— 0	AC. 3 therm. 10.
		Idem.....	15— 0	8 floréal 11.
		Idem.....	30.. 0	DI. 8 février 1810.
	Celui des *Colonies françaises* .... (3)	Par 100 fr..	1—50	29 mars 1791.
	Plus, un droit additionnel par Quintal net.		2—55	Même loi.
		Mêmes droits.	....	27 août 1792.
		Idem.....	....	12 mars 1793.
		Exempt.....	....	11 septemb. 1793.
		Idem.....	....	3 frimaire 5.
		Quintal....	10— 0	AC. 3 therm. 10.
		Idem.....	10— 0	8 floréal 11.
		Idem.....	20.. 0	DI. 8 février 1810.

RENVOIS.

Hypocras. *Voyez* Liqueurs.
Images coloriées. *Voyez* Dominoterie.
Indiennes. *Voyez* Toiles peintes.
Inde-plate. Comme Droguerie omise. (LD. 20 mars 1810.)

(1) Le tarif de 1791 prohiboit toutes les huiles de baleine et poisson autres que celles entrant par les départemens des *Haut* et *Bas-Rhin*, de la *Meurthe* et de la *Moselle*, ou venant des *États-Unis d'Amérique* par bâtimens français ou américains; la loi du 19 mai 1793 anéantit cette disposition et taxa celle provenant des pêches étrangères à 20 fr. 40 cent., en modérant toutefois les droits sur ces huiles venant des États-Unis d'Amérique, qui ne furent imposées qu'à 10 fr. 20 cent.; mais toutes ces tarifications particulières furent supprimées par la loi du 9 floréal an 7, et les huiles de poisson étrangères sont imposées, depuis lors, à un même droit à toutes les entrées.

(2) Le Tarif de 1664 avoit classé les hyacinthes parmi les drogueries, sans doute, parce que cette pierre entroit dans la composition de la confection de ce nom; mais depuis qu'on sait qu'elle n'a aucune propriété médicinale, il devient impossible de la considérer comme drogue : je la laisse donc sous son ancien droit jusqu'à décision contraire... D'ailleurs, par induction de la lettre du 16 avril 1810, qui a retiré les marcassites de la classe des drogueries, on peut croire que les hyacinthes le seront également. Sa tarification, au surplus, fait exception à l'article *pierres fausses et fines*, même montées.

(3) L'impératoire n'étoit pas reprise au Tarif de 1664.

(4) Cette loi déterminoit la valeur du quintal d'indigo à 1428 fr.; c'étoit d'après cette estimation que se percevoit le droit de 3 pour 100.

Instrumens d'astronomie, chirurgie mathématiques, navigation, optique et physique...............	Par 100 fr..	10.. 0	15 mars 1791.
Instrumens de musique, comme suit :			
Fifres, flageolets, galoubets................ (1)	La douzaine.	7..50	15 mars 1791.
Flûtes et poches....................	Pièce......	0..75	15 mars 1791.
Cistres, mandolines, psaltérions, tambours, tambourins et tympanons................	Pièce......	1..50	15 mars 1791.
Violons, alto-violes, bassons, cors de chasse, guitares, serinettes, serpens et trompettes.........	Pièce......	3.. 0	15 mars 1791.
Clarinettes et hautbois................	Pièce......	4.. 0	15 mars 1791.
Vielles simples....................	Pièce......	5.. 0	15 mars 1791.
Basses et contre-basses................	Pièce......	7..50	15 mars 1791.
Épinettes, orgues portatives et vielles organisées......	Pièce......	18.. 0	15 mars 1791.
Forto-pianos et harpes................	Pièce......	36.. 0	15 mars 1791.
Clavecins......................	Pièce......	48.. 0	15 mars 1791.
Orgues d'églises, et Instrumens non-dénommés......	Par 100 fr..	12,. 0	15 mars 1791.

RENVOIS.

Instrumens aratoires. Voyez Quincaillerie en instrument.

IPÉCACUANHA. [C'est une petite racine, grosse comme le chalumeau d'une plume, qu'on apporte sèche d'Amérique : elle est noueuse, inodore, d'une saveur âcre, nauséabonde, et a une écorce épaisse respectivement à sa grosseur; sa couleur est brune, grise ou blanche.].............................	Quintal.... Idem net.. Idem net.. Idem net..	30—60 200— 0 200.. 0 400.. 0	15 mars 1791. DI. 17 pluv. 13. 30 avril 1806. DI. 8 février 1810.
IRIS de Florence. [Racine blanche, grosse comme le pouce, oblongue, compacte et pesante, qu'on apporte sèche de Florence : elle a l'odeur douce et agréable de la violette.].............. (1)	Quintal.... Idem..... Idem..... Idem net..	6—12 30— 0 30— 0 60.. 0	15 mars 1791. DI. 17 pluv. 13. 30 avril 1806. DI. 8 février 1810.
IVOIRE, dent d'éléphant ou morphil. [C'est le nom des défenses de l'éléphant : elles sont arrondies et coniques; la partie de leur surface qui se trouve en haut est plus colorée et plus jaunâtre que la partie inférieure.]............................ (2)	Quintal.... Idem...... Idem...... Idem...... Idem...... Idem......	10—20 1— 2 10— 2 100— 0 100— 0 200.. 0	15 mars 1791. 12 pluviôse 3. 9 floréal 7. DI. 17 pluv. 13. 30 avril 1806. DI. 8 février 1810.
IVOIRE (Rapure d'). [Rasures blanches de ces dents, dont on se sert pour tisanes.].. (3)	Quintal.... Idem......	10—20 20..40	15 mars 1791. DI. 8 février 1810.
JAIS brut. [Bitume fossile, opaque, très-noir, solide, compacte et léger.]..	Droit de bal.	......	11 mai 1792.
JAIS ou JAYET. [Celui dont il est ici question est la matière ci-dessus apprêtée et propre à en faire des colliers, bracelets, et autres ornemens de femmes. On le nomme aussi ambre noir.].....	Quintal....	20..40	15 mars 1791, et 11 mai 1792.
JALAP. [Racine grise, résineuse, qu'on apporte des Indes orientales, séchée et coupée par tranches]..........................	Quintal.... Idem net.. Idem...... Idem net..	8—16 50— 0 50— 0 100.. 0	15 mars 1791. DI. 17 pluv. 13. 30 avril 1806. DI. 8 février 1810.
JALAP (Résine de). [Elle est extraite de la racine de jalap par le moyen de l'esprit-de-vin.].................................	Quintal net. Idem.....	61—20 122..40	15 mars 1791. DI. 8 février 1810.

RENVOIS.

IRIS du pays. *Voyez* Glayeul.
IVOIRE brûlé. *Voyez* Spode.
IVOIRE (Noir d'). *Voyez* Noir d'ivoire.
JABLOIR. *V.* Quincaillerie.
JARDIN (Graine de). *Voyez* l'art. Graines.
JARGON, diamant jaune. *V.* Pierres fausses ou fines.
JASMIN (Huile de). *Voyez* aux Huiles.
JASPE. *V.* Pierres fausses et fines.
JARRETIÈRES. *Voyez* Passementerie.
JETONS de cuivre. *V.* la note à Cuivre en façons.
JETONS de nacre, d'os et d'ivoire. *V.* Mercerie.
JOAILLERIE en or. *V.* Or en ouvrages d'orfèvrerie.
JOAILLERIE en Argent. *Voyez* Argent ouvré.

(1) L'iris du pays est tarifé à g'ayeul.
(2) L'ivoire est passible du double droit comme production de l'Inde.
(3) La rapure d'ivoire est réputée drogue par le Tarif de 1664 ; ne le seroit-elle pas, elle devroit encore le double droit comme production de l'Inde.... Il est à observer toutefois, que je ne me permets que de doubler le droit de 1791, parce qu'aucune disposition postérieure n'a dit de lui appliquer celui de la loi du 30 avril 1806, cependant cette tarification ancienne n'est pas en rapport avec la nouvelle de sa matière première, et il me semble que l'une devroit suivre l'autre.

Désignation				
Joncs et Cannes *non montés*. [Espèce de roseau des Indes, de consistance ligneuse, très-flexible et fort poreux, assez solide pour servir de canne.] .... (1)	Quintal.....	51— 0	15 mars 1791.
	Idem......	100.— 0	DI. 17 pluv. 13.
	Idem......	100. 0	30 avril 1806.
	Idem......	200. 0	DI. 8 février 1810.
Jus *de limon* et *de citron*. [C'est le jus de ces fruits tiré par expression. Il sert à la teinture.]	Exempts.....	—.—	15 mars 1791.
	Droit de bal.	....	24 nivôse 5.
Kamine *môle*, ou Beurre *de pierre*. [Substance minérale onctueuse et grasse au toucher, de couleur jaune grisâtre. Elle se dissout dans l'eau comme le sel.] .... (2)	Quintal.....	6—12	15 mars 1791.
	Idem......	12..24	DI. 8 février 1810.
Kermès ou Graine *d'écarlate*. [Genre d'insecte qu'on a fait sécher après l'avoir arrosé de vinaigre. Les coques de kermès ressemblent assez à la cochenille, et servent également à la teinture de l'écarlate, quoiqu'elle la rende moins belle.]	Quintal.....	1— 2	15 mars 1791.
	Idem......	2.. 4	DI. 8 février 1810.
Kermès (*Sirop de*). [Conserve liquide et cordiale faite avec les coques de l'insecte ci-dessus. Il est de couleur rougeâtre, de goût amer et astringent : il ressemble à la mélasse, mais il est moins doux et plus liquide.]	Quintal.....	10—20	15 mars 1791.
	Idem......	20..40	DI. 8 février 1810.
Kirschwaser. [Liqueur blanche et très-limpide provenant de la distillation des queues et des noyaux de cerises.]	Le litre.	0—27	15 mars 1791.
	Idem......	1.. 0	DI. 17 pluv. 13 et loi du 30 avril 1806
Labdanum *naturel* et *non apprêté*. [Matière gommo-résineuse aromatique qui découle de plusieurs espèces de cistes. Celle-ci est solide, noirâtre, et formée en rouleaux gros comme le doigt et tors en manière de pain de bougie. L'impur est rempli de sable, de terre noire et de poils.]	Quintal.....	12—24	15 mars 1791.
	Idem......	24..48	DI. 8 février 1810.
Labdanum *liquide* et *purifié*. [C'est le même, en consistance de beurre fort épais ; il est noir, odorant, et contenu dans des vessies très-minces.]	Quintal net.	45—90	15 mars 1791.
	Idem......	91..80	DI. 8 février 1810.
Laines *en bourre* et *non filées*. [On nomme ainsi le poil souple et moelleux des moutons, et on entend par *laines en bourre* et *non filées* celles qui sont encore en toison, et même celles nettoyées, pourvu qu'elles ne soient ni filées ni autrement ouvrées.] .... (3)	Exemptes...	—.—	15 mars 1791.
	Droit de bal.	....	24 nivôse 5.

Joncs d'Espagne. *Voyez* Battin.
Joncs des Indes. *Voyez* Rotins.
Joncs (Nattes de). *Voyez* Ouvrages en joncs ou Nattes de joncs.
Joncs ouvrés. *Voyez* Ouvrages en joncs.
Joujoux d'enfans. *Voyez* Bimbeloterie.
Judisvasse. *Voyez* Fruits.
Jujubes. *Voyez* Fruits.
Juncus odoratus. *Voyez* Schenantes.
Jus de Réglisse. *Voyez* Réglisse.
Laedanum apprêté. *Voyez* Confection.
Lacets de fil. *Comme* Rubans de fil.
Lacets de laine. *Comme* Rubans de laine. (*LA.* 7 frim. 5.)
Lacets, autres que de fil ou de laine. *Comme* Passementerie. (*C. 22 messid. 8.*)

(1) Les joncs, comme productions des Indes, doivent le double droit. Les joncs de marais sont soumis, comme objets omis, au droit de 3 pour 100 de leur valeur, en vertu de la loi du 22 août 1791. (*LD. du 10 messidor an 10.*) Les Cannes montées autrement qu'en cuivre ou acier paieront 15 fr. par valeur de 100 fr. (*LD. 17 Juillet 1807.*) Celles montées en cuivre ou acier sont comprises dans les prohibitions.

(2) La kamine môle, n'étoit pas reprise au Tarif de 1664. Je lui applique le double droit à raison de ce que c'est une drogue, même très-violente ; on la dit anti-vénérienne, à très-petites doses, du moins les Russes en font-ils usage.

(3) Les laines sont exemptes du certificat d'origine ; mais, quand il règne des maladies épidémiques, elles ne peuvent être admises que sur certificat de purification, lequel sera soumis au Ministre de l'intérieur, qui décidera de sa validité. Celles d'Espagne, par décret du 20 juillet 1808, peuvent être introduites par terre, aussi sans certificat d'origine, par les bureaux de Behobie et d'Ainhoa.

Laines *non filées*, teintes. [Ce sont celles auxquelles on a fait prendre une couleur différente de celle naturelle.]............ (1)	Quintal....	73—44	1 août 1792.
Laines *filées*.. (2)	Quintal.... Prohibées...	73—44	15 mars 1791. 10 brumaire 5.
Lapis entalis. [Espèce de coquillage propre à la médecine.]... (3)	Quintal.... Idem......	4— 8 8..16	15 mars 1791. DI. 8 février 1810.
Laque *de Venise* et Laque *colombine sèche*. [Compositions propres à la peinture. La laque fine de Venise a la forme de petits trochisques tendres, friables, et de couleur rouge foncée: celle colombine est en tablettes, assez haute en couleur.].. (4)	Quintal.... Idem......	5—10 10..20	15 mars 1791. DI. 8 février 1810.
Laque *liquide*. [On donne ce nom à une forte teinture tirée du bois de Brésil à l'aide des acides. Elle est d'un rouge foncé.].. (4)	Quintal.... Idem......	0—51 1.. 2	15 mars 1791. DI. 8 février 1810.
Lard *frais*. [C'est la partie grasse qui est entre la couenne et la chair du porc.]..	Exempt..... Idem...... Droit de bal.		15 mars 1791. 19 mai 1793. 24 nivôse 5.
Laurier (*Baies de*). [Ce sont les fruits du laurier, de couleur bleuâtre ou noirâtre et de forme ovale. Leur odeur est forte et agréable, et leur saveur âcre, amère et aromatique.].................	Quintal.... Idem......	1—53 3.. 6	15 mars 1791. DI. 8 février 1810.
Lavande *sèche* (*Fleurs de*). [Les fleurs de cette plante sont ordinairement bleuâtres et disposées sur un épi grêle et interrompu à sa base : elles ont une odeur forte et agréable, et une saveur âcre et légèrement amère.]................................	Quintal.... Idem......	6—12 12..24	15 mars 1791. DI. 8 février 1810.
Légumes *secs*, de toute sorte. [Ce qui comprend plus particulièrement les pois, les lentilles, les lupins, les grosses fèves, les féverolles, etc.]...................................	Quintal.... Idem...... Idem......	0—51 0— 5 0.. 51	15 mars 1791. 12 pluviôse 3. 9 floréal 7.

RENVOIS.

Lait (Sel de). *Voyez aux* Sels.
Laiton. *Voyez* Cuivre.
Lames d'épée, de sabre, etc. *V.* Armes blanches.
Langues, Nœus ou Noves de Morue. *Comme* Poissons de mer.
Lanternes communes. *Voyez* Mercerie.
Lanternes magiques. *V.* Instrumens d'optique.
Lapis lazuli. *Voyez* Azur de roche.
Lapis magnès. *Voyez* Aimant.
Laque (Gomme). *Voyez aux* Gommes.
Lard salé. *Voyez* Chairs salées.
Lattes. *Voyez* Bois feuillard.
Laurier (Huile de). *Voyez aux* Huiles.
Lavande (Huile de). *Voyez aux* Huiles.

(1) Les laines non filées teintes ne sont pas comprises dans la prohibition, quoique la loi du 1 août 1792 les ait assimilées aux laines filées.
(2) Les laines filées de Saxe, importées par le département de la *Moselle*, ne payoient que 20 fr. 40 cent. du quintal décimal (1 *août* 1792); la loi du 10 brumaire an 5 les a également prohibées.
Il ne faut pas comprendre sous la dénomination de *laines filées*, les paines ou pennes de laine qui sont essentiellement matières premières, puisqu'elles doivent être réduites à l'état primitif de laines pour être employées dans les fabriques.
(*Lettre au directeur de Ruremonde, du 15 pluviôse an 5.*)
(3) *Lapis entalis* ou *antale* sont deux coquillages du même genre, que Lamarck prétend être des vers à *tuyau* : voilà pour la science ; mais ce qu'on nomme *antale* dans le commerce est la même chose que *lapis entalis* ; on leur donne indifféremment ces deux noms. Ainsi j'observe qu'il y a encore discordance ici, puisque *antale* n'est tarifé à son article qu'à 6 fr. 12 cent., et qu'ici, sous le nom de *lapis entalis*, il l'est à 8 fr. 16 cent... Cette erreur provient du Tarif de 1791.
(4) Le Tarif de 1664, ne répute pas drogue la laque pour teinture, c'est-à-dire, celle nommée aujourd'hui *laque liquide*, mais comme c'est une composition dont l

Légumes *verts*, de toute sorte. [Ce qui comprend toutes les herbes, plantes et racines potagères propres à la nourriture de l'homme.]..	{ *Exempts*........ { *Droit de bal*.......	—	15 mars 1791. 24 nivôse 5.
Lichen. [Genre de plantes dont il y a près de cinq cents espèces. Elles ressemblent assez à de la mousse, et on remarque sur presque toutes une poussière blanche, grise ou d'autre couleur, ou plusieurs tubercules granuleux. Elles sont propres à la teinture.]..(1)	{ *Exempt*........ { *Droit de bal*.......	—	15 mars 1791. 24 nivôse 5.
Lie *d'Huile* ou Faisse. [C'est la partie la plus crasse et la plus épaisse de l'huile ; elle est d'un jaune noirâtre.]................(2)	{ *Quintal*...... *Comme* Huile commune.	9—18	15 mars 1791.
Lie *de Vin*. [C'est la partie la plus grossière du vin qui se dépose au fond des tonneaux.]......................................	{ *Exempte*...... { *Droit de bal*.......	—	15 mars 1791. 24 nivôse 5.
Liège *en tables ou en planches*. [Écorce spongieuse et légère d'une espèce de chêne vert. Sa couleur est d'un jaune brun.]......	{ *Quintal*...... *Idem*......	2— 4 6.. 0	15 mars 1791. DI. 17 pluv. 13 et loi du 30 avr. 1806.
Celui *ouvré*. [Ce qui s'entend de tout ouvrage en liége, bouchons compris.]...............................	{ *Quintal*...... *Idem*......	24—48 36.. 0	15 mars 1791. DI. 17 pluv. 13 et loi du 30 avr. 1806.
Lierre (*Feuilles de*). [Elles sont luisantes, épaisses, et d'un vert obscur : la plupart sont très-angulaires et à trois lobes; quelques-unes ovales et très-entières.]...................	{ *Exemptes*...... { *Droit de bal*.......	—	15 mars 1791. 24 nivôse 5.
Lin *cru, teyé* ou *apprêté*, et Étoupes *de lin*. [Le commerce nomme ainsi l'écorce filamenteuse d'une plante à tige simple qui, étant rouie, battue et préparée, donne cette filasse avec laquelle on fait le fil, la toile, etc.].....................	{ *Exempt*...... { *Droit de bal*.......	—	15 mars 1791. 24 nivôse 5.

RENVOIS.

Levain de Bière. *Voyez* Bière.
Librairie. *Voyez* Livres.
Lie d'huile de poisson. *Comme* Huile de poisson. (*Lettre du 12 germinal 15.*)
Lierre (Gomme de). *Voyez aux* Gommes.
Lignes. *Voyez* Mercerie.
Limaille d'acier, d'aiguilles, de cuivre et de fer. *Voyez au nom propre de ces matières.*
Limes. *Voyez à* Quincaillerie.
Limons. *Voyez* Fruits.

principal ingrédient revient d'Amérique, il est clair, que le décret du 8 février 1810, lui devient applicable.

Quant à celle de Venise, une lettre du 8 février 1810, a reconnu qu'elle devoit le double droit.

(1) L'usnée, sorte de lichen d'arbre, est tarifé particulièrement. Il faut faire attention à ce qu'on ne la déclare pas sous la dénomination de *mousse* ou *lichen*.

(2) Par lettre administrative du 12 germinal an 15, la lie d'huile de poisson a été assimilée, pour les droits, à l'huile de poisson.

Par la même conséquence, et attendu de plus qu'elle est propre aux fabriques, la lie d'huile d'olive doit être, depuis le décret du 17 pluviose an 13, traitée comme huile commune... C'est ainsi, d'ailleurs, qu'une lettre de la direction de Clèves du 12 septembre 1806, a ordonné de réputer la faisse.

LINGE *de chanvre* et *de lin, en pièces*, damassé ou autrement ouvragé............................	Quintal.....	61..20	3 frimaire 5.
Celui *ouvré*, en nappes, serviettes, chemises, etc.....	Quintal.....	153..0	15 mars 1791.
LINGE *de coton* et *de fil et coton*, soit de lit, de corps et de table, confectionné ou en pièces.................... (1)	*Comme* Toiles de coton blanches........		C. 7 pluviôse 12.
LINGE *supporté*. Celui de lit et de table, à l'usage des voyageurs. *Comme* omis. (Décis. 2 *fruct.* 5.)	*Par* 100 *fr*..	10..0	22 août 1791.
Celui de corps, comme *caleçons* et *chemises*, dans une quantité relative au nombre d'habits dont l'entrée est permise......................	*Exempt*.....		DM. 2 fructid. 5, et DM. 27 niv. 8.
LINON. [Espèce de toile de lin, blanche, claire, déliée et très-fine.]	Kilogramme.	12..24	15 mars 1791.
LIQUEURS et RATAFIATS *de toutes sortes*. [On entend ici par liqueurs les diverses boissons composées dont la base est ordinairement de l'eau-de-vie, mais quelquefois du vin ou de l'eau simple.]................... (2)	*La pinte*.... *Le litre*.....	0—50 1..50	15 mars 1791. AC. 3 therm. 10 et loi du 8 flor. 11.
Celles des *Colonies françaises*............	*La pinte*.... *Exemptes*... Idem...... *Le litre*..... Idem...... Idem......	0—15 ..—.. £..— 1—0 1—0 2..0	29 mars 1791. 11 septemb. 1793. 3 frimaire 5. AC. 3 therm. 10. 8 floréal 11. DI. 8 février 1810.
LITHARGE *naturelle* et *artificielle*. [La première est un oxide de plomb durci, écailleux, et d'une couleur plus ou moins jaune. La litharge artificielle est la partie du plomb employée dans l'affinage de l'or et de l'argent, qui, n'étant qu'à demi-vitrifiée, se forme en une matière écailleuse et brillante. Il y en a de blanche et de jaune.]..................... (3)	Quintal..... Idem......	2—4 4..8	15 mars 1791. DI. 8 février 1810.

RENVOIS.

LIN (Fil de). *Voyez* aux Fils.
LIN (Graines de). *Voyez* aux Graines.
LIN (Toiles de). *Voyez* aux Toiles.
LINGES vieux. *Voyez* Drilles.
LISTONNERIE. *Voyez* Passementerie.

(1) Cette assimilation aux toiles de l'espèce a été décidée jusqu'à ce qu'il en soit autrement ordonné, ainsi ce linge se trouve prohibé.
Le calcul de dimension pour les chemises s'évalue à 3 mètres pour celles d'hommes, et 2 mètres pour celles de femmes. (*LM.* 17 *pluv.* an 12.)
(2) Les préparations médicales en liqueurs ne sont pas comprises dans cet article; il ne s'agit ici que de celles qui sont de nature à flatter le goût.
L'eau-de-vie d'Andaye sera traitée comme liqueur. (1 août 1792.)
Le kirschwaser, le rhum ou tafia, et les eaux-de-vie, sont tarifés particulièrement. *Voyez* ces trois articles.
Au surplus, les liqueurs, qui arriveroient des Deux-Indes (colonies étrangères,) devroient aujourd'hui le double droit fixé ci-dessus, par application du décret du 8 février 1810.
(3) La litharge est le troisième degré d'oxidation du plomb, celle nommé d'or ou d'argent, étoit réputée droguerie par le Tarif de 1664; des lettres des 26 avril et 14 mai 1810, ont en conséquence, appliqué le double droit à la litharge.

Livres *en langues étrangères*................................. (1)	*Exempts*........	———	15 mars 1791.
	Idem...........	———	1 août 1792.
	Droit de bal.....		24 nivôse 5.
Les mêmes *avec gravures ou estampes*. Lorsque les gravures constituent essentiellement le prix d'un livre dont le texte ne sert qu'à les expliquer, ils payent. (2)	*Comme* Estampes..	....	1 août 1792.
Livres *en langue françoise*....................................	Quintal......	12—24	15 mars 1791.
Les mêmes et ceux *en langue latine*................... (3)	Par 100 *fr*.	50.. 0	DI. 5 février 1810.
Les mêmes, s'ils sont de contre-façon, c'est-à-dire, si ce sont des ouvrages imprimés sans le consentement et au préjudice de l'auteur ou de l'éditeur.......................... (4)	*Confiscation*..	......	DI. 5 février 1810.
Loups (*Dents de*). [Elles ressemblent assez aux dents de chiens. On en fait des hochets d'enfant, et elles servent de polissoirs aux relieurs et aux orfèvres.].................................... (5)	Quintal.....	1..53	15 mars 1793.
Mâchefer. [On nomme ainsi la crasse qui se sépare du fer lorsqu'on le chauffe. On la retire des forges en consistance de métal fondu.]...	*Exempt*.......	———	15 mars 1791.
	Droit de bal......		24 nivôse 5.
Macis. [Seconde écorce de la noix muscade. C'est une membrane à réseau d'une substance visqueuse, huileuse et mince, de couleur rougeâtre, jaunâtre, d'odeur aromatique et de saveur balsamique.]...	Kilogr. *net*.	2— 4	15 mars 1791.
	Idem *net*..	10.. 0	DI. 17 pluv. 13.
	Idem *net*..	10.. 0	30 avril 1806.
	Idem *net*..	20.. 0	DI. 8 février 1810.
Magnésie. [Celle native est en petites masses tuberculeuses; sa couleur est d'un gris jaunâtre, tacheté de noir. La magnésie employée en médecine est tirée des eaux mères du nitre et du sel commun, sous la forme d'une poudre blanche. Elle a un goût insipide.]......................	*Comme* Sel volatil.	....	1 août 1792.
Malherbe. [Herbe d'une odeur très-forte, dont le bois de la racine colore en jaune.]..	*Exempte*......	———	15 mars 1791.
	Droit de bal.....		24 nivôse 5.
Manganèse. [Espèce de mine de fer qui contient du zinc; c'est un minéral assez dur, de couleur grise obscure, noirâtre ou rougeâtre, et d'une texture striée. On s'en sert pour la verrerie et la faïencerie.]....................................	*Exempt*......	———	15 mars 1791.
	Droit de bal.....		24 nivôse 5.

Lunetterie (Verre de). *Comme* Instrumens d'astronomie.
Luzerne (Graine de). *Voyez* aux Graines.
Lys de Vallée. *Voyez* Muguet.
Macaroni. *Voyez* Pâte d'Italie.
Machines électriques et pneumatiques. *V.* Instrumens de physique.
Macis (Huile de). *Voyez* aux Huiles.
Madriers. *Voyez* Bois de construction.
Maïs. *Voyez* aux Grains.
Malicorium. *Voyez* Écorces de grenadier.
Malles. *Voyez* Mercerie commune.
Manchons. *Voyez* Pelleterie ouvrée.
Mandragore. *Voyez* aux Écorces.
Mangayer. *Voyez* l'art. Pierres.
Manicordion. *Voyez* Mercerie commune.
Maniquette. *Voyez* Graine de Paradis.

(1) Ces livres ne sont pas assujettis au certificat d'origine. Les livres reliés seront traités comme livres brochés. (1 *août* 1792.)
(2) Lorsque les estampes ou cartes géographiques contenues dans un livre ne sont qu'accessoires, alors ces sortes d'ouvrages ne payent que comme livres. (1 *août* 1792.)
(3) Indépendamment du droit qui ne pourra être au-dessous de 50 pour cent de la valeur de l'ouvrage, aucun livre imprimé ou réimprimé hors de France, ne pourra entrer sans une permission du Directeur-général de la Librairie, annonçant le bureau par lequel il entrera. (*DI. 5 février 1810, art.* 36.) — En conséquence, tout ballot de livres venant de l'étranger sera mis, par le Préposé des Douanes, sous corde et sous plomb, et envoyé à la préfecture la plus voisine (*Même décret, art.* 37.)—Il y aura lieu à confiscation et amende, ... si l'ouvrage, étant imprimé à l'étranger, est présenté à l'entrée sans permission, ou circule sans être estampillé. (*Même décret paragraphe* 6 *de l'art.* 41.)
(4) Dans le cas de contrefaçon, les exemplaires seront confisqués au profit du propriétaire de l'édition originale.
(5) Il y a divers outils qui portent le nom de *dents de loup*; les droits doivent en être perçus comme articles de *mercerie omise* au tarif.

MANNE. [Suc mielleux, concret, de plusieurs sortes. Il y en a de couleur blanche ou brunâtre, d'autre visqueuse, solide et sèche. Elle est en larmes, en grains ou en marrons, selon le lieu où on la récolte et les arbres d'où elle sort.]	*Quintal*.... Idem..... Idem..... Idem *net*..	12—24 40— 0 40 — 0 80...0	15 mars 1791. DI. 17 pluv. 13. 30 avril 1806. DI. 8 février 1810.
MARBRE *brut*, de toutes sortes. [Belles pierres dures, blanches, noires ou de différentes couleurs, compactes et susceptibles de poli. Elles sont aussi d'un grain plus ou moins fin, opaques, quelquefois demi-transparentes, et se divisant en morceaux irréguliers.]............(1)	*Le pied cube*. *Décim. cube*.	1— 0 0.. 6	15 mars 1791. DI. 17 pluv. 13 et loi du 30 avr. 1806.
Celui *ouvré* en cheminées, *scié* ou *travaillé*. [Un pied cube de marbre ouvré pèse environ 200 livres, mesures et poids anciens.]..................	*Le pied cube*. *Décim. cube*.	2— 0 0. 12	15 mars 1791. DI. 17 pluv. 13 et loi du 30 avr. 1806.
MARCASSITES *d'or, d'argent* et *de cuivre*. [On désigne sous ce nom les pyrites qui sont susceptibles de poli, et dont on fait quelques bijouteries communes en les taillant à facettes. Il se trouve des marcassites dans toutes les mines.]............(2)	*Quintal*.....	16..32	15 mars 1791.
MARCHANDISES ANGLAISES. *Sauf les exceptions indiquées aux articles qui les concernent*, sont réputés provenir des fabriques anglaises, quelle qu'en soit l'origine, les objets ci-après importés de l'étranger; 1°. Toute espèce de velours de soie, toutes étoffes et draps de laine, de coton et de poil, ou mélangés de ces matières; toutes sortes de piqués, basins, nankinettes et mousselinettes; les laines, *cotons* (3) et poils filés, les tapis dits anglais; — 2°. Toute espèce de bonneterie de coton ou de laine, unie ou mélangée; — 3°. Les boutons de toute espèce; — 4°. Toute sorte de plaqués; tout ouvrage de quincaillerie fine, de coutellerie, de tabletterie, horlogerie, et autres ouvrages en fer, acier, étain, cuivre, airain, fonte, tôle, fer-blanc, ou autres métaux polis ou non polis, purs ou mélangés (4); — 5°. Les cuirs tannés, corroyés ou apprêtés, ouvrés ou non ouvrés, les voitures montées ou non montées, les harnois et tous autres objets de sellerie; — 6°. Les rubans, chapeaux, gazes et schals connus sous la dénomination d'anglais; — 7°. Toute sorte de peaux pour gants, culottes ou gilets, et ces mêmes objets fabriqués; — 8°. Toute espèce de verrerie et cristaux, autres que les verres servant à la lunetterie et à l'horlogerie; — 9°. Les sucres raffinés, en pain ou en poudre; — 10°. Toute espèce de faïence ou poterie connue sous la dénomination de terre de pipe ou grès d'Angleterre. (10 brumaire an 5; *art*. 5.) — 11°. *Les* mousselines, *les* toiles de coton blanches et peintes, *les* toiles de fil et coton, *les* couvertures de coton, et les cotons filés pour mèches. (30 *avril* 1806, *art*. 26.) — 12°. Le tissu connu sous la dénomination de tulle anglais, de gaze ou de tricot de Berlin. (*DI*. 10 *mars* 1809.)............	*Prohibées*.... Idem...... *Confiscation*. Idem...... Idem...... Idem...... Idem...... Idem...... Idem......		18 vendém. 2. 10 brumaire 5. AC. 4 compl. **if**. 22 ventôse 12. DI. 21 nov. 1806. DI. 23 nov. 1807. DI. 17 déc. 1807. DI. 11 janv. 1808.

RENVOIS.

MAPPEMONDES. *V*. Instrumens d'astronomie.
MARBRE autrement ouvré. *V*. Ouv. en Marbre.
MARC d'Olives. *Voyez* Amurca.
MARCASSITES ouvrées. *V*. Ouvrages en pierres de composition.

(1) Le marbre est brut dans l'état où il sort de la carrière, taillé en bloc ou scié en planches, sans être poli ni autrement ouvré. — Celui qui a reçu une *forme* différente, quoiqu'imparfaite et non finie, est dans la classe du marbre ouvré. (*LD*. 22 *décembre* 1806.)

Les marbres d'Italie sont dispensés du certificat d'origine. (*DM*. 22 *vent*. 12.)

(2) Le Tarif de 1664, avoit classé les marcassites parmi les drogueries, mais une lettre du 16 avril 1810, les a retiré de cette classe.

(3) Les cotons filés, furent d'abord retirés de la prohibition, mais par décret du 22 décembre 1809, ils ont été replacés dans la nomenclature des objets réputés provenir des fabriques anglaises.

(4) Le paragraphe 4 de l'art. 5 de la loi du 10 brumaire dernier, ne s'applique point aux objets compris dans la classe de la mercerie commune, aux armes de guerre, aux instrumens aratoires, ni aux outils pour les arts et métiers, de quelque matière que ces objets soient composés; ils devront seulement être accompagnés des certificats prescrits..... (19 *pluviose an* 5, *premier paragraphe de l'art*. 1.)

Marchandises et Denrées des États-Unis d'Amérique }	..... *Ne peuvent être admises sans l'ordre de S. M.* ...... *Seront saisies*	DI. 17 avril 1808. DI. 23 mars 1810.	

Marchandises *provenant du commerce français au-delà du cap de Bonne-Espérance*, accompagnées de certificats d'origine donnés par les administrateurs des isles de France et de Bonaparte, seront traitées comme suit : (1)

Bois de teinture ; Coris ; Etain de malach ; Noix de gale ; Rotins ; Soie en bourre ; Toutenague............ (2) }	*Exempts*........	15 mars 1791.	
Aloës ; Ambre gris ; *Anis étoilé* ; *Assa-fœtida* ; Benjoin ; B*orax* ; Cachou ; *Camphre* ; Encens ; Esquine ; Galbanum ; Gomme-ammoniaque ; Gomme-arabique ; Gomme-gutte ; Gomme-laque ; Noix vomiques ; *Rhubarbe* ; Roses de Provins ; Sagou et *Tamarin*. (3) }	Moitié des droits du tarif........	15 mars 1791.	
Girofle et *Muscade*............................... (3)	*Le tiers des droits*....	15 mars 1791.	
Bambous ; Encre de la Chine ; Ecrans et Eventails ; Filières de nacre et *Joncs* ou *Cannes* non montées.... }	Quintal.... Idem....	40— 80 81 . 60	15 mars 1791. DI. 8 février 1810.
Porcelaine dorée ou d'autres couleurs que celles ci-après.	Quintal.... Idem.....	51— 0 102. . 0	15 mars 1791. DI. 8 février 1810.
Porcelaine bleue et blanche...................	Quintal.... Idem....	18—36 36 . 72	15 mars 1791. DI. 8 février 1810.
Soies écrues de nankin................	Kilogr. net.. Idem......	0—5 1. . 2	15 mars 1791. DI. 8 février 1810.
Soies à coudre crues........................	Kilogr. net.. Idem......	1— 2 2. . 4	15 mars 1791. DI. 8 février 1810.
Soies teintes..................	Kilogr. net.. Idem......	3— 6 6 . 12	15 mars 1791. DI. 8 février 1810.
Etoffes de pure soie ou dans lesquelles il entre de la soie. Etoffes d'écorces d'arbres............. }	*Prohibées*........	15 mars 1791.	

(1) Indépendamment des marchandises rappelées ici, étoient encore tarifées à des moindres droits que ceux généraux ; 1°. les épiceries ; 2°. les marchandises blanches, les cotons filés, les ouvrages vernis, etc.... Mais les *épiceries* provenant de nos colonies d'Amérique ayant été imposées depuis à des droits particuliers, il est plausible que celles de nos isles d'Afrique suivent ce nouveau régime ; et quant aux *marchandises blanches*, etc., elles ont été prohibées quelle qu'en soit l'origine ;.... dès-lors je ne ferai pas article de ces dispositions spéciales puisqu'elles sont définitivement abrogées.

(2) La loi du 24 nivose an 5, n'ayant établi le droit de balance que sur les productions ÉTRANGÈRES qui jouissoient d'une franchise absolue à l'entrée, il devient clair, qu'il ne peut être perçu sur celles de nos colonies.
Dans la nomenclature des objets tirés à *néant* par le Tarif particulier du commerce François au-delà du Cap de Bonne-Espérance étoient encore repris :
1°. Les *bois de marqueterie*, les *cotons* et les *écailles*,.... mais ces articles semblent devoir être traités aujourd'hui comme s'ils provenoient de nos colonies d'Amérique.
2°. L'*ivoire* ou *dents d'éléphant*, le *nacre brut* ou *coquilles de nacre* et les *perles fines*.... Quant à ceux-ci on soutient qu'aujourd'hui ils doivent les droits du Tarif général, par cela que les mêmes objets venant de l'étranger ont été imposés à des droits plus forts depuis 1791.... Cette prétention ne me paroît pas admissible, et j'en reparlerai plus bas.... on pourroit peut être, par assimilation de propriétés, faire peser sur eux l'article 18 de la loi du 8 floréal an 11 ; il seroit possible d'établir à cet égard un argument assez solide....
3°. Le *salpêtre* ;.. il étoit aussi exempt à charge d'être vendu à la Régie des poudres ou du renvoi à l'étranger ; mais après que la loi du 1er. août 1792 l'eut soumis au droit de 3 fr. 6 cent. celle du 13 fructidor an 5, en prohibant toute importation de salpêtre, définitivement détruit cette exception.

(3) Par des lois postérieurs au Tarif particulier du commerce François au-delà du Cap de Bonne-Espérance, lequel fait partie de la loi du 15 mars 1791, les espèces dont, dans l'article ci-dessus, les noms se trouvent imprimés en *italique*, ont été imposées à des droits plus forts sans rappel d'origine ;... delà on a dit, comme pour les denrées des colonies françoises non tarifées, que ces droits étoient d'une application générale lorsqu'ils ne maintenoient aucune distinction d'origine privilégiée.... je répèterai pas que la jurisprudence réprouve pareille interprétation ; je me bornerai à observer que les lois qui ont voulu détruire des dispositions du Tarif

MARCHANDISES *françoises de Retour*. [Le commerce jouit de la faculté de faire revenir de l'étranger les marchandises françoises qui n'ont pu y être vendues, pourvu que l'origine nationale puisse être reconnue, soit par des marques de fabrique, soit par des caractères inhérens de cette origine.].....(1)	*Exemptes*... *Droit de bal.*		DM. 27 août 1791. 24 nivôse 5.
MARCHANDISES *omises*. (Ce qui s'entend de toutes denrées ou marchandises dont les espèces ne sont pas reprises au Tarif.) Elles paieront comme suit :			
1.° Les *épiceries* non dénommées. (Les muscades sauvages y ont été classées, par DM. 25 avril 1809.)..........	Par 100 *fr.*	10.. 0	15 mars 1791.
2°. Les *drogueries omises*. (Il ne faut leur assimiler ni les *herbes médicinales* non dénommées, ni les *herbes propres à la teinture* qui sont omises, ni les *semences froides* et autres médicinales.... elles sont tarifées particulièrement.).............	Par 100 *fr.* Idem.. Idem..	5— 0 20— 0 20.. 0	22 août 1791. DI. 17 pluv. 13. 30 avril 1806.
3°. Les *objets* qui auront reçu quelque main-d'œuvre que ce soit. (Cette tarification toutefois ne peut s'appliquer aux objets dont les espèces sont prohibées.)...........	Par 100 *fr.*	10.. 0	22 août 1791.
4°. Tous autres *objets* omis. (Ce qui ne s'applique qu'aux marchandises dont les espèces ne sont pas tarifées ou prohibées sous des titres généraux... Voir à cet égard les INSTRUCTIONS, page 3.)..................	Par 100 *fr.*	3.. 0	22 août 1791.

particulier, l'on dit expressément : le *thé*, le *salpêtre*, les *poivres*, les *nankins*, sont des exemples de ce que j'avance; donc en gardant le silence sur les autres articles de ce commerce, ces lois ont, par cela seul, maintenu les faveurs qui leur avoient été accordées....
D'ailleurs, à ne raisonner même qu'en économie politique, on trouvera bien que les prohibitions peuvent recevoir une application générale parcequ'elle but en est toujours, soit de ruiner le commerce étranger, soit de soutenir l'industrie manufacturière, l'agriculture ou le commerce de la métropole, mais jamais on ne rencontrera pareil résultat en appliquant les mêmes tarifications à toutes les origines;... à part les besoins du fisc, la loi qui fixe des droits sur une denrée ne peut vouloir l'atteindre que pour en favoriser le commerce par le régnicole, l'impôt qui porte sur une fabrication ne peut avoir d'autre but que d'obtenir la préférence pour celle nationale ou d'en introduire la manufacture dans l'état, si elle n'y existe pas; dont l'économie politique demande qu'on régisse plutôt l'origine de la marchandise, que la marchandise elle-même ou qu'à défaut de pouvoir atteindre son origine, on frappe sur son commerce de transport.... Dès-lors appliquer indistinctement les nouvelles tarifications, ce seroit autant s'éloigner des principes de l'économie politique que de ceux de la jurisprudence, ce seroit rendre illusoires les avantages accordés à notre navigation marchande, et ce seroit, de fait, favoriser le commerce étranger, puisque nos vaisseaux doivent, de plus que les leurs, acquitter en France les droits de sortie de nos îles, s'ils ne les ont payés là bas.

(1) Les linons-batistes et les dentelles d'Argentan et d'Alençon sont admis sans marque, parce qu'il est reconnu qu'il ne s'en fabrique qu'en France....— Cette faveur ne peut avoir lieu pour ce qui n'est pas susceptible de marques; elle a été refusée pour les VINS et LIQUEURS, attendu qu'étant susceptibles de mélanges, leur origine nationale ne pouvoit être constatée. (*DM.* 7 *frimaire* 6.). Cependant il y a exception pour les vins de Bordeaux (*DM.* 23 frimaire an 11.)
Par exceptions particulières aussi, le retour en franchise est accordée.... Aux vases de cuivre nommés *Estagnons*, dans lesquels on renferme les essences expédiées pour l'étranger; il suffit de représenter l'acquit de sortie. (*DM.* 9 *brum.* 6.).... Aux bouteilles de verre ayant servi à l'exportation de l'huile de vitriol (*DM.* 17 *floréal* 6.); et à celles exportées de Genève, pleines d'eau minérale artificielle. (*DM.* 2 *vend.* 7.) Les droits de balance sont néanmoins exigibles.
Les marchandises auxquelles les Préposés auroient apposé des plombs à leur sortie de France pour les foires d'Allemagne, seroient admises au bénéfice de retour. La demande de retour doit être faite à M. le Directeur-général des Douanes, par un mémoire auquel on joint l'extrait légalisé du registre d'envoi portant facture et l'acquit de sortie.

MARCHANDISES DE PRISES *conduites directement en France.* [Ce qui s'entend des marchandises capturées sur les ennemis de l'Etat.]	Acquittoient les droits du Tarif................ Suivoient les régimes du Tarif................		19 février 1793. DI. 2 prairial 11.
1°. Celles dont le Tarif permet l'entrée.... en acquitteront les droits (1)			DI. 24 juin 1808 et loi du 12 janv. 1810.
2.° Celles *prohibées au Tarif* (à l'exception des ouvrages en coton et des tabacs fabriqués)................(1 et 2)	Par 100 fr...	40.. 0	DI. 24 juin 1808 et loi du 12 janv. 1810.
MARCHANDISES DE PRISES, *provenant de bâtimens* capturés par les corsaires français et *conduits dans les ports étrangers*, dont le transport et l'admission en France sont autorisés. (3)			
1°. L'indigo, les bois et drogues propres à la teinture, ainsi que tous objets qui ne sont assujettis qu'au droit de balance...	Par 100 fr...	5.. 0	DI. 1 février 1810.
2°. Toutes les autres denrées coloniales et marchandises.	*Moitié en sus des droits fixés par* CE *Tarif.* (4)		DI. 1 février 1810.

(1) Voici les dispositions littérales du décret du 24 juin 1808, lequel a été sanctionné dans les mêmes termes par la loi du 12 janvier 1810.

Les marchandises (*autres que les toiles, mousselines, étoffes et bonneterie de coton*) dont l'entrée, quelle que soit leur origine, est prohibée en France par les lois sur les douanes, seront admises dans la consommation lorsqu'elles proviendront de prises faites sur les ennemis de l'état par les vaisseaux de la marine impériale, ou par les bâtimens armés en course, sous les conditions et formalités ci-après prescrites. (*Art.* 1er. *du décret et* 2 *de la loi.*)

Les *tabacs fabriqués* acquitteront les droits d'entrée auxquels sont assujettis les tabacs en feuilles, et en outre ceux de fabrication. Les autres marchandises payeront un droit de 40 pour 100 de la valeur. Celles dont l'importation n'est pas défendue, continueront à acquitter les droits ordinaires du tarif. (*Art.* 2 *du décret et* 3 *de la loi.*)

Les marchandises dont l'admission est autorisée par l'art. 1er., ne pourront être introduites que par les douanes de *Bayonne*, *Bordeaux*, *la Rochelle*, *Rochefort*, *Nantes*, *Lorient*, *Brest*, *Morlaix*, *Quimper*, *Saint-Malo*, *Cherbourg*, *Caen*, *le Havre*, *Dieppe*, *Saint-Valery-sur-Somme*, *Boulogne*, *Calais*, *Dunkerque*, *Ostende*, *Anvers*, *Gênes*, *Nice*, *Toulon*, *Marseille*. *Cette*, *Agde*, *Port-Vendre et Livourne*. Lorsque les prises seront conduites dans d'autres ports, les marchandises seront expédiées pour celui des ports désigné le plus voisin, sous acquit-à-caution et sous le convoi de préposés des douanes dont les frais de route seront payés par les armateurs. (*Art.* 3 *du décret et* 4 *de la loi.*)

Il sera apposé, dans les bureaux d'introduction, aux deux bouts de chaque pièce d'étoffe et bonneterie de laine, un plomb portant d'un côté, *douanes impériales*, et de l'autre, *marchandises de prises*. La bonneterie sera mise en paquets d'une demi-douzaine de pièces réunies par un cordon ou ruban de fil, et chaque paquet sera revêtu d'un plomb. Il ne sera payé que dix centimes pour chaque plomb. (*Art.* 4 *du décret et* 5 *de la loi.*)

OBS. Si dans les cargaisons des prises dont le lieu du départ auroit été l'une ou l'autre des Indes, il se trouvoit des marchandises qui, dans ce Tarif, ne sont pas cotées en vertu du décret du 8 février 1810, elles devroient, ce me semble, le double de ces droits - là.

(2) Les marchandises prohibées provenant de *Saisies*, ne peuvent jouir de la faculté d'être admises dans la consommation puisqu'elles ne sont pas comprises dans ce décret. (CD. 21 *juillet* 1808)... — Mais *les objets saisis* à défaut de certificats d'origine, n'étant pas frappés d'une prohibition absolue (*les denrées coloniales sont dans ce cas*) peuvent être admis en payant les droits. (*LD.* 16 *septembre*) 1808.)

(3) Ce décret du 1er. février 1808. ne sauroit affecter les prises conduites dans les isles françaises qui, sous le rapport commercial, sont traitées comme étrangères, parce qu'il y a dans ces isles des agens français chargés d'empêcher l'introduction des marchandises anglaises; conséquemment elles peuvent être traitées comme celles conduites directement en France et être admises sous les droits ordinaires..... c'est, au moins, ce qui semble résulter d'une lettre de M. le Directeur-général en date du 11 mars 1809.

(4) La lettre du décret du 1er. février 1810, porte que ces marchandises payeront le triple des droits fixés par le Tarif des douanes.... mais comme une circulaire du 10 février 1810, a mandé que le décret du 8. ne portoit pas de changement à celui du 1er, il en est résulté, par cela que les doubles droits ont été appliqués dans ce Tarif, que j'ai dû changer les mots *triple droit* en ceux de *moitié en sus*, afin qu'on puisse opérer avec moins de gêne et sans erreur.... de manière donc que si le droit à percevoir est coté dans cet ouvrage à 100 francs, on fera payer 150 francs; somme qui produira le résultat demandé.

MARCHANDISES *en Transit.* [On nomme ainsi le passage sur le territoire français d'une marchandise expédiée de l'étranger à l'étranger. Cette dénomination s'applique aussi, mais improprement, aux expéditions de France en France, par emprunt du territoire étranger.] *Celles qui jouissent du transit franc, ou qui entrent en entrepôt pour la réexportation*........ (3)	Droit de bal........	DM. 7 frimaire 6.

(3) Le TRANSIT est accordé aux LAINES NON FILÉES venant de l'étranger sous condition d'être entreposées réellement à leur arrivée et expédiées directement pour l'étranger (30 *avril* 1806); aux MARCHANDISES ÉTRANGÈRES *non prohibées* empruntant l'ancien département du Mont-Terrible (*D.* 26 *mai* 1793); à CELLES *également permises* (à l'exception des toiles peintes de pur fil et des tabacs en feuilles.) entrant par Bourg-Libre et Strasbourg, et sortant par Mayence, et réciproquement (8 *floréal* 11 et *DI.* 9 *vend.* 13); aux SUCRES *têtes et terrés,* CAFÉS, CACAOS *des colonies françaises,* et aux POIVRES, pendant leur année d'entrepôt. Ce transit ne peut s'effectuer que par les bureaux de Strasbourg, Bourg-Libre, Verrières-de-Joux, Jougnes, Versoix, Behobie, Ainhoa, Cologne, Mayence et Verceil; et encore par Coblentz pour celles de ces denrées qui seront tirées de l'entrepôt d'Anvers. (1 *pluv.* 13.)

La faveur du transit est aussi accordée aux SUCRES *têtes et terrés*, CAFÉS, CACAOS et POIVRES tirés de l'entrepôt de Lyon pour l'étranger. Ce transit ne pourra s'effectuer que par les bureaux de Versoix, Verrières-de-Joux, Bourg-Libre et Strasbourg. (30 *avril* 1806.)

Quant à la réexportation *par transit* de certaines marchandises, *voyez* les dispositions particulières qui la régissent aux articles de ces marchandises, soit au Tarif d'entrée, soit à celui de sortie. ... Voir aussi les INSTRUCTIONS qui précèdent ce Tarif, titre ENTREPÔTS.

TRANSIT DE L'ITALIE. — Toutes les marchandises expédiées *par transit* de Gènes en Italie, doivent passer par *Novi, Tortone* et *Voguere*, et sortir par la douane de *Casatisme*;... ladite douane sera rapprochée des rives du *Pô*, et transférée le plutôt possible à *Casina-Bella*. (*DI.* 10 *février* 1808.) ... Lesdites marchandises, comme celles du royaume d'Italie pour l'entrepôt de Gènes, ne payeront que la moitié des droits fixés par le tarif de transit annexé au tarif général italien du 22 décembre 1803; pour les marchandises françaises qui transiteront par ledit royaume... Le tabac, le sel, la poudre à feu et le salpêtre sont respectivement exceptés de la faculté du transit.... Les marchandises expédiées du royaume d'Italie, soit pour les pays étrangers, soit pour quelque portion de ce royaume par emprunt du territoire français, pourront transiter par les anciens états de Parme et Plaisance et par la Toscane en payant les mêmes droits. (*Traité de Commerce du 20 juin* 1808.) ... Les marchandises expédiées du royaume d'Italie en *transit* pour les entrepôts de Florence et de Livourne, entreront par le bureau de *Pietra-Mala*, sur la route de Boulogne et par celui d'*Abelone*, sur celle de Modène. ... Celles venant de l'État romain pour les mêmes destinations, entreront par le bureau d'*Ossoya*, sur la grande route de Perugia, la Haute-Romagne et la Marche-d'Ancône et par celui de *Pontea-Centeno*; sur la grande route de Rome et de le Basse-Romagne.... Les marchandises expédiées des entrepôts de Livourne et de Florence à destination du royaume d'Italie ou de l'État romain, sortiront par l'un des bureaux ci-dessus désignés.... Les marchandises expédiées de Livourne ou de l'entrepôt de Florence pour le royaume d'Italie, ainsi que celles venant dudit royaume à destination de ces deux entrepôts, ne payeront pour droit de transit que *la moitié des droits fixés par le tarif du transit annexé au tarif général Italien du 22 décembre* 1803. ... — Lorsque les marchandises seront expédiées directement de Livourne *en transit* pour le royaume d'Italie et l'État romain, ou de ces deux pays pour Livourne, les droits seront acquittés dans les bureaux où les acquits-à-caution seront délivrés.... Si les marchandises sont expédiées pour l'entrepôt de Florence, les droits de transit ne seront perçus que lorsqu'elles en sortiront pour l'étranger. (*DI.* 22 *octobre* 1808.) ... — Les marchandises expédiées de France ou de l'entrepôt de Gènes et de Livourne, à destination du port franc de *Venise*, ou venant dudit port franc à destination de la France et des dits entrepôts seront affranchies de tout droit de transit dans le royaume d'Italie. (*Traité de Commerce du 20 juin* 1808.)

MARQUETERIE (*Ouvrages de*). [On donne ce nom à un ouvrage de menuiserie composé de feuilles de différens bois précieux qu'on plaque sur un assemblage.]...............	Par 100 fr..	15.. 0	15 mars 1791.
MARUM (*Feuilles de*). [Assez semblables à celles du serpolet, ces feuilles sont pointues en fer de pique, vertes en dessus et blanchâtres en dessous. Cette plante a une odeur assez agréable et un goût âcre et piquant.].................... (1)	Quintal..... Idem......	4— 8 8..16	15 mars 1791. DI. 8 février 1810.
MASSICOT. [C'est un blanc de plomb qu'on a calciné par un feu modéré. Il y en a de blanc, de jaune et de doré : cette différence de couleur provient des différens degrés de feu de sa fabrication. D'usage en peinture, et en chirurgie pour la dissication des plaies.]............................. (2)	Quintal.....	18..36	15 mars 1791.
MATELAS. [Étui de toile rembourré de laine, de coton, de crin, etc.] *Comme omis.*	Par 100 fr..	10.. 0	22 août 1791.
MÂTS pour *vaisseaux*. [Ce sont ces grosses et longues pièces de bois rond qu'on élève sur les vaisseaux pour en porter les voiles.]	Exempts..... Droit de bal........		15 mars 1791. 24 nivôse 5.

MARJOLAINE (Huile de). *Voyez* aux Huiles.
MARLY de fil. *Comme omis.*, 10. pour 100. (*DM.* 27 avril 1808.)
MARLY de Soie. *Voyez* Étoffes de Soie.
MARMELADE de Fruits. *Voyez* Confitures.
MARMELADES médicales. *Voyez* Confection.
MARRONS. *Voyez* Fruits.
MAROQUINS. *Voyez* Peaux et Ouvrages.
MASQUES pour bal. *Voyez* Mercerie.
MASTIC. *Voyez* aux Gommes.
MATIÈRES servant à l'engrais. *Voyez* Engrais.
MAURELLE en drapeaux. *Voyez* Tournesol.

OBS. *Le transit de Gênes en Italie est soumis à un Tarif particulier, lequel a été décrété par la loi du 30 avril 1806.*

TRANSIT DES ÉTATS ROMAINS. — Les marchandises expédiées en transit, soit du royaume de Naples en entrant par le bureau de Terracine, soit des entrepôts de Rome, de Civita-Vecchia, ou de la douane de Ripa-Grande, à destination du royaume d'Italie, seront accompagnées d'acquits-à-caution, et sortiront par le bureau de Pietra-Mala, si elles suivent la route de Bologne; par le bureau d'Abetone, si elles sont dirigées sur Modène, et par celui de Foligno, si elles sont destinées pour la Marche-d'Ancône et le duché d'Urbin. — Les marchandises qui seront expédiées, soit du royaume d'Italie, en entrant par les bureaux de Pietra-Mala, d'Abetone ou de Foligno, soit des entrepôts de Civita-Vecchia, de Rome ou de Ripa-Grande, à destination du royaume de Naples, sortiront par le bureau de Terracine, où les acquits-à-caution seront déchargés. — Les dispositions du traité de commerce entre la France et le royaume d'Italie, conclu à Paris, le 20 juin 1808, auront leur exécution pour les États romains, comme pour les autres parties de l'Empire. (*DL.* 1er. *février* 1810.).

TRANSIT DE L'ESPAGNE. Le transit par terre de Bayonne en Espagne des denrées importées par mer dans le port de Bayonne, est autorisé par les bureaux d'*Ainhoé* et de *Behobie*.... La conversion des grosses balles, caisses et futailles en sacs et ballots de moindre volume, s'exécutera dans l'entrepôt même de la douane et sous les yeux des préposés.... Les sacs et ballots seront plombés du plomb de la douane de Bayonne : le prix de chaque plomb ne pourra excéder 25 centimes.... Les expéditions seront faites sous acquit-à-caution délivré par la douane de Bayonne, indiquant le poids et le numéro de chaque sac ou ballot.... Ces acquits seront déchargés par le bureau de sortie, après vérification des marchandises et reconnoissance des poids et des plombs..... Lorsque la douane jugera convenable de faire accompagner les expéditions par des préposés aux frais du négociant-propriétaire, l'acquit-à-caution ne sera déchargé que sur le certificat, tant desdits préposés que de ceux du service actif de Behobie et d'Ainhoa, attestant le passage des marchandises à l'étranger. (*DI. 20 juillet* 1808.)

(1) Le *marum* n'a pas été repris au Tarif de 1664.
(2) Le *massicot* est le second degré d'oxidation du plomb; il n'étoit pas plus que le blanc de plomb, réputé droguerie par le

Mèches de soufre et Soufre en mèches. [Elles servent à soufrer les vins au moyen de leur vapeur.]....Comme omises. (L. 22 mess. 8.)	Par 100 fr.	10.. 0	22 août 1791.
Médailles d'or et d'argent. [On nomme médailles ces pièces de métal fabriquées en l'honneur de quelques personnes illustres ou en mémoire de quelqu'événement.]................... (3)	Exemptes.... Droit de bal.......		15 mars 1791. 24 nivôse 5.
Médicamens composés. [Ce qui comprend les différentes potions, breuvages, pilules, et autres médecines faites du mélange de plusieurs drogues.]........................... (4)	Prohibés....		15 mars 1791.
Mélasse. [C'est le nom de la liqueur qui reste après que l'on a fait subir au suc de la canne à sucre toutes les opérations propres à en retirer la plus grande quantité de sucre possible : elle est de couleur brunâtre et ne peut prendre de consistance plus solide que celle de sirop. Il ne faut pas confondre la mélasse avec le sirop de kermès.]........................	Quintal.... Prohibés....	10—20	15 mars 1791. A C. 14 fruct. 10 et loi du 8 flor. 11.
Celle des Colonies françaises................ (5) Pour droit d'entrée par..... Pour droit de consommation. Pour droit d'entrée......... Pour droit de consommation.	Exempte.... Quintal.... Idem..... Idem..... Idem.....	.. 1..50 14..50 3.. 0 29.. 0	10 juillet 1791. A C. 3 therm. 10 et loi du 8 flor. 11. DL 8 février 1810. Même décret.

RENVOIS.

Mèches à chandelles. *Voyez* Coton en mèches.
Méchoacham. *Voyez* Rhubarbe blanche.
Médailles de Cuivre. *Voyez* Cuivre en flacons.

Tarif de 1664, quoique bien des objets fussent rangées dans cette classe à moindres titres... une lettre du 25 mai 1810, avoit même, à cette raison, distrait le blanc de plomb des *marchandises*, d'où résultoit que le massicot se trouvoit également porté à *drogueries* ;... mais depuis, une circulaire du 19 juin 1810, a rétabli l'ancienne classification du blanc de plomb, et, a, par-là de nouveau entraîné implicitement le massicot parmi les marchandises... il s'ensuit donc que le massicot ne doit pas le double droit.

(3) Les médailles de cuivre avoient été assimilées au cuivre en flacons par la loi du 1er. août 1792, mais depuis elles ont été prohibées. (*Voyez* la note à Cuivre.)

(4) Voir aussi Confection, *de toutes sortes* ; mais, malgré ces prohibitions générales, quelques compositions médicinales sont admises, telles que le beurre de saturne, l'agaric en trochisques, etc., lesquels sont tarifés. (*Voyez* leurs articles.)

Les poudres médicinales et médicamens à l'usage d'un particulier qui n'exerce ni la médecine ni la pharmacie, peuvent entrer par petites quantités, pourvu toutefois que le particulier ne fasse aucun commerce de cette nature. (DM. 23 février 1792.)

(5) *Voyez* les notes à Denrées coloniales.

MERCERIE *commune*. [Dénomination sous laquelle les lois sur les douanes ont compris les marchandises suivantes : (1)	*Quintal*..... Idem......	40—80 60.. 0	15 mars 1791. DI. 17 pluv. 13 et loi du 30 avr. 1806.
Aiguilles de toutes sortes.. Ambre jaune travaillé.....			
Batte-feux et Briquets limés.. Bois de miroirs non enrichis.. Boîtes ferrées.. Boîtes de sapin peintes.. Boucles de fer.. Bougettes et Bourses de cuir, de fil et de laine.. Boutons de coco (1 *août* 1792).. Boutons de manche d'étain et autres métaux communs.. Brosserie.			
Cadrans d'horloge et de montre.. Chapelets de bois et de rocailles.. Coffres non garnis.. Colliers de perles et de pierres fausses (2).. Compas.. Cornets à jouer, de corne ou de cuir. (3)			
Dez à coudre, en corne, cuivre, fer, os et ivoire.. Dez à jouer.. Dominoterie.			
Écritoires simples.. Éperons communs.. Étriers (1 *août* 1792).. Éventails communs.			
Feuilles d'éventails.. Fouets.. Fourchettes de fer (1 *août* 1792.).. Fournimens à poudre.. Fourreaux d'épée.. Fuseaux.			
Gaines.. Gibecières.. Grelots.. Grains de verre (*reportés dans la mercerie par LD du 14 février 1807 au D. de Marseille*). (4)			
Hameçons.. Horloges à sable.. Houpes à cheveux, de duvet.			
Jetons de nacre, d'os et d'ivoire. (5)			
Lanternes communes.. Lignes de pêcheur.			
Malles (*Comme Coffres*).. Manicordion (6).. Masques pour bal.. Moulins à café et à poivre.			
Ouvrages de buis.. Ouvrages en cuivre et fer, tels que Chandeliers, Flambeaux, Mouchettes, Tire-bouchons et autres de même espèce (7).. Ouvrages menus d'étain, comme Cuillers, Fourchettes.			
Pains à cacheter (1 *août* 1792).. Peignes de buis, de corne et d'os.. Perles fausses (1 *août* 1792). (8).. Pipes à fumer.. Porte-feuilles de basane.			
Ramonettes.. Raquettes.			
Sifflets d'os et d'ivoire.. Soufflets.			
Tambours.. Tamis.			
Volans.			

(1) La mercerie importée des manufactures du duché de Berg outre Rhin ne payoit que 10 pour 100 de sa valeur par la loi du 6 fructidor an 4; mais celle du 6 nivôse an 10 en fixe les droits conformément au tarif.
(2) Voir la note à l'article PIERRES FINES ET FAUSSES.
(3) Les cornes claires à lanterne ont été retirées de la mercerie où elles avoient été classées par la loi du 15 mars 1791 : elles sont tarifées particulièrement. *Voyez* leur article sous la dénomination de *Cornes en feuillets transparens*.
(4) Les grains de verre des fabriques d'Italie, pourront être importés en France en payant 20 francs du quintal. (*Traité de Commerce du 20 juin 1808*.)
(5) Les jetons de nacre étant classés dans la mercerie commune, les fiches de la même matière, qui leur sont assimilées, doivent acquitter le même droit. (*LD. du 5 brumaire* 14.)
(6) Ce sont les cordes de laiton nécessaires pour l'instrument de ce nom : il ne faut pas les confondre avec le fil de laiton ni avec celui de fer.
(7) On peut ranger dans cette classe, les anneaux en cuivre, étain et fer, et autres petits ouvrages grossiers de cette espèce. (*LD. 8 septembre* 1806.)
(8) Les perles fines et fausses avoient été portées à néant par le tarif de 1791; mais l'art. 2 de la loi du 1 août 1792 ayant classé les perles fausses dans la mercerie commune, les unes et les autres sont soumises au même droit. (*LD. 3 brumaire* 14.) Voir toutefois à marchandises provenant du commerce François au-delà du Cap de Bonne-Espérance, pour celles fines arrivant par ce commerce.

Mercerie en soie, comme Bourses à cheveux, Mouches et Mouchoirs de soie.................................	Kilogr. net.	12..24	15 mars 1791.
Mercerie fine, et autres non dénommées dans le présent Tarif. Les Éventails fins (1), seront traités ainsi. (Loi du 1er. août 1792.)................................. (2)	Par 100 fr.	15.. 0	15 mars 1791.
Mercure ou argent vif. [Substance métallique particulière, sans tenacité ni consistance, froide au toucher et inodore, qui, dans l'état de pureté, paroit habituellement fluide et coulante comme du plomb tenu en fusion. Sa couleur est blanche, brillante et argentine. Elle est opaque et réfléchit mieux les objets qu'une glace. Elle arrive dans des sacs de cuirs du poids de 80 à 90 kilogrammes.]................................. (3)	Quintal.... Idem....... Idem....... Idem.......	6—12 0—61 6—12 60.. 0	15 mars 1791. 12 pluviôse 3. 9 floréal 7. DI. 17 pluv. 13 et loi du 30 avr. 1806.
Mercure précipité. [Poudre mercurielle dont il y a plusieurs sortes, telles que le précipité blanc, le rouge, le vert, l'or de vie, etc.].................................	Quintal.... Idem net..	30—60 61..20	15 mars 1791. DI. 8 février 1810.
Métiers à faire bas et autres ouvrages. [Ce sont des machines mécaniques plus ou moins composées.].................................	Par 100 fr.	15.. 0	15 mars 1791.
Meubles de toutes sortes. [On ne comprend ici sous ce mot que ce qui concerne les ouvrages en menuiserie, tels que Tables, Secrétaires, Bureaux, Bibliothèques, Armoires, Chiffonnières, Commodes, Bois de lit, d'ottomanes, canapés, bergères, fauteuils, siéges, etc.].................................	Par 100 fr.	15.. 0	15 mars 1791.
Meubles à usage. [Ce qui ne comprend pas les vins, liqueurs, étoffes, toiles et linges vieux, ni les objets prohibés..... (4)	Exempts.... Droit de bal.		DM. 17 oct. 1791. 24 nivôse 5.

Merluche. Comme Poissons de mer. (C. 23 germinal 12.)
Merrain. Voyez aux Bois.
Mesures. Voyez Poids.
Métal de Cloches. Voyez Cloches.
Métal de Prince et de Manheim. V. Tombac.
Métaux. Pour les autres. V. leurs noms propres.
Métaux ouvrés. V. l'art. Ouvrages et ses notes.

(1) Les éventails sont réputés fins lorsque le prix de chaque éventail excède 1 fr. 50 c. la pièce. (1 août 1792.)
(2) La loi du 1er. août 1792 ordonnoit encore de traiter comme mercerie fine, les boucles de cuivre, les porte-feuilles de maroquin et les autres ouvrages de la même matière; mais il est évident que ces objets, n'étant pas compris dans les exceptions de la loi du 19 pluviôse 5, se trouvent prohibés par celle du 16 brumaire an 5..... Ainsi cet article est à corriger dans les trois premières éditions.
(3) Dans les premiers mois de 1808, le commerce de Marseille a prétendu que le vif argent devoit au net comme droguerie, et, en effet, le Tarif de 1664 l'a classé ainsi.... toutefois, le mercure est plus généralement employé à la teinte des glaces que dans la pharmacie, et en conséquence, il a été répondu qu'il payeroit au brut, mais que, comme les sacs dans lesquels on l'importe sont assez souvent renfermés dans des tonneaux, on pourroit soustraire ce double emballage et ne payer que d'après la pesée des sacs.... de cela seul, il seroit plausible de conclure, que le mercure est retiré de la classe des drogueries, comme en effet, le demandoit sa plus grande consommation à d'autres usages, si depuis, il n'y avoit une lettre du 16 avril 1810, qui a ordonné de le traiter comme marchandises, et conséquemment de ne pas le soumettre au double droit.
(4) Les meubles, linges et effets appartenant à des François qui, ayant demeuré chez l'étranger, reviennent en France ou à des étrangers qui viennent s'y établir, peuvent être admis moyennant le simple droit de balance; mais cette faculté ne doit être ac-
109. (Entrée. 97.)

Meules *de moulin*. [Ce sont de grandes pierres rondes et plates qui servent à broyer les grains.]			
La pièce { au-dessus d'un mètre 949 millimètres *de diamètre*........		7..50	15 mars 1791.
d'un mètre 949 millimètres à 1 mètre 297 millimètres........		5.. 0	*Même loi.*
au-dessous d'un mètre 297 millimètres..................		2..50	*Même loi.*
Meules *à taillandier*. [Ce sont des pierres rondes et plates qui servent à aiguiser les outils.]			
La pièce { de 4 pouces et au-dessus *de diamètre*..............		2— 0	15 mars 1791.
au-dessous de 4 pouces à 2 pouces et demi........		0—75	*Même loi.*
au-dessous de 2 pouces et demi................		0—25	*Même loi.*
d'un mètre 383 millimètres à 1 mètre 218 millim. *de diamètre*.		2..50	1 août 1792.
d'un mètre 79 millimètres à 920 millimètres.........		1..75	*Même loi.*
La pièce { de 907 millimètres à 677 millimètres..........		1.. 0	*Même loi.*
de 663 millimètres à 541 millimètres..........		0..40	*Même loi.*
de 528 millimètres à 406 millimètres..........		0..20	*Même loi.*
de 385 millimètres et au-dessous............		0..10	*Même loi.*
Méum *d'Athamante*. [Racine à tête entourée de longs filamens, longue comme le petit doigt, se divisant en branches, de couleur noirâtre en dehors, blanchâtre en dedans, de substance rare et légère, d'odeur aromatique, de saveur âcre et piquante. *Méum* est le nom de la plante, *athamante* est celui de la montagne où on le recueilloit autrefois.].......... (1)	Quintal....	2— 4	15 mars 1791.
	Idem.....	4. 8	DI. 8 février 1810.
Miel. [Substance sucrée extraite des fleurs par les abeilles, de consistance sirupeuse, de couleur blanchâtre ou jaunâtre.] (2)	Quintal....	6—12	15 mars 1791.
	Idem......	0—61	12 pluviôse 3.
	Idem......	6—12	3 frimaire 5.
	Idem......	12..24	DI. 8 février 1810.
Minium. [Oxide de plomb coloré en rouge par le fer ou par une longue calcination au feu. Les potiers en font le plus grand usage; il sert aussi dans les emplâtres.]............(3)	Quintal....	0—51	15 mars 1791.
	Idem......	6— 0	DI. 16 nov. 1807.
	Idem......	6— 0	12 janvier 1810.
	Idem......	12.. 0	DI. 8 février 1810.
Modes (*Ouvrages de*). On comprend sous cette dénomination tout ce qui sert à la parure des femmes et qui n'est qu'additionnel aux habillemens, tels que chapeaux et plumes enjolivés, bonnets montés, panaches, aigrettes, sacs à ouvrages, etc., mais on ne peut assimiler les mouchoirs ou rubans de soie, les chapeaux de paille ou de feutre, les plumes d'autruches, les fleurs artificielles, ni aucun autre objet tarifé particulièrement.]...	Par 100 fr.	12.. 0	15 mars 1791.

RENVOIS.

Mica. *Voyez* Verre de Moscovie.
Mil et Millet. *Voyez* aux Graines.
Mine de fer. *Voyez* Fer.
Mine de plomb noir. *Voyez* l'art. Plomb.
Minois. *Voyez* Glaces.
Mitraille de laiton. *Comme* cuivre brut.
Moelle de cerf. *V.* Cerf.
Moltons. *Voyez* Draperie.

cordée qu'après que le détail des caisses ou ballots qu'on se propose d'introduire a été adressé à l'administration des douanes.... Dans aucun cas, cette faveur ne peut porter sur les vins, liqueurs et étoffes neuves, vêtemens et argenterie neufs. (*DM.* 17 *octobre* 1791.) Pour jouir du bénéfice de cette décision, les François qui rentrent en France sont tenus de justifier de la sortie primitive de leurs meubles et effets, et les étrangers qui viennent s'y établir, de constater leur établissement formé en France par un certificat du maire du lieu de leur nouveau domicile. (*LA. au directeur de Clèves du* 1er. *floréal an* 9.)

(1) Le méum n'avoit pas été repris au Tarif de 1664.
(2) Le miel étoit réputé drogue par le Tarif de 1664, et, en conséquence, des lettres des 25 mai et 6 juin 1810, ont ordonné de lui appliquer le double droit.
(3) Le minium n'est pas repris au Tarif de 1664, à moins que ce ne soit à drogueries sous la dénomination de *minum*, toutefois, je lui applique le double droit par cela qu'il est le quatrième degré d'oxidation du plomb; ... la litharge, troisième degré d'oxidation a été réputée droguerie par lettres des 16 avril et 14 mai 1810, donc le minium doit suivre le même régime.

Désignation	Droit	Montant	Date
Momies. [Ce sont des cadavres d'hommes ou d'animaux desséchés et embaumés. Il y en a de naturelles et d'artificielles.]	Exemptes... Droit de bal.	— 24 nivôse 5.	15 mars 1791.
Monnoies de métal, sous quelque forme et dénomination que ce soit. (1)	Prohibées...		3 septemb. 1792.
Morilles ou Mousserons. [Genre de plantes de la famille des champignons, dont le caractère est d'avoir un pédicule terminé par un chapeau celluleux, dans les anfractuosités duquel sont logées les semences.]	Quintal...	24..48	15 mars 1791.
Mottes à brûler. [Petites masses faites ordinairement avec du tan qui ne peut plus servir.]	Exemptes... Droit de bal.	— 24 nivôse 5.	15 mars 1791.
Moules de boutons. [Ce sont de petits morceaux de bois plats, ronds et percés au centre. On en fait aussi en os.]	Quintal...	6,.12	15 mars 1791.
Mousselines. [Tissu fin, léger et doux. On répute *mousseline* toute toile de coton dont les 16 aunes, sur la largeur de 7/8 (*ancienne mesure*), pèse moins de 3 livres.] (*Loi du 22 août 1791*).			
Celle rayée et unie, à carreaux, brochée, et Fichus unis. (2)	Quintal...	612—0	15 mars 1791.
La Mousseline et les Fichus brodés.	Idem...	816—0	*Même loi*.
Les Mousselines d'origine non prohibée, *autant de fois qu'il y aura de mètres carrés au kilogramme*.	Mètre carré.	0—5	AC. 6 brum. 12 et loi du 22 vent. 12.
Les Mousselines brodées, *même droit que ci-dessus*, plus un droit additionnel de.	Idem...	0—50	22 ventôse 12.
Les Mousselines paieront, *indépendamment du droit fixé par la loi du 22 ventôse an 12*, un droit additionnel de.	Idem...	0—10	DI. 17 pluv. 13.
Celles qui auront plus de 12 mètres carrés au kilogr. payeront { 1°.	Idem...	0—60	*Même décret*.
{ 2°.	Par 100 *fr*.	5—0	*Même décret*.
Les Mousselines d'origine non prohibée, *autant de fois qu'il y aura de mètres carrés au kilogramme*.	Mètre carré.	0—10	DI. 1 compl. 13.
Celles brodées ou brochées, *le même droit*, plus un droit additionnel de.	Idem...	0—50	*Même décret*.
Mousselines.	Prohibées...		DI. 22 fév. 1806 et loi du 30 avr. 1806.
Mousselinettes. [Sorte de mousseline qui a quelque rapport au basin, mais qui est moins serrée et moins solide que celui-ci.]	Prohibées...		10 brumaire 5.

Montres. *Voyez* Horlogerie.
Morille. *V.* Maurelle à Tournesol.
Morphil. *Voyez* Ivoire.
Mortiers de fonte et de métal. *Voyez* Cloches.
Morue. *V.* Poissons de mer.
Mouches cantharides. *Voyez* Cantharides.
Mouches. *Voyez* Mercerie en soie.
Mouchettes. *V.* Ouvrages à Mercerie com.
Mouchoirs. *Voyez* Toiles et Mousselines, suivant leur différence.
Mouchoirs grossiers blancs et rayés de rouge et monchoirs à carreaux. *Comme* toiles à matelas. (*LD.* 24 février 1807.)
Mouchoirs de soie. *Voyez* Mercerie en soie.
Moulard. *Voyez* Terre sigillée.
Moulins à café et à poivre. *V.* Mercerie comm.
Mousse marine. *Voyez* Coralline.

(1) Pour les médailles de cuivre, *voyez* la note à Cuivre en flacon.
Par décret impérial du 11 mai 1807, l'introduction des monnoies de cuivre et de billon de fabrique étrangère, est prohibée sous les peines portées par les lois concernant les marchandises prohibées à l'entrée du territoire de l'Empire. — Elles ne pourront être admises dans les caisses publiques, au paiement de tous droits et contributions, de quelque nature qu'ils soient, payables en numéraire. — Il y a exception pour les monnoies de cuivre et de billon fabriquées sur les lieux au coin des anciens souverains des pays réunis, et dont le cours a été permis jusqu'à ce jour. (*DM.* 30 juin 1807, *LD.* 8 juillet 1807.) — Conséquemment cette exception ne s'applique pas aux demi-stuber et haeht-hellers. (*DM.* 5 septembre 1809.)
(2) Les mouchoirs de coton rayés ou à carreaux, blancs, à bordures de couleur, seront traités comme mousseline unie. (*Loi du 1 août 1792.*) Les autres comme toiles de coton, suivant qu'ils sont blancs ou imprimés.
(3) Les mousselines, quoique provenant de prises, ne sont point admises dans la consommation..., elles doivent être réexportées. *Voyez* MARCHANDISES DE PRISES.

III. (ENTRÉE. 99.)

MOUTARDE. [Pâte liquide qu'on sert sur les tables. Elle est préparée avec les graines du Sénnevé. Il y en a aussi en poudre.].. (1)	Quintal..... Idem.....	12—24 24..48	15 mars 1791. DI. 8 février 1810.
MUGUET ou *Lys de vallée* (*Fleurs de*). [Entre deux ou trois feuilles oblongues pousse une tige dont la moitié supérieure est revêtue d'un bon nombre de petites fleurs blanches ayant la figure d'une cloche. Elles ont une odeur fort agréable.].. (2)	Quintal..... Idem.....	3— 6 6..12	15 mars 1791. DI. 8 février 1810.
MULES et MULETS..	Pièce......	1..0	15 mars 1791.
MUNITIONS *de guerre*, à l'exception de la poudre à tirer; savoir :			
Balles de fusils et pistolets.....................	Quintal.....	9—18	
Bombes, Boulets de canon, Grenades et Mortiers......	Idem.....	3— 6	
Canons de fer....................................	Idem.....	3— 6	15 mars 1791.
Canons de fonte..................................	Idem.....	9—18	
Canons de fusil..................................	Idem.....	48—96	
Canons de pistolets..............................	Idem.....	97—92	
Munitions de guerre, en ce qui concerne les armes et pièces détachées.	Exemptes..		22 août 1792.
Celles de toutes espèces...........................	Idem.....		19 mai 1793.
Sauf les armes............................... (3)	Droit de bal.		24 nivôse 5.
MUSC. [Substance animale très-odoriférante, de couleur rouge brunâtre. On l'apporte ordinairement dans des vessies garnies d'un poil brunâtre.]....................................	Kilogr. net.. Idem..... Idem..... Idem.....	30—60 60.. 0 60.. 0 120.. 0	15 mars 1791. DI. 17 pluv. 13. 30 avril 1806. DI. 8 février 1810.
MUSCADE. [Fruit aromatique d'un arbre de l'Inde orientale. Il y a deux sortes de noix muscades, l'une, qui est de la figure d'une olive, se nomme *muscade femelle*; l'autre, qui est plus alongée et moins aromatique, s'appelle *muscade mâle*. Elles sont de couleur grise en dessus, rougeâtres et marbrées en dedans.].................................... (4)	Kilogr. net.. Idem..... Idem..... Idem.....	2— 4 8.. 0 8.. 0 16.. 0	15 mars 1791. DI. 17 pluv. 13. 30 avril 1806. DI. 8 février 1810.
MUSIQUE *gravée* et PAPIER *de musique*. [Papiers sur lesquels on a gravé cinq lignes de distance en distance.].............	Comme estampes.......		1 août 1792.

MOUSSERONS. *Voyez* Morilles.
MOUT. *Voyez* Vendanges.
MOUTONS. *Voyez* Bestiaux.
MOUVEMENS de montre. *Voyez* Horlogerie.
MUSCADE (Huile de). *Voyez* aux Huiles.

(1) J'applique le double droit à la moutarde, à raison de ce que le sennevé sa matière première y a été soumise par lettre du 2 juin 1810.
(2) Les fleurs de muguet n'étoient pas reprises au Tarif de 1664.
(3) De ce que la loi du 8 floréal 11 a rétabli, sur les armes à feu, les droits du Tarif du 15 mars 1791, on prétend conclure que cette disposition est également applicable aux munitions de guerre.... Qu'on lise le rapport de cette loi, et on n'y trouvera que cette phrase: *Le droit de 36 fr. a été rétabli sur les armes à feu*... Or, si on avoit voulu étendre la mesure aux munitions de guerre, on n'eut pas cité le droit de 36 fr. seul, qui n'a jamais été celui des objets classés sous le titre de *Munitions*, donc la loi du 8 floréal an 11, n'a rétabli les anciens droits qu'à l'égard des armes confectionnées, et l'état même des autres objets, indique assez qu'il ne peut en être autrement. *Voyez* l'article ARMES pour les droits qui les concernent.
Approvisionnemens de la marine et de la guerre. Toutes les marchandises étrangères qui seront importées pour les approvisionnemens de la marine, de la guerre et autres départemens, sont et demeurent assujetties, sans exception, au paiement effectif des droits à l'introduction en France, sur le pied réglé par le Tarif des douanes. — Les fournisseurs ou agens du gouvernement seront tenus de payer provisoirement lesdits droits d'entrée, dont ils obtiendront le remboursement sur les fonds de la marine, de la guerre ou du trésor public, sur la représentation des acquits de paiement, et lorsqu'il aura été reconnu que lesdits acquits sont applicables à des marchandises réellement employées pour le compte du gouvernement. [DI: 6 Juin 1807.]
Seront admis avec certificat d'origine du commissaire-ordonnateur en chef, les effets d'habillement et équipement envoyés de la Hollande aux troupes françoises à sa solde qui se trouvent aux armées; ils seront plombés et accompagnés d'un acquit-à-caution qui sera déchargé par le commissaire-ordonnateur ou le chef du corps. (*LM*. 12 *flor*. 7.)
Les vivres et munitions de premier besoin seulement, importées d'Espagne pour l'avitaillement des bâtimens de guerre de cette nation en relâche dans nos ports, sont, à charge de réciprocité et sous condition de déclaration et de transbord sans mise à terre, exemptes des droits de douanes. (*D*. 16 *messidor* 15.)
(4) Les noix muscades sauvages ne doivent que comme épiceries non dénommées par DM. du 25 avril 1809; on les reconnoît en

Marchandise	Unité	Droits	Date
MYROBOLANTS. [On donne ce nom à plusieurs fruits purgatifs et desséchés, qui viennent des Indes orientales et d'Amérique. Ils sont de la grosseur des prunes, et ont une couleur brunâtre, jaunâtre ou noirâtre. Ils sont tous à noyaux et à amandes]...	Quintal.... Idem....	7—14 14..28	15 mars 1791. DI. 8 février 1810.
MYROBOLANTS confits. [Ce sont les fruits ci-dessus apprêtés avec du sucre.]	Quintal.... Idem net.	30—60 61..20	15 mars 1791. DI. 8 février 1810.
NACRE (Coquilles de) non travaillées. [C'est une matière blanche et brillante qui constitue l'intérieur de beaucoup de coquilles. L'avicule perlière, dont, à raison de son épaisseur, on peut faire nombre de petits meubles, porte spécialement ce nom.]... (1)	Quintal.... Idem.... Idem.... Idem....	18—36 40— 0 40— 0 80.. 0	15 mars 1791. DI. 17 pluv. 13. 30 avril 1806. DI. 8 février 1810.
NAPHTE. [Bitume très-léger, très-fluide, limpide et d'une couleur légèrement ambrée, qu'on trouve dans différentes contrées de la Perse.]................................ (2)	Quintal.... Idem....	3— 6 6.. 12	15 mars 1791. DI. 8 février 1810.
NARD celtique ou spica celtica. [Petite racine noueuse, écailleuse, jaunâtre et aromatique; on l'apporte dans des petites boites..	Quintal.... Idem....	6—12 12..24	15 mars 1791. DI. 8 février 1810.
NARD indien ou spica nardi. [Racine chevelue à laquelle tient encore à la base des tiges et des feuilles. On l'apporte de Ceylan et des Moluques. Sa saveur est amère et âcre; son odeur aromatique ressemble assez à celle du Souchet..................	Quintal.... Idem net.	20—40 40..80	15 mars 1791. DI. 8 février 1810.
NATTES de jonc. [On appelle nattes une sorte de tissu fait de trois brins ou cordons entrelacés.]...........................	Quintal....	8..16	15 mars 1791.
NATTES de paille, de roseaux, et autres plantes et écorces...... (3)	Quintal....	2.. 4	15 mars 1791.
NÉNUPHAR. [Plante aquatique dont il y a deux espèces; l'une à fleurs blanches, l'autre à fleurs jaunes. Leurs feuilles, qui sont larges, grandes, épaisses, rondes ou un peu oblongues, nagent ainsi que les fleurs à la surface des eaux.]............... (4)	Quintal.... Idem....	1—53 3.. 6	15 mars 1791. DI. 8 février 1810.

RENVOIS.

MYRRHE (Gomme de). *Voyez* aux Gommes.
MYRTE. *V.* Feuilles de.
MYRTILLE. *V.* aux graines.
NACRE en fiches, jetons. *V.* Mercerie commune.
NACRE travaillée. *Voyez* à Ouvrages.
NANKIN. *Voyez* Toiles de Nankin.
NANKINETTE. *Voyez* Toiles de Nankinette.
NAPPES ou Sacs de martre. *Voyez* Pelleterie.
NATRON. *Voyez* Anatron.
NATTES ouvrées. *Voyez* Ouvrages de paille.
NAVETS. *Voyez* Légumes.
NAVETTE (Graine de). *Voyez* aux Graines.
NAVIRES. *Voyez* Bâtimens de mer.
NÉPHRÉTIQUE. *Voyez* Bois néphrétique.

(1) C'est comme productions des Indes que les coquilles de nacre se trouvent frappées par le décret du 8 février 1810.

(2) Une lettre du 18 mai 1810, a mandé que le naphte étoit soumis au double droit.

Le tarif du 15 mars 1791 dit NAPHE ou NAPHTE. Ces deux dénominations ne s'appliquent cependant pas à la même substance. *Naphte* est le bitume décrit plus haut; et ce qu'on appelle *Naphe* est, suivant Pomet, l'eau distillée de fleurs d'orange; et, suivant Lebrun, l'eau de fleurs de citron. Une lettre du directeur de Clèves, du 25 ventôse an 8, dit d'assimiler *l'esprit de citron* (*spiritus citris*) aux eaux de fleurs d'orange, lesquelles sont elles-mêmes traitées, par la loi du 1 août 1792, comme eaux médicinales et de senteur. Ainsi il paroit que c'est simplement du naphte dont il est ici question; c'est du moins cette vraisemblance qui m'a déterminé à supprimer le mot *naphe* de cet article.

(3) On ne doit point ranger dans cette classe, les tissus d'écorces de bois destinés à des ouvrages délicats, tels que chapeaux de femme. (*LD.* 18 prairial 13.)., Ils sont tarifés à ÉCORCES DE BOIS.... Y voir, ainsi que la note à OUVRAGES EN PAILLE.

(4) Le nénuphar n'étoit pas repris au Tarif de 1664.

Nerfs de bœufs et autres animaux. [On nomme ainsi les membres génitaux des animaux, qui ont été attachés et desséchés.]. (1)	Exempts.... Droit de bal.	— 15 mars 1791. 24 nivôse 5.
Nerprun. [Baies qui croissent sur un arbrisseau et dont on se sert en médecine et en teinture. Elles sont molles, grosses comme celles de genièvre, vertes au commencement; mais elles noircissent en mûrissant. Elles sont luisantes et remplies d'un suc noir tirant sur le vert, et de quelques semences.]	Exempt.... Droit de bal.	— 15 mars 1791. 24 nivôse 5.
Nigelle romaine (*Graine de*). [Semences anguleuses, fort petites, noires ou jaunes, d'une odeur aromatique, et d'un goût piquant.]	Quintal.... Idem.	9—18 15 mars 1791. 18..36 DI. 8 février 1810.
Nitre. [Sel neutre formé par la combinaison de l'acide nitrique et de la potasse jusqu'au point de la saturation. Il a une saveur fraîche, salée et amère.]................ (2)	Prohibé....	— 15 mars 1791.
Nitre (*Beurre de*) et de salpêtre. [Espèce de drogue que l'on tire du salpêtre par le moyen du tartre.]............ (3)	Quintal.... Idem.	6..12 15 mars 1791. 12..24 DI. 8 février 1810.
Noir d'Espagne. [C'est du liège brûlé : il est léger, mais sableux et graveleux.]	Quintal....	7..14 15 mars 1791.
Noir de fumée. [Il est produit par des résines brûlées et de l'arcanson.] Noir de terre. [C'est une espèce de charbon fossile tendre et gras au toucher.] Noir de corroyeurs. [C'est une espèce d'encre.]	Quintal....	2..4 15 mars 1791.
Noir d'ivoire. [C'est de l'ivoire qui a été brûlé et calciné dans un vase couvert.]............... (4 et 5) Noir de teinturier d'Allemagne. [Composition de lie de vin, de noyaux de pêches et d'os brûlés et calcinés, puis lavés et porphyrisés.]............ (5) Noir d'os. [Se fait comme celui d'ivoire.]	Quintal....	30..60 15 mars 1791.
Noir de cerf. [Il est composé de ce qui reste dans la cornue après qu'on en a retiré l'esprit de sel ou l'huile de la corne de cerf.]	Quintal....	3..6 15 mars 1791.

RENVOIS.

Nitre (Esprit de). *Voyez* Esprit de nitre.
Noisettes. *Voyez* Fruits.

(1) Les nerfs de cerf ne sont pas compris dans cet article; la même loi qui avoit tiré ceux-ci à néant les a tarifés particulièrement. *Voyez* à Cerf.
(2) C'est la même chose que le salpêtre. *Voyez* ce mot pour les nouvelles lois prohibitives.
(3) Le beurre de nitre a été soumis au double droit par lettre du 6 avril 1810.
(4) Le spode est aussi de l'ivoire brûlé, mais il est blanc; cette couleur vient de ce qu'il a été calciné dans un creuset découvert. La même loi ne l'a coté qu'à 4 fr. 8 c., et quoiqu'il doive aujourd'hui 8 fr. 16 cent., parce qu'il est réputé droguerie par le Tarif de 1664, cette différence de tarification paroît encore bien forte.
(5) Une lettre du 30 mai 1810, a ordonné d'appliquer le double droit au noir de muraille... c'est je crois celui dont les chapeliers font usage, et qu'on assimile pour les droits au noir de teinturier.... pourquoi, dans ce cas, ce dernier et même tous les autres noirs ne seroient-ils pas réputés drogueries-épiceries.

Désignation	Unité		Date
Noix de galle. [Excroissance qui naît sur un chêne du Levant. Elles ont différentes grosseurs comme celles d'une noix à une aveline ; elles sont raboteuses ou épineuses, grisâtres, verdâtres ou noirâtres.].................... (1)	Quintal.... Idem.	2— 4 4.. 8	15 mars 1791. DL. 8 février 1810.
Noix vomiques. [Fruit du strychnos. C'est une baie à une loge dont l'enveloppe est ligneuse, et qui contient plusieurs semences rondes, aplaties et un peu velues.].......... (2)	Quintal.... Idem.	2— 4 4.. 8	15 mars 1791. DI. 8 février 1810.
Ocre jaune. [Terre métallique, dont la consistance est tantôt ferme, tantôt friable ; elle est d'un jaune plus ou moins foncé, quelquefois de couleur de safran.]...............	Quintal....	0..51	15 mars 1791.
Œufs de volaille et de gibier. [Produits de la ponte des poules et d'autres oiseaux, presque toujours recouverts d'une écaille blanche très-cassuelle.].................	Exempts.... Droit de bal.		15 mars 1791. 24 nivôse 5.
Oignons de fleurs. [On nomme ainsi la racine bulbeuse de certaines plantes. La substance de ces oignons est tendre et succulente, et ses formes ovales ou arrondies.]............	Exempts.... Droit de bal.		15 mars 1791. 24 nivôse 5.
Opium. [Suc concret retiré par incision de la tête du pavot blanc. Ce suc est pesant, compacte, pliant, inflammable, d'un brun noirâtre, d'une odeur virulente et nauséabonde, et d'une saveur âcre et amère.]................	Quintal.... Idem net.. Idem net.. Idem net..	20—40 100.. 0 100.. 0 200.. 0	15 mars 1791. DI. 17 pluv. 13. 30 avril 1806. DI. 8 février 1810.
Or brûlé, en barres, en masses, lingots et monnoyé. [L'or est le plus pesant, le plus ductile, le plus parfait et le plus précieux des métaux.]..................	Exempt.... Droit de bal.		15 mars 1791. 24 nivôse 5.
Or en ouvrages d'orfévrerie. [On distingue les ouvrages d'orfévrerie de la bijouterie, en ce que ces premiers sont retreints. On appelle retreint une matière à laquelle on a fait prendre sa forme à coups de marteau.].......... (3)	Par 100 fr..	10.. 9	15 mars 1791.
Or en feuilles battu. [C'est de l'or réduit en feuilles très-minces et très-déliées. On le met dans des petits livrets de papier.]....	Hectog. net.	26..11	15 mars 1791.

RENVOIS.

Noix. *Voyez* Fruits.
Noix de cyprès. *Voyez* Cyprès.
Noix (Écorces ou Brou de). *V.* aux Écorces.
Noix (Huile de). *Voyez* aux Huiles.
Noix. Pour les autres, voir leurs noms propres
Oculi cancri. *Voyez* Yeux d'écrevisse.
Œillette (Graine d'). *Voyez* aux Graines.
Œillette (Huile d'). *Voyez* aux Huiles.
Oignons. *Comme* Légumes.
Oliban. *Voyez* Encens fin.
Olives. *Voyez* Fruits.
Olive (Huile d'). *Voyez* aux Huiles.
Opoponax (Gomme d'). *V.* aux Gommes.
Or en ouvrages de bijouterie. *Voyez* Bijouterie.

(1) C'est par lettre du 18 mai 1810, que les noix de galle ont été soumises au double droit.
Mais les noix de galle légères ayant été exemptées par la loi du 1er. août 1792, elles ne doivent ainsi que celles concassées de même espèce, que le droit de balance. (*Lettre* du 8 septembre 1806.).... On appelle noix de galle légères, les glands de chêne environnés d'excroissances propres à l'apprêt des cuirs.
(2) Les noix vomiques, réduites en poudre, acquérant plus de valeur par cette main-d'œuvre, doivent comme drogueries omises. (*LD.* 6 mai 1808.)
(3) *Voyez* la note à Argent pour le droit de garantie.
Le marc d'or varie de valeur suivant son plus ou moins d'alliage. Pour que le droit soit strictement acquitté, il faut ajouter à la valeur intrinsèque celle de la façon.

Or *trait, battu, en paillettes ou clinquants.* [Ces sortes d'ouvrages se font avec un lingot d'argent superficiellement doré.].....(1)	Hectogr. net..	6..53	15 mars 1791.
Or *filé* ou *fil d'or fin*. [C'est de l'or en lame dont on a couvert un très-long brin de soie par le moyen d'un rouet.]................(1)	Hectogr. net..	4..90	15 mars 1791.
Or *faux* en *barres* ou en *lingots*..............................(1)	Quintal..	73..44	15 mars 1791.
Celui en *feuilles, paillettes, clinquant, trait* et *battu*.(1)	Quintal..	142..80	15 mars 1791.
Celui *filé* ou *fil d'or faux*........................(1)	Quintal..	163..20	15 mars 1791.
Celui *filé* sur *soie*...............................(1)	Prohibé..		15 mars 1791.
ORCANETTE. [Racines de différentes grosseurs, plus souvent de celle d'une plume, rouges foncées en leurs écorces, blanchâtres en leurs parties ligneuses. Ces racines servent en teinture : c'est le fard des anciens.].............................(2)	Quintal.. Idem.....	0..51 1.. 2	15 mars 1791. DI. 8 février 1810.
OREILLONS. [On donne ce nom aux rognures de peaux de bœufs, de vaches et autres animaux, lesquelles sont propres à faire de la colle.]...	Exempts... Droit de bal		15 mars 1791. 4 nivôse 5.
ORGE *perlé* et ORGE *mondé*. [L'orge est un grain qu'on monde en le dépouillant de sa peau. On nomme perlé celui ainsi dépouillé que l'on a passé sous une meule de bois pour en arrondir le grain.]...	Quintal.... Idem...... Idem...... Idem......	4— 8 0—41 4— 8 12.. 0	15 mars 1791. 12 pluviôse 3. 9 floréal 7. DI. 17 pluv. 13 et loi du 30 avr. 1806.

RENVOIS.

(1) *Voyez* les notes et les descriptions à ARGENT, pour ce qui peut s'appliquer ici.
(2) L'orcanette n'étoit pas réputée droguerie par le Tarif de 1664, mais une lettre du 29 mai 1810, l'a rangé dans cette classe.

OR BLANC. *Voyez* Platine.
OR de Manheim. *V.* Tombac.
ORANGE (Huile d'). *Voyez* aux Huiles.
ORANGES. *Voyez* Fruits.
ORFÈVRERIE. *Voyez* Or ou Argent, suivant la matière.
ORGUES. *V.* Instrumens de musique.
ORME (Écorces d'). *Voyez* aux Écorces.
ORNEMENS de bronze ou de cuivre. *V.* à bronze ou à cuivre ciselé.
ORNEMENS d'église, *Voyez* Habillemens.

OROBE (*Graines* ou *semences d'*). [Ces semences, assez semblables à de petits pois, sont d'un rouge brun et d'un goût de légumes qui n'est ni amer ni désagréable.].	Quintal..... Idem......	1.. 2 2.. 4	15 mars 1791. DI. 8 février 1810.
ORPIMENT. [C'est une espèce d'arsénic (*voir ce mot*) ; il est d'un jaune doré et est employé pour la peinture, ainsi que le *réalgal* ou arsénic rouge.].	Quintal..... Idem......	0..51 1.. 2	15 mars 1791. DI. 8 février 1810.
ORSEILLE *apprêtée* et *non apprêtée*. [Sorte de lichen qui vient des îles Canaries en bouquets divisés en petits brins : toute la plante est solide et d'un goût salé. On appelle orseille préparée celle qu'on a réduite en pâte molle, d'un rouge violet ou colombin, parsemée de taches et comme marbrée, d'usage en teinture.].	*Exempte*.... *Droit de bal.*	—	15 mars 1791. 24 nivôse 5.
Os de *bœufs*, *de vaches* et *d'autres animaux*. [Parties dures, solides et compactes des animaux, dont on se sert pour divers usages. Cet article ne comprend que les os bruts.].	*Exempts*.... *Droit de bal.*	—	15 mars 1791. 24 nivôse 5.
Os de *seiche*. [Espèce d'écaille grande comme la main dont ce poisson est couvert sur le dos. Elle a l'épaisseur d'un pouce en son milieu, plus mince aux côtés, est légère, dure en dessus, spongieuse en dessous, friable, très-blanche, et d'un goût un peu salé.].	*Quintal*.....	1.. 2	15 mars 1791.
OSIER *en bottes*. [Nom commun aux jeunes rameaux des arbustes du genre des saules. Ils sont très-flexibles, et servent principalement à faire des paniers.].	*Exempt*.... *Droit de bal.*	—	15 mars 1791. 24 nivôse 5.
OUTREMER. [Poudre bleue d'une grande beauté, dans la préparation de laquelle entre le lapis lazuli ; elle sert à la peinture.]. (1)	*Kilogr*..... *Idem net*.	30—60 61..20	15 mars 1791. DI. 8 février 1810.
OUVRAGES. [La dénomination d'ouvrages indique une matière entièrement fabriquée ; celle qui pour être commerciable n'a reçu que quelque légère main-d'œuvre, est une sorte de matière première dont l'entrée ne peut être défendue sans nuire essentiellement à l'industrie nationale. (*C.A. 12 fruct. 5.*) Ceux en ACIER... Les mêmes *polis*..................................... Les mêmes *non polis et polis*....................(2)	*Par 100 fr*. *Prohibés*.... *Idem*......	15.. 0	15 mars 1791. 1 mars 1793. 10 brumaire 5.
Ceux *en* AIRAIN, *étain*, *fer*, *fonte*, *tôle*, *fer blanc* ou *autres métaux*, polis ou non polis, purs ou mélangés. (3)	*Prohibés*....		10 brumaire 5.

Os de cœur de cerf. *V*. Cerf.
OSIER ouvré. *Voyez* Ouvrages en osier.
OUATE de coton. *Voyez* Coton.
OUATE de soie *V*. Coton.
OUTILS pour les arts et métiers. *Voyez* Quincaillerie ou Instruments d'astronomie, chirurgie, suivant la différence de ces outils.

(1) L'outremer n'a pas été repris au Tarif de 1664, mais à raison de ce qu'il a classé le lapis lazuli, sa matière première, parmi les drogueries, et que cette classification a été maintenue par lettre du 14 mai 1810, il devient clair que son produit doit suivre le même régime.

(2) N'y sont pas compris les fournitures d'horlogerie, lesquelles réunies ne peuvent former un mouvement complet. *Voir* HORLOGERIE.

(3) Voir chacun de ces articles à sa lettre pour la taxe qui a précédé leur prohibition, et observer que l'art. 1 de la loi du 19 pluviôse an 5 a excepté de cette prohibition les objets compris dans la classe de la mercerie, les armes de guerre, les instruments aratoires et les outils pour les arts et métiers, de quelque matière qu'ils soient composés. L'art. 2 de cette loi excepte également les objets fabriqués dans le grand duché de Berg. Cependant les verroux en fer et les vis en bois, quoique certifiés de ce pays, sont prohibés. (*LD.* 21 *frim. an* 14.)

Tous les cuivres ont été prohibés par la loi du 10 brumaire an 5 ; il n'y a d'exception que pour ceux tarifés à CUIVRE, pour les ouvrages de cette matière spécifiés ci-dessus, et pour ceux rapportés à la note 2 de la page suivante.

Les fruits argentés ou dorés, espèce de matière première propre à la fabrication des galons, et dont il se fait un grand commerce avec l'Espagne, l'Italie, etc., ne sont pas non plus compris dans la prohibition. (*DM.* 17 *pluv.* 5.)

Il y a aussi exception pour les OUVRAGES DES ARTS, tels que les statues, vases antiques, etc, de quelque matière qu'ils soient

OUVRAGES.				
Ceux en BOIS, en marbre et en pierres............ (1)	Par 100 fr...	15	0	15 mars 1791.
Ceux en CUIVRE, autres que ceux dénommés à Cuivre. (2)	Par 100 fr...	15—	0	15 mars 1791.
	Prohibés....			10 brumaire 5.
Ceux en CUIRS, maroquins, peaux maroquinées, et ouvrages en souliers de femmes............... (3)	Prohibés...			10 brumaire 5.
Ceux en PEAUX, consistant en culottes, vestes, gilets et gants.......................... (4)	Prohibés....			10 brumaire 5.
Ceux de PALME, de jonc et de paille............ (5)	Quintal.....	12	24	15 mars 1791.
Ceux en PIERRES DE COMPOSITION, marcassites ou autres, montées sur étain, cuivre argenté ou doré, ou sur or ou argent.................... (6)	Par 100 fr...	5	0	15 mars 1791.
Ceux d'OSIER........................	Quintal.....	15	30	15 mars 1791.
PAILLE de bled et autres grains. [C'est le nom donné à la tige des plantes qui ont porté ces grains, lorsqu'elle est sèche.]......	Exempte....			15 mars 1791.
	Droit de bal.			24 nivôse 5.
PAIN d'épices. [Pain fait de miel et de farine de seigle, de couleur jaune brune, de goût et d'odeur agréables.].............	Quintal.....	6	12	15 mars 1791.

RENVOIS.

OUVRAGES en buis. *V.* Mercerie.
OUVRAGES de sellerie. *V.* Harnois et Voitures.
OUVRAGES de tabletterie. *Voyez* Marqueterie.
OUVRAGES. Pour les autres, *voyez* aux noms propres de ces ouvrages.
OXIODRE (Huile d'). *Voyez* aux Huiles.
PAILLE ouvrée. *V.* Chapeaux de paille, Nattes de paille, et Ouvrages en paille.
PAILLES d'acier et de fer. *Voyez* Fer.
PAILLES de squenante. *Voyez* Schœnante.
PAILLETTES. *V.* les notes à Argent ou Or.
PAIN. Comme Biscuit. (*LD.* 2 avril 1807.)

composés ; ils ne peuvent être compris dans la classe des articles prohibés, et ils sont admissibles aux droits imposés par le tarif. (*Décis. du DG., extrait du Journal d'An-vers, n°. 33, an 12.*) Ceux omis doivent 10 pour 100 de la valeur.

(1) Les marbres ouvrés en cheminées, sciés ou travaillés, ne sont point soumis à ce droit. *Voyez* MARBRE et PIERRES DE CHOIN.

(2) Voir la note 2 à la page qui précède, et observer que les objets compris dans la mercerie peuvent être importés.

Des planches de cuivre servant à une imprimerie de musique ont été traitées à l'entrée comme caractères d'imprimerie.... Des planches de cuivre servant à l'histoire naturelle, ont été admises en exemption de droits comme objets de sciences. (*Déc. du 26 messidor an 7.*)

(3) On excepte les objets compris dans la mercerie.

(4) Voir à GANTS ce que payoient ces ouvrages avant la prohibition.

(5) Les ouvrages de paille connus sous le nom de *sparterie*, propres à faire des chapeaux de paille, payent, comme omis au Tarif, 10 pour 100 de leur valeur. (*CD.* 18 prair. 13.) *V.* aussi Chapeaux de paille et Nattes de paille, si le cas y échoit.

(6) Les marcassites non montées sont tarifées particulièrement. *V.* ce mot.

PAINS ou *tourteaux de navette, lin* et *colzat*. [Ils sont composés du résidu de ces graines quand on en a exprimé l'huile.]	*Exempts*...... *Droit de bal.*	....	15 mars 1791. 24 nivôse 5.
PAPIER *blanc de toutes sortes*. [Le papier est une composition faite avec des vieux linges broyés à l'eau, et ensuite étendue par feuilles, etc.]	*Quintal*...... Idem...... Idem...... Idem......	61—20 61—20 6—12 61..20	15 mars 1791. 1 août 1792. 12 pluviôse 3. 3 frimaire 5.
PAPIER *à cautère*.................................... *Sera traité comme* papier blanc.		......	1 août 1792.
PAPIER *gris, noir, bleu, brouillard*, de toutes sortes..........	*Quintal*...... Idem...... Idem...... Idem......	36—72 36—72 3—67 36..72	15 mars 1791. 1 août 1792. 12 pluviôse 3. 3 frimaire 5.
PAPIER *doré, argenté, uni* et *à fleurs d'or et d'argent*..........	*Quintal*...... Idem......	73—44 73..44	15 mars 1791. 1 août 1792.
PAPIER *marbré* et *autres* qui se vendent à la main............ Ceux ci-dessus et *papiers* à fleurs, *papiers* unis, en bleu, jaune, vert, rouge, *papier* imitant le bois, et *autres* qui se vendent à la main et non en rouleaux............	*Quintal*...... Idem......	48—96 73..44	15 mars 1791. 1 août 1792.
PAPIER *peint en façon de damas* pour tapisserie............	*Quintal*......	91..80	15 mars 1791.
PAPIER *tontisse* pour décors et *autres* qui se vendent au rouleau... (1) Celui ci-dessus et celui peint imitant le damas, la moire, le gros de Tours et toute autre étoffe, *papier* à dessins et ramages d'une ou plusieurs couleurs, ou imitant l'architecture et servant à tapisser ou décorer les appartemens, et qui se vendent au rouleau..............	*Quintal*...... Idem......	73—44 91..80	15 mars 1791. 1 août 1792.

RENVOIS.

PAINS à cacheter. *Voyez* Mercerie.
PAINS de tournesol. *Voyez* Tournesol.
PALMA-CHRISTI. *Voyez* Catapuce.
PALME (huile de). *Voyez* aux Huiles.
PALME ouvrée. *Voyez* à Ouvrages.

(1) On nomme *Papier tontisse* celui sur lequel on a appliqué de la laine hachée à l'aide d'un mordant.

Papier de la Chine. [Ce papier est tellement doux et uni, que souvent on l'appelle *papier de soie*.]..................	Quintal.....	183..60	15 mars 1791.
Parapluie de toile cirée. [Espèce de pavillon portatif monté sur un bâton, et qu'on étend à volonté.]................ (1)	Pièce......	0..75	15 mars 1791.
Parasols de soie. [C'est la même chose que parapluie, mais d'une surface plus petite.]............................	Pièce......	2..0	15 mars 1791.
Parchemin neuf brut. [Peaux de mouton, de veau, de chèvre, de lièvre, de lapin, de chat ou de chien, préparées par la mégisserie. Le parchemin brut est toujours neuf, et on ne le nomme ainsi que parce qu'il n'est pas raturé: il est reconnoissable par la fleur blanche qu'on voit sur toute sa superficie. Les rognures sont comprises dans cet article.].................... (2)	Exempt...... Droit de bal.	——	15 mars 1791. 24 nivôse 5.
Parchemin neuf travaillé. [C'est celui raturé et poncé qui a subi cette seconde opération par le parcheminier : il doit être tel pour être employé à l'écriture, l'impression et autres usages, même pour être mis en couleur, tel que le vert, etc.]........... (2)	Quintal.....	12..24	15 mars 1791.
Pareira brava. [Racine apportée du Brésil: Elle est ligneuse, dure, tortueuse, brune en dehors, d'un jaune grisâtre intérieurement, de différentes grosseurs, sans odeur et d'un goût un peu amer.]...................................	Quintal..... Idem......	4— 8 8..16	15 mars 1791. DL 8 février 1810.
Parfums non dénommés. [Ce qui s'entend des substances à odeur aromatique plus ou moins subtile et suave, non reprises au tarif. Les parfums sont solides, ou secs, ou liquides.]. (3)	Quintal..... Idem net.	102— 0 204..0	15 mars 1791. DL 8 février 1810.
Passementerie et listonnerie, telles que Galons, Ganses, Jarretières, Aiguillettes, Franges, Rubans (4), et tous autres Ouvrages de passementerie et rubannerie ; savoir :			
Celle en or et argent faux.......................	Quintal.....	306..0	15 mars 1791.
Celle en or et argent fin........................	Kilogr. net..	30..60	15 mars 1791.
Celle en soie avec or et argent fin...................	Kilogr. net.	24..48	15 mars 1791.

RENVOIS.

Papier de dominoterie. *V.* Dominoterie.
Papier de musique. *Voyez* Musique.
Paradis (graine de). *Voyez* aux Graines.
Pas d'âne. *Voyez* Tussilage.

(1) Les Parapluies de toile cirée, provenant des fabriques du royaume d'Italie, ne payeront que la moitié des droits du tarif français actuellement existant. (*Traité de Commerce du 20 juin 1808.*).

(2) Ces explications m'ont été données par M. Hébert, parcheminier à Paris..... Pour ne pas paroître en contradiction avec celles que je donne au Tarif de Sortie, il faut que je dise que si la loi du 1 août 1792 a, par ces mots *parchemin travaillé quoique neuf*, entendu exempter le parchemin neuf travaillé, alors ce parchemin qui est coté à 12 fr. 24 cent. à la sortie, sous la dénomination de *parchemin neuf*, ne doit réellement que le droit de balance; cependant on perçoit 12 fr. 24 cent., ce qui feroit croire que cette loi n'a voulu parler que des ouvrages faits avec le parchemin.... Ceci demande l'interprétation de l'autorité.

(3) Les parfums étant de leur essence des drogueries, il est clair que le double droit leur est appl'cable.

(4) Il y a aussi des rubans tarifés particulièrement. *Voyez* à Rubans. Cependant ceux de fleurets ou filoselle seront traités comme passementerie de matières mêlées. (1 *août* 1792.)

PASSEMENTERIE et *listonnerie*.			
Celle en soie sans or ni argent....................	Kilogr. net.	15..30	15 mars 1791.
Celle en soie et coton, ou matières mêlées........ (1)	Kilog......	7..14	15 mars 1791.
Celle de filoselle ou fleuret. *Comme celle de matières mêlées, mais au net*............	....		1 août 1792.
PASSEPIERRE ou *percepierre*. [Plante aquatique qui pousse des tiges longues et rampantes à-peu-près comme le pourpier. Ses feuilles sont découpées, étroites, fermes, charnues, d'un vert brun et d'un goût salé.]................................ (2)	Quintal.....	1..53	15 mars 1791.
PASTEL ou *guède*. [Feuilles d'une plante bisannuelle, faites en fer de flèches et d'un vert bleuâtre. On en fait une pâte propre à la teinture, qui, moulée sous une forme ovale, devient fort dure.]..................................	Exempt..... Droit de bal.	....	15 mars 1791. 24 nivôse 5.
PASTEL *d'écarlate*. [Ce sont les pulpes fraîches du kermès, dont on a formé des pastilles pour l'usage de la teinture.]............	Exempt..... Droit de bal.	....	15 mars 1791. 24 nivôse 5.
PÂTES *d'amande* et *de pignons*. [Ce sont ces fruits réduits en consistance farineuse, de couleur blanchâtre. Il y a aussi de la pâte d'amande liquide, de consistance huileuse et graveleuse, et de couleur légèrement ambrée.]................	Quintal.....	12..24	15 mars 1791.
PÂTES *d'Italie* et *Vermicel*. [On appelle pâte d'Italie des pâtes de farine composées et travaillées de différentes formes pour les potages et les ragoûts; celle dite *Vermicel* est roulée en forme de gros fil.].................................. (3)	Quintal..... Idem...... Idem...... Idem......	10—20 1— 2 10—20 20.. 0	15 mars 1791. 12 pluviôse 3. 3 frimaire 5. DI. 17 pluv. 13 et loi du 30 avr. 1806.
PATIENCE. [Plante à tige rougeâtre, feuilles faites comme celles de l'oseille, mais plus longues, plus dures, assez étroites, pointues, d'un goût acide; fleurs mousseuses, semences triangulaires, racine longue et de la grosseur du doigt, brune en dehors, jaune en dedans, et d'un goût amer.]............... (4)	Quintal..... Idem......	2.. 4 4.. 8	15 mars 1791. DI. 8 février 1810.

RENVOIS.

PASTEL (crayons de). *Voyez* Crayons.
PASTILLES. *V.* Dragées.
PÂTE de palmier. *Voyez* Sagou.
PÂTE de papier, *Voyez* Cartons gris.
PÂTE de tournesol. *Voyez* Tournesol.
PATINS. *V.* la note à Quincaillerie fine.

(1) Cette taxe se perçoit au *net* lorsqu'il y a de la soie, et au *brut* lorsqu'il n'y en a pas.
(2) La passepierre est une herbe potagère qu'on nomme aussi fenouil marin, mais, malgré ce dernier nom, elle ne sert aucunement en médecine et on ne l'emploie que pour la table; ce seroit donc à tort qu'on lui appliqueroit le double droit... le Tarif de 1664 l'avoit d'ailleurs classé à marchandises... j'ai remarqué que cette ordonnance de 1664 avoit été mieux rédigée que la loi du 15 mars 1791, elle ne contient même que les erreurs du temps.
(3) La pâte, dite *semoule*, est tarifée particulièrement. *Voyez* son article.
(4) Les Rhubarbes raponticas étant un genre de plantes voisin de celui des Patiences, il ne faut pas les confondre pour les régimes. (*Voir* à RHUBARBE.)
Les patiences n'étoient pas reprises au Tarif de 1664.

PATTE *de lion*. [Plante dont les feuilles sont oblongues et cotonneuses; tiges simples, hautes de quatre pouces, fleurs en rose. Il sort de leur centre quatre à six têtes noirâtres et écailleuses, renfermant des fleurons soutenus par des graines menues et aigrettées. La racine, d'usage en médecine, est grosse, ronde, bossuée, inégale, de couleur cendrée en dehors, verte-jaunâtre en dedans, et d'un goût amer.] .... (1) } *Quintal*..... 2— 4 | 15 mars 1791.
Idem..... 4.. 8 | DL. 8 février 1810.

PAVÉS. [C'est le nom donné aux pierres qui servent à paver les rues et les routes.] .... } *Exempts*........—.— | 15 mars 1791.
Droit de bal....... | 24 nivôse 5.

PAVOT rouge (*Fleurs de*), ou *Coquelicots*. [Ces fleurs sont composées de quatre feuilles larges, minces, d'un rouge de feu éclatant, et qui sont si peu adhérentes, qu'elles tombent au moindre souffle.] .... (1) } *Quintal*..... 2— 4 | 15 mars 1791.
Idem..... 4.. 8 | DL. 8 février 1810.

PEAUX et CUIRS *passés*, *tannés*, *corroyés* et *apprêtés* comme suit : (2)
   Peaux d'anta, biori, bœufs, buffles, élans, d'empakasse, de mos ou moos, d'orignac, *tannées en forts*............ } *Quintal*..... 36—72 | 15 mars 1791.
      Les mêmes corroyées................................ Idem..... 45—90 | *Même loi*.
   Peaux de vaches tannées............................ *Quintal*..... 32—64 | 15 mars 1791.
      Les mêmes corroyées................................ Idem..... 40—80 | *Même loi*.
   Peaux de vaches et de bœufs passées en *hongrie*....... *Quintal*..... 30—60 | 15 mars 1791.
      Les mêmes passées en *chamois* et en *buffle*.......... Idem..... 61—20 | *Même loi*.
   Peaux de vaches fabriquées en *russi* ou *roussi*........ *Quintal*..... 61—20 | 15 mars 1791.
   Peaux de cheval tannées en *croûte* et passées en *hongrie*..... *Quintal*..... 15—30 | 15 mars 1791.
      Les mêmes *étirées* et *corroyées*................... Idem..... 20—40 | *Même loi*.
      Les mêmes passées en *chamois*................... Idem..... 24—48 | *Même loi*.
   Peaux de boucs, chèvres, chevreaux, chamois, etc. maroquinées, en *cordouan*, en rouge..................... } *Quintal*..... 142—80 | 15 mars 1791.
      Les mêmes en *cordouan* ou *maroquinées*, en noir, bleu, citron et autres couleurs........................ } Idem..... 183—50 | *Même loi*.
      Les mêmes en *basane*............................ Idem..... 36—72 | *Même loi*.
      Les mêmes *tannées* et *corroyées*.................. Idem..... 61—20 | *Même loi*.
      Les mêmes passées *en chamois*.................... Idem..... 91—80 | *Même loi*.
      Les mêmes passées en *blanc* ou en *mégie*............ Idem..... 55— 8 | *Même loi*.
   Peaux de cerfs et de chevreuils passées en *chamois*..... *Quintal*..... 153— 0 | 15 mars 1791.
      Les mêmes passées à *l'huile*...................... Idem..... 91—80 | *Même loi*.
   Peaux de chagrin de *Turquie*....................... *Quintal*..... 153— 0 | 15 mars 1791.
   Peaux en façon de *Turquie*........................ *Quintal*..... 91—80 | 15 mars 1791.
   Peaux de chien *tannées* et *corroyées*................ *Quintal*..... 76—50 | 15 mars 1791.
   Peaux d'ânes *tannées* et *corroyées*................. *Quintal*..... 91—80 | 15 mars 1791.
   Peaux de daims, d'élans passées en *chamois*.......... *Quintal*..... 153— 0 | 15 mars 1791.
   Peaux de moutons, brebis et agneaux en *chamois*...... *Quintal*..... 51— 0 | 15 mars 1791.
      Les mêmes passées en basane et en *croûte*........... Idem..... 48—96 | *Même loi*.
      Les mêmes passées en *blanc* et en *mégie*........... Idem..... 61—20 | *Même loi*.
   Peaux d'orignac passées en *chamois*................ *Quintal*..... 122—40 | 15 mars 1791.

RENVOIS.

(1) La patte de lion ni le pavot n'étoient repris au Tarif de 1664.
(2) Pour la description des Cuirs, *voyez* la note des Peaux au Tarif de Sortie.

PAVOT blanc (huile de). *Voyez* aux Huiles.
PEAUX (dégras de). *Voyez* aux Huiles.
PEAUX et poils. *Voyez* Poil en masse.

PEAUX et CUIRS.			
Peaux de porcs et de sangliers tannées en *croûte*............	Quintal.	45—90	15 mars 1791.
Peaux de rennes passées en *chamois*............	Quintal.	367—20	15 mars 1791.
Peaux de veaux tannées en *croûte*............	Quintal.	32—64	15 mars 1791.
Les mêmes passées en *chamois*............	Idem.	244—80	*Même loi.*
Les mêmes *corroyées*............	Idem.	48—96	*Même loi.*
Les mêmes en *mégie*............	Idem.	306—0	*Même loi.*
Peaux de veaux d'Angleterre ou préparées en *Angleterre*.....	Quintal.	91—80	15 mars 1791.
Peaux apprêtées pour *tiges de bottes*............	Quintal.	367—20	15 mars 1791.
Peaux d'agnelins apprêtées pour *vélin* ou *smacques*............	Quintal.	306—0	15 mars 1791.
Peaux de moutons passées en *mégie* avec la laine, appelées *howes*, *biscaïns* ou *housses de chevaux*............	Quintal.	36—72	15 mars 1791.
Tous les cuirs *tannés*, *corroyés* ou *apprêtés*, ouvrés ou non ouvrés; les peaux de toutes sortes pour gants, culottes ou gilets, ces mêmes objets fabriqués, comme toutes les peaux ci-dessus............ (1)	Prohibés.		10 brumaire 5.
PEAUX *de chiens de mer, de cagneaux bleus, lions et ours marins.* [Elles sont très-sèches, point écailleuses, mais raboteuses, et quoique cela susceptibles d'un beau poli.]............ (2)	Quintal.	8..16	15 mars 1791.
PEAUX *d'oie et de cygne*. [Elles sont propres à faire éventails, et connues sous le nom de peaux blanches d'Italie.]............ (3)	Quintal.	306..0	LM. 5 therm. 12.
PEAUX *sèches en poil, de* VEAUX *et de* MOUTONS. [Ce sont celles qu'on a fait sécher sans en ôter le poil ou bourre.]....... (4)	Exemptes. Droit de bal.		15 mars 1791. 24 nivôse 5.
PEAUX *salées et en vert de bœufs, vaches et veaux, de cheval et d'âne, de moutons, brebis et agneaux.* [On nomme peaux en vert celles telles qu'on les lève sur le corps de l'animal; salées sont celles qu'on a salées avec du sel marin et de l'alun, ou avec du natron pour empêcher qu'elles ne se corrompent.]....... (5)	Exemptes. Droit de bal.		15 mars 1791. 24 nivôse 5.
PEIGNES *d'écaille*. [Sorte d'instrument à dents dont on se sert pour s'arranger les cheveux.]............	Kilogramme.	2..4	15 mars 1791.
Ceux en *Ivoire*............	Kilogramme.	1..53	15 mars 1791.

RENVOIS.

PEAUX de Castor, Loutre, etc. *V.* Poil en masse.
PEAUX sauvagines. *V.* Pelleterie.
PEAUX (Ouvrages en). *V.* à Cuirs et à Ouvrages.
PEAUX sèches en poil, de bœuf, etc. *V.* Cuir s.
PÊCHER (fleurs de). *Voyez* Fleurs de pêcher.
PEIGNES de buis, de corne et d'os. *Voyez* Mercerie commune.
PELLES de fer. *Voyez* Quincaillerie en instrumens aratoires.

(1) On en excepte les vaquettes ou demi-semelles de Lisbonne qui n'ayant reçu qu'une légère main-d'œuvre sont admissibles en payant 10 pour 100 de la valeur. (*DM.* 19 décembre 1806.)

(2) Cette exception de la prohibition a été déclarée par lettre au directeur d'Abbeville, en date du 19 floréal an 12.

(3) Une lettre du Ministre de l'Intérieur, du 5 thermidor an 12, a déclaré que les peaux d'oie et de cygne propres à faire des éventails ne pouvoient être comprises dans la prohibition des espèces de peaux ouvrées *prohibées*, attendu qu'elles sont utiles à une branche de notre industrie et une sorte de matière première; et qu'elles devoient le droit de 1791 par assimilation aux peaux d'agnelins apprêtées pour vélin..... Ce droit étoit de 150 livres, par conséquent 306 fr. par quintal métrique et non pas 300 fr.

(4) Ainsi transmis par lettres du Direct. génér. des 28 fruct. an 10 et 24 prair. an 11. Les Peaux sèches en poil de chevreuils ne doivent également que le droit de balance. (*LD.* 24 janvier 1806.)

(5) Celles des Daims y sont comprises. (*Lettre du 28 août 1806.*)
Mais les peaux de cochon non apprêtées doivent 5 pour 100, comme omises. (*Lettre du 6 avril 1806.*)

Pelleteries *non apprêtées*. [On nomme pelleterie non apprêtée ou *sauvagine*, les sortes de peaux garnies de poils qui, propres à faire des fourrures, n'ont encore reçu aucune façon ni apprêt. Elles payent comme suit : *Peaux de blaireaux*. [Le dos est mêlé de noir et de blanc, et le ventre est noir.]................ *Peaux de loutres*. [Elles paroissent brunes et ont deux sortes de poils ; les uns longs et fermes, les autres plus fins forment un duvet soyeux.]............... *Peaux de loups de bois*. [Cette peau a la grandeur de celle d'un chien de berger : elle est d'un gris fauve mêlé de brun.]..................... *Peaux de loups cerviers*. [Elles sont de la grandeur de celles de renard, à poils longs, tachetées et variées en couleurs.].................. *Peaux de cignes*. [Elles ont un duvet très-doux et d'un blanc éclatant : celles des jeunes cignes sont grises.].. *Peaux de chèvres angoras*. [Elles ont la grandeur de celles de chèvres ordinaires ; mais leurs poils sont blancs et argentés.].................. *Peaux de carcajoux*. [Elles ont environ 60 centimètres de long, et leurs poils sont plus ou moins noirs.].....	} *La pièce*.... 0..20	15 mars 1791.
Peaux de chats cerviers et *chats tigres*, ainsi nommées à cause de leur ressemblance avec celle de ces animaux.. *Peaux de lions et lionnes*. [Elles sont d'un fauve clair ; celles des lions ont une crinière.]............... *Peaux de martres de toutes espèces*. [Elles sont petites et longues, de couleurs nuancées depuis le jaune clair jusqu'au jaune noirâtre.]................ *Peaux d'oies*. [Elles ont un duvet très-fin de la nature de la plume.]................... *Peaux de renards de toutes espèces*. [Elles sont de différentes nuances de jaune, et quelques-unes sont mélangées de gris.]................... *Peaux de pékands, veaux, vaches et loups marins*. [Ces peaux sont lisses et ont très-peu de poils.]...........	} *La pièce*.... 0..10	15 mars 1791.
Peaux de chats de feu et de chats sauvages, de chiens et de chikakois, de fouines, de genettes, de marmottes, de putois et de vison. [Toutes ces peaux sont à-peu-près des mêmes couleurs que celles des martres.] *Peaux de gredbes*. [Ce sont les peaux d'un oiseau dont le duvet est si fin, qu'il paroit tenir davantage du poil que de la plume : il est d'un blanc très-éclatant.]....	} *La pièce*.... 0.. 5	15 mars 1791.

RENVOIS.

PELLETERIES. *Peaux d'ours et d'oursins de toutes couleurs*. [Ces peaux sont grandes, ont le poil fort long, de diverses couleurs, noir, blanc, gris, roussâtre, et quelquefois l'extrémité dorée.]	*La pièce*....	0..25	15 mars 1791.
Peaux de léopards, panthères, tigres et zèbres. [Toutes ces peaux, qui sont très-grandes, ont le poil serré et court : elles sont rayées, mouchetées ou tachetées de fauve et de noir, ou de noir et de blanc. Cet article comprend aussi toutes les peaux qu'on nomme *tigrées*.]	*La pièce*....	0..50	15 mars 1791.
Peaux d'hermines blanches et *lasquettes*. [Elles sont très-petites et très-blanches. La lasquette est une hermine de petite espèce.]	*Le timbre de 40 peaux*.	2.. 0	15 mars 1791.
Peaux d'hermines de terre mouchetées, *bervesky*, *écureuils d'Amérique*, *palmistes des Indes*. [Ces peaux sont très-petites ; les unes sont rayées, les autres mouchetées.]	*La pièce*....	0.. 2	15 mars 1791.
Peaux de petits-gris et écureuils de toutes espèces. [Le petit-gris est lui-même un écureuil. Ces peaux sont à longs poils, ont la grandeur de celle d'un gros rat, et leurs couleurs les plus ordinaires sont rousses.]	*La pièce*....	0.. 1	15 mars 1791.
NOTA. *Les pelleteries ci-dessus paieront, à l'exception des ours, le double des droits ci-dessus lorsqu'elles seront apprêtées* (1).			
Peaux d'agneaux, dites *d'Astracan*, *de Russie*, *de Perse et de Crimée*. [Ce sont les peaux très-petites d'agneaux morts-nés. Elles ont le poil court, blanc ou noir, lisse et très-luisant.]	*La pièce*....	0..50	15 mars 1791.
Peaux de lapins blancs, riches, roux, noirs et bruns, apprêtées. [Elles ont le poil très-doux et très-fin. Le riche est un lapin gris.]	*La pièce*....	0..10	15 mars 1791.
Peaux de lièvres blancs, apprêtées. [Elles ont aussi un poil très-doux et très-fin.]	*La pièce*....	0.. 6	15 mars 1791.
Gorges de renards, de martres et de fouines......	*La pièce*....	0.. 2	15 mars 1791.

RENVOIS.

(1) La plupart de ces peaux venant de très-loin, ont presque toutes un certain apprêt ; mais il ne faut pas confondre cet apprêt avec le travail des fourreurs dont il s'agit ici pour le double droit.

PELLETERIES. Queues de martres de toutes espèces	Le 100 en N.	2..50	15 mars 1791.
Queues de petit-gris, d'écureuils, d'hermines, de putois.	Le 100 en N.	0..25	15 mars 1791.
Queues de renards, de fouines, de carcajoux, de pékands, de laups. (1)	Le 100 en N.	1..50	15 mars 1791.
Sacs ou nappes de martres de Russie, de Canada, de Suède, d'Ethiopie; d'agneaux d'astracan, d'hermines, de lasquettes. (1)	Sac ou napp.	5.. 0	15 mars 1791.
Sacs ou nappes de dos et ventres de petits-gris, d'écureuils de toutes espèces, lapins de toutes couleurs, taupes, fouines, putois; de dos et ventres de lièvres blancs, d'hermines de terre mouchetées ou bervesky, rats palmistes des Indes, d'Hamster; de dos, ventres et pattes de renards. (1)	Sac ou napp.	1..50	15 mars 1791.
Peaux de castor et rats musqués, propres à la chapellerie. [Celles de castor sont de différentes couleurs, à poils très-serrés; il y en a d'imprégnées d'une sorte de graisse. Le rat musqué est plus petit; mais il ressemble au castor.]	Exemptes... Droit de bal.		15 mars 1791. 24 nivôse 5.
Peaux de lièvres, de lapins gris, blancs, roux, de toutes espèces et couleurs, non apprêtées. [Elles sont telles qu'elles sont levées de dessus ces animaux.]	Exemptes... Droit de bal.		15 mars 1791. 24 nivôse 5.
PELLETERIE non-dénommée dans le présent article. (2) Comme celles auxquelles elles seront assimilées.			15 mars 1791.
PELLETERIE OUVRÉE, en manchons, fourrures, palatines, etc.... (2)	Par 100 fr.	15.. 0	15 mars 1791.

RENVOIS.

(1) On nomme sac ou nappe des peaux cousues ensemble, de manière que le poil soit retourné en dedans.

(2) Si les pelleteries importées provenoient d'animaux des deux Indes, elles devroient le double droit de celles auxquelles elles seroient assimilées, ou 16 francs de leur valeur si elles étoient ouvrées.

Pennes, ou Paines de laine et de fil. [Ce sont les bouts qui restent sur les métiers après que les étoffes ont été fabriquées.]....	Exemptes.... Droit de bal.	—	15 mars 1791. 24 nivôse 5
Perelle apprêtée et non apprêtée. [Espèce de lichen qui croît sur un rocher. On le prépare en une pâte comme celle de l'orseille ; mais la perelle est moins bonne et moins belle.]..........	Exempte.... Droit de bal.	—	15 mars 1791. 24 nivôse 5.
Périgueux, ou Périgord. [C'est un manganèse gris noirâtre compacte, qui pour l'ordinaire est mêlé d'une assez grande quantité de fer.]..	Exempt..... Droit de bal.	—	15 mars 1791. 24 nivôse 5.
Perruques de toutes sortes. [On nomme ainsi des cheveux cousus sur une coiffe pour remplacer la chevelure naturelle.].....	La pièce...	2.. 0	15 mars 1791.
Persil de Macédoine. [Plante assez semblable au persil ordinaire ; mais ses feuilles sont plus amples et un peu plus découpées ; sa semence, de couleur obscure, est plus oblongue, plus menue et plus aromatique.]........................ (1)	Quintal.... Idem.....	10—20 20..40	15 mars 1791. DI. 8 février 1810.
Pieds d'élan. [Ils sont noirs et ont les ongles fendus comme ceux de bœuf. On emploie cet ongle contre l'épilepsie.]........ (1)	Le 100 en N. Idem.....	1—50 3.. 0	15 mars 1791. DI. 8 février 1810.
Pierres à aiguiser, de toutes sortes. [Schistes argileux composés de couches alternativement rousses et noirâtres, ou couleur d'ardoise. Celles de Turquie sont un grès quartzeux d'une extrême finesse.].................................. (2)	Quintal.....	1.. 2	15 mars 1791.
Pierres arméniennes. [Elles sont graveleuses, opaques, bien moins dures que celles du lapis lazuli, recevant un poli terne ; d'un bleu verdâtre ou obscur. Elles se calcinent au feu.]..... (3)	Quintal.... Idem net..	20—40 40..80	15 mars 1791. DI. 8 février 1810.
Pierres à bâtir. [Il y en a de différentes sortes et couleurs.].....	Exemptes... Droit de bal.	—	15 mars 1791. 24 nivôse 5.

RENVOIS.

Pendules. Voyez Horlogerie.
Percepierre. Voyez Passepierre.
Perkalle. V. Toiles de coton.
Perle (nacre de). Voyez Nacre.
Perles. Voyez Mercerie commune.
Perse. V. Toiles peintes.
Perspectives, ou Vues d'Optique. V. Instrumens d'Optique.
Pétrolle (huile de). Voyez aux Huiles.
Picardats. Voyez Fruits secs.
Picholines. Voyez Fruits.

(1) Le persil de Macédoine, ni les pieds d'élan, n'étoient repris au Tarif de 1664.
(2) Les Pierres à aiguiser de forme circulaire ne sont pas comprises dans cet article ; elles sont tarifées sous la dénomination de Meules. Les principales Pierres qui servent à affiler se vendent sous les noms de Pierre de faux ou d'ail, à faucheur, du Levant, de Liége, queue de grès, Pierre à huile, émoultoire, de Rochon, rasienne ; on les appelle aussi Cos.
(3) La Pierre arménienne étant la matière de ce qu'on vend dans le commerce sous le nom de cendres vertes ou vert d'eau, lesquelles ont été classées à drogueries par le Tarif de 1664, il en résulte que cette pierre doit le double droit.

Pierres à chaux. [Toute pierre calcaire est propre à faire de la chaux. Celles dont on se sert ordinairement sont ou dures et compactes, d'un grain fin, ou raboteuses, ou brillantes, écailleuses et tendres, de couleurs variées, blanches, jaunes, grises ou rouges, se divisant en morceaux irréguliers.]	Comme chaux à brûler........		1 août 1792.
Pierres de Choin brutes ou même taillées sans être polies. [C'est une pierre grise ou rouge venant de Choin en Savoie : elle est dure et susceptible de poli.]................	Exemptes...... Droit de bal...	——	15 mars 1791. 24 nivôse 5.
Celles polies, en cheminées, etc.....................	Par 100 fr....	2..50	15 mars 1791.
Pierres fausses et fines, même montées (1). [Les pierres fines ou précieuses sont les diamans, les rubis, les saphirs, les topases, les émeraudes, les chrysolites, les améthistes, les grenats, les hyacinthes, les beryles, etc.]................ (2)	Exemptes.... Droit de bal...	——	15 mars 1791. 24 nivôse 5.
Pierres à feu, à fusil et arquebuse. [On a donné ce nom, tantôt au silex, et tantôt à la pyrite. Ce sont ces pierres qui, frappées contre l'acier, donnent des étincelles.]..............	Quintal.....	4.. 8	15 mars 1791.
Pierres de mangayer. [Nous croyons qu'il s'agit ici de la pierre magagne qui est employée à lessiver ou purifier les terres qui servent à la verrerie.]............	Quintal.....	0..51	15 mars 1791.
Pierres à plâtre. [On donne ce nom au gypse grossier confusément cristallisé, et qui est ordinairement mêlé de carbonate de chaux, ce qui le rend plus propre à la maçonnerie que le gypse pur.].	Exemptes...... Droit de bal...	——	15 mars 1791. 24 nivôse 5.
Pierres-ponces. [Matière volcanique de couleur grise, blanchâtre, très-poreuse, légère, friable, composée de fibres différemment contournées, d'un coup-d'œil luisant et soyeux, mais rude au toucher : elle nage sur l'eau.]............	Quintal.....	1.. 2	15 mars 1791.
Pierres savonneuses, [Elles ont une consistance de cire et sont marbrées de rouge et de blanc. Elles ont le goût et les propriétés du savon : elles sont encore plus onctueuses que la stéatite proprement dite.]............	Exemptes...... Droit de bal...	——	15 mars 1791. 24 nivôse 5.
Pierres de touche. [Sorte de schiste d'un grain fin et continu, noir et verdâtre, dur et susceptible de poli, recevant facilement la trace du métal qu'on y frotte.]............ (3)	Quintal.....	2.. 4	15 mars 1791.

RENVOIS.

Pierre d'aigle. *Voyez* Aëtite.
Pierre d'aimant. *Voyez* Aimant.
Pierre d'azur. *Voyez* Azur.
Pierre de fiel. *Voyez* Bezoard.
Pierre de foudre. *Voyez* Flin.
Pierre de grès. *Voyez* Pavés.
Pierre de sel. *Voyez* Sel.
Pierres de composition. *Voyez* Ouvrages en pierres de composition.
Pierres. Pour les autres, *voyez* à leurs noms propres.

(1) Le motif de cette exemption est que la monture de ces pierres a peu de valeur, et qu'elles sont toujours remontées en France.
(2) Les Hyacinthes sont tarifées particulièrement... Les Ouvrages à pierres de composition ont aussi leur titre... Les Marcassites sont également imposées à des droits particuliers, et les Colliers de pierres fausses sont compris dans l'article de la Mercerie commune...... Ainsi ce titre ne peut être suivi à la lettre..... *Voir aussi* Aventurines.
(3) On nomme Schiste la pierre qui se sépare par lames et par feuilles comme l'ardoise.

PIGNONS *blancs*. [Ce sont les coques du pin : elles renferment une amande oblongue à demi-ronde, blanche, douce au goût et tendre.].................................(1)	Quintal.... Idem....	6—12 12..24	15 mars 1791. DI. 8 février 1810.
PIGNONS *d'Inde*. [Ce sont des graines qui ressemblent beaucoup à la première espèce de ricin tarifée à Catapuce. Elles sont convexes d'un côté et un peu aplaties de l'autre, marquées de quatre angles : leur écorce est grisâtre et tiquetée de brun ; l'amande est blanchâtre, d'un goût gras, mais âcre et brûlant.].... (1)	Quintal.... Idem....	8—16 16..32	15 mars 1791. DI. 8 février 1810.
PINCEAUX *de poils fins*. [On nomme ainsi des poils enchâssés dans le chalumeau d'une plume, dont les peintres se servent pour appliquer les couleurs.]...............................	Quintal....	146..88	15 mars 1791.
Ceux *autres* que de poils fins et de cheveux............	Quintal....	18..36	15 mars 1791.
PIQUÉS *de toutes sortes*. [On comprend sous cette dénomination les étoffes fabriquées de manière à laisser apercevoir des petits carrés, des petits ronds, ou de certaines rayures en espèces de reliefs.].................................	Prohibés....	....	10 brumaire 5.
PIVOINE (*Racines et fleurs de*). [Les racines sont formées en navets ; elles sont grosses comme le pouce, rougeâtres en dehors, blanches en dedans. Les fleurs sont amples, disposées en rose, de couleur purpurine, incarnate ou panachée, et soutenues par un calice à cinq feuilles.]........................(2)	Quintal.... Idem....	6—12 12..24	15 mars 1791. DI. 8 février 1810
PLATINE ou *Or blanc*. [Métal d'un blanc gris, peu brillant, le plus pesant, le moins combustible, le plus inaltérable de tous les métaux.]...........................	Droit de bal.	....	LD... juin 1807.
PLAQUES *de toutes sortes*. [On nomme ainsi les ouvrages recouverts d'une lame d'or ou d'argent.]................	Prohibés....	....	10 brumaire 5.
PLATRE *à bâtir*. [C'est la pierre à plâtre qui, calcinée dans un four, a été ensuite battue et réduite en poudre blanche.].......	Exempt.... Droit de bal.	....	15 mars 1791. 24 nivôse 5.
PLOMB *minéral* ou *Alquifoux*. [Ce minéral, nommé aussi *galène*, a la couleur du plomb et l'éclat métallique. Sa forme cristalline la plus ordinaire est le cube ou l'octaèdre, plus ou moins tronqués dans leurs angles et leurs bords : lors même qu'il est en masses irrégulières, ses fragmens sont presque toujours des cubes ou des lames carrées.]........................(3)	Quintal.... Idem....	1—2 2..4	15 mars 1791. DI. 8 février 1810.

PIGNONS (huile de). *Voyez* aux Huiles.
PIMENT. *Voyez* Poivre.
PINCETTES de fer, même du duché de Berg. *Comme* Ouvrages en fer. (CD. 21 *frim. an* 14.)
PIPES à fumer. *Voyez* Mercerie.
PIRETHRES. *Voyez* Pyrèthres.
PISTACHES. *Voyez* aux Fruits.
PISTOLETS enrichis. *Comme* Bijouterie.
PISTOLETS non enrichis. *V.* Armes à feu.
PLANCHES. *V.* Bois scié.
PLANCHES POUR IMPRESSION. Celles en bois, 15 : our 100.... Celles en cuivre; prohibées. (*LD.* 27 *février* 1809.)
PLAQUES de fer, de tôle. *V.* aux Fers.
PLATRE (pierre à). *Voyez* aux Pierres.
PLOUS. *V.* Bourres.

(1) Le Tarif de 1664 n'a pas classé les pignons parmi les drogueries, toutefois ils me paroissent devoir l'être à raison de leur produit et de leur usage.
(2) La pivoine n'étoit pas reprise au Tarif de 1664, mais une lettre du 16 avril 1810 a ordonné de lui appliquer le double droit.
(3) Ce que dans le commerce on nomme plomb minéral est la galène que les ouvriers appellent alquifoux..... il n'étoit pas réputé droguerie, dans le tarif de 1664, mais il a été rangé dans cette classe depuis le décret du 8 février 1810, sous la dénomination alquifoux.
On nommoit encore plomb minéral, une autre espèce de galène et même la mine de plomb noire, mais cette dernière est tarifée particulièrement à l'article suivant.

Plomb *noir* (*Mine de*). [Carbure de fer natif qui se présente en morceaux arrondis irréguliers, ou en forme de rognons. Ce minéral est luisant, d'un bleu noirâtre, gras au toucher; sa cassure est tuberculeuse, il tache les mains et laisse sur le papier un trait noir qui lui a fait donner le nom de crayon noir.]... (1)	Quintal..... Idem......	1—55 3..6	15 mars 1791. DI. 8 février 1810.
Plomb *brut* et *en saumon*. [Le plomb est un métal mou et facile à fondre; il est très-pliant, très-tenace; c'est le moins sonore et le moins élastique des métaux. On appelle *saumons de plomb* des lingots aplatis d'un côté et arrondis de l'autre.]...... (2)	Quintal..... Idem...... Idem.:....	6—12 1—20 6..12	15 mars 1791. 12 pluviôse 3. 9 floréal 7.
Celui *à tirer* et en *grenailles*. [C'est du plomb fondu en petites balles ou en grains.]........................	Quintal.....	9..18	15 mars 1791.
Celui *laminé* et *ouvré* de toute autre sorte........... (3)	Quintal.....	18..36	15 mars 1791.
Plumes. [C'est ainsi qu'on nomme le duvet qui couvre les oiseaux; mais ici ce nom s'applique plus particulièrement aux tuyaux de leurs ailes et de leurs queues.			
Les plumes *d'autruche*, *d'aigrette*, *d'espadon*, *de héron*, *d'oiseau couronné* et autres de première qualité qui entrent dans le commerce des plumassiers. [Les plumes d'autruche viennent en masse, c'est-à-dire en paquets de cinquante. Elles cessent d'être brutes lorsqu'elles ont reçu un apprêt, soit d'arrangement, soit de couleur.]... (5)	Quintal..... Idem......	102..0 500..0	15 mars 1791. DI. 17 pluv. 13 et loi du 30 avr. 1806.
Les mêmes apprêtées......................... (3)	Quintal net. Idem......	306..0 1500..0	15 mars 1791. DI. 17 pluv. 13 et loi du 30 avr. 1806.
Plumes de *qualité inférieure*, comme *petites noires*, *bailloques brutes* et *de vautour*. (4) [Ce sont les plumes du dos et du ventre de l'autruche qu'on nomme petites noires et bailloques; elles viennent en paquets de cent. On doit ranger dans cette classe les plumes d'autruche communes, appelées noir grand, petit-gris, et femelle obscure.]... (5)	Quintal..... Idem......	40—80 150..0	15 mars 1791. DI. 17 pluv. 13 et loi du 30 avr. 1806.
Les mêmes apprêtées........................ (5)	Quintal net. Idem......	102..0 500..0	15 mars 1791. DI. 17 pluv. 13 et loi du 30 avr. 1806.

RENVOIS.

Plomb (beurre de). *Voyez* Beurre de Saturne.
Plomb (blanc de). *Voyez* Blanc de plomb.

(1) C'est par lettre du 30 juin 1810, qu'il a été ordonné d'appliquer le décret du 8 février 1810 à la mine de plomb noire.
(2) La dénomination du plomb brut, comprend nécessairement le plomb vieux et le plomb en mitraille. (*LD*. 19 avril 1808.)
(3) Partie de ce titre (celle *Plomb ouvré* de toute sorte) est en contradiction avec l'article 5 de la loi du 10 brumaire an 5, qui prohibe tous Ouvrages en métaux.
(4) Les plumes de vautour seront traitées comme plumes de qualité inférieure. (1 août 1792.)
(5) Parmi les plumes tarifées ci-dessus, il en est qui se trouvent frappées par le d cret du 8 février 1810;... comme provenant d'oiseaux des Indes les plumes d'autruche, d'espadon, les petites noires et les bailloques doivent en conséquence le double des droits fixés ci-dessus; toutes celles non spécifiées ici et dont le lieu d'origine seroit l'Inde ou les colonies, devroient également le double droit de leurs qualités.

Désignation	Unité	Droits	Date
Plumes *à écrire brutes*. [Ce sont celles d'oies et de cygnes, et même de corbeaux.]	Quintal....	6—12	15 mars 1791.
	Idem......	1—22	12 pluviôse 3.
	Idem......	6—12	3 frimaire 5.
	Idem......	20.. 0	DI. 17 pluv. 13 et loi du 30 avr. 1806.
Les mêmes *apprêtées*. [On nomme plumes à écrire apprêtées celles dégraissées et dépouillées de la pellicule qui y est attachée lorsqu'on les tire des ailes des oiseaux.].	Quintal net.	40—80	15 mars 1791.
	Idem......	8—16	12 pluviôse 3.
	Idem......	40—80	3 frimaire 5.
	Idem......	60— 0	DI. 17 pluv. 13.
	Idem......	100.. 0	30 avril 1806.
Plumes *à lit*. [Ce sont les plumes les plus fines de différens oiseaux, dont les tuyaux sont assez petits pour être peu sentis au travers le barbu dont elles sont revêtues : on les fait sécher pour en faire des oreillers, etc.].	Quintal....	15—30	15 mars 1791.
	Idem......	30.. 0	DI. 17 pluv. 13 et loi du 30 avr. 1806.
POIDS et MESURES destinés à peser ou à mesurer suivant l'ancien usage.............................. (1)	Prohibés..		18 germinal 3.
POIL *en masse* et *non filé* de lapin, lièvre, loutre, castor, chameau, chèvre et chevreau.................	Exempt...		15 mars 1791.
	Droit de bal.		24 nivôse 5.
POIL *filé* et en *écheveaux*, savoir :			
Celui de lapin et lièvre.................	Quintal....	81—60	15 mars 1791.
Celui de castor.......................	Idem......	367—20	Même loi.
Celui de chameau, retors et en cordonnets.....	Idem......	122—40	Même loi.
Celui de chèvre, retors en cordonnets pour boutons...	Idem......	244—80	Même loi.
Tous *poils filés*, excepté ceux ci-après.........	Prohibés..		10 brumaire 5.
POIL *de chèvre* filé. [Il sert à faire des camelots, des boutons, et autres ouvrages de passementerie, etc.]............... (2)	Quintal....	1— 2	15 mars 1791.
	Idem......	10.. 0	DI. 17 pluv. 13 et loi du 30 avr. 1806.

RENVOIS.

PLUMETS ou PANACHES de femmes. *V.* Modes.
POCHES ou POCHETTES. *V.* Instrumens de musique.
Poignards enrichis. *V.* Bijouterie.
Poignards non enrichis. *V.* Armes blanches.
POIL d'autruche. *Voyez* Autruche.
POIL de cheval. *Voyez* Fil de poix ou Crin.
Poil de vache. *Comme* bourre, (*Lettre du 7 pluviôse 9.*)

(1) Les poids de fonte dont les anneaux sont brisés ne sont pas compris dans la prohibition. (*Décision du 26 prairial an 7.*)
(2) C'est en vertu d'une lettre ministérielle du 2 nivôse an 5, que le poil de chèvre n'est pas compris dans la prohibition des poils filés; il n'y a d'y compris que les ouvrages qui en sont fabriqués.
Les poils de chèvre filés ou en motte ne sont pas soumis aux certificats d'origine. (*DM. 12 juin. 9.*)

Poil de chien filé...	{ Exempt.......	——	15 mars 1791.
	{ Droit de bal......		24 nivôse 5.
Poil ou *soie de porc* et *de sanglier*. [Ces poils, de la longueur du doigt, et très-rudes, servent à faire des brosses, etc.].................	Quintal.....	2— 4	15 mars 1791.
	Idem......	0—20	12 pluviôse 3.
	Idem......	2— 4	3 frimaire 5.
	Idem......	15.. o	DI. 17 pluv. 13 et loi du 30 avr. 1806.
Poiré. [Jus de poires de médiocre qualité dont on fait une boisson. Ce liquide approche assez du vin blanc par la couleur et par le gout.]...	268 *litres*.	6.. o	15 mars 1791.
Poissons *d'eau douce frais*. [Dénomination générique des animaux qui vivent dans l'eau. On entend par poissons d'eau douce ceux pêchés dans les rivières.]................................... (1)	{ Exempts......	——	15 mars 1791.
	{ Droit de bal......		24 nivôse 5.
Poissons de Mer, *frais*, *secs*, *salés* ou *fumés* venant de l'étranger et autres que ceux de la pêche angloise.................. (a)	Quintal...	40—80	15 mars 1791.
Y compris les poissons marinés.	Idem... (3)	10—20	19 mai 1793.
	Idem......	1— 2	12 pluviôse 3.
Ceux de pêche étrangère..............................	Idem......	10—20	3 frimaire 5.
Les mêmes, importés sur bâtimens françois............. (4)	Idem......	20—40	9 floréal 7.
Poissons frais, secs, salés et fumés...................	Idem......	0—50	*Même loi*.
	Idem......	40—80	AC. 2 therm. 10.
	Idem......	40— o	8 floréal 11.
Les mêmes, pendant la guerre...........................	Idem......	20.. o	AC. 4 compl. 11 et loi du 22 vent. 12.
Anchois. [Sorte de petit poisson long et plat qu'on sale ou qu'on marine.]................................ (5)	Quintal.....	18—36	15 mars 1791.
	Idem......	9—18	9 floréal 7.
	Idem......	18—36	AC. 2 therm. 10.
Morue (Rogues, boques, rares et résures de)........ (6)	Exemptes......	——	15 mars 1791.
	Droit de bal........		24 nivôse 5.

(1) Cependant les esturgeons et saumons pêchés dans l'Escaut sont réputés poissons de mer. (*DM*. 27 vendémiaire an 7.)... Et les anguilles marinées ou préparées à l'étranger d'une manière quelconque doivent comme poissons de mer. (*CD*. 13 octobre 1807.)
(2) Les coquillages de mer et les huîtres ne sont pas compris sous la dénomination de poisson; voir leurs articles.
Ces tarifications sur les poissons ne s'appliquent pas aux produits de la pêche française, qui est essentiellement exempte... l'exemption s'étend même au *corail* péché par les navires armés en Corse et dans la ci-devant Ligurie: (*LD*. 5 nov. 1806 et 12 nov. 1807.)... Elle s'applique encore au *thon* péché sur les côtes de la Sardaigne par les sujets de la ci-devant Ligurie. (*7 sept*. 1807.)
Un décret impérial du 31 mai 1808, permet l'introduction des sardines fraîches ou en vert, provenant d'Espagne, sous le simple droit de balance.... elle ne pourra avoir lieu que par le port de *Saint-Jean-de-Luz* pour l'entrée par mer et par les bureaux d'*Andaye* et de *Behobie* pour celle par terre.
Les produits de la pêche italienne, ne payeront que la moitié des droits du tarif français (*Traité de Commerce du 20 juin* 1808.)
Les poissons provenant de *prises* sont passibles des droits du tarif. (*LD*. 2 juin 1808.) —Ces droits, par application du décret du 8 février, 1810, seroient doubles si la pêche avoit été faite dans les mers des indes.
(3) Cette même loi du 19 mai 1793 n'assujettissoit les harengs et maquereaux salés et fumés qu'à 5 fr. 10 cent. du quintal décimal.
(4) Les harengs et maquereaux n'y étoient pas compris.
(5) Les anchois et le thon mariné conservés dans l'huile jouissent de l'exemption accordée aux marchandises sujettes au coulage.
O a l'habitude de ne percevoir que l'ancien droit de 18 fr. 56 cent. sur les anchois; si cependant la loi du 8 floréal an 11 a imposé

Poissons.	*Stockvisch.* [C'est une espèce de merluche salée et desséchée de couleur grise, qu'il faut distinguer des morues vertes ou salées, assujéties au droit des poissons de mer.] (*C. du D. d'Anvers, du 28 ventôse an 11.*)..........	Quintal..... Idem...... Idem......	16— 0 16— 0 8.. 0	A.C. 14 vent. 11. 8 floréal 11. A.C. 4 compl. 11 et loi du 22 vent. 12.
	Thon mariné. [Ce sont les tronçons de ce poisson, cuits et conservés dans de l'huile d'olive.]............(7)	Quintal.....	91..80	15 mars 1791.
	Poivre *à queue ou Cubèbe.* [Petits fruits secs, sphériques, grisâtres, ridés, garnis d'une petite queue, et d'une odeur aromatique. Leurs grains sont fragiles et d'un goût fort âcre, qui attire la salive.].......................	Quintal..... Idem......	4— 8 8..16	15 mars 1791. DI. 8 février 1810.
	Poivres *de toute autre sorte, même ceux appelés* poivre long, corail de jardin, ou piment *en graines ou en grabeau.* [On nomme *poivre long* un fruit desséché avant la maturité: il est grisâtre, gros comme une plume de cygne, long d'un pouce et demi, cannelé et comme chagriné; il est partagé intérieurement en petites cellules dans chacune desquelles est une seule graine arrondie très-petite, noirâtre en dehors, blanche en dedans. Le *corail de jardin* ou *piment* est une capsule purpurine divisée intérieurement en deux ou trois loges qui renferment beaucoup de semences plates, d'un blanc jaunâtre, et de la figure d'un petit rein.].....................(8)	Quintal net.. Idem...... Idem...... Idem...... Idem...... Idem...... Idem......	30—60 60— 0 60— 0 100— 0 150— 0 150— 0 300.. 0	15 mars 1791. A.C. 3 therm. 10. 8 floréal 11. DI. 17 pluv. 13. DI. 4 mars 1806. 30 avril 1806. DI. 8 février 1810.
	Poivres *venant des Colonies françoises.* [Le poivre est une graine desséchée, petite, de la grosseur d'un pois moyen, sphérique, revêtue d'une écorce ridée, noire ou brune; au-dessous de cette écorce se trouve une substance un peu dure et compacte, d'un vert jaune en dehors, blanche intérieurement, et vide dans son milieu; elle est d'une saveur âcre et chaude.]........(8)	Exempts... Quintal net. Idem...... Idem...... Idem...... Idem...... Idem......	...—... 30— 0 30— 0 80— 0 135— 0 135— 0 270.. 0	11 septembre 1793. A.C. 3 therm. 10. 8 floréal 11. DI. 17 pluv. 13. DI. 4 mars 1806. 30 avril 1806. DI. 8 février 1810.
	Poix *grasse, poix noire, poix-résine ou résine de sapin.* [Nom des substances résineuses qui découlent du sapin, principalement de celui appelé *Pesse.*]................(9)	Quintal..... Idem...... Idem......	0.— 5½ 4— 0 3.. 0	15 mars 1791. DI. 17 pluv. 13. 30 avril 1806.
	Polion *de montagne.* [Ce sont, en douanes, les sommités des tiges de cette plante garnies de fleurs blanches ou jaunes qu'on apporte séchées par petites bottes; elles ont une odeur forte et aromatique, et un goût amer et désagréable.]............(10)	Quintal..... Idem......	3— 6 6..12	15 mars 1791. DI. 8 février 1810.

RENVOIS.

Poisson (huile de). *Voyez* aux Huiles.
Poligata de Virginie. *Voyez* Seneka.
Polozum. *Voyez* Fonte verte.

le poisson de mer frais, sec, salé ou fumé à 40 fr. du quintal, et celle du 22 ventôse an 12 a dit que, pendant la guerre, il ne paieroit que 20 fr.; or, il me paroît que les anchois, qui sont bien constamment un poisson de mer, ont dû être soumis aux mêmes taux. Je place donc ici un moins (...—...) pour indiquer que la perception sur les anchois est au moins douteuse.

(6) À l'exception de celles-ci, les autres parties de la morue payent comme poissons de mer les droits du tarif.

(7) *Voyez* le premier paragraphe de la note qui précède.

(8) La tare à déduire pour les poivres en futailles sera de 12 pour 100; elle ne sera que de 3 pour 100 lorsqu'ils arriveront en sacs. (*Loi du 8 floréal an 11.*) Voir aussi les notes à denrées coloniales.

Le piment de la Jamaïque doit comme poivre. (*Décis. du 27 mai 1806.*)

(9) Voir la note à Brai.

(10) Le polion n'étoit pas repris au tarif de 1664.

POMMADES *de toutes sortes*. [On donne ce nom à une composition faite avec la graisse de chevreau, des pommes de reinettes et de l'huile essentielle odorante.]........................(1)	Quintal.....	61..20	15 mars 1791.
PORCELAINE *commune*. [Composition réduite à un état mitoyen entre le verre et la poterie : elle est préparée et cuite sous toutes sortes de figures, de vases et d'ustensiles. On ne comprend cependant dans la porcelaine commune que la vaisselle servant à la table et qui n'est que d'une seule couleur.]........	Quintal.....	163..20	15 mars 1791.
Celle fine. [Elle présente dans sa cassure un grain très-fin, très-serré et très-compacte : elle est très-peu transparente et ornée de peintures, dorures, etc. Celle de la Chine, quoique d'une seule couleur, se traite aussi comme porcelaine fine.].....................	Quintal.....	326..40	15 mars 1791.
POTASSE. [Alkali de la consistance de la chaux, qu'on retire ordinairement de la cendre des végétaux : elle est d'un bleu noirâtre, pesante, sèche, et d'un goût caustique.]................	Exempte...... Droit de bal.......	—	15 mars 1791. 24 nivôse 5.
POTERIE *de terre grossière*. [Vases de différentes formes, faits en terre cuite, et qu'on recouvre d'un vernis : lorsqu'il est bleu, il est coloré par l'oxide de fer : le ton d'aventurine qu'on y remarque n'est qu'accidentel.]........................(2)	Quintal.....	3..6	15 mars 1791.
POTIN gris DU *Arco*. [C'est le produit de la refonte des lavures et des ordures qui sortent de la fabrique du laiton, auxquelles on mêle du plomb ou de l'étain. On s'en sert pour faire des robinets.]..	Quintal.....	9..18	15 mars 1791.
POUDRE *à poudrer, excepté celles ci-après*. [Composition faite d'amidon et d'os brûlés jusqu'à blancheur. On la réduit en une poudre très-fine et très-blanche.].....................	Quintal.....	12..24	15 mars 1791.
Celle *de Chypre*. [C'est la meilleure poudre à poudrer : il y entre des racines d'iris, du musc, et de la civette.]..	Kilogr......	4..8	15 mars 1791.
Celle *de senteur*. [C'est la poudre à poudrer ordinaire qu'on a parfumée avec quelqu'odeur.].............	Quintal.....	91..80	15 mars 1791.

RENVOIS.

POMMES-DE-TERRE. *V*. la note à Grains.
POMPHOLIX. *Voyez* Calamine blanche.
PORTEFEUILLES de bazane. *V*. Mercerie commune.
PORTEFEUILLES de maroquin. *Voyez* la note à Mercerie fine.
POTERIE de grès. *Voyez* Faïence.

(1) Il ne peut s'agir ici que des pommades d'odeur, car celles sans odeur rentreroient dans la classe des *Graisses* de toutes sortes.
Toutefois une lettre du 16 avril 1810 a dit de ne pas appliquer le double droit aux pommades.
(2) Les creusets d'orfèvres et ceux propres aux monnoies, les cruches et bouteilles de grès, même celles connues sous le nom de barbues et barbançons, seront traités comme poterie de terre. (*Loi du 1 août 1792*.)
Les carreaux de terre, vernis de Hollande, ont été renvoyés dans la classe de la poterie de terre grossière par DM. du 16 octobre 1806.

POUDRE. Celle *de terre argileuse*. [Sorte de poudre à poudrer composée avec une terre très-blanche des environs de Gênes.].	Prohibée		AD. 13 vent. 4.
POUDRE *à tirer* ou *à feu*. [Composition très-inflammable faite de charbon, de salpêtre et de soufre. Elle est de couleur noire et en petits grains.] (1)	Prohibée.... Idem....		15 mars 1791. 13 fructidor 5.
POULIOT. [Plante à racine fibreuse, menue, légère, d'un brun grisâtre en dehors, jaunâtre en dedans, à tiges carrées et velues, feuilles noirâtres, fleurs bleuâtres ou purpurines découpées en deux lèvres, et de même structure que celles de la menthe, d'une odeur très-pénétrante, et de saveur très-âcre et très-amère.] (2 et 3)	Quintal.... Idem....	2— 4 4.. 8	15 mars 1791. DI. 8 février 1810.
POURPRE *naturelle* et *factice*. [On nomme pourpre naturelle une liqueur épaissie, d'abord blanche ou verte, et qui ne rougit qu'étendue d'eau ou exposée à l'air : elle est fournie par un coquillage univalve dont le caractère est une coquille ovale très-souvent tuberculeuse ou épineuse. La factice est un composé de pastel et de cochenille, ou de graine d'écarlate; elle est de couleur rouge tirant sur le violet.] (3 et 4)	Quintal.... Idem....	15..30 30..60	15 mars 1791. DI. 8 février 1810.
POUZZOLANE. [Matière terreuse qui est rejetée par les volcans. Cette espèce de sable est d'un rouge brun et d'une forme croûteuse ou graveleuse.].	Exempte.... Droit de bal.		15 mars 1791. 24 nivôse 5.
PRESLE (*Feuilles de*). [La plante est composée de tuyaux striés, creux et emboîtés les uns dans les autres : à leurs articulations croissent des filets longs disposés en rayons circulaires, qui représentent assez bien une queue de cheval.] (5)	Quintal.... Idem....	0—51 1.. 2	15 mars 1791. DI. 8 février 1810.
PRESURE. [Espèce de levain animal dont on se sert pour faire cailler le lait. Plusieurs plantes ont la même propriété.].	Exempte... Droit de bal.		15 mars 1791. 14 nivôse 5.
PYRÈTHRES. [Ce sont les racines de deux espèces de camomilles qui mâchées excitent la salivation. L'une est en morceaux longs et gros comme le petit doigt ; ridée, grisâtre en dehors, blanchâtre en dedans ; l'autre est longue d'un demi-pied, fibreuse en son sommet, grise brunâtre en dehors, et blanchâtre en dedans.].	Quintal.... Idem....	5—10 10.. 20	15 mars 1791. DI. 8 février 1810.

RENVOIS.

POULAINS. *V.* Chevaux.
POUSSE. *Voyez* Grabeau.
PRÉCIPITÉ. *Voyez* Mercure.
PRUNEAUX. *Voyez* Fruits secs.
PRUNELLE. *Voyez* Draperie.
PRUNES. *Voyez* Fruits.
PRUNES de Monthain. *Voyez* Acaja.
PSALTÉRION. *V.* Instrumens de musique.

(1) Les poudres provenant de prises ou de saisies seront déposées, si elles sont bonnes; dans les magasins de la marine, et le ministre de ce département les fera payer au même prix que celles qu'il reçoit de l'administration des poudres; quand ces poudres ne sont point admissibles pour ce service, elles sont versées dans les magasins de cette administration qui les paye en raison de la quantité du salpêtre qu'elles contiennent.

(2) La loi du 15 mars 1791 se sert de l'expression POULIOT DE VIRGINIE. Si au titre SERPENTINE ou SERPENTAIRE, elle a entendu tarifer la plante au lieu de la pierre, alors il y a contradiction manifeste, puisque *Pouliot de Virginie*, coté ici à 2 fr. 4 cent., et *Serpentaire*, cotée à son article à 10 fr. 20 cent., sont positivement la même plante sous différentes dénominations.

(3) Le pouliot, la presle ni le pourpre n'étoient pas repris au Tarif de 1664.

(4) Si le pourpre ne devoit pas le double droit comme droguerie, il le devroit à raison de son origine; le coquillage qui fournit celui naturel se pêche dans les mers des Indes, et les ingrédiens qui entrent dans la composition de celui artificiel proviennent aussi des indes; donc l'un et l'autre se trouvent frappés par le décret du 8 février 1810.

Désignation	Unité	Droits	Référence
QUERCITRON. [Ecorce de chêne blanc concassée ou moulue : elle est d'un jaune rougeâtre et sert à la teinture.]............ (1).	Quintal.... Idem..... Idem.....	5— 0 5— 0 12.. 0	AC. 15 germ. 12. 1 pluviôse 13. DI. 8 février 1810.
QUINCAILLERIE en *cuivre* de toute sorte ou avec *cuivre rouge*, jaune ou plaqué sans or ni argent........................	Quintal.... Prohibée...	48—96	15 mars 1791. 10 brumaire 5.
QUINCAILLERIE en fléaux de balance et en très-gros ouvrages en fer. (2) Comme ouvrages en fer non exceptés par la loi du 19 pluviôse an 5..............................	Quintal.... Prohibée...	20—40	15 mars 1791. 10 brumaire 5.
QUINCAILLERIE *de fer*, en scies, en vrilles de toutes sortes, et en INSTRUMENS ARATOIRES. [Sont réputés tels les charrues, bêches, pioches, serpes, houes, haches, rateaux, coignées, fourches, sarcloirs, marteaux, ciseaux pour les haies, tenailles, forces à tondre les moutons, hoyaux, croissans, etc.].... (3)	Quintal....	40..80	15 mars 1791.
Celle en FAUX. (Instrument dont on se sert pour la moisson et qui consiste en une lame d'acier un peu courbée... (5)	Quintal.... Idem... (4) Idem..... Idem.....	40—80 8—16 40—80 50.. 0	15 mars 1791. 12 pluviôse 3. 3 frimaire 5. DI. 11 juillet 1810.
QUINCAILLERIE en limes communes. [Ce qui ne s'entend que de celles de la plus grosse qualité.] — Les étaux grossiers et les enclumes de serruriers et de maréchaux ont été rangés dans cette classe par LD. 16 mars et 30 novembre 1809.............	Quintal.... Idem... (4) Idem.....	20—40 8—16 20..40	15 mars 1791. 12 pluviôse 3. 3 frimaire 5.
QUINCAILLERIE *fine*, comme alènes, broches, carlets, emporte-pièces, limes fines à orfèvres et à horlogers, et toutes limes en acier (aussi la quincaillerie en outils pour les arts et méliers). *Loi du 19 pluviôse an 5*........................... (6)	Quintal....	76..50	15 mars 1816.
QUINQUINA. [Ecorce d'un arbre du Pérou, très-sèche, épaisse de deux ou trois lignes, rude à l'extérieur, quelquefois couverte d'une mousse blanchâtre, intérieurement lisse, un peu résineuse, de couleur rousse ou de rouille de fer, d'une saveur très-amère, légèrement astringente, et d'une odeur aromatique qui n'est pas désagréable. On l'apporte en morceaux non roulés, assez épais, ou en tuyaux minces, bruns en dehors et rougeâtres en dedans, ou en petits morceaux coupés fort menus, jaunes intérieurement, et blanchâtres à l'extérieur.]............ (7)	Quintal.... Idem net.. Idem..... Idem.....	16—32 100— 0 100.. 0 200.. 0	15 mars 1791. DI. 17 pluv. 13. 30 avril 1806. DI. 8 février 1810.

QUARTS DE CERCLE. *V.* Instrumens de mathématiques.
QUEUES DE martre, etc. *Voyez* Pelleterie.
QUINQUINA d'Europe. *V.* Gentiane.
QUINQUINA (sel de). *Voyez* aux Sels.
QUINTESSENCE. *Voyez* Essence.

(1) Si le quercitron ne devoit pas le double droit comme matière colorante, il le devoit comme production coloniale.
(2) Les étrilles seront traitées comme grosse quincaillerie en fer. (1 *août* 1792.)
Les fiches de fer, charnières, verroux, balances, etc. ne peuvent être rangés dans la classe des objets que la loi du 19 pluviôse an 5 a soustraits à la prohibition. Ce sont bien constamment des ouvrages en fer proscrits par la loi du 10 brumaire an 5, et qui ne peuvent par conséquent être admis.
La quincaillerie importée des manufactures du duché de Berg, outre Rhin, ne payoit que 10 pour 100 de sa valeur par la loi du 6 fructidor an 4 : celle du 19 pluviôse an 5 l'excepte de la prohibition, et la loi du 6° nivôse an 10 en fixe les droits conformément à la loi du 15 mars 1791.
(3) Les pelles de fer et les sérans (outil propre à peigner le chanvre) seront traités comme les instrumens aratoires. (*Loi du* 1er *août* 1792.)
(4) Ce droit de 8 fr. 16 cent. ne concernoit que les faux, faucilles et limes.
(5) Les faux et faucilles provenant des fabriques du royaume d'Italie ne paieront, à leur entrée en France, que la moitié des droits du tarif français actuellement existant. (*Traité de Commerce du* 20 *juin* 1808.)
(6) Les patins étant, à cause de leur prix et de la qualité du fer dont ils sont composés, rangés dans la classe de la quincaillerie fine, sont passibles du droit d'entrée de 76 fr. 50 cent. ; on ne doit donc pas les confondre dans la mercerie en fournissant les déclarations aux douanes. (*LD.* 27 *frimaire* 14.)
(7) Le quinquina n'est pas soumis au certificat d'origine.—Celui en poudre ou en extrait doit comme droguerie omise (*LD.* 6 *mai et* 20 *août* 1808.

Raisiné de *fruits cuits* avec miel ou moût de vin............ *Comme* objet omis. (*LD,* 24 nivôse 13.) } Par 100 *fr.*	10..	0	22 août 1791.
Redon ou Rodou. [Sorte de plante qu'on sème toutes les années comme le chanvre. Cette herbe, étant bien sèche et mise en poudre ; a la propriété du tan,]............................ *Exempt*........ *Droit de bal*........			15 mars 1791. 24 nivôse 5.
Redoul ou Roudon (*Feuilles de*). [Elles sont ovales, oblongues, et croissent sur un arbrisseau dont le fruit, semblable à la mûre de buisson, est un poison. Ces feuilles servent à la teinture noire des maroquins.].. *Exemptes*........ *Droit de bal*........			15 mars 1791. 24 nivôse 5.
Réglisse en *bois*. [Ce sont les racines ou les branches de cette plante. Les racines sont rameuses, traçantes, jaunes en dedans, roussâtres en dehors ; les tiges sont hautes de quatre à cinq pieds, fortes, branchues, ligneuses et de couleur jaunâtre.]..(1 et 2) } *Quintal*..... Idem..... Idem..... Idem.....	1—53 5..0 5..0 10..0		15 mars 1791. DI. 17 pluv. 13. 30 avril 1806. DI. 8 février 1810.
Réglisse (*Jus de*). [C'est le suc tiré des racines de cette plante. Il est importé en rotules d'un noir jaunâtre, solides et enveloppées dans des feuilles de laurier.]........................(1) } *Quintal*..... Idem..... Idem..... Idem *net*..	6—12 24..0 24..0 48..0		15 mars 1791. DI. 17 pluv. 13. 30 avril 1806. DI. 8 février 1810.
Régule martial. [C'est de l'antimoine réduit à l'état de métal pur à l'aide du fer.]................................(3) } *Quintal*..... Idem.....	16—32 32..64		15 mars 1791. DI. 8 février 1810.
Régule de *Vénus*. [C'est encore de l'antimoine pur, mais débarrassé du soufre, son minéralisateur, à l'aide du cuivre.]........(3) } *Quintal*..... Idem *net*..	40—80 81..60		15 mars 1791. DI. 8 février 1810.

RENVOIS.

Rabette (graine de). *Voyez* aux Graines.
Racemosum. *Voyez* Amome.
Racines. *V.* aux Noms propres de leurs Plantes.
Radix dictami. *Voyez* Dictame.
Raisins. *Voyez* Fruits secs.
Raisins de Damas et de Corinthe. *V.* Fruits secs.
Ramonettes. *Voyez* Mercerie commune.
Rapatelle. *Voyez* Toile de crin.
Rapontic. *Voyez* Rhubarbe fausse.
Rapures d'ivoire. *Voyez* Ivoire.
Raquettes. *Voyez* Mercerie commune.
Ratafias. *V.* Liqueurs.
Ratines et Raz-de-Castor. *Voyez* Draperie
Régule d'antimoine, arsenic, cobalt, étain. *Voyez* chacun de ces Noms.

(1) Le réglisse en bois et le jus de réglisse sont réputés drogueries par le tarif de 1664, des lettres du 29 mars, 26 avril et 25 mai 1810 ont conservé le jus de réglisse dans cette classification, mais on a mis en doute si le bois devoit continuer à être ainsi traité .. ce seroit sans doute une erreur, que d'en décider autrement.

(2) L'introduction par terre des bois et jus de réglisse provenant du sol espagnol, pourra avoir lieu par les bureaux de Behobie et d'Ainhoa, sans être assujettie à la formalité du certificat d'origine. (*DI,* 20 juillet 1808.)

La réglisse en poudre, doit comme droguerie omise (*LD.* 6 mai 1808.)...; cependant si elle est simplement en morceaux, quelles que soient leurs dimensions, n'étant pas proprement dénaturée, elle n'acquittera que comme réglisse en bois. (*LA. au Direct. de Clèves du* 21 brumaire an 7.)

(3) Il y a incontestablement erreur dans les tarifications de la loi du 11 mars 1791, car le régule martial tarifé à 16 fr. 32 c., le régule de Vénus tarifé à 40 fr. 80 c., et le régule d'antimoine tarifé à 8 fr. 16 c., plus le régule jovial (non tarifé à moins qu'on n'ait entendu le faire à 24 fr. 48 c. sous le nom de *régule d'étain*) sont bien constamment la même substance, et il n'y a de différence que dans les agens employés pour les réduire à l'état de métal pur.... Le régule d'antimoine a été purifié à l'aide du tartre et du nitre, le régule jovial à l'aide de l'étain, et le martial à l'aide du fer. On auroit tort de croire que le régule de Vénus est l'oxide de cuivre réduit à l'état métallique ; car, dans ce cas, il seroit Cuivre rosette soumis seulement au droit de balance : le régule de Vénus est aussi de l'antimoine

RHUBARBE. [Nom marchand d'une racine médicinale en morceaux assez gros et inégaux. Elle est pesante, d'un jaune brun en dehors, marbrée intérieurement comme la noix muscade, un peu spongieuse, d'une odeur de drogue; elle donne une teinture de safran à l'eau.]............................	*Quintal*.... Idem *net*.. Idem..... Idem.....	36—72 120— 0 120— 0 240.. 0	15 mars 1791. DI. 17 pluv. 13. 30 avril 1806. DI. 8 février 1810.
RHUBARBE *blanche* ou *Méchoacan*. [On donne ce nom à une racine blanchâtre et compacte, d'une substance un peu mollasse, un peu fibrée, d'un goût douceâtre, puis âcre. On l'importe en morceaux ou tranches sèches.]............................	*Quintal*.... Idem.....	5—10 10..20	15 mars 1791. DI. 8 février 1810.
RHUBARBE (*Fausse*) ou *Rapontic*. [Racine sèche d'Asie à-peu-près longue comme le doigt, grosse d'environ deux pouces, jaune, ressemblant assez à la rhubarbe, mais plus légère, moins compacte, moins odorante, moins amère et d'un goût visqueux. Sa plante est une espèce de patience.]...........	*Prohibé*....		15 mars 1791.
RHUM. [Nom donné par les Anglois à l'eau-de-vie qu'ils retirent du sucre. Ce nom a prévalu en Europe sur celui de *tafia*, que les Colons français donnent à la même liqueur.]............ (1)	*Prohibé*....		15 mars 1791.
Tafia des Colonies françaises.... Pour droit de consommation............................	268 *litres*.... *Exempt*.... Idem..... *L'hectolitre*. Idem..... Idem.....	12— 0 .... 10— 0 10— 0 20.. 0	29 mars 1791. 11 septemb. 1793. 3 frimaire 5. AC. 3 therm. 10. 8 floréal 11. DI. 8 février 1810.
RICIN. [Semences ovales ou oblongues assez grosses, de couleur livide et tachée en dehors, remplies d'une moelle blanche et tendre.]............................... (2)	*Quintal*.... Idem.....	8—16 16..32	15 mars 1791. DI. 8 février 1810.
RIZ. [Sortes de grains blancs qui croissent sur une plante qui ressemble à quelques égards au froment.]................. (3)	*Quintal*....	5.. 0	DI. 17 pluv. 13 et loi du 30 avr. 1806.

RÉSIDU de drogues. *Voyez* Grabeau.
RÉSINE élastique. *Voyez* aux Gommes.
RÉSINE de jalap. *Voyez* Jalap.
RÉSINE de sapin. *Voyez* Poix grasse.
RÉSINE de Scammonée. *V.* Scammonée.
RÉSINES. Pour les autres, *voir* aux Gommes ou à leurs noms propres.
RHODES (bois de). *Voyez* aux Bois.
RHOPIUM (essence de). *Voyez* aux Essences.
RHUBARBE (sel de). *Voyez* aux Sels.

mais débarrassé à l'aide du cuivre.... Ainsi ces quatre régules sont le sulfure d'antimoine débarrassé du soufre, son minéralisateur, et réduit à l'état de métal pur au moyen de l'un ou l'autre de ces agens; tous les quatre présentent la même consistance, la même couleur, etc., et il n'y a aucun moyen de les reconnaître; les différentes figures qu'ils offrent n'établissent aucune différence entre eux, ces figures ne dépendant que des refroidissemens plus ou moins lents.

On traite encore pour les droits l'antimoine métal, (celui dont j'ai parlé dans la note de l'article *antimoine cru*) c mme regule d'antim ine; ceci est également une erreur: et elle se prouve par cela seul qu'une lettre du 6 juin 1810, en ord nnant de percevoir le double droit sur le régule d'antimoine, reconnoît implicitement que celui dont il est ici question est une droguerie et non le métal adjoint à la fonte des caractères, etc.

On a aussi, dans une lettre du 16 avril, différencié le régule d'étain et le régule de Vénus, du régule martial, certes on reviendra sur cette disposition, car ce seroit donner à ces deux premières dénominations une signification qu'elles n'ont pas réellement ...
Ces divergences prouvent au surplus combien il seroit nécessaire de refaire la nomenclature du Tarif.

(1) *Voyez* la note aux Eaux-de-vie prohibées.

Désignation	Unité	Droit	Date
Rocou. [C'est avec la pellicule rougeâtre qui est sur la semence du *rocouyer* qu'on forme le rocou du commerce qu'on importe en tablettes ou en petites boules de couleur de feu, plus vif en dedans qu'au dehors, douces au toucher, et jamais très-dures.].	Quintal Idem Idem Idem	6—12 6.. 0 6.. 0 12.. 0	15 mars 1791. AC. 3 therm. 10. 8 floréal 11. DI. 8 février 1810.
Celui des Colonies françaises.............	Idem Quintal Idem Idem	Exempt 4.. 0 4.. 0 8.. 0	29 mars 1791. 11 septembre 1793. AC. 3 therm. 10. 8 floréal 11. DI. 8 février 1810.
Romarin [*Feuilles de*]. [Elles sont étroites, d'un vert brun en dessus, blanches en dessous, peu succulentes, d'une odeur forte, aromatique, agréable et d'un goût âcre.]......... (4)	Quintal Idem	8—16 16..32	15 mars 1791. DI. 8 février 1810.
Ronas ou Rosnas. [Racine importée d'Arménie en morceaux, de la longueur de la main et de la grosseur de la racine de réglisse : elle donne une teinture rouge très-forte.]............. (5)	Exempt Droit de bal.	— —	15 mars 1791. 24 nivôse 5.
Roseaux des Indes ou Rotins. [On nomme rotins dans le commerce ces baguettes de jonc avec lesquelles on bat les habits et dont on fait des siéges dits de canne, des meubles, etc.]...... (6)	Quintal Idem	6—12 12..24	15 mars 1791. DI. 8 février 1810.
Roseaux *ordinaires et à l'usage des toileries*. [Ce sont les tiges et écorces filamenteuses de diverses plantes, assez connues.]....	Exempts Idem Droit de bal.	— — —	15 mars 1791. 1 août 1792. 24 nivôse 5.
Roses *fines et communes*. [Il s'agit ici des fleurs très-connues du rosier, dont il y a un grand nombre d'espèces.].............	Quintal Idem	10—20 20..40	15 mars 1791. DI. 8 février 1810.
Roses (*Marc de*) *en chapeaux ou en pains*. [C'est le résidu de la distillation des roses auquel on donne la forme de petits pains, et qu'on a fait sécher au soleil.].................	Quintal Idem	0—51 1.. 2	15 mars 1791. DI. 8 février 1810.

RENVOIS.

Romarin (fleurs de). *Voyez à* Fleurs.
Romarin (essence de). *Voyez aux* Essences.
Roses de morue. *Voyez* Poissons.
Roses (essence ou huile de). *Voyez aux* Essences et aux Huiles.
Roseaux (nattes de). *Voyez à* Nattes.

(2) Le Catapuce ou *Palma Christi*, tarifé par la loi du 15 mars 1791, à 6 fr. 19 c., est un ricin.... Le Pignon d'Inde, tarifé comme ici à 8 fr. 16 c., est également une espèce de ricin.... Il y a donc erreur dans la loi.

(3) Antérieurement au décret du 17 pluviôse an 13, le riz était traité comme grains

(4) Le tarif de 1791, à l'article romarin, cote ainsi... Romarin (fleurs de) 8 fr. 16 cent. C'est probablement par erreur de l'imprimeur que ces fleurs sont cotées là à ce prix, puisqu'à l'article *fleurs de violette*, *de pêcher et de romarin*; elles ne sont taxées qu'à 7 fr. 14 cent ; d'où il m'a paru qu'il s'agissoit ici des feuilles et non des fleurs : c'est ainsi que j'ai tarifé. Je préviens toutefois de cette discordance, et j'invite MM. les Préposés à la rectifier, s'il y a lieu.

(5) Croiroit-on que le Ronas tiré à *néant* par la loi du 15 mars 1791, est la même chose que ce qu'elle a *tarifé* sous la dénomination d'alisari, que c'est, en un mot, la racine sèche de garance... si le Ronas, *plante*, différoit par quelques modifications de la garance cultivée en Europe, certes ces modifications ne pourroient regarder que les botanistes et non pas les douaniers qui ne doivent considérer les marchandises que d'après leur propriété spécifiques...

(6) C'est comme production de l'Inde que les rotins se trouvent soumis au double droit.

ROSETTE. [Sorte de craie rougeâtre approchant de la couleur amaranthe. C'est proprement du blanc de Rouen auquel on a donné cette couleur rouge par une teinture réitérée de bois de Brésil.]................................(1)	Quintal..... Idem.....	2— 4 4.. 8	15 mars 1791. DI. 8 février 1810.
ROUGE *pour femmes*. [Composition faite de talc de Venise et de carmin, réduite en poudre et broyée sur le porphyre.]... (2)	Kilogr.....	8..16	15 mars 1791.
RUBANS *anglois*. [Les rubans sont des tissus plats, minces et étroits, faits de différens fils.].............................	Prohibés....		10 brumaire 5.
RUBANS *de fil écru et d'étoupes*. [Ce sont ceux qui ont été faits avec des fils écrus, et qui n'ont reçu aucun blanchiment.]........ (3)	Quintal.....	61..20	15 mars 1791.
Ceux de fil blanc......................... (3)	Quintal.....	102. 0	15 mars 1791.
Ceux de fil teint......................... (4)	Quintal.....	142..80	15 mars 1791.
Ceux de laine et de fil de chèvre mêlés, les cordons et tresses de mêmes matières........................	Quintal.....	122..40	15 mars 1791.
Ceux *en poil de chèvre*, mêlés de soie et tresses de mêmes matières...	Quintal.....	204.. 0	15 mars 1791.
RUCHES *à miel*. [Espèces de paniers ordinairement en forme de cloche, dans lesquels on loge les abeilles.]....................	Exemptes... Droit de bal.		15 mars 1791. 24 nivôse 5.

RENVOIS.

ROTINS. *Voyez* Roseaux des Indes.
ROUGE d'Inde. *Voyez* Terre rouge.
RUBANS DE FIL, imitans la dentelle, *comme omis*, 10 pour 100 (*LD* 12 avril 1808.)
RUBANS de fleuret ou de filoselle. *Comme* Passementerie de matières mêlées.
RUBANS de soie. *Voyez* Passementerie.
RUBIA tinctorum. *Voyez* Garance.

(1) Le Tarif de 1664 a classé la rosette parmi les drogueries-épiceries.
(2) A raison des ingrédiens qui entrent dans la composition de ce rouge, il devroit, ce me semble, être soumis au double droit.
(3) Les cordons et lacets de fil seront traités comme rubans de fil. (1 *août* 1792.)
(4) Les tissus de laine et de fil teints seront traités comme rubans de fil teints. (1 *août* 1792.)

Les rubans de fil et de laine importés des manufactures du duché de Berg ne payoient que 10 pour 100 de leur valeur par la loi du 6 fructidor an 4 ; mais celle du 6 nivôse an 10 en a fixé les droits conformément au tarif.

Rue (*Feuilles de*). [Partagées en plusieurs segmens, elles sont petites, oblongues, charnues, un peu grosses, lisses, d'une couleur de vert de mer, et rangées par paires sur une côte terminée par une seule feuille.].......................... (1)	*Quintal*.... Idem.....	2— 4 4.. 8	15 mars 1791. DI. 8 février 1810.
Safran. [Ce qu'on appelle safran dans le commerce est le stigmate de la fleur d'une plante dont la racine est un oignon : ce stigmate séché est mollasse, doux au toucher, en longs filets de couleur jaune rougeâtre, fort odorant et d'un goût balsamique agréable.]........................... (2)	*Kilogr. net*.. Idem..... Idem..... Idem.....	4—5 9— 0 9— 0 18.. 0	15 mars 1791. DI. 17 pluv. 13. 30 avril 1806. DI. 8 février 1810.
Safranum ou *Safran bâtard*. [C'est la fleur du carthame qui est découpée en lanières et de couleur approchant celle du safran : elle sert en teinture.]...........................	*Exempt*..... *Droit de bal*. *Quintal*.... Idem..... Idem.....	——— ——— 10— 0 10— 0 20.. 0	15 mars 1791. 24 nivôse 5. DI. 17 pluv. 13. 30 avril 1806. DI. 8 février 1810.
Safre ou *Zaphre*. [On donne ce nom à l'oxide de Cobalt, qui a la propriété de se convertir au feu en un verre bleu. La couleur du safre est si foncée qu'il paroît presque noir. Fondu avec trois parties de quartz en poudre et une partie de potasse, il donne le smalt ou azur.]........................... (3)	*Quintal*.... Idem.....	15—30 30.. 60	15 mars 1791. DI. 8 février 1810.
Sagu ou *Sagou*. [Nom d'une espèce de pâte végétale et alimentaire, préparée aux Indes avec la moëlle de palmier. Elle arrive en petits grains de couleur roussâtre : elle est inodore et de saveur fade.].	*Quintal*.... Idem *net*..	20—40 40.. 80	15 mars 1791. DI. 8 février 1810.
Salep ou *Salop*. [Nom d'une substance végétale et alimentaire préparée avec les racines d'orchis : elle prend la consistance et la dureté de la gomme arabique.]...........................	*Quintal*.... Idem *net*..	61—20 122..40	15 mars 1791. DI. 8 février 1810.
Salpêtre. [Espèce de sel de pierre ou sel minéral. Celui du commerce est sec et en longs cristaux, d'un blanc sale, bien dégraissés.].	*Prohibé*.... *Quintal*.... *Prohibé*.. (4)	——— 6—12 ———	15 mars 1791. 1 août 1792. 13 fructidor 5.
Salsepareille. [Branches de racines longues de plusieurs aunes, grosses comme des joncs, flexibles, cannelées, et sous l'écorce roussâtre desquelles on voit une substance blanche farineuse et très-friable.]........................... (5)	*Quintal*.... Idem *net*.. Idem..... Idem.....	12—24 100— 0 100— 0 200.. 0	15 mars 1791. 17 pluv. 13. 30 avril 1806. DI. 8 février 1810.

RENVOIS.

Sabres montés en or ou en argent. *V.* Bijouterie.
Sabres non enrichis. *V.* Armes blanches.
Sacs ou Nappes de Marbre. *V.* Pelleterie.
Sacs à Tabac. *V.* Chicotins.
Safran d'Inde. *Voyez* Curcuma.
Sagapenum (gomme de). *Voyez* aux Gommes.
Saintfoin (graine de). *Voyez* aux Graines.
Salines (sel de). *Voyez* aux Sels.
Salpêtre (beurre de). *Voyez* l'art. Nitre.

(1) La Rue n'étoit pas reprise au Tarif de 1664.
(2) L'introduction *par terre* des safrans, provenant du sol espagnol pourra avoir lieu par les bureaux de *Behobie* et d'*Ainhoa*, sans être assujettie à la formalité des certificats d'origine. (DI. 20 juillet 1808.)
(3) Voir Cobalt (*régule* de) pour ne pas se tromper... à raison de l'azur son produit, le safre a été soumis au double droit; toutefois en 1664 il étoit classé à marchandises...
(4) Un arrêté du 27 pluviôse an 8 autorise les fabricans qui emploient le salpêtre comme matière première, à en tirer par Lorient, le Havre, Dunkerque, Anvers ou Marseille, en payant le droit imposé par la loi du 1 août 1792 (6 fr. 12 cent. du quintal décimal), et sous la condition d'expédier ce salpêtre par acquit-à-caution du port d'arrivée au lieu de sa destination, et de rapporter dans le mois le certificat de décharge de l'autorité du lieu où est située la fabrique.
(5) Les longs filamens que porte la racine de cette plante, et le corps ou portion de la plante qui porte ces mêmes filamens doivent acquitter le même droit. (*LD.* au *Direct.* d'*Anvers* du 6 vend. an 11).

Sang de Bouc ou *Bouquetin*. [C'est le sang de ces animaux qui a été desséché au soleil : il est sec, dur, et difficile à réduire en poudre.]... (1)	Quintal..... Idem.....	15—30 30..60	15 mars 1791. DI. 8 février 1810.
Sang de Dragon *de toutes sortes*. [Espèces de gommes-résines d'un rouge foncé, en petits pains ou en masses très-dures : il y en a aussi de mollasse.]...............................	Quintal..... Idem.....	18—36 36..72	15 mars 1791. DI. 8 février 1810.
Sangles *pour meubles*, etc. [Sortes de tissus plats de la largeur de la main, faits de fil de chanvre.].......................... (2)	Quintal.....	122..40	15 mars 1791.
Sanguine *pour crayons*. [Espèce d'hématite. Celle-ci est compacte et en masses solides ; sa couleur est plus ou moins rouge ; et présente quelquefois un éclat métallique : elle n'a qu'une dureté moyenne.]................................... (3)	Quintal..... Idem.....	0—51 1.. 2	15 mars 1791. DI. 8 février 1810.
Sarrette. [Plante vivace à tige de deux ou trois pieds, cannelée et rougeâtre, feuilles en lyre et dentées toutes dissemblables, de couleur verte obscure, fleurs laciniées, semences garnies d'aigrettes : d'usage en teinture et en médecine.]......... (4)	Quintal..... Idem.....	1— 2 2.. 4	15 mars 1791. DI, 8 février 1810.
Sassafras ou *saxafras*. [Nom qu'on donne dans le commerce de l'épicerie au bois de laurier sassafras : il est spongieux et léger, de couleur cendrée, roussâtre en dehors, d'un goût âcre, doucêatre, aromatique et d'odeur pénétrante.]...............	Quintal..... Idem.....	3— 6 6..12	15 mars 1791. DI. 8 février 1810.
Sauge. [Plante dont il y a plusieurs espèces : celle officinale a ses feuilles lancéolées, ovales, entières, et légèrement crénelées : elle a de grandes fleurs bleues en épi et des semences presque rondes et noirâtres.].............................. (5)	Quintal..... Idem.....	2— 4 4.. 8	15 mars 1791. DI. 8 février 1810.
Savon blanc. [Produit de la combinaison de l'huile d'olive avec l'alkali minéral, rendu caustique par la chaux. Il est en pâte dure et sèche, et propre à blanchir le linge.].....................	Quintal..... Idem..... Idem..... Prohibé.....	18—36 24— 0 24— 0	15 mars 1791. AC. 28 pluv. 11. 8 floréal 11. DI. 11 juillet 1810.
Savon noir. [Il est formé par la combinaison d'une huile ou d'une graisse quelconque avec l'alkali végétal : il est en pâte liquide, de couleur noire, verte ou jaunâtre.].....................	Quintal..... Idem..... Idem..... Prohibé.....	12—24 18— 0 18— 0	15 mars 1791. AC. 28 pluv. 11. 8 floréal 11. DI. 11 juillet 1810.

RENVOIS.

Sandaraque. *Voyez* Gomme sandaraque.
Sandaraque (huile de). *Voyez* aux Huiles.
Sangles pour chevaux. *V.* Harnois.
Santal (bois de). *Voyez* aux Bois.
Sapin (bourgeons de). *Voyez* Bourgeons.
Sarcolle (gomme de). *Voyez* aux Gommes.
Sarrazin. *Voyez* Grains.
Sassafras (huile de). *Voyez* aux Huiles.
Satin en soie. *V.* Etoffes de soie.
Satin turc. *Voyez* Draperies.
Saturne (sel de). *Voyez* aux Sels.
Saucissons. *Voyez* Chairs salées.
Sauge (huile de). *Voyez* aux Huiles.
Saumon. *Voyez* Poissons.

(1) Le sang de bouc ne peut être considéré que comme droguerie ; il n'étoit pas repris au Tarif de 1664.
(2) Les sangles pour chevaux devoient comme sangles pour meubles, par la loi du 15 mars 1791 ; mais celle du 1 août 1792 donnant une nomenclature de ce qui sert à l'équipement des chevaux, y a compris les sangles, et a ordonné que ces équipemens seroient traités comme Harnois.
(3) Sous le titre Terre rubrique, la sanguine ne doit que le droit de balance ; car ces deux dénominations s'appliquent également à l'hématite compacte.
La sanguine étoit réputée drogue par le Tarif de 1664, une lettre du 16 avril 1810, l'avoit ôté de cette classe, mais elle y a été reportée depuis. Cette nouvelle détermination n'entraîne-t-elle pas aussi l'application du double droit sur le ferret d'Espagne et l'hématite.... il y auroit au moins concurrence d'en agir ainsi ; toutefois j'ai laissé le ferret et l'hématite sous le simple droit, à raison de ce qu'il y a décision spéciale.
(4) La sarrette n'étoit pas reprise au tarif de 1664.
(5) Ce sont les semences de la sauge officinale que le Tarif de 1664 réputé droguerie.

Désignation	Unité	Droit	Date
SAVONETTES. [Ce sont de petits pains ou boules de savon très-épuré et parfumé de différentes odeurs.]............ (1)	Quintal.....	81..60	15 mars 1791.
SAXIFRAGE (Graines ou Semences de). [On donne ce nom aux tubercules attachés sur les fibres de la racine de la saxifrage blanche : ils sont gros comme des grains de coriandre, et de couleur en partie rougeâtre et en partie blanchâtre.]............	Quintal..... Idem.....	3— 6 6..12	15 mars 1791. DI. 8 février 1810.
SCABIEUSE. [Plante dont il y a plusieurs espèces. Elles ont les feuilles simples ou ailées, les fleurs ordinairement terminales, les corolles extérieures souvent plus grandes et irrégulières, les semences ovales, oblongues, couronnées par le calice propre.].	Quintal..... Idem.. (2)	2— 4 4.. 8	5 mars 1791. DI. 8 février 1810.
SCAMMONÉE. [Racine épaisse, charnue, blanchâtre en dedans, brune en dehors, d'où on retire une résine.]............... (3)	Quintal net.. Idem..... Idem..... Idem.....	102— 0 300— 0 300— 0 600.. 0	15 mars 1791. DI. 17 pluv. 13. 30 avril 1806. DI. 8 février 1810.
SCAMMONÉE (Résine de). [Suc concret et friable : celui d'Alep a une odeur virulente ; brisé il est d'un gris noirâtre et brillant ; manié dans les doigts, il se change en une poussière blanche et cendrée. Celui de Smyrne est noir, plus compacte et plus pesant.]............ (3)	Quintal net. Idem..... Idem..... Idem.....	306— 0 300— 0 300— 0 600.. 0	15 mars 1791. DI. 17 pluv. 13. 30 avril 1806. DI. 8 février 1810.
SCHENAUTE ou jonc odorant. [Espèce de jonc qu'on apporte d'Arabie, garni de feuilles et quelquefois de fleurs. Il est sec, roide ; sa tige est arrondie, luisante, genouillée, de la longueur d'un pied, remplie d'une moelle spongieuse, d'un jaune pâle vers sa racine, et d'un vert pourpre vers son sommet quand il est récent, d'une odeur approchant de celle de la rose.]......	Quintal..... Idem.....	18—36 36..72	15 mars 1791. DI. 8 février 1810.
SCHENAUTE (Paille de) ou Squenautes. [Ce sont les tuyaux de la tige du jonc ci-dessus : ils ont la grosseur, la figure et la couleur de la paille d'orge.]............	Quintal..... Idem net..	20—40 40..80	15 mars 1791. DI. 8 février 1810.
SCILLES ou squilles marines. [On appelle ainsi de gros oignons qui croissent naturellement sur les bords de la mer. Ces racines sont grosses comme la tête d'un enfant, et composées de tuniques épaisses et visqueuses, rougeâtres dans une espèce, grisâtres dans l'autre.].	Quintal..... Idem.....	1—53 3.. 6	15 mars 1791. DI. 8 février 1810.
SEBESTES. [Fruit du sebestier. C'est une espèce de petite prune noirâtre, pointue à son sommet, ridée, à demi-desséchée, renfermant un noyau à quatre loges et à quatre semences.]....	Quintal..... Idem.....	4— 8 8..16	15 mars 1791. DI. 8 février 1810.

RENVOIS.

SCAVISSON. (écorces de) Comme Droguerie omise. (LD. 5 novembre 1806.)
HALS. Voyez à Gazes.
ES. Voyez Quincaillerie.
ICHES (os de). Voyez Os de seiche.
IGLE. Voyez Grains.
EIGNETTE (sel de). Voyez aux Sels.

(1) Par la lettre du 16 avril 1810, les savonnettes ne sont pas soumises au double droit.
(2) La scabieuse n'étoit pas reprise au Tarif de 1664.
(3) Par explication donnée, le droit du décret du 17 pluviôse an 13 s'applique également à la résine.

Sel ammoniac. [Celui du commerce est importé en pains de couleur cendrée en dehors, blanchâtres en dedans et demi-transparens. Sa cristallisation est en aiguilles, d'un goût salé, âcre et piquant, d'usage en teinture et en médecine.] .... (1)	Quintal....	10—20	15 mars 1791.
	Kilogram..	0—75	AC. 4 pluv. 11.
	Idem......	0—75	8 floréal 11.
	Idem......	1—50	30 avril 1806.
	Idem net.	3.. 0	DI. 8 février 1810
Celui venant directement d'Egypte par vaisseau français. (Il est plus noirâtre.) .... (1)	Kilogram..	0—25	AC. 4 pluv. 11.
	Idem......	0—25	8 floréal 11.
	Idem......	0—50	30 avril 1806.
	Idem net.	1.. 0	DI. 8 février 1810.
Sel gemme ou *Sel fossile naturel*. [C'est le plus dur et communément le plus pur des sels fossiles: il a la couleur et presque la transparence des pierres précieuses; il est souvent en beaux cristaux taillés à huit angles solides et à six faces.]............	Quintal....	10—20	15 mars 1791.
	Idem......	20..40	DI. 8 février 1810.
Sel marin et *Sel de salines*. [C'est le sel de cuisine; il ne contient ni excès de base, ni excès d'acide; c'est un sel neutre parfait.]................	Prohibés...		22 mai 1790.
	Idem......		15 mars 1791.
Ceux provenant soit des marais salans, soit des salines et fabriques de l'intérieur, ne pourront être introduits *pour la consommation* soit par mer, soit par terre qu'en payant............... (3)	Par kilogr..	0—10	DI. 16 mars 1806.
	Idem......	0—20	DI. 27 mars 1806.
	Idem......	0..20	24 avril 1806.
Sels pour la médecine. Celui d'*Epsom*. [C'est un sel amer formé d'acide sulfurique et de magnésie qui se trouve naturellement dans les eaux minérales d'Epsom; il est d'un blanc tirant sur le gris.] Celui *de Duobus*. [Il est d'un goût médiocrement salé, mais désagréable, quoique ni âcre ni piquant; il pétille vivement sur le feu.]	Quintal....	6—12	5 mars 1791.
	Idem......	12—24	DI. 8 février 1810.
	Idem (2)..	20.. 0	DI. 26 mars 1810.
Celui de Glauber............................ Comme le sel d'Epsom.			1 août 1792.
Celui d'oseille. [Il est blanc et a une saveur piquante et acide.]...................	Quintal....	10—20	5 mars 1791.
	Idem......	20..40	DI. 8 février 1810.

Sel de cerf. *V.* Cerf.
Sel de nitre. *Voyez* Nitre.
Sel (esprit de). *Voyez* Esprit.

(1) Le sel ammoniac étoit classé à marchandises par le Tarif de 1664... Toutefois il a été arrêté que le décret du 8 février 1810 lui seroit appliqué.

(2) Il y a évidemment erreur dans la lettre du décret du 26 mars 1810: le droit, dit-il textuellement, que le Tarif de 1791 a fixé à 6 fr. 12 cent. sur le sulfate de magnésie (Sel d'epsom) sera élevé à 10 fr. ; mais déjà le décret du 8 février précédent avoit porté celui-ci à 12 fr. 24 cent. conséquemment le décret du 26 mars ne peut être entendu que dans ce sens qu'il augmente le droit sur les sulfates de magnésie dans la proportion de 6-12 à 10, ce qui l'établit à 20 francs; 12-25 étant à 20 ce que 6-12 est à 10... Toutefois une circulaire du 20 avril 1810, en annullant celle du 11, a prescrit de ne percevoir que *dix* francs, mais pareil ordre ne peut être que provisoire.

(3) Les départemens de la Meurthe, du Jura, du Mont-Blanc, de la Haute-Saône, du Doubs, du Bas-Rhin et du Mont-Tonnerre, payeront outre ces 20 centimes par kilogramme de sel, *deux francs* par quintal de celui fabriqué dans leurs salines. (24 *avril* 1806.)... Ce droit est dû par l'acheteur au moment de l'enlèvement.

Tous les sels arrivant dans les ports de France doivent acquitter le droit, quand même on justifieroit de l'origine française par un acquit-à-caution, à moins que cette expédition ne donnât la preuve du paiement de ce droit.

Les sels provenant des marais salans ou salines jouiront de la faculté d'entrepôt dans les villes d'*Anvers*, *Gand*, *Bruges*, *Ostende*, *Dunkerque*, *Calais*, *Boulogne*, *Etaples*, *Saint-Valery-sur-Somme*, *Abbeville*, *Dieppe*, *le Havre*, *Rouen*, *Honfleur*, *Caen*; *Cherbourg*, *Granville*, *Marans*, *Saint-Malo*, *le Legué*, *Morlaix*, *Brest*, *Lorient*, *Quimper*, *Vannes*, *Rhedon*, *Nantes*, *la Rochelle*, *les Sables*, *Rochefort*, *Charente*, *Bordeaux*, *Libourne*, *Bayonne*, *Cette*, *Agde*, *Narbonne*, *Toulon*, *Marseille*, *Arles* et *Nice*. (DI. 11 juin 1808.)—La durée de l'entrepôt sera de dix-huit mois. Il sera cependant accordé des prolongations lorsque les circonstances le réclameront. (*DM.* 16 *octobre* 1808.)—La ville de Gènes pourra jouir de la faculté de l'entrepôt, mais sous la condition expresse que les sels seront entreposés dans les magasins du port franc... —Les sels ne pourront être débarqués à Livourne que sous la condition de la mise immédiate en entrepôt réel et de leur réexportation par mer, à moins qu'ils ne soient achetés par la régie impériale.

L'entrepôt des sels sera réel et soumis à toutes les conditions et formalités prescrites pour les entrepôts des douanes... — Les sels entreposés dans les ports qui ont cette faculté, pourront être expédiés par mer à destination des autres ports de France, sous la

SELS pour la médecine. (Suite.) Ceux *de quinquina* et *de rhubarbe*. [C'est comme préparations médicales que sont défendus ces deux sels, très-improprement appelés *sel de quinquina* et *sel de rhubarbe*.]	*Prohibés*		15 mars 1791.
Celui *de Saturne*. [Combinaison de l'acide du vinaigre et du plomb. Il est en petits cristaux en forme d'aiguilles, de saveur douce un peu sucrée.] Celui *de tartre végétal*. [Il est extrait de la lie de vin et est aussi en aiguilles.] Celui *de seignette*. [Il est d'un blanc mat, de saveur salée médiocrement forte : il devient farineux à l'air sec.] Celui *de lait*. [Sa couleur est quelquefois rousse, alors il a une saveur sucrée; et d'autres fois blanche, alors il est farineux.]	*Quintal* Idem *net*	20—40 40..80	15 mars 1791. DI. 8 février 1810.
SEL *volatil de corne de cerf, de vipère et de carabé*. [Ces sels sont en cristaux brillans renfermés ordinairement dans des flacons bouchés avec soin. L'odorat en est affecté d'une manière excessivement vive.]	*Quintal net*.. Idem	122—40 244..80	15 mars 1791. DI. 8 février 1810.
SEL (*Pierre ou crasse de*). [On le fait suppléer à la soude dans la fabrication des verres communs : il vient de Hollande.] Comme omis. (*DM.* 7 *vendém.* 5.)	*Par* 100 *fr*...	3..0	22 août 1791.
SEMENCES FROIDES *et autres médicinales*. [Cet article comprend toutes les semences ou graines médicinales non tarifées. Les semences froides sont celles de la citrouille, du concombre, de courge et de melon, appelées *majeures* : les *mineures* sont celles de laitue, de pourpier, de chicorée et d'endive.]	*Quintal* Idem	6—12 12..24	15 mars 1791. DI. 8 février 1810.
SEMOULE. [Pâte faite de la plus fine farine, comme le vermicel, mais divisée en petits grains semblables à ceux de moutarde.]	*Quintal*	8..0	DI. 17 pluv. 13 et loi du 30 avr. 1806.
SÉNÉ *en feuilles, follicules ou grabeau*. [Ce sont de petites feuilles sèches en forme de larmes, d'un vert tirant sur le jaune, d'une odeur de drogue et d'une saveur âcre, amère et nauséabonde : elles viennent du Levant en balles. Les *follicules* sont des gousses plates, le plus souvent recourbées, composées de deux membranes oblongues au milieu desquelles sont rangées des graines semblables à celles de raisin.]	*Quintal* Idem *net*. Idem *net*.. Idem *net*..	12—24 50—0 50—0 100..0	15 mars 1791. DI. 17 pluv. 13. 30 avril 1806. DI. 8 février 1810.

SELLES. *Voyez* Harnois.
SEMEN cartami. *Voyez* Carthame.
SEMEN contra. *Voyez* Barbotine.
SEMEN dauci. *Voyez* Daucus.
SEMENCES de ben. *Voyez* Ben.
SEMENCES. Pour les autres, *voyez aux noms de* leurs plantes.

formalité de l'acquit-à-caution... — Si la destination est pour l'un des ports qui ont la faculté de l'entrepôt, lesdits sels pourront y être de nouveau entreposés; dans le cas contraire, ils paieront les droits au moment du débarquement.

Il y aura un entrepôt réel de sels dans les villes de Paris, Lyon, Toulouse et Orléans; il sera soumis à toutes les formalités prescrites pour les entrepôts des douanes... — Les sels destinés pour ces entrepôts seront expédiés par rivière, sous les formalités d'acquit-à-caution des douanes.

L'administration des douanes sera chargée de la surveillance desdits entrepôts, et de la perception du droit sur les sels qui y seront déposés, lorsqu'ils entreront dans la consommation... — Les sels transportés par mer pourront être expédiés sous acquit-à-caution; le droit sera perçu, au moment du débarquement, sur les sels conduits dans les ports qui ne jouiront pas de l'entrepôt. — Si les sels sont transportés dans un des ports où l'entrepôt sera permis, ils pourront être entreposés sous une double clef, dont l'une restera entre les mains du receveur de la douane, et n'acquitter les droits que lorsqu'ils en seront tirés pour la consommation. — Si les sels entrent dans les rivières pour remonter dans l'intérieur, les droits seront perçus au bureau des douanes le plus avancé en rivière, à moins qu'ils ne soient destinés pour l'un des grands entrepôts de l'intérieur qui seront établis par le présent. — Il sera accordé, à tous ceux qui enlèveront des sels des lieux de fabrication, cinq pour cent pour tout déchet... — Les sauniers ou paludiers qui voudront enlever des sels des marais salans pour les transporter à dos de chevaux et de mulets et les vendre dans l'intérieur, ne paieront les droits qu'au retour de chaque voyage, s'ils fournissent caution pour le montant desdits droits : il ne leur sera accordé un second crédit que lorsque le premier aura été acquitté. (*DI.* 11 *juin* 1806.)

Lorsque la déclaration donnera ouverture à un droit de plus de 600 francs, l'administration pourra recevoir en payement des obligations cautionnées à 3, 6 ou 9 mois. (24 *avril* 1806).

La subvention d'un décime par franc n'est pas applicable aux sels. (*CD.* 2 *mai* 1806.)

Les sels saisis par entrepôt frauduleux, quelque soit d'ailleurs leur origine, peuvent être admis à la consommation en payant les droits. Il en est de même pour tous les sels provenant de saisies. (*CD.* 10 *décemb.* 1806.)

Les sels employés à la pêche maritime ou pour les salaisons destinées aux approvisionnemens de la marine et des colonies, sont

SÉNÉKA ou *poligata de Virginie*. [Racine ligneuse et odorante, longue de quatre doigts, de la grosseur d'une plume à écrire, tortueuse, rameuse et fibreuse, jaunâtre en dehors, blanchâtre en dedans, d'un goût âcre, un peu amer, et légèrement aromatique.] .... (1)	Quintal.... Idem.....	8—16 16..32	15 mars 1791. DI. 8 février 1810.
SENNEVÉ. [Nom vulgaire de la plante *Moutarde*. Ses feuilles sont assez semblables à celles de la rave : elle a de petites fleurs jaunes à quatre feuilles ; il leur succède des siliques anguleuses et pointues, remplies de petites semences arrondies, presque rousses ou noirâtres, d'un goût âcre et mordant.] .... (2)	Quintal.... Idem.....	1— 2 2.. 4	15 mars 1791. DI. 8 février 1810.
SERPENTINE ou *Serpentaire*. [La serpentine est une pierre de couleur verte obscure, tachetée comme la peau d'un serpent : elle est tendre, onctueuse et susceptible d'un poli gras ; dans l'intérieur elle est matte et sa cassure est inégale, à grains fins, quelquefois fibreuse. La *serpentaire* est une plante dont la racine est fibreuse, menue, légère, jaunâtre en dedans et d'un gris brun en dehors, d'odeur aromatique agréable.] ...... (3)	Quintal.... Idem.....	10—20 20..40	15 mars 1791. DI. 8 février 1810.
SESELI. [Racine grosse, simple, blanche et aromatique qui pousse une tige cannelée, velue, se divisant en rameaux tortus : les feuilles ressemblent à celles de fenouil, les fleurs sont disposées en lys ; ses semences sont aplaties et élevées d'une bordure taillée en grains de chapelets.]	Quintal.... Idem.....	3— 6 6..12	15 mars 1791. DI. 8 février 1818.
SIROPS *non dénommés*. [On donne le nom de *sirop* à des extraits de fleurs, de fruits, de racines, de grains, etc. tirés par décoction ou par infusion et mêlés avec du sucre.] .... (4)	Quintal.... Idem net.	51— 0 102.. 0	15 mars 1791. DI. 8 février 1810.
SOIES *en cocons et bourres de soie de toutes sortes*. [Production filamenteuse du ver à soie. On nomme *bourre* l'étoupe soyeuse qui couvre l'extérieur des cocons, et qu'il faut lever pour découvrir la soie.]	Exemptes... Droit de bal.		15 mars 1791. 24 nivôse 5.
SOIES GRÈZES *de toutes sortes, excepté celles ci-après*. [Toute soie immédiatement dévidée de dessus le cocon est de la soie grèze : elle vient par pelottes ou en masses.]	Kilogr. net.. Idem...... Idem......	1— 2 0—10 1.. 2	15 mars 1791. 12 pluviôse 3. 9 floréal 7.
Celles grèzes doubles ou douplons. [C'est l'espèce la plus grossière qui ne sert qu'à la fabrication des tapis.] .. (5)	Kilogr. net.. Idem...... Idem......	0—5 0— 5 0.. 51	15 mars 1791. 12 pluviôse 3. 9 floréal 7.

SÉRANS. *V*. Quincaillerie en instrum. aratoires.
SÉRAPHICUM. *Voyez* aux Gommes.
SÉRAPHIQUE. *Voyez* aux Gommes.
SERGES de satin. *Voyez* Draperies.
SERPES et Serpettes. *Voyez* Quincaillerie.
SERRURERIE. *Voyez* Fers ouvrés.
SIAMOISE. *V*. la note à Toile à matelats.
SIFFLETS en bois *V*. Bois ouvré.
SIFFLETS d'os et d'ivoire. *Voyez* Mercerie comm.
SILEX. *V*. Pierres à feu.
SIMAROUBA (Écorces de). *Voyez* aux Écorces.
SIMILOR. *Voyez* Tombac.
SIROP de kermès. *Voyez* Kermès.
SMALT. *Voyez* Azur.
SNACKS. *Voyez* à Cornes, etc.
SOCS de charrue. *V*. Quincaillerie.

exempts du droit. (DI. 11 juin 1806.) — Sont aussi exempts les sels employés dans la fabrication de la soude. (DI. 13 octobre 1809.)

À défaut d'espace, il n'est possible de donner ici que les renseignemens relatifs à la perception, il faut donc, pour les autres, recourir aux n°^s. 434 à 533 du Code.

SELS *dans les départemens au-delà des Alpes*. La vente du sel continuera d'être faite dans ces départemens, au profit de l'État, par la régie établie dans le ci-devant Piémont. (24 avril 1806.).... L'exécution du DI. du 6 février 1807, qui ordonne la perception d'un droit de deux décimes par kilogramme sur les sels marins provenant de la fabrication du salpêtre, ne pouvant se concilier avec la décision impériale du 12 décembre 1806, portant que cette espèce de sel sera livrée à la régie des sels et tabacs, à raison de 16 centimes par kilogramme, le Ministre a décidé, le 4 décembre 1807, que ce décret ne devoit point recevoir son application dans les départemens soumis au privilège de cette régie.

(1) Le senéka n'est pas repris au Tarif de 1664, mais il doit le double droit, soit comme drogue, soit comme production des Indes.

(2) Le sennevé n'a été considéré ni comme drogue ni comme épicerie par le Tarif de 1664, toutefois une lettre du 2 juin 1810 a ordonné de lui appliquer le double droit.

Soies ouvrées en poil, trame, organsin et à coudre écrues. [C'est de la soie dévidée de dessus les cocons les plus parfaits, qui a reçu toutes les préparations qui la rendent propre à être employée.] (5)	Kilogr. net.. Idem...... Idem......	2— 4 0—41 2.. 4	15 mars 1791. 12 pluviôse 3. 3 frimaire 5.
Soies teintes, et Fleurets teints. [On nomme fleurets les fils faits avec la matière la plus grossière de la soie.]	Kilogr. net.. Idem...... Idem......	3— 6 0—61 3.. 6	15 mars 1791. 12 pluviôse 3. 3 frimaire 5.
Soies cardées. (Fleurets et Filoselle crus et Bourre de). [Les soies cardées sont celles qui ont été peignées avec certain instrument. Celles crues ont leur couleur naturelle; elles ont été tirées sans feu et dévidées sans les faire bouillir.] (6)	Kilogr. net.. Idem...... Idem......	0—82 0— 8 0..82	15 mars 1791. 12 pluviôse 3. 9 floréal 7.
Soldanelle, ou Chou de mer. [Plante à racine menue et fibreuse, à tiges grêles, sarmenteuses, rougeâtres et rampantes, à feuilles en cœur arrondi et à fleurs en cloches à bords renversés, de couleur purpurine.] (7)	Quintal.... Idem......	3— 6 6..12	15 mars 1791. DI. 8 février 1810.
Son de toutes sortes de grains. [On appelle son l'écorce des graines céréales, lorsqu'elle a été brisée et séparée de la farine qu'elle renfermoit par la mouture et le blutage.]	Exempt..... Droit de bal.		15 mars 1791. 24 nivôse 5.
Sorbec. [Pâte turque composée de citron, de musc, d'ambre ou autres parfums, et de sucre candi. On en fait une boisson.]	Quintal.... Idem net...	36—72 73..44	15 mars 1791. DI. 8 février 1810.
Souchet, ou Cyperus, de toutes sortes. [Plante dont il y a plusieurs espèces, et qui se distinguent en ce que la gaine de leurs feuilles est entière, sans aucune fente, et que leurs tiges sont ordinairement triangulaires, sans articulations et sans corolles; les fleurs sont en épi.] (8)	Quintal.... Idem......	2— 4 4.. 8	15 mars 1791. DI. 8 février 1810.
Soude, de toutes sortes. [Substance saline. La plus grande partie des soudes du commerce se fait avec les cendres des plantes qui croissent sur les bords de la mer. On l'importe en pierres d'un gris bleuâtre, poreuse et d'un goût salé.] (9)	Exempto.... Droit de bal. Prohibée...		15 mars 1791. 24 nivôse 5. DI. 11 juillet 1810.

RENVOIS.

Soie (Ouate de). *V.* Ouate de coton.
Soieries. *Voyez* Étoffes de soie.
Soies de porc et de sanglier. *Voyez* Poils.
Soies (Gazes de). *Voyez* aux Gazes.

(3) La loi, en s'exprimant ainsi, laisse en doute si c'est la pierre ou la plante qu'elle impose. *Voyez* la note à Pouliot.
(4) Les sirops doivent, ce me semble, le double droit à raison du sucre qui entre dans leur composition.
(5) Les soies grèzes et organsinées, provenant du royaume d'Italie, ne payeront à leur entrée en France que la moitié des droits fixés par le tarif français actuellement existant. (*Traité de Commerce du 20 juin 1808.*)
(6) Ce droit est applicable au filoselle ou fleuret filé cru. (*LD.* 17 janv. 1807.)
(7) La soldanelle n'étoit pas reprise au tarif de 1664.
(8) Il ne faut pas confondre parmi les souchets, *à cause du droit*, le Calamus ni le Carcuma.
Le souchet réduit en poudre payera, à cause de cette main-d'œuvre, comme droguerie omise. (*LD.* 6 mai 1808.)
(9) Le natron ou soude blanche est tarifé particulièrement. *Voyez* à Anatron.
Cette prohibition de la soude n'est pas applicable à celle apportée par les navires munis de licences spéciales, qui rentreroient avant le 11 septembre 1810.

Soufre *brut* ou *vif*. [C'est une substance simple, grise, grasse, argilleuse, légère, friable et très-inflammable. Celui qui a subi une fusion est en morceaux jaunes et luisans.]	*Exempt*..... *Droit de bal*.	— —	15 mars 1791. 24 nivôse 5.
Soufre *en canons*. [C'est le soufre qui a été liquéfié trois fois sur le feu, et auquel on a donné, dans un moule, la forme de bâton. Il est dur, d'un beau jaune, et d'odeur désagréable.]	*Quintal*.... Idem...... Idem...... Idem......	2— 4 0—20 2— 4 4.. 8	15 mars 1791. 12 pluviôse 3. 9 floréal 7. DI. 8 février 1810.
Soufre (*Fleur de*). [Poudre jaune tirée du soufre impur qui reste dans les vaisseaux où s'est formé le soufre en canons.]	*Quintal*.... Idem......	6—12 12..24	15 mars 1791. DI. 8 février 1810.
Spath, ou *Spalt*. [Substance pierreuse à structure lamelleuse. Le spath adamantin de Chine est une pierre brune; celui du Bengale et ailleurs est gris ou verdâtre. On l'emploie aux mêmes usages que l'émeril.]	*Exempt*..... *Droit de bal*.	— —	15 mars 1791. 24 nivôse 5.
Spode. [C'est de l'ivoire brûlé et réduit en une matière poreuse, cassante, légère, blanche, alkaline, et facile à réduire en poudre.]	*Quintal*.... Idem......	4— 8 8..16	15 mars 1791. DI. 8 février 1810.
Staphisaigre, ou *Herbe aux poux* ou *à la pituite*. [Genre de dauphinelles dont la graine nous est apportée sèche: elle est de la grosseur d'un pois, de figure triangulaire, noirâtre en dehors, blanchâtre en dedans, ridée, et d'un goût âcre et brûlant.]	*Quintal*.... Idem......	3— 6 6..12	15 mars 1791. DI. 8 février 1810.
Stæcas, ou *Sticade*. [Plante du genre des lavandes, dont les épis garnis de petites fleurs en gueule, sont apportés desséchés.]	*Quintal*.... Idem......	3— 6 6..12	15 mars 1791. DI. 8 février 1810.
Stil *de grains*. [Argile coloré avec la graine d'Avignon, et qu'on importe en trochisques pour la peinture.]	*Quintal*.... Idem......	12—24 24..48	15 mars 1791. DI. 8 février 1810.
Storax *calamite*. [Résine du *liquidambar*. Elle est brillante, de couleur rougeâtre, assez solide, un peu grasse, remplie de larmes blanches, de saveur âcre assez agréable, et d'odeur aromatique pénétrante et suave.] (1)	*Quintal*.... Idem *net*.	20—40 40..80	15 mars 1791. DI. 8 février 1810.

Soufflets. *Voyez* Mercerie commune.
Soufre (Esprit de). *Voyez* aux Esprits.
Soufre (Huile de). *Voyez* aux Huiles.
Soufre en mèches. *Voyez* Mèches soufrées.
Souliers de cuir. *V*. Cordonnerie.
Souliers de cordes. *V*. Alpagates.
Sperma ceti. *Voyez* Baleine.
Sphères *V*. Instrumens d'astronomie.
Spica. *Voyez* Nard.
Spode des Grecs. *V*. Tutie.
Squenante. *Voyez* Schenaute.
Squilles. *Voyez* Scilles.
Squine. *Voyez* Esquine.
Statues. *V*. aux noms de leurs matières et à Ouvrages.
Stercus diaboli. *Voyez* Assa-fœtida.
Stockvisch. *Voyez* Poissons.

(1) C'est sous la dénomination *squil de grain* que le Tarif de 1664 a classé le stil de grain parmi les drogueries.

Storax *liquide*. [Résine liquide de couleur rouge-brune, rarement jaune et transparente, d'une saveur médiocrement âcre et d'une odeur aromatique douce.]......................	Quintal..... Idem......	6—12 12..24	15 mars 1791. DI. 8 février 1810.
Storax *rouge* et *en pains*. [C'est de la sciure de bois rouge mêlée avec du storax liquide et du storax extracté. Il est en masses rougeâtres ou jaunâtres, sans aucune larme blanche.]....	Quintal..... Idem......	8—16 16..32	15 mars 1791. DI. 8 février 1810.
Stuc. [Pierre factice dont le plâtre calciné fait la base.]..........	*Exempt*..... *Droit de bal*	....	15 mars 1791. 24 nivôse 5.
Sublimé *doux* et *corrosif*. [Préparations chimiques composées de mercure, de cinabre, d'esprit de nitre, de vitriol lessivé en blancheur et de sel marin décrépité. Le *corrosif* est réduit en une masse blanche et brillante par le moyen des vaisseaux sublimatoires. Le *doux* est ordinairement aussi en masse blanche, mais pleine de petites aiguilles dures et brillantes.]	Quintal..... Idem *net*..	30—60 61..20	15 mars 1791. DI. 8 février 1810.
Sucre *brut*. [Le sucre est un jus exprimé d'un roseau des Indes nommé *canne à sucre*. Le premier qu'on en tire est le sucre brut ou moscouade : c'est celui dont tous les autres sont composés. On le met dans des barriques percées de deux ou trois trous : ces trous sont faits pour achever de le purger ; alors il se sèche et devient tel qu'on nous l'apporte en Europe.]. (1)	Quintal *net*.. Idem...... Idem...... Idem...... Idem...... Idem......, Idem...... Idem...... Idem......	18—36 3—67 18—36 7—50 45— 0 45— 0 55— 0 55— 0 110.. 0	15 mars 1791. 12 pluviôse 3. 3 frimaire 5. 9 floréal 7. AC. 3 therm. 10. 8 floréal 11. DI. 4 mars 1806. 30 avril 1806. DI. 8 février 1810.

RENVOIS.

Succin. *Voyez* Ambre jaune.
Succin (huile de). *Voyez* aux Huiles.
Succin carabé. *V.* Ambre jaune.

(1) C'est le sucre dans sa première consistance ; il est jaune et ressemble à du sable ; il diffère des sucres tête ou terré en ce qu'il conserve toujours de la fraîcheur et même de l'humidité, ainsi qu'une odeur de sirop. (*LA. au Direct. de Bruxelles du 17.therm. an 4.*)

Les sucres bruts sont compris au nombre des objets sujets à coulage : ils ne sont par conséquent point soumis à la déclaration du poids ou de la contenance.

Les droits d'entrée et de consommation seront perçus au net sur les sucres bruts, tête et terrés ; la tare à déduire sera, pour les sucres bruts en futailles, de 15 pour 100, et pour les sucres tête et terrés aussi en futailles de 12 pour 100. (*8 floréal an 11.*)

La tare pour les sucres bruts et terrés en sacs est de 3 pour 100. (*Lett. du 8 ffor. 11.*)

Voir les notes à l'article *Denrées coloniales* pour les ports d'admission.

Les raffineurs qui tireront des entrepôts des sucres bruts ou terrés, jouiront pour le paiement des droits de consommation, d'un crédit de quatre mois, en fournissant leurs obligations valablement cautionnées. (*AC. 29 thermidor an 11.*)

Sucre brut. Celui venant des *Colonies françaises*............(1)	Par 100 fr..	3— 0	29 mars 1791.
Plus, un droit additionnel par	Quintal net..	1—53	*Même loi.*
	Mêmes droits..	—.—	27 août 1792.
	Idem......	—.—	12 mars 1793.
	Exempt......	—.—	11 septemb. 1793.
	Idem......	—.—	3 frimaire 5.
Pour droit d'entrée........(2)	Quintal net..	3— 0	A.C. 3 therm. 10 et
Pour droit de consommation..	Idem......	27— 0	loi du 8 flor. 11.
Pour droit d'entrée..........	Quintal net..	3— 0	DI. 4 mars 1806.
Pour droit de consommation..	Idem......	42— 0	30 avril 1806.
Pour droit d'entrée..........	Quintal net..	6.. 0	DI. 8 février 1810.
Pour droit de consommation..	Idem......	84.. 0	*Même décret.*
Sucre tête et terré. [On appelle sucre terré la *cassonade* qu'on a blanchie par le moyen de la terre dont on couvre le dessus des formes dans lesquelles on le met pour le purger.].......(3)	Quintal net..	36—72	15 mars 1791.
	Idem......	7—34	12 pluviôse 3.
	Idem......	36—72	3. frimaire 5.
Cassonade de rafinerie et *sucres terrés*, dénommés première, deuxième et troisième...............	Quintal net..	30— 0	9 floréal 7.
	Idem......	20— 0	*Même loi.*
Sucre terré, dénommé quatrième, petit sucre ou *tête*..	Quintal net..	75— 0	A.C. 3 therm. 10.
Tout *sucre tête et terré*....................	Idem......	75— 0	8 floréal 11.
	Quintal net..	100— 0	DI. 4 mars 1806.
	Idem......	100— 0	30 avril 1806.
	Idem......	200.. 0	DI. 8 février 1810.
Celui venant des *Colonies françoises*...........(4)	Par 100 fr..	3— 0	29 mars 1791.
Plus, un droit additionnel par	Quintal net..	2—55	*Même loi.*
Et pour droit de consommation.	Idem......	12—24	*Même loi.*
	Mêmes droits..	—.—	27 août 1792.
	Idem......	—.—	12 mars 1793.
	Exempt......	—.—	11 septemb. 1793.
	Idem......	—.—	3 frimaire 5.
Pour droit d'entrée..........	Quintal net..	4—50	A.C. 3 therm. 10 et
Pour droit de consommation..	Idem......	45—50	loi du 8 flor. 11.
Pour droit d'entrée..........	Quintal net..	4—50	DI. 4 mars 1806.
Pour droit de consommation..	Idem......	75—50	30 avril 1806.
Pour droit d'entrée..........	Idem......	9.. 0	DI. 8 février 1810.
Pour droit de consommation..	Idem......	151.. 0	*Même décret.*

RENVOIS.

Sucre de lait comme droguerie omise. (Lettre du 6 avril 1810.)

(1) Le droit de 5 pour 100 se percevoit sur la valeur déterminée par cette loi : elle étoit fixée à 61 fr. 20 c. pour un quintal de sucre brut de Cayenne, et à 91 fr. 80 c. pour les sucres bruts des autres colonies.
(2) *Voyez* la note 1 de la page précédente.
(3) Le *Sucre tête* conserve une légère odeur de sirop, et on y reconnoît le mélange des matières étrangères qui ont servi à sa première préparation.... Le *Sucre terré* se caractérise par sa sécheresse, sa couleur d'un blanc grisâtre, et l'absence de toute odeur de sirop.... Tous deux se pelotonnent et s'écrasent aisément sous le doigt; ils sont plus ou moins blancs et en consistance de sable. (Lá. au Directeur de Bruxelles, du 17 therm. 4.) *Voir* la note 1 de la page précédente.
(4) Le droit de 5 pour 100 se percevoit sur la valeur déterminée par cette loi : elle étoit fixée, pour un quintal, à 110 fr. 16 cent. pour les sucres têtes et terrés de Cayenne, à 122 fr. 40 cent. pour les sucres terrés des Iles-du-Vent, et à 163 fr. 20 c. pour les sucres terrés de Saint-Domingue.

SUCRE *rafiné, candi* ou *en pains*. [C'est le sucre nettoyé par l'eau, la chaux et les blancs d'œufs et cuit après. Il est en état de solidité sous la forme d'un pain pointu, ayant la consistance de la pierre, quoique facile à casser et à réduire en poudre. Celui *candi* est le plus épuré : on le réduit en congélation.].	*Quintal*.... Idem...... *Prohibé*..... *Quintal net*.. Idem...... *Prohibé*.....	51— 0 10— 0 ..—.. 40— 0 50— 0 ..—..	15 mars 1791. 12 pluviôse 3. 10 brumaire 5. 9 floréal 7. A.C. 3 therm. 10. A.C. 17 vent. 11 et loi du 8 flor. 11.
Celui rafiné venant des *Colonies françaises*............	*Quintal*..... *Exempt*..... Idem...... *Quintal*..... *Prohibé*.....	51— 0 ..—.. ..—.. 50— 0 ..—..	29 mars 1791. 11 septemb. 1793. 3 frimaire 5. A.C. 3 therm. 10. A.C. 17 vent. 11 et loi du 8 flor. 11.
SUIE *de cheminée*. [Matière noirâtre et fuligineuse que la fumée a déposée contre les parois des cheminées.]..............	*Exempte*...... *Droit de bal*.	..—..	15 mars 1791. 24 nivôse 5.
SUIF *non ouvré*. [Espèce de graisse dure fournie par les seuls quadrupèdes ruminans.]........................	*Exempt*...... *Droit de bal*.	..—..	15 mars 1791. 24 nivôse 5.
SUMAC. [Arbrisseau d'environ 3 mètres de hauteur, à tige forte, divisée en branches irrégulières : l'écorce est recouverte d'un duvet jaunâtre : on coupe ses rejetons qu'on fait sécher pour les réduire en poudre et en former un tan.]..............	*Exempt*...... *Droit de bal*.	..—..	15 mars 1791. 24 nivôse 5.

RENVOIS.

SUCRION. *Voyez* Grains.
SUCS. Pour les différens sucs, *voyez* aux noms qui leur sont propres.
SUIF en chandelles. *Voyez* Chandelles.

TABAC en *feuilles* et en *côtes* (1), venant par *navires étrangers*. [Le tabac est une plante connue en Europe depuis la découverte de l'Amérique ; mais qui n'a été apportée en France que vers 1560. Il y en a de différentes espèces, les unes à feuilles larges et sans queues, les autres à feuilles étroites, pointues et à queues, d'autres encore à feuilles arrondies et obtuses par le bout. On importe ces feuilles séchées : elles sont alors d'un noir jaunâtre.]	Quintal...(2)	51 — 0	15 mars 1791.
	Idem......	51 — 0	20 mars 1791.
	Idem......	25 — 50	5 septemb. 1792.
	Idem......	51 — 0	22 germinal 5.
	Idem......	60 — 0	22 brumaire 7.
	Idem......	60 — 0	29 floréal 10.
	Kilogr. net..	1 — 0	5 ventôse 12.
	Idem... (3)	2 — 0	DI. 25 fév. 1806.
	Idem......	2 — 0	30 avril 1806.
	Kilogr. net..	4. 0	DI. 8 février 1810.
Celui venant par *navires françois*............(4)	Quintal.....	38 — 25	15 mars 1791.
	Idem......	38 — 25	20 mars 1791.
	Idem......	20 — 40	5 septemb. 1792.
	Idem......	38 — 25	22 germinal 5.
	Idem......	40 — 0	22 brumaire 7.
	Idem......	40 — 0	29 floréal 10.
	Kilogr. net..	0 — 80	5 ventôse 12.
	Idem......	1 — 80	DI. 28 fév. 1806.
	Idem......	1 — 80	30 avril 1806.
	Kilogr. net..	3. 60	DI. 8 février 1810.

(1) Les tabacs en côtes doivent les mêmes droits d'entrée que ceux en feuilles. (*D. du 12 frimaire an 6.*)
(2) Il résultoit de la loi du 15 mars 1791, que le tabac en feuilles qui n'étoit point en boucauts étoit saisissable, ainsi que celui provenant d'ailleurs que des États-Unis d'Amérique, des Colonies espagnoles, de l'Ukraine et du Levant, ou importé par des bâtimens étrangers à ces possessions. (Ces dispositions ont été abrogées par la loi du 5 septembre 1792.)
(3) Les tabacs en feuilles ne peuvent être importés que par les ports d'Ostende, Dunkerque, le Havre, Dieppe, Morlaix ; Nantes, St.-Malo, l'Orient, la Rochelle, Bordeaux, Cette et Marseille (*loi du 29 floréal an 10*), Anvers (*AC. 2 thermidor an 10*), Bayonne (*AC. 21 fructidor an 11, et loi du 22 ventôse an 12*), Cherbourg (*DI. 9 vendémiaire an 15, et loi du 1 pluviôse an 13*), Nice (*1 pluviôse an 13*), et par les bureaux de Cologne, Mayence et Strasbourg (*29 floréal an 10*), Coblentz (*DI. 9 ventôse an 13, et loi du 1 pluviôse an 13*), Verceil et Pozzulo, en payant immédiatement les droits (*1 pluviôse an 13*); Urdingen, pour la fabrique de Crevelt et sans entrepôt (*Déc. 26 fructidor an 10*); Mook, en payant immédiatement les droits en obligations, et expédition directe pour la fabrique sans entrepôt (*DI. 10 prairial an 13, et loi du 30 avril 1806*). Gênes. (30 avril 1806.). (Quant à Livourne, voyez l'article ENTREPÔTS aux Instructions.)
Les tabacs en feuilles ne peuvent être introduits par mer que sur bâtimens de 100 tonneaux, à l'exception de ceux venant de Hollande à Anvers, qui sont admis sur bâtimens de 50 tonneaux par la loi du 1 pluviôse an 13.
Aucune réduction de droits ne sera faite sur les tabacs pour cause d'avarie; lors de la reconnoissance qui en sera faite, les propriétaires auront la faculté d'en extraire les parties avariées, pour être brûlées ou réexportées, sans qu'ils puissent séparer la tige des feuilles. (*29 floréal an 10.*) Les droits continueront d'être perçus à la sortie de l'entrepôt, sur le poids net et effectif constaté au moment de leur entrée audit entrepôt. (*AC. 11 pluv. et 8 flor. 11.*)
Les tabacs en feuilles venus de l'étranger pourront être dix-huit mois en entrepôt sans payer de droit; pendant ces dix-huit mois ils peuvent être réexportés en franchise, mais, passé ce délai, le droit est exigible, soit à la sortie de l'entrepôt, si les tabacs y sont entrés, soit à la sortie de la douane, si l'expédition pour l'intérieur a lieu immédiatement. Dans l'un et l'autre cas, il sera perçu par parties égales en traites ou obligations suffisamment cautionnées à 3, 6, 9 et 12 mois de terme. (*5 ventôse an 12.*)
(4) Les tabacs, avant d'être mis dans les magasins d'entrepôts, doivent être vérifiés par les Préposés, et pesés en leur présence, aux frais des propriétaires (*8 flor. 11, art. 51.*)..... La mutation d'entrepôt d'un port à un autre n'a lieu que dans le cas d'une nécessité bien reconnue, et sur l'autorisation du Directeur général.
Les tabacs ne sortiront des ports de mer qu'après avoir payé les droits d'entrée au bureau des Douanes. Ils seront expédiés pour les entrepôts de l'intérieur sous plomb et avec acquit-à-caution. (*1 pluviôse an 13.*) L'acquit délivré pour les transports des tabacs aux

Tabacs *en feuilles*. Celui entrant *par terre*............ (3 et 4)	Quintal.....	51— 0	15 mars 1791.
	Idem......	25—50	5 septemb. 1792.
	Idem......	51— 0	22 germinal 5.
	Idem......	60— 0	22 brumaire 7.
	Prohibé....		29 floréal 10.
	Kilogr. net..	1— 0	5 ventôse 12.
	Idem......	2— 0	DI. 25 fév. 1806.
	Idem......	2— 0	30 avril 1806.
	Kilogr. net..	4.. 0	DI. 8 février 1810
Tabacs *fabriqués*. [Ce sont les feuilles ci-dessus apprêtées soit en carottes pour être râpées, soit filées pour être fumées, soit en cigarres, en poudre, etc., etc.]........................	Prohibés....		15 mars 1791.
	Idem......		29 mars 1791.
Tabacs en cigarres......................	Quintal.....	51— 0	5 septemb. 1792.
Tabacs du Brésil, et autres, *filés*...........	Idem......	51— 0	DM. 12 fructid. 6.
Tous Tabacs *fabriqués*, même ceux *préparés*. (5)..	Prohibés....		22 brumaire 7.

fabriques ne doit porter que les quantités reconnues à la sortie de l'entrepôt. (*DM. 20 frim.* 13.)

Les tabacs arrivant par le Rhin et la Meuse, même sur bâtimens français, seront traités comme ceux étrangers. (*D. 2 germ.* 7.)

Indépendamment des droits de Douanes sur les tabacs, il continuera d'être perçu, conformément à la loi du 29 floréal an 10, un droit de fabrication (il étoit de 40 cent. par kilogram.), tant sur les feuilles étrangères que sur les feuilles indigènes employées à la fabrication du tabac. Ce droit sera acquis au moment de l'entrée de ces feuilles dans les fabriques, et sera payable par parties égales en traites ou obligations suffisamment cautionnées à 3, 6, 9 et 12 mois de terme. (5 *ventôse* 12.) Le droit de fabrication établi par la loi du 5 ventôse an 12 sera perçu sur le poids des feuilles de tabac employées à la fabrication, à raison de 80 cent. par kilogramme. (30 *avril* 1806.)

(4) Les tabacs en feuilles importés par bâtimens français ne sont admis à la réduction du droit accordé par la loi du 22 brumaire an 7, qu'autant que l'importation en est faite directement par lesdits bâtimens, soit des Etats-Unis d'Amérique, soit des Colonies espagnoles, de l'Ukraine ou du Levant, et qu'il en est justifié. (*A. du* 16 *thermidor* 8.)

Échantillons de Tabacs. On ne peut extraire d'échantillons de tabac en feuilles étrangers au-delà d'*un kilogramme ou deux* par panier ou boucaut. Ils seront assujettis au droit et expédiés sous plomb et par acquit-à-caution n'énonçant point de destination; mais portant obligation cautionnée de le rapporter dans un délai de trois mois revêtu d'un certificat des préposés des entrepôts des consignataires. — Le plombage sera arrangé de manière à laisser les feuilles en évidence. (*CD.* 4 *avril* 1806.)

Les tabacs en feuilles de prises doivent les droits comme s'ils étoient importés par bâtimens étrangers. (*Décision du* 26 *fruct.* 7.)

(5) Il résulte d'une décision du ministre des Finances, en date du 22 frimaire an 7, que les ta' acs en cigarres et ceux filés du Brésil font partie de la prohibition des tabacs fabriqués ou seulement préparés. Les tabacs de santé même, dont l'admission avoit lieu en vertu d'une décision du 3 novembre 1791, sont également compris dans cette prohibition. (*LA.* 8 *nivôse* 7.) Il n'y a d'exception qu'en faveur du tabac à fumer du Brésil, dit de traite, pour le commerce du Sénégal. (*AC.* 11 *therm.* 10.) Le tabac en feuilles dépouillé de ses côtes doit être considéré comme ayant reçu une main-d'œuvre (*LD.* 12 *germ.* 10) : il est conséquemment prohibé. .. On doit refuser le débarquement de tous tabacs ayant reçu une main-d'œuvre quelconque ; ils doivent être réexportés immédiatement par le même navire qui les a apportés. (*Lettre au Direct. de Bordeaux du* 26 *therm. an* 9.)

Les tabacs fabriqués provenant de prises conduites directement en France sont admis, en acquittant les droits auxquels sont assujettis les tabacs en feuilles et en outre ceux de fabrication. (*DI.* 24 *juin* 1808. Voir la note à Marchandises de prises.)

Tableaux. [On donne ce nom aux ouvrages de peinture, soit sur bois, sur cuivre ou sur toile.] *Ils sont admis sans certificats quelle qu'en soit l'origine.* (*LM. 5 fructidor* 11.)............	*Exempts*..... *Droit de bal.*	..—..	15 mars 1791. 24 nivôse 5.
Ceux à *cadres* ou *bordures* ainsi que ceux *sous verres*, payent sur l'estimation des cadres ou bordures et des verres s'il y en a. (*LD. 24 fruct.* 13.)............	*Par* 100 *fr.*	15.. 0	15 mars 1791.
Tabletterie (*Ouvrages de*). [On comprend sous cette dénomination ces petits ouvrages faits au tour ou marquetés, qui ne sont pas tarifés particulièrement, tels que damiers, trictracs, échiquiers, tablettes artistement travaillées, etc.]............	*Par* 100 *fr.* *Prohibés*....	15— 0	15 mars 1791. 10 brumaire 5.
Talc. [Pierre magnésienne extrêmement onctueuse sous le doigt. Il y en a de blanc, de jaune et de verdâtre.]............	*Exempt*...... *Droit de bal.*	..—..	15 mars 1791. 24 nivôse 5.
Tamarin. [Fruit du Tamarinier. C'est une gousse oblongue un peu comprimée, ayant une double écorce ou enveloppe, l'extérieure sèche et fragile, l'intérieure membraneuse : entre ces écorces se trouve une pulpe acide et à trois semences aplaties, anguleuses et luisantes.]............	*Quintal*..... Idem...... Idem...... Idem......	5—10 20— 0 20— 0 40.. 0	15 mars 1791. DI. 17 pluv. 13. 30 avril 1806. DI. 8 février 1810.
Tamarin *confit*, ou Gourre. [Ce sont les fruits ci-dessus édulcorés avec du sucre ou du miel.]............	*Quintal*..... Idem *net*...	30—60 61..20	15 mars 1791. DI. 8 février 1810.
Tamaris (*Bois de*). [Ce bois, qui provient d'un arbre de moyenne hauteur, est blanc. Il sert principalement à faire des tasses, des gobelets, etc. On en brûle pour en obtenir le sel de tamaris par lixiviation, etc.]............	*Quintal*..... Idem......	15—30 30.. 60	15 mars 1791. DI. 8 février 1810.

RENVOIS.

Tabatières. *Voyez* Boîtes.
Taccamaca. *Voyez aux* Gommes.
Tapia. *Voyez* Rhum.

TAMARIS (*Ecorce de*). [C'est l'écorce de l'arbre ci-dessus : elle est rude, grise au dehors et rougeâtre en dedans. Elle sert en médecine.]	Quintal..... Idem......	6—12 12..24	15 mars 1791. DI. 8 février 1810.
TAN. [On nomme *tan* des écorces qui, battues et réduites en poudre grossière, sont propres à préparer les cuirs.]	Exempt..... Droit de bal.......		15 mars 1791. 24 nivôse 5.
TAPIS. [Les tapis sont des tissus ras ou peluchés, très-fournis de matières, et qui sont travaillés à l'aiguille ou sur des métiers.] Ceux de *fil* et *laine*.................................. (1)	Quintal..... Prohibés....	102— 0	15 mars 1791. 10 brumaire 5.
Ceux de *laine*.. (1)	Quintal..... Prohibés....	146—88	15 mars 1791. 10 brumaire 5.
Ceux de *soie* ou *mêlés de soie*...........................	Quintal.....	308.. 0	15 mars 1791.
Ceux dits *Anglois*....................................	Prohibés....		10 brumaire 5.
TAPISSERIES, *façon d'Anvers et de Bruxelles*. [Etoffes employées à couvrir les murailles des appartemens : elles sont ordinairement en laine et fil, travaillées au métier et ornées de dessins.]	Quintal.....	81..60	15 mars 1791.
Celles avec *or* et *argent*............................. (2)	Quintal.....	489..60	15 mars 1791.
Celles *peintes*..................................... (2)	Quintal.....	91..80	15 mars 1791.
Celles autres que celles ci-dessus............... (2)	Quintal.....	244..80	15 mars 1791.

RENVOIS.

TAMBOURS. *Voyez* à Mercerie.
TAMBOURS de Basque et TAMBOURINS, V. Instrumens de musique.
TAMIS. *Voyez* Mercerie.
TAN (Bois ou Ecorces à). *Voyez* Bois et Ecorces.
TANAISIE. *Voyez* Herbe aux vers.
TAPISSERIES en cuir, *Voyez* Cuirs dorés.

(1) C'est par décision du 28 mars 1809 que l'ordre a été donné d'appliquer le premier paragraphe de l'art 5 de la loi du 10 brumaire an 5, aux tapis composés de laine, coton et poil ou mélangés de ces matières en quelque proportion que ce soit. (CD. 4 avril 1809.)
Cette prohibition s'étend aux tapis grossiers de poil de vache. (LD. 4 décembre 1809.)
(2) La loi du 10 brumaire an 5 n'a-t-elle pas aussi frappé les tapisseries comme étoffes de laine etc. C'est une question que, pour l'intérêt de nos manufactures, l'on pourroit résoudre affirmativement.

TAPSIE *noir* et *blanc*. [Ce sont les racines de la plante de ce nom. Elles sont peu grosses, longues, chevelues vers la tige, empreintes d'un suc laiteux très-âcre, un peu corrosif et amer; de couleur grise ou blanchâtre, et quelquefois noire en dehors.]	Quintal..... Idem... (1)	2— 4 4.. 8	15 mars 1791. DI. 8 février 1810.
TARTRE. [Substance saline blanche ou rouge qui s'attache aux parois des tonneaux de vin, sous la forme d'une croûte composée de plusieurs couches où on aperçoit une cristallisation confuse.]	Quintal..... Idem...... Idem...... Idem...... Idem...... Idem... (2)	1—53 0—15 1—53 6— 0 6— 0 12.. 0	15 mars 1791. 12 pluviôse 3. 9 floréal 7. DI. 17 pluviôse 13. 30 avril 1806. DI. 8 février 1810.
TÉRÉBENTHINE *commune*. [Résine liquide de sapin, plus claire que celle ci-dessous, et dont l'odeur et la saveur ont quelque ressemblance avec celles de l'écorce de citron.]...............	Quintal..... Idem......	3—57 7..14	15 mars 1791. DI. 8 février 1810.
TÉRÉBENTHINE *de Venise*. [Substance résineuse qui découle du mélèze : elle est liquide, visqueuse, plus épaisse que l'huile, plus coulante que le miel, semi-transparente, de couleur jaunâtre, d'odeur aromatique forte, assez agréable, de saveur âcre et peu amère.]...........................	Quintal..... Idem......	15—30 30..60	15 mars 1791. DI. 8 février 1810.
TERRE *d'ombre*, *de Lemnos*, *Rouge* ou *Rouge d'Inde* et *Terre rubrique à faire crayons*. [Matières terreuses, de couleur plus ou moins brune obscure, qu'on emploie principalement en peinture.].. (3)	Exemptes... Droit de bal.	.......—	15 mars 1791. 24 nivôse 5.
TERRE *à pipe*, *de moulard* ou *cimolée*, et *Terre sigillée*. [La terre à pipe est tendre, liante, légère, douce au toucher; elle blanchit au feu. Le nom de *moulard* ou *cimolée* est donné tantôt à une terre bolaire naturelle, tantôt à la terre qui se trouve au fond de l'auge des couteliers. La terre *sigillée* est une terre bolaire couleur de chair, détrempée, formée en pastilles et marquée d'un cachet.]...............................	Exemptes... Droit de bal.	.......—	15 mars 1791. 24 nivôse 5.
TERRE *verte*. [Substance terreuse qui offre plusieurs jolies nuances de vert; c'est un véritable ochre de cuivre. On l'importe en morceaux de différentes grosseurs pour la peinture.]......... (4)	Quintal..... Idem......	2— 4 4.. 8	15 mars 1791. DI. 8 février 1810.
THÉ. [Petites feuilles récoltées sur un arbuste, qui, séchées et frisées, deviennent propres à l'infusion très-connue sous ce nom. Il y a différentes espèces de thé.].......................... Celui dont la valeur étoit au-dessous de 10 fr......... Celui dont la valeur sera au-dessous de 8 fr............ (5)	Quintal net.. Idem...... Kilogr. net.. Idem...... Idem...... Kilogr. net..	153— 0 50— 0 2— 0 3— 0 3— 0 6.. 0	15 mars 1791. 9 floréal 7. DI. 17 pluv. 13. DI. 4 mars 1806. 30 avril 1806. DI. 8 février 1810.

RENVOIS.

TARTRE (Crème de). *Voyez* Crème.
TARTRE (Huile de). *Voyez* aux Huiles.
TARTRE végétal (Sel de). *Voyez* aux Sels.
TAUREAUX. *Voyez* Bestiaux.
TÉLESCOPES. *V.* Instrumens d'astronomie.
TERRE DE COLOGNE non préparée 3 pour 100, celle préparée 10 pour 100.
TERRA MERITA. *Voyez* Curcuma.
TERRE JAUNE, comme ochre (*LD.* 14 avril 1809.)
TERRE glaise. *Voyez* Argile.
TERRE de Perse. *Voyez* Rouge-brun.
TERRE de Porcelaine. *Voyez* Perle.

(1) La Tapsie n'étoit pas reprise au Tarif de 1664.
(2) Ce droit concerne seulement le tartre de vin et non la gravelle, qui est exempte de droits. (1 *août* 1792.)
Le tartre a été soumis au double droit par lettres du 16 avril et 14 mai 1810.
(3) Voir la note de l'article BRUN-ROUGE.
(4) C'est par lettre du 21 mai 1810 que la terre verte a été soumise au double droit.
(5) De quelque pays que vienne le thé, il doit ce droit ou celui indiqué à la page suivante. Ainsi, celui provenant du commerce français au-delà du Cap de Bonne-Espérance, qui ne payoit que 10 fr. 20 cent. du quintal par la loi du 15 mars 1791, est également soumis aux nouveaux droits.
Le droit additionnel de 10 pour 100 de la valeur, imposé sur le thé dont la valeur est de 8 francs et au-dessus le kilogramme, n'est point susceptible de doublement et ce principe est applicable à tous les cas de l'espèce. (*CD.* 20 *avril* 1810)

Thé.	Le *thé* dont les valeurs surpasseront celles ci-dessus (*primitivement de* 10 *fr. et au-dessus, actuellement de* 8 *fr. et au-dessus*), paiera d'abord le droit indiqué à la page précédente, plus un droit additionnel de... (1)	Par 100 *fr.*. Idem...... Idem......	5— 0 10— 0 10.. 0	DI. 17 pluv. 13. DI. 4 mars 1806. 30 avril 1806.
Toiles de chanvre et de lin.	[Tissu uni fait au métier.] (2 *et* 3) Celles *écrues*. [Ce sont celles telles qu'on les retire de dessus les métiers, et qui ont la couleur primitive du fil.]......................................	Quintal.. (4) Idem...... Idem...... Idem......	142—80 36—72 5—10 51. 0	15 mars 1791. 19 mai 1793. 12 pluviôse 3. 3 frimaire 5.
	Celles *blanches*. [Ce sont celles qui ont reçu cette couleur par l'opération du blanchiment.]............ (3)	Quintal.. (4) Idem...... Idem...... Idem......	91—80 45—90 5—10 61..20	15 mars 1791. 19 mai 1793. 12 pluviôse 3. 3 frimaire 5.
	Celles à *voiles grosses*. [On reconnoît les toiles à voiles en ce qu'étant très-serrées, l'eau ne les pénètre pas.] (3 *et* 5). *Comme toiles de chanvre et de lin, suivant qu'elles sont* écrues *ou* blanches.	Quintal..... Idem......	20—40 2— 4	15 mars 1791. 12 pluviôse 3. 3 frimaire 5.
	Celles à *voiles fines*. [Ce sont celles dont l'aune ancienne ne pèse pas un demi-kilogramme.].......... (3 *et* 6) *Comme toiles de chanvre et de lin, suivant qu'elles sont* écrues *ou* blanches.	Quintal.....	51— 0	15 mars 1791. 3 frimaire 5.
	Celles *teintes* et *peintes*. [Cet article comprend toutes les toiles de chanvre et de lin qui ont reçu quelque couleur, soit par l'impression, soit par la teinture.] Ainsi toutes ces toiles, *à l'exception de celles ci-dessous*, doivent... (7)	Quintal.....	275..40	15 mars 1791.
	Celles à *carreaux*, *pour matelas*. [Elles sont les plus ordinairement à carreaux bleus et blancs, fortes et peu fines.]... (8)	Quintal. ...	81..60	15 mars 1791.
	Toiles dites *coutils*. [Cette toile, très-forte et très-serrée, est ordinairement de fil de chanvre.].......... (9)	Quintal.....	81..60	15 mars 1791.

RENVOIS.

Théières de cuivre, étamées ou vernies. *Voy.* Cuivre ciselé.
Thériaque. *V.* Confection.
Thermomètres. *V.* Instrumens de physique.
Thimelée. *Voyez* Garou.
Thon mariné. *V.* l'article Poissons.
Thurique (Gomme de). *V.* aux Gommes.
Thurique (Graine). *Voyez* aux Graines.
Tiges de Bottes. *Voyez* Peaux.
Tilleul (Écorces de). *Voyez* aux Écorces.
Tire-bouchons. *Voyez* Mercerie commune.
Tissus de laine et fils teints. *V.* Rubans de fil teints.

(1) *Voyez* la note 6 de la page précédente.
(2) Le linge de table même en pièces n'est pas compris sous la dénomination Toiles; il est tarifé particulièrement. Voir à Linge.
(3) Les toiles de chanvre et de lin et les toiles à voiles provenant des fabriques du royaume d'Italie, ne payeront à leur entrée en France que la moitié des droits fixés par le tarif français actuellement existant. (*Traité de Commerce du 20 juin 1808.*).
(4) Les toiles écrues importées par les bureaux de Lille, Valenciennes, Givet, la Chapelle et St.-Louis, ne payoient que 75 fr. 44 cent. du quintal décimal par la loi du 15 mars 1791. Les toiles blanches payoient aussi 142 fr. 80 cent. lorsqu'elles étoient importées par d'autres bureaux que ceux ci-dessus.
(5) Les toiles préparées pour peindre seront traitées comme les toiles à voiles grosses. (1 *août* 1792.) Elles doivent donc le droit de 20 fr. 40 c. du quintal, imposé par la loi du 15 mars 1791 sur les toiles à voiles grosses.
(6) Les toiles d'étoupes seront traitées comme toiles à voiles fines. (1 *août* 1792.)
(7) Les toiles fines, quoiqu'à carreaux, imitant l'étoffe de soie qu'on appelle *quinze seize*, qui sont susceptibles d'être employées en rideaux, doivent les droits

Toiles gommées, treillis, bougrans et autres toiles à chapeaux de toutes couleurs. [Les premières sont légères: les treillis sont ou une toile écrue grosse et forte, ou une toile teinte gommée, calendrée et lustrée : les bougrans sont de grosses toiles de chanvre très-gommées, calendrées et teintes : les toiles à chapeaux sont glacées et teintes en diverses couleurs.]........(10)	Quintal.....	39..60	15 mars 1791.
Toiles cirées de toutes sortes. [Ce sont des toiles enduites d'une certaine composition faite de cire ou de résine mêlée de quelques autres ingrédiens. Il y en a de communes et de très-belles dont on se sert pour couvrir les tables, etc.].....................(11)	Quintal.....	40..80	15 mars 1791.
TOILES de COTON et TOILES de FIL et de COTON. [Les toiles de coton ou mêlées de coton, se distinguent facilement des autres en ce qu'elles sont plus douces et plus moelleuses.]...........(12)	Quintal.....	153—0	15 mars 1791.
Celles écrues............	Idem......	80—0	9 floréal 7.
Celles blanches........	Idem......	100—0	Même loi.
Toute Toile de coton ou de fil et coton, d'origine non prohibée, autant de fois qu'il y aura de mètres carrés au kilogramme............	Mètre carré.. Idem......	0—5 0—5	AC. 6 brum. 12. 22 ventôse 12.
Celles écrues ou blanches paieront, indépendamment du droit fixé par la loi du 22 ventôse an 12; un droit additionnel de............	Mètre carré..	0—10	DI. 17 pluv. 13.
Celles qui auront plus de 12 mètres carrés au kilogramme paieront....................1°. 2°.	Idem...... Par 100. fr..	0—60 5—0	Même décret. Même décret.
Les Toiles de fil et coton et Toiles de coton, paieront autant de fois qu'il y aura de mètres carrés au kilogr...	Mètre carré..	0—10	DI. 1 compl. 13.
Toutes Toiles de coton blanches et Toiles de fil et coton....	Prohibées...		DI. 22 fév. 1806 et loi du 30 avr. 1806.
Celles teintes ou peintes en une seule couleur............	Quintal.....	275—40	15 mars 1791.
Elles paieront d'abord le droit imposé sur celles blanches, plus un droit additionnel de..................	Mètre carré.. Idem...... Idem...... Prohibées...	0—50 0—50 0—50	AC. 6 brum. 12. 22 ventôse 12. DI. 1 compl. 13. DI. 22 fév. 1806 et loi du 30 avr. 1806.
Celles teintes ou peintes en plusieurs couleurs............	Quintal.....	275—40	15 mars 1791.
Elles paieront d'abord le droit imposé sur celles blanches, plus un droit additionnel de..................	Mètre carré.. Idem...... Idem...... Prohibées...	1—0 1—0 1—0	AC. 6 brum. 12. 22 ventôse 12. DI. 1 compl. 13. DI. 22 fév. 1806 et loi du 30 avr. 1806.

comme toiles peintes et teintes. Les toiles peintes ou teintes de pur fil ne peuvent entrer par terre que par les bureaux de Bourg-Libre, Verrières-de-Joux, Versoix et Verceil; par le Rhin, que par Cologne, Coblentz, Mayence et Strasbourg ; par mer, que par les ports qui ont un entrepôt fictif ou réel.

(8) Une décision du 7 pluviôse an 8 assimile aux toiles à matelas celles à carreaux, dont la chaîne est formée de fil de lin ou de chanvre, et la trame de fil de coton. On fabrique en Suisse une toile à carreaux nommée siamoise, servant à l'habillement des femmes de campagne et à faire des matelas : c'est cette toile dont il s'agit dans la décision. (CA. 11 pluviôse 8.) Cette toile, comme contenant du coton, me paroît devoir suivre actuellement la prohibition ordonnée par la loi du 30 avril 1806 sur les toiles de coton ou de fil et coton.

(9) Les coutils rayés peints ou teints en telle partie que ce soit, payent comme toiles teintes et peintes. (Décision du 1 ventôse 12.) Ceux en coton sont prohibés.

(10) Les toiles jamais bleues du Levant payent comme toiles à chapeaux. (D. 2 messidor an 5.).... — Les toiles grossières, et n'étant propres qu'aux emballages, sont rangées dans cette classe. (LD. 27 mai 1807.)

(11) Les toiles cirées peintes pour tapisseries doivent comme tapisseries peintes.

(12) Avant la prohibition, elles n'étoient admissibles même que par certains bureaux... — Les toiles de coton brochées, brodées ou rayées sont traitées comme mousselines brodées.

Les toiles de coton venant de prises, ne sont pas admises dans la consommation..., elles doivent être réexportées... Voyez MARCHANDISES DE PRISES.

Toiles de nankin. [Elles sont d'un jaune écru foncé et fort étroites.]	*La pièce..* (1)	0—75	15 mars 1791.
	Par mètre..	0—25	9 floréal 7.
	Prohibées..	—	DI. 26 vend. 13.
	Idem......	—	1er. pluviôse 13.
	Par mètre (2)	0—50	DI. 17 pluv. 13.
	Idem......	0—50	30 avril 1806.
	Par mètre..	1.. 0	DI. 8 février 1810.
Toiles dites *nankinets.* [Ce sont les nankins d'Europe.]......(3)	*Prohibées....*		10 brumaire 5.
Toiles *de crin*, ou *Rapatelle*. [Espèce de toile plus ou moins claire faite de crin de cheval.]	*Quintal......*	20..40	15 mars 1791.
Tombac, *Similor* ou *Métal de prince* et *de Manheim.* [C'est un alliage de cuivre et de zinc formé par la fusion directe et simultanée des deux métaux. Il est cassant, de couleur d'or, et susceptible d'un beau poli.]	*Quintal......*	15..30	15 mars 1791.
Celui ouvragé, en feuilles, en calottes de boutons, gratté ou non.........	*Quintal......* *Prohibé......*	36—72	15 mars 1791. 10 brumaire 5.
Tormentille. [Racines de deux plantes de ce nom, qui ne diffèrent que par la grosseur et le foncé de leurs couleurs : elles sont en tubercules raboteux, peu fibreux, plus ou moins droits, de couleur obscure en dehors, rougeâtres en dedans, et d'un goût astringent.]............(4)	*Quintal......* Idem......	2— 4 4.. 8	15 mars 1791. 8 février 1810.
Tourbes. [Mottes d'un brun noirâtre, propres au chauffage, faites de terreau altéré dans l'eau.]..................	*Exemptes...* *Droit de bal....*		15 mars 1791. 24 nivôse 5.
Tournesol ou *Maurelle en drapeaux.* [Ce sont des morceaux de toile imbibés et empreints d'une teinture rouge préparée avec le suc du croton teignant et un peu de liqueur urineuse. Celui de Constantinople est du crêpon ou toile teinte en rouge avec la cochenille.].............	*Exempt......* *Droit de bal....*		15 mars 1791. 24 nivôse 5.
Tournesol *en pâte.* [C'est une pâte ou laque sèche préparée avec le *lichen parelle*, l'urine, la craie et la potasse : sa couleur est bleue ; elle vient en pains ou en morceaux.]......(5)	*Quintal......* Idem...... Idem......	10— 0 10— 0 20.. 0	DI. 14 fév. 1806. 30 avril 1806. DI. 8 février 1810.

Toiles de batiste. *V.* Batiste.
Toiles ouvrées. *V.* Linge.
Tôle. *Voyez* Fer et Ouvrages en tôle.
Tortue (Écailles de). *Voyez* Écailles.

(1) La pièce de Nankin étoit indiquée être de 5 aunes ou 5 mètres 75 centimètres.
(2) Les nankins des Indes continuent à être importés sans certificat d'origine. L'entrée des nankins *par terre* est restreinte aux bureaux des douanes précédemment ouverts à l'importation des toiles de coton. [*DM.* 31 mars 1807.] Ces bureaux sont : Cologne, Mayence, Bourg-Libre, Verrières-de-Joux, Versoix, Strasbourg, Coblentz et Verceil... — *Par mer*, aux ports d'entrepôt réel ou fictif. (*Circulaire* 25 *pluv.* 13.)
(3) Les nankins d'Europe n'étant autre chose que des nankinets dont l'importation fut prohibée par la loi du 10 brumaire an 5, il a été décidé le 7 messidor an 12 que les nankins des Indes seroient seuls admis à l'entrée.
(4) La tormentille n'étoit pas reprise au Tarif de 1664.
(5) Par cela que les lettres administratives ont appliqué le double droit aux différens ingrédiens propres à la teinture, j'applique le décret du 8 février au tournesol en pâte.

Tours et Étaux d'horlogers. [Ce sont des machines composées dont l'une a été décrite à étaux. Les tours servent à façonner en rond différentes fournitures d'horlogerie.]............ Comme omis. (*DM. 22 nivôse 7.*)	*Par 100 fr.*	10..0	22 août 1791.
Truffes *fraîches*. [Sorte de champignons dont la couleur est noirâtre et la surface couverte de tubercules prismatiques : de forme globuleuse irrégulière et d'odeur pénétrante et succulente.]................	*Quintal*	36..72	15 mars 1791.
Celles *sèches*. [Ce sont les plantes ci-dessus coupées par tranches et ainsi desséchées.]..............	*Quintal*	20..40	15 mars 1791.
Turbith. [C'est une racine communément séparée de sa moelle ligneuse, desséchée, coupée en morceaux oblongs, compactes, de la grosseur du doigt, résineux, bruns ou gris en dehors, blanchâtres en dedans, d'une saveur âcre et nauséabonde.]................	*Quintal* *Idem*	10—20 20..40	15 mars 1791. DI. 8 février 1810.
Tussilage, ou *Pas-d'âne*. [Plante dont les fleurs jaunes ressemblent à celles du pissenlit ; elles croissent avant les feuilles, qui sont grandes, larges, anguleuses, presque rondes, vertes en dessus, blanchâtres et cotonneuses en dessous.]....... (1)	*Quintal* *Idem*	2..4 4..8	15 mars 1791. DI. 8 février 1810.
Tutie. [Espèce de suie métallique comme la calamine. Celle-ci est en écailles voûtées, dure, grise et chagrinée en dessus.]....	*Quintal* *Idem*	2..4 4..8	15 mars 1791. DI. 8 février 1810.
Usnée. [Sorte de lichen ou mousse d'arbre à tiges filamenteuses ramassées en touffes ou pendantes. Sa substance est spongieuse, molle et souple lorsqu'elle est humide : elle est cassante lorsqu'elle est sèche.]................(1)	*Quintal* *Idem*	2..4 4..8	15 mars 1791. DI. 8 février 1810.
Vanille, ou *Baditte*. [Fruit du vanillier qu'on apporte du Mexique et du Pérou. Ces fruits, tels qu'on les voit dans le commerce, sont des espèces de siliques ayant six à sept pouces de longueur, d'un roux brun, un peu aplaties d'un côté, larges de près de quatre lignes, et se divisant en deux valves dans leur longueur. La pulpe qu'elles renferment est roussâtre, remplie d'une infinité de petits grains noirs, luisans. Elle est un peu âcre, grasse et a une odeur suave.]........	*Kilogramme*. *Kilogr. net.* *Idem* *Idem*	12—24 12—24 12—24 24..48	15 mars 1791. AC. 9 nivôse 11. 8 floréal 11. DI. 8 février 1810
Vélin. [Il est plus uni, plus lisse et plus fin que le parchemin. Il est fait de peaux d'agnelins morts-nés qu'on ne passe pas à la chaux.]..............	*Quintal*	12..24	15 mars 1791.

Tourteaux de navette, etc. *V.* Pains de navette.
Toutenague. *Voyez* Zinc.
Trèfle (Graine de). *Voyez* aux Graines.
Tresses. *Voyez* Rubans et Passementerie.
Tricots. *Voyez* Draperies.
Tricots de Berlin, proh. dés. (*DI. 14 mars 1809.*)
Tripes de morue. *V.* aux Poissons de mer.
Truffes. *Voyez* Cuir.
Trompes, Trompettes et Tympanons. *V.* Instrumens de musique.
Tuiles. *Voyez* Briques.
Tulles anglois, de gaze, prohibés. (*DI. 10 mars 1810.*)
Turquoises. *Voyez* Draperies.
Vaches. *Voyez* Bestiaux.
Vaquettes. *V.* la note à peaux tannées.
Veaux. *Voyez* Bestiaux.
Velanède, *Voyez* Avelanède.

(1) Le tussilage ni l'usnée n'étoient repris au Tarif de 1664.

Désignation		Droits	Référence
VENDANGES et *le Moût*. [On nomme *vendanges* les raisins tels qu'on les recueille pour faire le vin. Le *moût* est de jus exprimé du raisin; en un mot, du vin doux et nouvellement fait.]............(1)	Comme *fruits crus*........	L. 25 fructidor 6.	
	Les deux tiers du droit sur le vin.	DM. 4 vend. 12 et loi du 22 vent. 12.	
VERJUS. [Liquide extrait d'une variété de raisins qui est très-acide.]..	Les 268 litres.	6.. 0	15 mars 1791.
VERMEIL. [Composition de gomme gutte, de vermillon et d'autres ingrédiens. Le *vermeil doré* se fait avec de l'or amalgamé avec le mercure. Ces couleurs servent aux orfévres et aux peintres.]............(2)	Quintal...... Idem *net*..	20—40 40.. 80	15 mars 1791. DI. 8 février 1810.
VERMILLON. [C'est du cinabre artificiel réduit en une poudre très-fine. Il y a aussi du vermillon natif: tous deux sont d'un rouge vif.]............(3)	Quintal...... Idem...... Idem...... Idem *net*..	20—40 100— 0 100— 0 200.. 0	15 mars 1791. DI. 17 pluv. 13. 30 avril 1806. DI. 8 février 1810.
VERNIS *de toutes sortes*. [On donne ce nom dans les arts à toute matière liquide dont la propriété, après sa dessication, est de garantir les métaux, bois, papiers, etc., des influences de l'air et de l'eau. Ils sont en général composés d'esprit-de-vin et de gommes ou résines.]............(4)	Quintal...... Idem *net*..	40—80 81. 60	15 mars 1791. DI. 8 février 1810.
VERRE *de Moscovie*. [On a donné ce nom au *Mica* à grandes lames. C'est une substance minérale qu'on emploie au lieu de verres pour les fenêtres des vaisseaux.]	Exempt....... Droit de bál..	—	15 mars 1791. 24 nivôse 5.
VERRES *cassés ou Groisil*. [On nomme *groisil*, dans la verrerie, le verre cassé et les morceaux de glace.]	Exempts..... Droit de bál..	—	15 mars 1791. 24 nivôse 5.
VERRES *en bouteilles*. [Ce qui, pour les droits et la prohibition, s'entendoit d'abord des bouteilles de verre noir pleines ou vides; depuis le 17 pluviôse an 13 l'entrée est repermise aux bouteilles pleines.]............(5)	Le 100 en N. Prohibés.... Le 100 en N.	4— 0 12.. 0	15 mars 1791. 10 brumaire 5. DI. 17 pluv. 13 et loi du 30 avr. 1806.

VELOURS de Coton, *Voyez* Draps.
VELOURS de soie. *V.* Étoffes de soie.
VÉNUS (Régul. de). *Voyez* à Régule.
VERGETTES. *V.* Brosserie.
VERMICEL. *Voyez* Pâtes d'Italie.
VÉRONIQUE. *V.* Vulnéraires.

(1) Excepté quand ils proviennent de vignes possédées par les Français sur territoire étranger voisin des départemens de la rive du Rhin et de ceux de Marengo, de la Sésia, de la Doire, du Tanaro et de la Stura. (22 ventôse 12.) Ils ne payent alors que le droit de balance.

Pour faciliter la perception, il sera pris trois tonneaux de vendange ou moût pour un tonneau de vin. (DM. 4 vendém. an 12.)

(2) Il ne peut pas s'agir dans cet article du vermeil doré, puisque, c'est de l'or en ouvrages d'orfèvrerie; conséquemment le titre ci-dessus ne peut concerner que la composition colorante, et dès-lors ce vermeil doit le double droit par cela que les ingrédiens qui le composent sont frappés par le décret du 8 février 1810.... Le Tarif de 1664 l'avoit toutefois classé à marchandises où étoient portées d'autres matières colorantes; mais comme ces dernières ont été retirées de cette classe, il y a concordance de répéter aussi celle-ci *droguerie*.

(3) Le vermillon n'étoit pas réputé droguerie par le Tarif de 1664; mais une lettre du 22 mai 1810 ayant rangé le cinabre dans cette classe, il devient clair que le vermillon, qui n'est autre chose que du cinabre, doit conséquemment le double droit.

Il y a cependant entre ces deux objets une singulière discordance de tarification; elle provient du défaut de méthode de la loi de 1791, qui, tout en tarifant le cinabre et le vermillon aux mêmes droits, les a cependant classés au Tarif, de manière à faire croire que ce sont deux marchandises différentes; delà, lorsqu'on a augmenté les droits sur le vermillon, on a oublié d'enregistrer l'augmentation à l'article cinabre et il en est résulté que, depuis, l'on fait de fausses perceptions; car sans doute le commerce présente actuellement à la douane plus de cinabre que de vermillon... toute fois comme il n'est pas du ressort d'un particulier de corriger les tarifications, je me borne à faire cette observation.

Verres en *vases* servant à la chimie. [Ces verres sont de formes très-variées, mais peu usités; ils sont, par cela seul, très-faciles à distinguer des autres.]	Par 100 fr.. Prohibés....	5— 0	15 mars 1791. 10 brumaire 5.
Verreries et Cristaux *de toutes espèces*, à l'exception de ceux tarifés et des verres servant à la Lunetterie et à l'Horlogerie.] .. (6)	Prohibés.... Idem......	....	15 mars 1791. 10 brumaire 5.
Vert-de-gris *sec et en poudre*. [Combinaison de l'oxide de cuivre avec l'acide du vinaigre. La rouille verte qui s'engendre sur le cuivre est du vert-de-gris : on la racle et on l'envoie en poudre ou en pains dans des sacs de peaux ou en tonneaux.]	Quintal..... Idem......	15—30 30..60	15 mars 1791. DI. 8 février 1810.
Celui cristallisé. [Il est clair, transparent, et à-peu-près comme le sucre candi; c'est la substance ci-dessus mise en cristallisation.]	Quintal..... Idem *net*..	20—40 40..80	15 mars 1791. DI. 8 février 1810.
Celui humide. [C'est du vert-de-gris étendu dans de l'eau pour servir à la peinture.]	Quintal..... Idem......	6—12 12..24	15 mars 1791. DI. 8 février 1810.
Vert *de montagne*. [Carbonate de cuivre vert, tantôt compacte et tantôt pulvérulent : il est ordinairement mêlé de parties terreuses.]	Quintal..... Idem......	15—30 30..60	15 mars 1791. DI. 8 février 1810.
Vert *de vessie*. [Ce sont des baies de nerprun réduites en pâte dure qu'on enveloppe dans des vessies : elles donnent un beau vert dont se servent les peintres et les teinturiers.] .... (7)	Quintal..... Idem *net*..	20—40 40..80	15 mars 1791. DI. 8 février 1810.
Vez-cabouli. [Racine médicinale des Indes. On la tire de Surate; elle s'emploie aussi en teinture.]	Quintal..... Idem......	6—12 12..24	15 mars 1791. DI. 8 février 1810.
Viande *fraiche*. [On désigne sous ce nom la chair des animaux que les hommes ont reconnu propre à leur servir de nourriture.]..			

Verre d'antimoine. *Voyez* Antimoine préparé.
Verre (Grains de). *Voyez* la note à Mercerie.
Verroux en fer. Prohibés. (*LD.* 21 *frim.* 14.)
Vers à soie (Graine de). *Voyez* aux Graines.
Vestes de peaux. *Voyez* Ouvrages en peaux.
Viandes salées. *Voyez* Chairs salées.
Vielles. *V.* Instrumens de musique.
Vieux linges. *Voyez* Drilles.
Vif-argent. *Voyez* Mercure.

(*a*) Les vernis étoient classés à marchandises dans le Tarif de 1664, mais puisqu'on a réputé drogues les couleurs à peindre, il est conséquent de traiter de même les vernis ... les gommes qui entrent dans leur composition devoient d'ailleurs les entraîner dans cette classification et il en a été décidé ainsi.

(5) Les bouteilles vides restent prohibées et ne peuvent même être admises sous prétexte qu'on veut les remplir de vin destiné pour l'étranger; car en faisant usage de ces bouteilles sur le territoire français, on éluderoit les dispositions de la loi, qui a voulu favoriser les verreries nationales (*DM.* 22 *germinal* b.) Une lettre du ministre des Finances à celui de l'Intérieur, du 2 messidor an 5, confirme cette décision.

Pour les bouteilles françaises revenant de l'étranger, *voyez* la note à Marchandises de retour.
(6) Les glaces et miroirs sont tarifés particulièrement. *Voyez* Glaces.
Les verres servant à la lunetterie payent comme instrumens d'astronomie, d'optique, etc.; et ceux pour l'horlogerie doivent également 10 pour 100 de leur valeur, mais comme omis.
(7) Le vert de vessie est classé à marchandises dans le Tarif de 1664, mais, à raison de ce qu'il a été décidé que le décret du 8 février 1810 frappoit sur les couleurs à peindre, il devient concordant de doubler le droit sur le vert-de-vessie qui d'ailleurs devoit le supporter par sa matière première.

Désignation	Quantité	Droit	Référence
Vinaigre. [Liqueur aigrie. On fait du vinaigre de vin, de cidre, de bière, et généralement avec tous les sucs des végétaux qui ont subi d'abord la fermentation spiritueuse.]	Les 268 litres. Le litre.	3— 0 0..10	15 mars 1791. DI. 17 pluv. 13 et loi du 30 avr. 1806.
Vins. [Liqueur tirée par expression du fruit de la vigne. Les vins sont ou rouges ou blancs et servent de boisson.] (1) Ceux *ordinaires*, en *bouteilles*...............(2)	268 litres. Le litre.	60— 0 0..25	15 mars 1791. DI. 17 pluv. 17 et loi du 30 avr. 1806.
Ceux *ordinaires*, en *futailles*........(3 et 4)	268 litres. Le litre.	25— 0 0..25	15 mars 1791. DI. 17 pluv. 13 et loi du 30 avr. 1806.
Ceux *de liqueur*, tels que de Malaga, Pakaret, Kérès, Rota, Alicante, Constance, du Cap, de Madère, de Tokay et autres, soit qu'ils entrent en futailles ou en bouteilles.................(5)	Le litre.	1.. 0	DI. 17 pluv. 13 et loi du 30 avr. 1806.
Viorne ou *Hardeau* (*Feuilles et baies de*). [Elles croissent sur un arbrisseau ; les feuilles, semblables à celles de l'Orme, sont velues, crénelées ; les baies sont molles, presqu'ovales, noires, et contiennent une semence fort aplatie, large, cannelée et presqu'osseuse.]........(6)	Quintal. Idem.	2— 4 4.. 8	15 mars 1791. DI. 8 février 1810.
Vipères *vivantes et sèches*. [Genre de reptiles dont le caractère consiste à avoir des plaques transversales sous le ventre, deux rangs de demi-plaques sous la queue, et des crochets à venin à l'extrémité antérieure de la mâchoire supérieure.]....(6)	Le 100 en N. Idem.	5— 0 10.. 0	15 mars 1791. DI. 8 février 1810.
Visnage (*Taille de bisnague* ou). [Sortes de cure-dents faits des petites branches de l'arbre de ce nom taillées par les deux bouts : ils sont en général d'une couleur blonde.]	Quintal.	12..24	15 mars 1791.
Vitriol *blanc*. [Sulfate de zinc. C'est la même chose que la couperose blanche.]	Quintal. Idem. Idem. Idem.	15—30 1—53 15—30 30..60	15 mars 1791. 12 pluviôse 2. 3 frimaire 5. DI. 8 février 1810.

Vin (Lie de). *Voyez* Lie.
Vincetoxicum. *Voyez* Contrayerva blanc.
Violette. *Voyez* Fleurs de violette.
Violons. *V.* Instrumens de musique.
Vipère (Sel de). *Voyez* aux Sels.
Vis à bois. *V.* la note à Ouvrages.
Vitriol bleu. *Voyez* Couperose.

(1) Les habitans de la rive gauche du Rhin, possesseurs de vignes sur la rive droite avant le 1 vendémiaire an 13, pourront y faire leur vin et importer chaque année, jusqu'au 1 nivôse, le produit de leur récolte ; ils en préviendront le directeur des Douanes. (*DI.* 9 *vendémiaire an* 13, *et Loi du* 1 *pluviôse an* 13.)
 Les vins qui proviennent des vignobles que l'hospice de Genève possède à Celigny, peuvent arriver à Genève en exemption de droits. (*Déc.* 22 *vend. an* 8.)
(2) Indépendamment de ce droit, celui sur les bouteilles est aussi perceptible.
(3) Les vins importés en futailles sans emballage ni doubles fonds, depuis Fort-Louis jusqu'à la pointe septentrionale du département du Bas-Rhin, et ceux par les bureaux de terre frontière d'Espagne, depuis Mont-Louis inclusivement, jusqu'à St.-Jean-Pied-de-Port aussi inclusivement, ne payoient, que 12 fr. par muid de 268 litres. (1 *août* 1792, *et Arrêté du* 5 *fructidor an* 6.) Ces dispositions locales sont annullées par suite du décret du 17 pluviôse an 13.
(4) Les vins fins et ordinaires du crû du royaume d'Italie, ne payeront, à leur entrée en France, que 2 francs par quintal ; mais ils seront, comme ceux de France, assujettis en outre aux droits d'octroi des villes et à ceux perçus par la régie des droits réunis. (*Traité de commerce du* 20 *juin* 1808.)
(5) Le vin de Pédro est passible du droit d'un franc par litre, fondé sur ce que ce vin a été reconnu être de l'espèce de Ximeniès et que, quoique travaillé avec du sucre de la Havane, qui lui donne un goût sirupeux, il n'en conserve pas moins la qualité de vin d'Espagne fin. Cependant il ne paiera que comme vin ordinaire à la douane d'Anvers. (*DM.* 5 *juin* 14.)
(6) La viorne ni les vipères n'étoient reprises au Tarif de 1664.

VITRIOL de *Chypre*. [Sulfate de cuivre. C'est une couperose bleue.]....	*Quintal*..... Sera traité comme Couperose bleue.	7—65	15 mars 1791. 1 août 1792.
VITRIOL *rubifié* ou *Calcantum*, ou *Colcotar*. [C'est le vitriol naturel qui vient d'Allemagne et de Suède en pierres d'un rouge brun.].	*Quintal*..... Idem......	4—50 9..18	15 mars 1791. DI. 8 février 1810.
VOITURES *vieilles ou neuves*, excepté celles servant aux voyageurs, sous la condition du retour................................(1)	Par 100 fr... Prohibées...	12— 0	15 mars 1791. 10 brumaire 5.
VOLAILLE. [Dénomination générique sous laquelle on comprend les oiseaux domestiques que l'on nourrit dans les basses-cours.]..	*Exempte*.... *Droit de bal*.		15 mars 1791. 24 nivôse 5.
VULNÉRAIRE. [On donne ce nom à un mélange d'herbes aromatiques sèches, telles que véronique, pervenche, sanicle, bugle, etc. On les appelle aussi *faltranck*.].................................(2)	*Quintal*.....	4.. 8	15 mars 1791.
YEUX D'ÉCREVISSES ou *Oculi cancri*. [On appelle ainsi deux petits demi-hémisphères crétacés qu'on trouve sous le corcelet des écrevisses à l'époque où elles vont changer de test. Ils sont de couleur blanche.].	*Quintal*..... Idem......	8—16 16..32	15 mars 1791. DI. 8 février 1810.
ZÉDOAIRE. [Racine médicinale dont il y a deux espèces : celle nommée *longue* est tuberculeuse, dense et solide, d'un goût âcre, amer et aromatique; elle a une légère odeur de gingembre ou de camphre mêlée de celle de laurier. La *ronde* ne diffère de celle-ci que par sa forme sphérique; elle est un peu raboteuse, et se termine quelquefois en pointe.].	*Quintal*..... Idem......	18—36 36..72	15 mars 1791. DI. 8 février 1810.
ZINC ou *Toutenague*. [Il ne se présente jamais sous la forme de métal vierge ou natif; il est toujours à l'état d'oxide, soit simplement combiné avec l'oxigène, comme dans la *calamine*; soit avec le soufre, comme dans la *blende*; soit enfin avec les acides sulfurique ou carbonique; mais il est rare de le trouver dans ces deux derniers états. Le *zinc*, qu'on obtient par le moyen de l'art à l'état de régule ou métal pur, est de couleur gris de plomb clair, tirant au bleuâtre. Sa contexture est lamelleuse, et sa cassure présente de larges facettes. Celui en petits lingots se nomme *Toutenague* dans le commerce.].	*Exempt*...... *Droit de bal*.		15 mars 1791. 24 nivôse 5.

FIN DU TARIF D'ENTRÉE.

RENVOIS.

VIVRES. *Voyez* la note à Munitions.
VOLANS. *Voyez* à Mercerie.
VRILLES. *Voyez* à Quincaillerie.
VUES d'optique. *V.* Instrumens d'optique.
XILE-BALSAMUM. *V.* Aloès et Carpobalsamum.
ZAFHRE. *Voyez* Safre.

(1) Pour concilier les besoins des voyageurs avec cette prohibition, il a été arrêté que ceux-ci consigneroient à la Douane de leur passage le tiers de la valeur de leur voiture. Lors de la sortie, le quart de cette valeur sera immédiatement remboursé, et la somme restante sera portée en recette définitive comme droit acquis. La condition du retour des voitures à l'étranger ne peut excéder trois années, ou si la somme consignée n'est pas redemandée dans les deux premières années, il n'y a lieu à aucun remboursement. (*CD.* 7 *fructidor* 10.). . . — Il arrive souvent que le retour ne s'effectue point par le bureau d'entrée ; en ce cas on doit se borner à certifier la sortie sur la reconnoissance de consignation, le directeur général pourvoit ensuite par un ordre particulier et d'après la demande qui lui en est faite, au remboursement de la somme excédant celle qui constitue le droit. (*LD.* 17 *germinal* 11.) Le douzième de la valeur étant acquis au Gouvernement, même dans le cas de réexportation, il doit être porté en recette au moment où il est versé entre les mains du Receveur ; quant au surplus, il n'appartient au trésor public qu'après l'expiration des délais fixés pour le renvoi à l'étranger. (*LD.* 15 *messidor* 11.)

—Obs. Dans plusieurs bureaux, ce recouvrement se fait par une opération plus simple. Le receveur perçoit d'abord le douzième de la valeur de la voiture entrante, il délivre ensuite un *Récépissé*, en forme d'acquit-à-caution ; des trois douzièmes qui lui sont remis en consignation.... Lorsqu'on lui rapporte, dans les délais, cette espèce d'acquit-à-caution déchargé, il restitue alors et sans ordre, le montant de la somme déposée qui est resté entre ses mains.

(2) Les vulnéraires n'étoient pas repris au Tarif de 1664.

TARIF DES DOUANES

A L'EXPORTATION.

Il sera perçu 15 centimes par 100 francs de valeur, sur les objets dont la sortie est permise, et qui ne sont pas assujettis à des droits (*Loi du 24 nivôse an 5*). Ainsi toutes les marchandises, non-dénommées dans l'État ci-après, doivent ce droit de balance du commerce, à moins qu'elles ne soient comprises génériquement dans les espèces tarifées ou prohibées.

Le droit additionnel de 10 centimes par franc, sur les perceptions de douanes et de navigation, établi par la loi du 6 prairial an 7, et prorogé depuis, doit également être perçu à l'exportation, tant sur les marchandises tarifées que sur celles qui ne sont sujettes qu'au droit de balance.

Les Décrets qui établissent des prohibitions à la sortie, ne sont point applicables aux expéditions pour les Colonies françaises d'Amérique, ni pour les Iles de France et de la Réunion, à la charge d'en assurer la destination par acquit-à-caution. (*Loi du 3 sept. 1793.*)

MARCHANDISES.		QUOTITÉ des DROITS.	DATES DES LOIS.
		fr. c.	
Acier *non ouvré*, ou simplement *fondu*. [Composé de fer et de charbons purs, plus blanc et d'un grain plus fin que le fer. Celui *fondu* est produit par la fonte de l'acier de *cémentation*: c'est le plus parfait ; il se reconnoît en ce qu'il est si bien martelé, qu'on le croiroit laminé.]	Prohibé.... Idem..... Quintal... Idem.....	—.— 5—10 0..50	15 août 1793. 19 thermidor 4. 24 nivôse 5. 9 floréal 7.
Acier *ouvré* (1), non compris dans la *Mercerie* et la *Quincaillerie*... Celui en menus ouvrages............. Toute espèce d'acier ouvré.....................	Prohibé.... Quintal... Idem.....	—.— 2—55 0..50	12 pluviôse 3. 19 thermidor 4. 9 floréal 7.
Agneaux. [Sont réputés Agneaux, les Moutons qui ont moins d'un an.] Comme bestiaux dont l'autorisation de sortie n'est pas nominativement désignée par les lois........... (2) *Comme* Moutons....	Pièce..... Prohibés... Idem..... Idem..... Par tête....	0—15 —.— —.— —.— 1.. 0	15 mars 1791. 1er mars 1793. 12 pluviôse 3. 19 thermidor 4. LD. 8 juin 1810.

RENVOIS.

Ablette. *Voyez* Écaille d'Ablette.
Agrès et Apparaux. *Voyez* Mâts et Munitions navales.

OBSERVATIONS.

(1) On entend par Acier ouvré, celui qui a reçu quelque main-d'œuvre particulière. Voir, pour exception, la note à Métiers.

(2) Dans quelques Directions, entre autres dans celle de Clèves, la permission de sortie accordée aux moutons et brebis, par le décret du 17 pluviôse an 13, é été étendue aux agneaux et aux béliers ; en vertu, disoit-on, d'une réponse verbale du ministre . . . Mais par cela qu'on n'indiquoit pas de titre écrit et que le décret ne dénommoit que les moutons et les brebis, j'avois dans les colonnes de mes précédentes éditions, laissé exister l'indication de la prohibition des agneaux et des brebis, en prévenant toutefois de ces différens régimes dans les diverses directions . . . Aujourd'hui la difficulté se trouve résolue relativement aux agneaux, mais rien de positif n'indique encore que les béliers soient rangés dans la classe des moutons ; cependant dans le cas où l'on en laisseroit sortir pour les provisions des capitaines étrangers, ce seroit incontestablement le droit d'un franc par tête qu'il faudroit percevoir, et non celui fixé par la loi du 15 mars 1791.

Alun. [Espèce de sel fossile et minéral, cristallisé par la fabrication. Ceux de *Rome* et du *Levant* sont rougeâtres; les autres sont blancs.]	Prohibé........ Idem.......... Quintal......	.... 2.. 4	12 pluviôse 3. 19 thermidor 4. 24 nivôse 5.
Celui des fabriques du département de l'*Ourthe*..... (1) Exporté par le départem. de la *Roër*. (*DM. 8 fruct. 8.*)..	Quintal...... Idem..........	10—20 1.. 2	19 thermidor 4. 24 nivôse 5.
Amidon. [Pâte sèche, blanche et friable, fabriquée avec de la farine, et dont on fait de la colle, de l'empois, de la poudre à poudrer, etc.].................................	Quintal...... Prohibé.......	2— 4	24 nivôse 5. LM. 15 floréal 8 et 27 pluviôse 10.
Peut sortir depuis *Clèves* jusqu'à Genève.............. Par les *frontières de terre*, et par les ports ouverts à l'exportation des grains, à destination des *États* neutres ou amis.. (2)	Quintal...... Idem.......... Idem.......... Idem..........	2— 4 2— 4 2— 4 2.. 4	DM. 2 brum. 12. LM. 14 mars 1806 DM. 17 oct. 1806. LM. 6 déc. 1806.
Amurca. [C'est le marc de l'huile d'olives.].............	Quintal......	1.. 2	15 mars 1791.
Anes et Anesses....................................	Pièce.........	0..25	15 mars 1791.
Ardoises. [Pierre bleuâtre très-mince, propre à couvrir les maisons.] Par les départemens correspondant à ceux du *Nord* et des *Ardennes*...............................	Le mille en N.	1.. 0	1 août 1792.
Argent et Or (toute espèce de matières d'). [L'or est le plus parfait, le plus pesant et le plus ductile de tous les métaux. L'argent est le métal le plus précieux après l'or.]....... Non travaillées............................... (3)	Prohibées..... Idem.......... Idem.......... Droit de bal... Prohibées.....	....	10 juillet 1791. 15 septemb. 1792. 19 thermidor 4. AC. 17 prairial 10. AC. 23 ventôse 11.

RENVOIS.

Alisari. *Voyez* Garance.
Alpiste. *Voyez* Graines de mil et millet.
Approvisionnemens militaires. *V.* la note à Munitions.
Arcanson. *Voyez* Brai sec.

(1) Il doit être accompagné d'un certificat d'origine, signé d'un officier municipal. Depuis que le département de la *Roër* couvre celui de l'*Ourthe*, c'est par ce premier département que peut sortir l'alun des fabriques du département de l'Ourthe.
(2) Les Amidons et Poudres à poudrer, qui, pour aller à leurs destinations, doivent descendre le *Rhin*, seront accompagnés d'un acquit-à-caution qui devra être déchargé par les magistrats du pays neutre ou ami de la France que le déclarant indique. Dans les autres cas, la sortie étant immédiate, la formalité de l'acquit-à-caution est sans objet.
(3) Les arrêtés des 21 et 23 ventôse an 11, qui ordonnent cette prohibition, ne font que remettre en vigueur les lois des 5 et 15 septembre 1792. (*Circ. du Direct. d'Anvers, du 12 prair. 11.*) Voici en conséquence l'analyse des décisions intervenues sur leur exécution.
Les capitaines et matelots de navires neutres abordans dans un des ports de France, jouissent de la faculté de remporter le numéraire dont ils sont porteurs, pourvu qu'ils en aient fait la déclaration aux préposés qui se rendent à bord avant le débarquement. (*Arrêté du Comité des Finances, du 11 frim. 5.*)
Les prisonniers de guerre étrangers, retournant dans leur patrie, peuvent sortir avec une somme qui n'excédera pas trois mois de leur solde. (*A. 15 fruct. 5.*)
Mais les voituriers, et tous les autres particuliers, ne peuvent exporter de plus fortes sommes en numéraire que celles qu'ils ont importées de l'étranger, et dont ils ont fait constater la quotité par une déclaration au premier bureau d'entrée. (*Déc. 2 germ. 4.*) D'après laquelle déclaration il leur est délivré un passavant pour le bureau d'expédition. (*LD. 16 vent. 10.*)
Il ne doit être exporté aucune somme en numéraire que sur des permissions du Gouvernement. (*DM. 22 prair. 4.*) On ne peut

ARGENT et OR MONNOYÉS, soit au type de *France*, soit au type étranger (piastres comprises)		*Prohibés*...	—	10 juillet 1791.
		Idem......	—	5 septemb. 1792.
		Idem......	—	19 thermidor 4.
		Droit de bal.	—	AC. 17 prairial 10.
		Prohibés...	—	AC. 21 ventôse 11.
ARMES DE CALIBRE et ARMES A FEU de guerre	(1 et 2)	*Prohibés*...	—	10 juillet 1791.
		Idem......	—	21 juillet 1792.
		Idem......	—	22 août 1792.
		Idem......	—	12 pluviôse 3.
		Idem......	—	19 thermidor 4.
		Idem......	—	LM. 23 ventôse 12.
ARMES DE LUXE, comme Pistolets, Fusils de chasse. [Cette dénomination n'est applicable qu'aux armes enrichies et damasquinées. (*LM.* 25 *ventôse* 12.)... Et il faut que ces armes soient complètes (*DM.* 24 *vend.* 14).]	(2)	*Prohibés*...	—	21 juillet 1792.
		Par 100 fr.	5—0	19 thermidor 4.
		Idem......	0—50	24 nivôse 5.
		Prohibés...	—	DM. 5 therm. 12.
N. B. Les Armes de luxe de la fabrique de *Liège* dont le calibre n'excède pas 22 à la livre, peuvent s'exporter par les bureaux d'*Anvers*, *Ventoo* et *Cologne* en payant... Elles seront marquées d'*EX* à la culasse, et sortiront aussi par *Verceil*.		*par 100 fr.*	0—50	DI. 9 vendém. 13.
		Idem......	0—30	1 pluviôse 13.
Celles ci-dessus et autres dont l'exportation seroit permise.		*Idem*......	5.. 0	DI. 17 pluv. 13, et loi du 30 avr. 1806.
AVIRONS DE BATEAUX. [Longues pièces de bois dont une partie est plate et l'autre ronde]		*Exempts*...	—	1 août 1792.
		Droit de bal.	—	24 nivôse 5.

ARGENT et OR TRAVAILLÉS. *Voyez* OUVRAGES d'Orfèvrerie ou de Bijouterie.
ASPHALTE. *Voyez* Graisse.
AVELANÈDE. *Voyez* la note à Écorces de chêne.

considérer comme telles que les autorisations du Ministre des finances, transmises par l'Administration aux Directeurs. (*CA.* 6 *therm.* 5.) Peu importe alors que l'exportation se fasse en lingots d'or ou d'argent, pourvu que la valeur n'excède pas la somme dont l'exportation aura été permise. (*CA.* 11 *flor.* 4.)

Néanmoins les voyageurs sont admis à présenter des soumissions cautionnées de faire rentrer, dans un délai qui ne peut excéder trois mois, les sommes nécessaires à leurs besoins. (*DM.* 22 *prair.* 4.)

Les capitaines étrangers qui apportent des denrées et marchandises à la foire de Beaucaire, pourront exporter en numéraire le prix de leur fret, et non celui de leurs marchandises, qu'ils ont la faculté d'échanger contre nos productions. (*Lettre du* 2 *mess.* 4.)

Les courriers des armées peuvent exporter la quantité nécessaire au besoin de leur route, pourvu qu'elle n'excède pas le montant des sommes qui leur sont allouées pour leurs dépenses personnelles, et qu'elle soit mentionnée sur le *part* qui leur est expédié et qui leur sert de passeport. Cette mention doit être certifiée par le directeur et le contrôleur des bureaux des postes. (*CA.* 26 *vend.* 5.)

Lorsqu'il s'agira de la solde des armées françaises occupant le pays étranger, l'exportation aura lieu sur les bordereaux des payeurs généraux, accompagnés de certificats du préfet du département qui en constateront la quotité et la destination. Ces certificats seront retenus comme pièces justificatives. (*CA.* 28 *germ.* 6.)

Quant aux pièces d'or et d'argent au type de Hollande que rassemblent les habitans de la rive gauche du Rhin, on peut, sans inconvénient, en permettre la sortie sous la soumission cautionnée d'en faire rentrer la valeur en argent de France dans un très-court délai. (*LD.* 26 *vent.* 10.) Mais une lettre du Ministre des finances au Directeur général, en date du 27 messidor an 13, prescrit de s'opposer à la sortie des couronnes impériales dites de Brabant, et des ducatons. — Suivant la lettre du DG., du 8 avril 1807, la prohibition sur les monnoies à la sortie s'étend aux *demi*-couronnes de Brabant, aux *demi*, *quart* et *huitième* de ducatons. Il en est de même des ducats de Hollande et d'Allemagne, des fredericks d'or et florins; *la seule exception* à la défense de sortie ne concerne que la monnoie de billon ou les pièces d'argent d'un usage local et d'un bas titre dont la valeur intrinsèque est trop inférieure à celle nominative pour qu'elles deviennent l'objet de quelques spéculations.

La prohibition du numéraire n'affecte pas celui destiné pour les Colonies. (*CD.* 18 *vent.* 11.) Mais on ne peut y expédier des piastres que sur des permissions spéciales du Ministre du trésor public. (*AC.* 9 *germ.* 11.)

Les Espagnols peuvent exporter des pièces d'or étrangères pour la valeur des piastres qu'ils ont importées dans nos hôtels des monnoies. (*Déc.* 8 *th.* 9.)—L'exportation des piastres *par transit* et pour compte du gouvernement espagnol, a été autorisée par AC. du 4 *prair.* 11.

(1) Sont compris dans la prohibition des armes de guerre, 1°. les fusils dits de *traite*, qui ne pourront être exportés, jusqu'à la paix générale, qu'après une permission du Ministre de la guerre. (30 *avril* 1806.) ..... 2°. Les canons de fusil. (*LM.* 23 *ventôse* 12.) ..... 3°. Toutes autres portions d'armes. (*DM.* 8 *vendém.* 12.) .... 4°. Les fusils et pistolets à vent, comme étant

Béliers.....................	Pièce......	0—50	15 mars 1791.
	Prohibés...		1 mars 1793.
Comme bestiaux dont l'autorisation de sortie n'est pas nominativement désignée par les lois............ (3)	Idem......		12 pluviôse 3.
	Idem......		19 thermidor 4.
Bestiaux. [Comme Taureaux, Boucs, etc.]............	Prohibés...		1 mars 1793.
	Idem......		12 pluviôse 3.
Sauf les exceptions portées à leurs lettres............	Idem......		19 thermidor 4.
Beurre. [Crême épaissie à force d'être battue, servant à la cuisine.]	Prohibé.....		1 mars 1793.
	Idem......		12 pluviôse 3.
	Idem......		19 thermidor 4.
Excepté celui des dép. *réunis*, du *Mont-Blanc* et de l'*Ain*.	Quintal....	5—10	*Même loi.*
des mêmes départemens................	Idem......	1— 2	24 nivôse 5.
de tous autres départemens............	Idem......	5—10	*Même loi.*
Par tous les départemens.................	Prohibé.....		AC. 5 frimaire 9.
Idem..................................	Quintal....	5—10	AC. 13 germin. 9.
Par mer.................................	Prohibé.....		AC. 8 pluviôse 10.
Par tous les départemens.................	Quintal....	5—10	LD. 1 germin. 10.
Par les départemens maritimes............	Idem......	5— 0	8 floréal 11.
Par tous les départemens.................	Prohibé.....		AC. 25 fruct. 11.
Par toutes les frontières............ (4)	Idem......		22 ventôse 12.
Bœufs.....................	Pièce......	1— 0	15 mars 1791.
	Prohibés...		1 mars 1793.
Comme bestiaux dont la sortie n'est pas nominativement autorisée par toutes les frontières............	Idem......		12 pluviôse 3.
	Idem......		19 thermidor 4.
Peuvent sortir pour l'*Espagne*.............	Pièce......	1—50	24 nivôse 5.
Egalement pour le *Piémont* (5) et l'*Helvétie*, par les bureaux du *Mont-Terrible*.	Idem......	1—50	9 floréal 7.
Aussi par les départ. de la *Doire*, de la *Sésia*, du *Pô*, du *Tanaro*, de la *Stura* et de *Marengo*; mais paieront, ainsi que ceux pour les pays ci-dessus.............. (6)	Idem......	12, 0	DI. 17 pluv. 13 et loi du 30 avr. 1806.

RENVOIS.

Barriques. *Voyez* la note à Vins en bouteilles.
Bateaux. *Voyez* la note à Navires.
Batimens de mer. *Voyez* Navires.
Batiste. *Comme* Toile.
Bijouterie. *Voyez* Ouvrages de Bijouterie.
Biscuit de mer. *Voyez* Pain.
Bitume minéral. *Voyez* Graisse d'asphalte.

(1) armes offensives, dangereuses, cachées et secrètes, dont la fabrication, l'usage et le port sont interdits par les lois. (DI. 2 nivôse 14.) ..... 5°. Les armes de calibre, de quelque espèce qu'elles soient, (DM. 14 therm. 12.) ..... 6°. Il est de même défendu de permettre aux voyageurs ou autres particuliers qui passent à l'étranger d'emporter avec eux leurs fusils, sous quelque prétexte que ce soit, de chasse, sûreté personnelle, ou autres.
Les armes blanches, enrichies ou non, suivent aussi la prohibition qui frappe les autres armes. (DM. 21 mars 1806.)
(2) Sont exceptées de la prohibition des armes, 1°. les armures anciennes, comme étant objets d'arts. (DM. 12 prairial 7.) ... 2°. Les armes d'honneur que le Gouvernement accorde aux guerriers qui se sont distingués; sur présentation, par les couriers, du certificat du Ministre de la guerre indiquant leur destination. (LM. 26 floréal 8.) ... 3°. Les fleurets, même non montés. (LM. 1er. juin 1807.)
(3) *Voyez* la note 2 page 165. (Sortie. 1.)
(4) Par décision ministérielle du 26 avril 1808, la réexportation des beurres importés de la Hollande et mis en entrepôts, sera désormais défendue.
(5) Les bœufs pour le Piémont ne payent plus de droits depuis la réunion de ce pays à la France.
(6) Les dispositions énoncées dans la note des Mules et Mulets sont communes aux Bœufs et Vaches.

Bois à *brûler* et de *construction* navale ou civile.................		Prohibé.....	....	15 mars 1791.
		Idem........	....	12 pluviôse 3.
		Idem........	....	19 thermidor 4.
		Idem........	....	AC. 2 therm. 11.
	(1)	Prohibé.....	....	22 ventôse 12.
Bois des rives du *Rhin*, de la *Lys* et de l'*Escaut*, pour la *Hollande*. (2 et 4)		Par 100 *fr*.	5.. 0	AD. 25 brum. 7.
Bois de PIN et de SAPIN, des frontières d'*Espagne*. Pour les PLANCHES de 10 pieds et au-dessous.... (3 et 4)		Le mille en N.	25— 0	19 thermidor 4.
		Idem.......	6..25	24 nivôse 5.
Pour les POUTRES, *idem*.....................		Pièce......	0—50	19 thermidor 4.
		Idem.......	0..12½	24 nivôse 5.
Pour les SOLIVES, *idem*.....................		Pièce......	0—10	19 thermidor 4.
		Idem.......	0.. 2½	24 nivôse 5.
Bois en *Planches* ou autrement *ouvrés* (*ne pouvant servir à la construction navale*), sortant des départemens des *Vosges*, des *Deux-Nèthes*, de la *Meuse-Inférieure*, de l'*Ourthe*, des *Forêts* et de la *Moselle*, de la vallée de *Lucelle*, du canton de *Gex* et du *Mont-Blanc*.....................		Par 100 *fr*.	5.. 0	19 thermidor 4.
		Idem.......	5.. 0	24 nivôse 5.
Bois à la *Poignée*, depuis *Saint-Gingolf* jusqu'à *Thonon* inclusiv.....		Par 100 *fr*.	5.. 0	24 nivôse 5.

(1) Par *DI.* du 25 *février* 1808, l'exportation du BOIS DE CHAUFFAGE des Etats de Parme et de Plaisance, pour le royaume d'*Italie* est permise, en acquittant le droit de *cinq pour cent* de la valeur. Elle s'effectuera par le *Pô*, et les marchands seront tenus, sous peine de confiscation partout ailleurs, de diriger leurs transports vers les bacs déjà établis sur ce fleuve pour la circulation du commerce, et de se soumettre à l'exercice des préposés des Douanes.
La sortie du Bois A BRULER est également permise pour l'*Espagne*, par le port de *Saint-Jean-de-Luz*, jusqu'à la concurrence de 400 stères par an, en payant le droit de balance pour la Douane, et celui de 25 cent. par stère au profit de l'hospice de Saint-Jean-de-Luz. (*DI.* 31 *mai* 1808.)
Un décret impérial du 8 juillet 1806 a autorisé la sortie des OSIERS pour la Hollande, par le port d'*Anvers*, moyennant un droit de 5 pour 100 de la valeur; et cette faculté a été étendue au port du *Sas de Gand* par la loi du 7 septembre 1807.... — Par les autres bureaux l'Osier reste sous la prohibition. (*CD.* 26 *ventôse* 14.)
(2) Ces bois doivent être accompagnés d'un certificat des agens de la marine, attestant qu'ils ne proviennent pas de ceux marqués et réservés pour la marine française. (*DM.* 6 *messid.* 7.) Ainsi tous les bois en planches ou autrement ouvrés, qui pourroient faire naître des doutes sur leur véritable usage, ne doivent sortir qu'accompagnés de ce certificat. (*Circul. de l'Adm.* du 9 *messid.* 7.)
Les bois de toute espèce pourront être expédiés sous acquit-à-caution par le *Rhin*, et transiter en Hollande, à la destination du territoire français. (1 *pluv.* 13.)
Les bois de toutes sortes nécessaires à la défense de l'île de Valcheren, peuvent sortir par *Anvers*, sur l'état qui, visé par le chef

Bois *Merrain*. [Planches de chêne pour douves de tonneaux.]... (5)	Prohibé.....	..—...	15 mars 1791.
	Idem......	..—...	12 pluviôse 3.
	Idem......	..—...	19 thermidor 4.
	Idem......	..—...	DM. 12 floréal 7.
Bois d'*Éclisse*. [Planches fendues pour tamis, seaux, cribles, etc.]..	Par 100 fr..	4— 0	15 mars 1791.
	Prohibé.....	..—...	12 pluviôse 3.
	Par 100 fr..	4.. 0	19 thermidor 4.
Bois *Feuillard*. [Ce sont des lattes à faire cercles et cerceaux.].....	Quintal.....	3— 6	15 mars 1791.
	Le mille en N.	1—50	1 août 1792.
	Par 100 fr..	4.. 0	19 thermidor 4.
Bois de *Marqueterie*, de *Tabletterie* et de *Buis*..................	Quintal.....	4— 8	15 mars 1791.
	Par 100 fr..	4.. 0	19 thermidor 4.
Bois d'*Acajou* et d'*Ébène*. [Le bois d'acajou est rougeâtre, celui d'ébène est noir.]..	Par 100 fr..	1— 0	1 août 1792.
Comme Bois de Marqueterie........................	Idem......	4.. 0	19 thermidor 4.
Bois de *Teinture*. [Ce sont le Fustet, l'Inde, le Fustok, le Brésil et autres dont on tire des couleurs propres pour les étoffes, etc.]	Exempts.....	..—...	1 août 1792.
En bûches ou éclisses...........................	Par 100 fr..	4.. 0	24 nivôse 5.
Ceux moulus.................................	Exempts.....	..—...	1 août 1792.
	Par 100 fr..	4.. 0	24 nivôse 5.
	Droit de bal.	..—...	DI. 9 vendém. 13.
	Idem......	..—...	1 pluviôse 13.

du génie à Flessingue, sera présenté au receveur d'Anvers par l'entrepreneur des travaux. (*D.* 9 *brumaire* 13.) Le droit est de 5 pour 100 de la valeur; ils seront expédiés par acquit-à-caution, qui sera déchargé par le chef des Douanes à Flessingue.

(3) Ils devoient être accompagnés du certificat ci-dessus, et de la soumission de rapporter certificat d'arrivée du Consul français en Espagne; mais, il a été transmis, par circulaire du 29 thermidor an 13, que ces mesures n'auroient plus lieu. . . . — Néanmoins leur exportation reste subordonnée à la condition de sortir par les ports depuis Bordeaux jusqu'à Saint-Jean-de-Luz et par Port Vendre. (*Circulaire du* 19 *vend.* 13.)

(4) La loi du 22 ventôse an 12, en prohibant la sortie des bois, a excepté les bois de pin et de sapin des départemens frontières d'Espagne et ceux des rives du Rhin, de la Lys et de l'Escaut..... Le département des Voges est compris parmi ceux du Rhin. (*LD.* 4 *septembre* 1806.)...... — Ces exceptions portées par l'article 15 de cette loi du 22 ventôse 12 ont été étendues aux rives de la Meuse par décret impérial du 28 mars 1807.

(5) Celui en planchettes de la dimension de quatre à dix pouces de large, sur un à deux pieds et demi de long (ancienne mesure), qui se fabriquent à Aersen, département de la Roër, peut sortir en payant 5 pour 100 de sa valeur. (*DM.* 12 *fruct.* 7.)

Bois de *Parfumerie*. [Ce sont les bois à odeur, tels que ceux de Rhodes, de *Santal*, etc.]	*Exempts*.... Droit de bal.		— 24 nivôse 5.	1 août 1792.
Bonneterie. [Ce qui comprend les Bonnets, les Bas et même les Gants tricotés ou au métier, de fil et laine.]	*Prohibée*.... Idem....... Quintal.... Idem... (1)	— — 20..40 1..2	15 août 1793. 12 pluviôse 3. 19 thermidor 4. 24 nivôse 5.	
Boucs... Comme bestiaux dont l'autorisation de sortie n'est pas nominativement désignée par les lois..............	Pièce...... *Prohibés*.... Idem....... Idem.......	0..40 — — —	15 mars 1791. 1 mars 1793. 12 pluviôse 3. 19 thermidor 4.	
Bourdaine. [Arbrisseau dont le bois réduit en charbons entre dans la composition de la poudre à canon.].................... *Sera traitée comme* Bois ou Charbon (B).......	*Prohibée*....	—	15 mars 1791. 19 thermidor 4.	
Bourre et Ploc de *Bœuf*, de *Vache*, de *Cerf* et autres communes...	Quintal.....	4..8	15 mars 1791.	
Bourre de *Chèvre* et Bourre de *Laine*....................... (2)	Quintal.....	12..24	15 mars 1791.	
Bourre *lanice* et Bourre *rouge*. [La bourre *lanice* est la partie la plus grossière qui provient de la laine. Celle *rouge* est le poil de chèvre le plus court.].............................. (2)	Quintal.....	6..12	15 mars 1791.	

RENVOIS.

Boissons. *Voyez* la note à Cidre.
Boîtes de Montres. *Voyez* la note à Ouvrages d'Orfévrerie.
Bonneterie de Coton. *Voyez* Toiles de Coton.
Bourre de Soie. *Voyez* Soies.

(1) Ces dispositions étoient communes à la Bonneterie en coton; mais un décret impérial, du 22 février 1806, accordant à cette Bonneterie la même *prime* qu'aux ouvrages en coton, *voyez* à Toiles de coton pour le régime à suivre.

(2) Aucune loi subséquente ne s'étant expliquée, depuis celle du 15 mars 1791, sur ces trois derniers articles de Bourres, et les tarifs ayant cessé de les coter, il s'étoit élevé des doutes sur la faculté de leur sortie ou sur la quotité de leur perception; la question en a été soumise au Ministre de l'Intérieur, qui a décidé, le 14 février 1806, que ces objets ne devoient point être compris dans la classe de ceux frappés de prohibition; ils doivent en conséquence le droit ci-dessus.

(B) C'est en vertu *des articles* 2 et 5 *de la loi du* 19 thermidor an 4, que je fais cette application. La Bourdaine qui sort en bois doit suivre le régime des Bois; mais lorsqu'elle est réduite en charbon, elle doit être traitée comme Charbon de bois: c'est ce qui résulte de l'explication donnée par l'Administration. (*Voyez* la note A, page 182. Sortie. 18.)

BOURRE *tontisse*. [C'est la laine qui tombe des draps lorsqu'on les tond.]..(1)	Quintal....	8..16	15 mars 1791.
BRAIS *gras* et *secs*. [Le gras, autrement *Goudron*, est la poix liquide retirée du pin et du sapin par la combustion; le sec, ou *Arcanson*, est la résine de ces arbres dont on a retiré l'huile essentielle.]	Prohibés.... Idem.... Idem....	....	3 septemb. 1793. 12 pluviôse 3. 19 thermidor 4.
Pour l'*Espagne*.................................	Quintal....	1— 2	*Même loi.*
Egalement pour l'*Espagne*.....................	Idem.....	0—51	24 nivôse 5.
Encore pour l'*Espagne* seulement.............	Idem.....	0—51	9 floréal 7.
Par les ports de la *Méditerranée*.............	Prohibés....	......	AC. 14 fruct. 10.
Par navires français et par *terre*.............	Quintal....	0—50	*Même arrêté.*
Par navires étrangers...........................	Idem.....	1— 0	*Même arrêté.*
Ces trois dernières dispositions avoient été consacrées par la loi du			8 floréal 11.
Par les ports de la *Méditerranée*.............	Prohibés....	......	AC. 23 fruct. 11.
Par toutes les frontières, sortant { par navires français et par *terre*.. { par navires étrangers............	Quintal.... Idem.....	1.. 0 2.. 0	DI. 17 pluv. 13 et loi du 30 avr. 1806.
BROU. [Ecorce verte qui environne les noix.]............	Quintal....	3.. 6	15 mars 1791.
CABLES. [Grosses cordes d'usage dans la marine.]........	Prohibés.... Idem. (2).	....	12 pluviôse 3. 19 thermidor 4.
Voyez CORDAGES...			
CABRIS et CHEVREAUX. [Ce sont les petits des chèvres.].....	Pièce.....	0—15	15 mars 1791.
Comme bestiaux dont l'autorisation de sortie n'est pas nominativement désignée par les lois..............	Prohibés.... Idem.... Idem.....	....	1 mars 1793. 12 pluviôse 3. 19 thermidor 4.
CACAO. [Sorte d'amande brunâtre et odoriférante dont on fait le chocolat.]	Prohibé.... Quintal....	...... 10.—20	12 pluviôse 3. 19 thermidor 4.
Étranger, réexporté dans l'année................(3)	Idem.....	1— 2	24 nivôse 5.
Voyez DENRÉES COLONIALES...			

RENVOIS.

BOUTEILLES, mêmes pleines. *Voyez* la note à Vins en bouteilles.
BREBIS. *Voyez* Moutons.
BRONZE OUVRÉ. *Voyez* Ouvrages en bronze.

(1) *Voyez* la note (a) à la page précédente.

(2) On exceptoit de la prohibition ceux mis sur navires étrangers en remplacement de vieux, ou pour sûreté de la traversée. Ils payoient 5 fr. 10 cent. du quintal, par décision du 17 nivôse an 8..... Mais depuis la loi du 8 floréal an 11, les cables sont traités comme cordages; ainsi *ceux usés* restent sous la prohibition comme matières propres à la fabrication du papier, et *ceux neufs*, goudronnés ou non, ne doivent que le droit de balance.

(3) La loi du 24 nivôse an 5 taxoit le Café et le Cacao aux droits cités ci-dessus: les autres Denrées coloniales étoient aussi imposées à différents droits par la même loi. Quoiqu'en principe ce qui a été ordonné par une loi ne devroit être révoqué que par une autre; il avoit été décidé, par lettres au Directeur de Genève, des 5 et 13 germinal an 11, que dans le système des perceptions alors existantes sur les Denrées coloniales *à l'entrée*, elles cessoient d'être passibles des droits *à la sortie*. La loi du 3 floréal an 11 s'est depuis expliquée sur ces Denrées: il faut donc voir l'article DENRÉES COLONIALES pour être au courant du régime à suivre.

Café. [Fruit en forme de fève, dont on fait une boisson.]	Prohibé....	—	12 pluviôse 3.
	Idem.....	—	19 thermidor 4.
Étranger, réexporté dans les deux mois de séjour en France.	Quintal...	10—20	Même loi.
réexporté dans l'année................ (1)	Idem.....	1— 2	24 nivôse 5.
Voyez Denrées coloniales...			

Caillou à *Faïence* ou *Porcelaine*. [Sorte de pierre blanche et sablonneuse.] } Moitié du droit imposé sur la Derle. .... 1 août 1792.

Caractères d'*Imprimerie*. [Petits parallélipipèdes de fonte de plomb et de régule, à l'extrémité desquels se trouve une lettre en relief.] } Quintal..... 4.. 8 DM. 12 germin. 7.

Cartes à *jouer*, non timbrées. [Ce sont de petits cartons fins en carré long, marqués de différentes figures.] .... (2) } Prohibées... AD. 3 pluviôse 6.

Celles *tarotées* ou autres, avec ou sans légende, pourvu que la forme ou la dimension diffère des cartes usitées en France. } Droit de bal. par Jeu.: (3) 0.. 5 AD. 19 floréal 6. DI. 16 juin 1808.

Cartons *gris*, ou Pâtes de *papier*................. Prohibés....... — 15 mars 1791.
Idem..... — 19 thermidor 4.

Cartons en *feuilles*. [Composition compacte et pesante de mauvais papier, qui a beaucoup de surface et seulement une épaisseur de huit à dix cartes à jouer.]................. } Prohibés.... — 20 septembre 1793.
Idem..... — 12 pluviôse 3.
Idem..... — 19 thermidor 4.

Cartons *fins*, à presser les draps. [Ils sont fermes et élastiques, d'un gris cendré très-luisant et d'une épaisseur de trois cartes à jouer au plus.]................. } par 100 fr.. 1— 0 AC. 8 vendém. 12.
Idem..... 1.. 0 22 ventôse 12.

Cendres *de toute sorte*, excepté celles ci-après. [C'est la poudre qui reste des matières brulées et consumées.]................ } Prohibées... — 15 mars 1791.
Idem..... — 12 pluviôse 3.
Idem..... — 19 thermidor 4.

RENVOIS.

Calamine. *Voyez* la note à Mines métalliques.

(1) *Voyez* la note 3, à la page précédente.
(2) Celles timbrées peuvent sortir ....., et même les droits de timbre sur les Cartes à jouer et la Musique gravée, seront remboursés sur les quantités exportées à l'étranger. A cet effet, les expéditeurs en feront la déclaration au Directeur des droits réunis, qui ordonnera le plombage des ballots et délivrera le permis d'exportation. Ce permis, revêtu du certificat de sortie, sera rapporté dans les deux mois au Directeur de la Régie qui ordonnancera le remboursement. (*DI.* 30 therm. 12.)
(3) Les fabricans qui feront des exportations de ces cartes, seront tenus de faire les déclarations et les justifications prescrites par les lois et réglemens. (*DI.* 16 juin 1808.)

CENDRES d'Orfèvre (Boues de), nommées aussi Regrets............	Quintal.....	0—51	1 août 1792.
	Prohibées...		1 mars 1793.
Comme sorte de cendres......................(C)	Idem.....		19 thermidor 4.
CENDRES lessivées, provenant des fabriques de savon des départemens du Mont-Tonnerre et de Rhin-et-Moselle, à destination de la rive droite du Rhin..............................(1)	Droit de bal.		1 pluviôse 13.
CHAIRS salées et SAUCISSONS.............................	Prohibés...		AC. 5 frimaire 9.
Voyez VIANDES salées.			
CHANDELLES. [Mèche entourée de suif, qu'on allume le soir pour éclairer les appartemens.].............................	Prohibées...		12 pluviôse 3.
	Prohibées...		19 thermidor 4.
	Quintal.....	2..55	24 nivôse 5.
CHANVRE en masse, cru et en filasse. [Écorce filamenteuse de la plante qui porte le chénevis.]..................	Prohibé....		26 février 1792.
	Idem......		19 mai 1793.
	Idem......		12 pluviôse 3.
	Idem...(2)		19 thermidor 4.
Jusqu'au 1er vendémiaire an 12..................	Idem.....		AC. 26 messid. 11.
Pendant la guerre................................	Idem.....		AC. 30 fruct. 11.
	Prohibé...		22 ventôse 12.
CHANVRE peigné ou apprêté. [C'est celui qui a reçu la dernière main-d'œuvre avant de devenir propre à la corderie ou à la filature.]	Prohibé....		26 février 1792.
	Quintal....	2— 4	1 août 1792.
Reprohibé par les mêmes dispositions que celles pour le Chanvre.			
Et encore,.......................................	Prohibé....		22 ventôse 12.
CHANVRE (Étoupes de). Rebut du peignage du chanvre. } Par les départ. qui bordent le Rhin.	Quintal.....	6— 0	AC. 11 pluv. 11.
	Idem.....	6— 0	8 floréal 11.
Jusqu'au 1er vendémiaire an 12..................	Prohibées...		AC. 26 messid. 11.
Pendant la guerre...............................	Idem......		AC. 30 fruct. 11.
	Comme Chanvre.		CD. 23 germ. 12.

RENVOIS.

CHAINES DE FER. Voyez Ouvrages en fer.

(C) Voyez la note A, page 174 (SORTIE 18.)

(1) Les fabricans de savon, de Mayence, pouvoient déjà exporter leurs cendres lessivées, en vertu du décret impérial du 9 vendémiaire an 13.

(2) La loi du 19 thermidor an 4 avoit autorisé la sortie des Chanvres gris, longs-peignés, mi-fins, fins et superfins du département du Bas-Rhin par Bourg-Libre, en payant 6 fr. 12 cent. par quintal. Celle du 24 germinal an 6 a maintenu cette exception, en y ajoutant celle pour le Chanvre blanc peigné. Cette sortie fut étendue à tous les bureaux établis sur le Rhin par la loi du 9 floréal an 7 ; mais les arrêtés des Consuls des 26 messidor et 30 fructidor an 11 avoient suspendu ces exceptions, et la loi du 22 ventôse an 12 en a définitivement consolidé la prohibition.

CHAPEAUX. [Coiffures de laine et de poil foulés.]	D'une valeur au-dessous de 18 l. pièce.	Prohibés....	—	12 pluviôse 3.
	D'une valeur { au-dessous de 5 l. pièce.............	Prohibés....	—	19 thermidor 4.
	{ de 5 à 12 l................	Pièce.	0—25	Même loi.
	{ de 12 l. et au-dessus............	Idem.	0— 5	Même loi.
	De tous prix............................. (1)	Pièce.	0— 5	24 nivôse 5.
CHARBONS de Bois et de Chénevottes. [Corps noirs, friables et légers, préparés par la combustion de ces matières.]............		Prohibés....	—	15 mars 1791.
		Idem.	—	12 pluviôse 3.
Sauf ceux ci-après...............................		Idem.	—	19 thermidor 4.
Les mêmes, par les départemens des *Deux-Nèthes*, la *Meuse-Inférieure*, la *Vallée de Lucelle*, et le *Pays de Gex*..........		Par 100 fr.	5.. 0	19 thermidor 4.
de *Bois*, par les départemens qui avoisinent le *Rhin*.. (2)		Par 100 fr.	20.. 0	DI. 23 fruct. 13 et loi du 30 avr. 1806.
CHARBON de terre, ou HOUILLE. [Sorte de fossile dur, noir et inflammable.]..........................		Prohibé......	—	15 août 1793.
		Idem.	—	12 pluviôse 3.
Par les départemens réunis seulement............. (3)		Quintal.	1— 2	19 thermidor 4.
Par les autres départemens.........................		Prohibé.....	—	Même loi.
A toutes les sorties. { Par terre.................... (4)		Le millier..	1.. 2	24 nivôse 5.
{ Par l'Escaut et par mer........		Tonn. de mer.	0..75	Même loi.
CHARDONS à *Drapiers* et *Bonnetiers*. [Plantes dont la tête est armée de petits crochets.]............		Quintal.	6..12	15 mars 1791.
CHAUX. [Pierre calcinée par le feu, dont on fait du mortier.]... (3)		1565 kilogr..	1— 0	19 thermidor 4.
		Quintal.	0..15	DI. 17 pluv. 13 et loi du 30 avr. 1806.

RENVOIS.

CHATAIGNES. *Voyez* MARRONS.

(1) Ceux de paille ne pouvant être compris parmi ceux de poil et laine, ne doivent que le droit de balance. (*Circul. du 22 messidor 8.*)

(2) Les communes de Sarre, d'Huruguès et de Briaton, continueront à jouir de la faculté qui leur avoit été accordée, par arrêté du 13 floréal an 4 et 15 frimaire an 6, d'exporter les charbons provenant des bois des coupes réglées de leurs territoires et des arbres situés sur les montagnes des Pyrénées, savoir: les communes de Sarre et d'Huruguès jusqu'à concurrence de 400 quintaux par an, et celle de Briaton de 200 quintaux; en acquittant, pour le droit de sortie, 2 fr. par char, et 1 fr. 50 cent. *par charrette*. (*Loi du 30 avril 1806.*)

(3) L'arrêté du Directoire du 9 prairial an 4 avoit déjà autorisé la sortie du charbon de terre et de la chaux par les départemens réunis.

(4) Charbons de terre provenant des mines du pays de Nassau, 10 centimes par millier pesant. (*Lettres du Directeur de Cologne, des 29 frim. et 8 vent. an 7.*)

Les tourbes ont été assimilées au charbon de terre pour les droits de sortie. (*Décis. de l'Admin., transmise par circul. du Direct. d'Anvers, du 27 vend. 7.*)

Chevaux, y compris *Jumens* et *Poulains*....................	Pièce......	6— 0	15 mars 1791.
Ceux dont la valeur excède 300 liv.....................	Idem......	30— 0	Même loi.
	Prohibés....	——.—	1 mars 1793.
	Idem.......	——.—	12 pluviôse 3.
	Idem.......	——.—	19 thermidor 4.
	Idem... (1)	——.—	9 floréal 7.
Chèvres...	Pièce.......	0—40	15 mars 1791.
	Prohibées...	——.—	1 mars 1793.
	Idem.......	——.—	12 pluviôse 3.
	Idem.......	——.—	19 thermidor 4.
Celles des *Pyrénées*. Pour l'*Espagne*, pendant six mois...	Pièce......	0—35	AC. 18 brum. 11.
Idem...	Idem......	0—35	8 floréal 11.
Pendant un an................................... (2)	Idem......	1— 0	1 pluviôse 13.
Chiffons de *toile de coton* et de *laine*. Assimilés à ceux de *toile* ou *drilles*, etc................................... (3)	Prohibés....	——.—	1 pluviôse 13.
Chocolat. [Composition de cacao et de sucre, réduite en pâte brunâtre.]...	Quintal....	0...51	24 nivôse 5.
Cidre. [Boisson faite de jus de pommes pressurées.]..........	Prohibé....	——.—	15 août 1793.
	Exempt..(4)	——.—	19 thermidor 4.
	Droit de bal.	——.—	24 nivôse 5.
Cire *jaune*. [Matière molle provenant du travail des abeilles.]....	Quintal....	10—20	15 mars 1791.
	Prohibée....	——.—	12 pluviôse 3.
	Quintal....	20—40	19 thermidor 4.
	Idem.......	10..20	24 nivôse 5.

(1) Pour assurer le maintien de cette prohibition, le conducteur d'un cheval monté ou attelé, qui ira à l'étranger, fournira soumission cautionnée de ramener ledit cheval dans un délai qui ne pourra excéder deux mois, à peine d'en payer la valeur. (9 flor. 7.)
On ne doit pas appliquer ces dispositions aux conducteurs de voitures publiques, dont la marche est toujours régulière, et qui sortent et reviennent avec le même nombre de chevaux. (*Lettre du Direct. de Clèves à l'Inspect. à Venraye*, du 15 prair. 7.)
L'étranger qui arrive en France avec un cheval, doit avoir la facilité de retourner chez lui avec un cheval, sauf à lui à en faire la déclaration portant signalement au premier bureau d'entrée; autrement il ne pourroit le réexporter. L'article 6 du titre 2 de la loi du 9 floréal an 7 semble indiquer cette mesure. (*Lettre précitée.*)
Les chevaux ne peuvent être reconnus à la rentrée qu'au bureau où ils auront été signalés.
Les marchands du Cantal qui vont en Espagne, présenteront, pour leurs chevaux, un certificat du sous-préfet de leur domicile, sur lequel sera délivré l'acquit à-caution; ainsi ils ne seront tenus ni à la caution ni à la consignation de la valeur. (*Décis*. 28 niv. 9.)
(2) L'année étant expirée, et l'autorisation de sortie n'ayant pas été renouvelée, il s'ensuit que l'exportation des chèvres par les Pyrénées ne doit plus avoir lieu.
(3) Les chiffons provenant de prises avoient joui de la faculté de la réexportation ; mais nos papeteries éprouvant le plus grand besoin de cette matière première, le Ministre de l'intérieur a décidé, le 4 août 1806, que la réexportation des chiffons provenant de prises seroit défendue.
(4) Comme non compris dans l'état de prohibition de la loi du 19 thermidor an 4 (*art. 2 et 3 de ladite. loi*), et ne pouvant

CIRE blanche. [C'est celle qui a subi l'opération du blanchiment.] (1)	Prohibée....	.....	12 pluviôse 3.
	Quintal.....	10—20	19 thermidor 4.
	Idem......	1.. 2	24 nivôse 5.
CLOUTERIE. [Ce qui comprend toute espèce de Clous en fer et acier.]	Prohibée....	.....	19 thermidor 4.
Par le *Doubs*, le *Jura* et les *Basses-Pyrénées*...... (2)	Quintal.....	2— 4	Même loi.
Par toutes les frontières............................	Idem......	0..50	9 floréal 7.
COCHENILLE. [Insecte séché, propre à la teinture de l'écarlate, qui arrive du *Mexique* en petits grains rougeâtres, convexes et cannelés d'un côté et concaves de l'autre.]............	Quintal.....	1.. 2	24 nivôse 5.
COCHONS.......................................	Pièce......	0—50	15 mars 1791.
	Prohibés....	.....	1 mars 1793.
Pour l'*Espagne* et la *Suisse* seulement...............	Pièce......	1—25	19 thermidor 4.
Par mer..	Pièce......	0—50	24 nivôse 5.
	Prohibés....	.....	AC. 8 pluv. 10.
Par toutes les frontières.........................	Pièce......	3.. 0	DI. 17 pluv. 13 et loi du 30 avr. 1806.
CORAIL *non-ouvré*. (Genre de polypier ressemblant à un arbrisseau].	Prohibé....	.....	DM. 30 janv. 1807.
CORDAGES. [Ce qui s'entend de toutes les sortes de cordes.] Ceux *usés*. (D)	Prohibés....	.....	15 mars 1791.
	Idem......	.....	19 thermidor 4.
CORDAGES *neufs*, blancs, sans tannage, ni goudronnés, ni en fil de caret.	Prohibés....	.....	12 pluviôse 3.
	Idem......	.....	19 thermidor 4.
	Quintal.....	5—10	24 nivôse 5.
De fabrique française, goudronnés et non goudronnés...	Droit de bal.	.....	AC. 14 fruct. 10.
	Idem......	.....	8 floréal 11.

RENVOIS.

CLAPONS. *Voyez* Matières propres à l'engrais.
CLOCHES (métal de). *Voyez* Métal de cloches.
CLOCHES, CLOCHETTES. *Comme* Ouvrages en bronze. (*L.* 15 *nivôse* 9.)
CLOUTERIE en Cuivre. *Voyez* Cuivre laminé.
COCONS de soie. *Voyez* aux Soies.
COLOMBINE. *Voyez* Matières propres à l'engrais.
CORDONNERIE. *Voyez* Ouvrages en cuir.

être assimilé à aucune prohibition.
Les boissons ne peuvent s'embarquer sans permis des Droits réunis; à défaut, les préposés aux douanes peuvent saisir. (*Lettre du Directeur de Marseille , du 27 mai* 1806.)
(1) La bougie, n'étant pas comprise au tarif, ne doit que le droit de balance. [*Lettre du Directeur de Rouen, du 9 frimaire an* 8.)
(2) Cette sortie étoit aussi autorisée par les départemens réunis. (*AD.* 9 *prair.* 4.)
(D) La loi du 19 thermidor an 4 prohiboit l'exportation de tous les cordages : des lois postérieures ont autorisé la sortie de ceux *neufs*; mais ceux *usés* restent sous la prohibition. Les filets vieux y sont compris. (*C.* 20 *floréal* 10.) *Voyez* la note A, à la page 182. (SORTIE. 18.)

Cornes. [Parties dures qui sortent de la tête de certains animaux.] Celles de bœufs, vaches, cerfs, snaks, moutons, béliers, et autres communes............	Quintal.....	1.. 2	15 mars 1791.
Coton en laine. [Sorte de duvet qui vient sur un arbuste. Il est blanc et propre à la filature.]............	Quintal.....	24—48	15 mars 1791.
	Prohibé......		26 février 1792.
	Quintal.....	102— 0	20 avril 1792.
	Prohibé......		19 mai 1793.
	Idem.......		12 pluviôse 3.
	Idem.......		19 thermidor 4.
	Quintal.....	1— 0	AC. 6 brum. 12.
	Idem.......	1— 0	22 ventôse 12.
	Prohibé......		DM. 28 avril 1808.
	Idem (1).....		DI. 21 mai 1808 et 12 janvier 1810.
Coton filé.............................(1)	Prohibé......		19 mai 1793.
	Idem.......		12 pluviôse 3.
	Quintal.....	40—80	19 thermidor 4.
	Idem.......	10—20	24 nivôse 5.
	Droit de bal.		DI. 3 vend. 13.
	Idem.......		1. pluviôse 13.
	Prohibé......		DM. 16 mai 1808.
	Idem.......		DI. 21 mai 1808.
	Droit de bal.		DI. 30 janv. 1809.
Couperose. [Sel qui devient propre à la teinture en noir par la purification. Il y en a de blanche, de verdâtre, et d'un bleu céleste.]..........	Prohibée.....		12 pluviôse 3.
	Quintal.....	4.. 8	19 thermidor 4.
Couvertures de laine. [Pièce d'étoffe de laine qu'on étend sur les lits pour se garantir du froid.]............	Comme Étoffes.......		CA. 22 messid. 8.
Cuirs secs en poils. [Ce sont les peaux de bœufs, vaches, buffles, etc. qu'on a fait sécher sans en ôter le poil ou bourre........(2)	Prohibés.....		26 février 1792.
	Idem.......		1 mars 1793.
	Idem.......		12 pluviôse 3.
	Idem.......		19 thermidor 4.

RENVOIS.

Cornes. *Voyez aussi* Matières propres à l'engrais.
Côtes de feuilles de Tabac. *Voyez* Tabac.
Coton (Ouate de). *Voyez* Ouate.
Coton. [Ouvrages de] *Voyez* Toiles de coton.

(1) Par lettre ministérielle du 19 mai 1808, la faculté de réexporter les cotons qui se trouvent en entrepôt réel ou fictif, a été suspendue. Ainsi lorsqu'ils y auront été admis avec les preuves requises d'origine neutre, ils ne pourront rétrograder à l'étranger, et devront, dans les délais prescrits, être livrés à la consommation.
(2) Voir aussi à Peaux, pour plus de détail.

Cuirs *secs* en poil. Ceux venus de l'étranger peuvent être réexportés dans les six mois de l'arrivée, en payant...............		Par cuir..	0..10	24 nivôse 5.
Cuirs *en vert*. [Ce sont ceux qui n'ont reçu aucune préparation, tels enfin qu'ils ont été levés de dessus l'animal.]...............		Prohibés....... Idem........ Idem........ Idem.....	— — — —	26 février 1792. 1 mars 1793. 12 pluv. 3. 19 thermidor 4.
Cuirs *tannés*. [Ce sont ceux dont on a fait tomber le poil, et qui ont ensuite été mis dans la fosse au tan.]............... Excepté ceux ci-après............... (1)		Prohibés...... Par 100 fr.. Prohibés...... Idem........	— 1— 0 — —	19 thermidor 4. 24 nivôse 5. AC. 2 therm. 11. 22 ventôse 12.
Cuirs pour *semelles*. [Ce sont ceux de bœufs et de vaches *tannés* et *séchés*.].................... (1)		Droit de bal.	......	DM. 5 fructid. 11.
Cuirs destinés à la *reliure des livres*. [Ils sont préparés par le corroyeur avec l'eau saturée d'alun, et sont secs et roides au toucher; ils pèsent au plus une livre.]............... (2)		Droit de bal.	......	LM. 7 messid. 12.
Cuirs *corroyés* et *fabriqués*. [Ce sont les cuirs tannés, réparés et adoucis au gras ou au sec par un dernier apprêt.	Par les départem. réunis. Par toutes les frontières.	Exempts..... Par 100 fr.. Droit de bal. Idem......	— 1— 0	19 thermidor 4. 24 nivôse 5. AC. 26 vend. 11. 6 floréal 11.
Cuivre et Laiton *non ouvrés*. [Le cuivre est un métal imparfait, d'un rouge éclatant, sonore, dur, ductile et malléable. Le laiton, nommé communément *cuivre jaune*, est composé de trois parties de cuivre et d'un quart de pierre calaminaire ou mine de zinc.]............... (3)		Prohibé...... Idem......	— —	19 mai 1793. 19 thermidor 4.

RENVOIS. (1) Les cuirs de bœufs forts, auxquels la tannerie imprime toute la main-d'œuvre qui leur convient, et qui pèsent communément 15 kilogr. pièce, sont exceptés de la prohibition. (DM. 5 *fructid*. 11.) Ceux de vaches, qui pèsent en général 10 kilogr. et demi pièce, n'ayant pas besoin de corroyage, peuvent aussi sortir, quoique simplement tannés. (DM. 5 *pluviôse* 13.)

(2) Pour ne pas confondre ces cuirs avec les peaux à empeignes ou à tiges de bottes, on saura que ces dernières pèsent au moins trois livres; préparées au suif ou à l'huile de poissons, elles sont souples à cause de la préparation graisseuse qu'elles ont subies.

(3) Cette prohibition n'étoit pas relative au *cuivre en planches* employé dans nos ports pour radouber les vaisseaux étrangers. (DM. 17 *ventôse* 6.) Il n'étoit pas même susceptible des droits. (*Déc.* 12 *brumaire* 8.)
Le vieux cuivre est également prohibé.

CUIVRE et LAITON *ouvrés*, autrement qu'en planches et en mercerie.	*Prohibés*...	—	12 pluviôse 3.
	Quintal....	30—60	19 thermidor 4.
	Idem.....	4.. 8	24 nivôse 5.
CUIVRE *laminé*, pour doublage de vaisseaux et à fonds de chaudières, les barres à chevilles, les clous de cuivre rouge durcis au gros marteau, les clous de cuivre allié pour doublage, et les pentures de gouvernail.............	*Droit de bal.*		A.C. 5 brum. 11.
	Idem.....		8 floréal 11.
DENRÉES *coloniales*........	*Prohibées*...	—	19 thermidor 4.
Faculté de réexporter le 5e de celles importées des îles françaises. Ce 5e sortant par navires *français*....... }	*Par 100 fr.*	0—50	*Même loi.*
Par navires *étrangers*........	*Idem*.....	2—50	*Même loi.*
Toutes celles des îles françaises.... } par navires *français* et par *terre*.	*Idem*.....	1—50	24 nivôse 5.
Par navires *étrangers* { sur les *Sucres* bruts........	*Idem*.....	10— 0	*Même loi.*
sur les *Cacaos*, *Cafés*, *Indigos*, *Sucres* têtes et terrés.	*Idem*.....	5— 0	*Même loi.*
Les *Sucres* têtes et terrés, les *Cafés*, *Cacaos* des Colonies françaises, et les *Poivres*, pourront, pendant leur année d'entrepôt, être envoyés *par terre* à l'étranger (*en transit*) (1)................. (3)	*Droit de bal.*		8 floréal 11.
Les mêmes sortant de l'Entrepôt pour passer *par mer* à l'étranger, paieront, savoir.... (2 et 3) { Sucres bruts.......	*Quintal*....	9. 0	8 floréal 11.
Sucres têtes et terrés.	*Idem*.....	15. 0	*Même loi.*
Cafés............	*Idem*.....	12. 0	*Même loi.*
Cacaos..........	*Idem*.....	14. 0	*Même loi.*
Celles *étrangères* sortant de l'Entrepôt pour la réexportation (soit par terre, soit par mer. *CD.* 19 *mai* 1806.) (3)	*Exemptes*...		8 floréal 11.

(1) Le transit ne pourra s'effectuer que par les bureaux de *Strasbourg*, *Bourg-Libre*, *Verrières de Joux*, *Versoix*, *Behobie*, *Jougnes*, *Ainhoa*, *Cologne*, *Mayence*, *Verceil* et *Pozzolo*. (8 *floréal* 11.). — Aussi par *Coblentz*, pour celles de ces denrées tirées de l'entrepôt d'*Anvers*, pour l'étranger. (*DI.* 9 *vendémiaire* et 1er *pluviôse* 13.). — La même faveur a été accordée lorsqu'elles sont extraites de l'entrepôt de *Lyon* pour l'étranger, mais elles ne peuvent passer, en ce cas, que par les quatre premiers bureaux indiqués ci-dessus. (30 *avril* 1806.)

Les CACAOS pourront être transportés *par terre* sous plombs et par acquit-à-caution, des entrepôts de Nantes et la Rochelle à ceux de Bordeaux et de Bayonne, pour être réexportés en Espagne; ils seront dirigés d'abord sur Bordeaux et sujets à la visite. Les expéditeurs s'obligeront à payer le quadruple du droit et l'amende en cas de soustraction, et ils garantiront le simple droit même sur les déficits provenant des déchets ou d'autres accidens quelconques. [*DM.* 14 *juillet* 1807.]

(2) Ces droits perceptibles à la sortie, sont indépendans de ceux dus à l'entrée.

(3) Les dispositions de la loi du 8 floréal 11, relativement à la reexportation des denrées coloniales sont substituées à celles de la loi du 24 nivôse 5, qu'elles abrogent par leur incompatibilité. (*LD.* 19 *mai* 1806.). — J'ai indiqué aux mots *Café*, *Cacao*, et *Sucre*, qu'elles avoient été ces dispositions; et de là, je renvoie ici pour les droits à percevoir à leur sortie.... Cependant l'*Indigo*, comme matière propre à nos fabriques, se régit différemment; il faut voir son article pour le régime à suivre.

Derle. [Sorte de terre qu'on emploie dans la fabrication de la Porcelaine.]	Quintal...	1..2	15 mars 1791.	
Diamans et Pierreries (montures des)............ (1)	Par 100 fr.	0..50	DM. 12 brum. 6.	
Drilles. [Chiffons de toile qui servent à la fabrication du Papier.].	Prohibés....		15 mars 1791.	
	Idem......		3 avril 1793.	
	Idem......		12 pluviôse 3.	
Comme matière propre à la fabrication du papier......	Idem... (2)		19 thermidor 4.	
Eau-de-Vie. [Liqueur spiritueuse et inflammable qui se tire du vin par la distillation.]................................. (3)	Prohibée.. 268 litres.	0..25	15 août 1793. 19 thermidor 4.	
Eau-de-Vie de grains, de fabrique française................. (4)	Prime.....		DI. 9 vend. 13 et 20 avril 1810.	
Ecailles d'Ablette. [L'ablette est un petit poisson de rivière dont les écailles argentées servent à colorer les fausses perles.]	Quintal....	4..8	15 mars 1791.	
Ecorces de Chêne, et autres à faire tan. [Le tan sert à préparer les cuirs.]................................. (5)	Prohibées.. Idem.....		15 mars 1791. 19 thermidor 4.	
Celles du canton de Lure, avec restriction de n'en sortir que 25 mille quintaux (anciens) par année........	Quintal net.	1..2	24 nivôse 5.	

(1) Les diamans et pierreries, vrais ou faux, n'étant point tarifés, ne doivent que le droit de balance : donc, celui de demi pour cent imposé sur la bijouterie, ne doit être perçu que sur la valeur de leur monture. (D. 12 brum. 6.)

(2) Quoique les drilles n'ayent pas été comprises nominativement dans l'état annexé à la loi du 19 thermidor an 4, qui restreignoit les prohibitions de sortie aux articles y dénommés, j'ai néanmoins indiqué leur continuation de prohibition comme ordonnée par cette même loi, parce que, prohibant les matières propres à la fabrication du papier, il est incontestable que les drilles, qui n'ont pas d'autre usage, y sont comprises. D'ailleurs, s'il restoit le moindre doute sur leur prohibition à cause de l'article 2 de ladite loi, il seroit complétement levé par la loi du 1 pluviôse an 13, qui, en prohibant les chiffons de toile de coton et de laine, les assimile à ceux de toile ou drilles. (Voyez, pour ceux de prises, dont la réexportation est défendue, la note à l'art. Chiffons.)

(3) Les eaux-de-vie sortant du port de Cette, soit pour la France, soit pour l'étranger, paieront, pendant cinq années, un droit extraordinaire de 3 francs par muid de 268 litres. (Loi du 21 nov. 1808.)

(4) Il est fait remise aux eaux-de-vie de grains fabriquées en France qui sont exportées à l'étranger, du droit de fabrication qu'elles ont acquitté. (20 avril 1810.) Elles ne peuvent sortir que par Mayence, Coblentz, Cologne, Ostende, Dunkerque et le Havre (Dl. 9 vend. 13.); et par Urdengen (30 avril 1806.).

(5) Les cosses du gland, nommées Avelanedes, dont on peut se servir pour passer les cuirs, et qui, sous ce rapport, devroient être prohibées, jouissent néanmoins de la faculté de sortir, parce qu'il n'est pas encore déterminé si on peut en faire usage dans nos manufactures. (Déc. du 28 pluv. 8.) — Depuis, il a été décidé, le 28 novembre 1806, par le Ministre de l'intérieur, que les Glands seroient prohibés par le ci-devant Etat de Parme.

Écorces de *Tilleul*. [Elles sont propres à faire des cordages.].....	Quintal.....	8..16	15 mars 1791.
Écorces de *Grenadier*. [C'est l'écorce du fruit qui vient sur cet arbre.]	Quintal.....	2..55	15 mars 1791.
Essandolles. [Petites planches de bois.].... *Seront traitées comme* Bois d'éclisses........			1 août 1792.
Essence de *Térébenthine* et Térébenthine *en pâte*. [L'essence est une liqueur incolore, d'odeur désagréable et de saveur brûlante. La térébenthine en *pâte* est un suc résineux qui coule du *térébinthe*.]..........	Quintal.....	0..51	24 nivôse 5.
Étain *non ouvré*. [C'est un métal blanc, très-léger, qui crie lorsqu'on le plie.]...........	Prohibé..... Idem...... Idem......	— — —	19 mai 1793. 12 pluviôse 3. 19 thermidor 4.
Étain *ouvré*.	Prohibé..... Quintal.....	— 5..10	19 thermidor 4. 24 nivôse 5.
Étoffes et Draps. [Ce qui s'entend de toute espèce d'ouvrages en laine, en soie, etc., pour faire des habits, des meubles, etc.].....	Prohibés..... Exempts..... Quintal.....	— — 1..2	15 août 1793. 19 thermidor 4. 24 nivôse 5.
Étoffes avec Or et Argent *faux*.................... (A)	Prohibées..... Exemptes..... Quintal.....	— — 1..2	15 mars 1791. 19 thermidor 4. 24 nivôse 5.

RENVOIS.

Écorces de Noix. *Voyez* Brou.
Engrais. *Voyez* matières propres à l'engrais.
Espèces d'Or et d'Argent. *Voyez* Argent monnoyé.
Étoupes de Chanvre. *Voyez* Chanvre.

(A) La faculté d'exporter toutes les marchandises non reprises dans l'état de prohibition annexé à la loi du 19 thermidor an 4, sembloit résulter des articles II et III de cette loi, ainsi conçus :

Art. II. « Les prohibitions à la sortie seront restreintes aux objets compris dans » l'état annexé sous le numéro 2. »

Art. III. «Les marchandises non dénommées dans cet état (ni dans celui nu- » méro 1), ou qui n'étoient pas précédemment assujetties à des droits à la sortie par » le tarif du 15 mars 1791, les lois du 1 août 1792 et du 12 pluviôse an 3, con- » tinueront d'être exportées en exemption de droits. »

Mais cet état annexé sous le numéro 2 ne comprenoit-il pas, sous des dénominations génériques, diverses marchandises qui, prohibées antérieurement à la loi du 19 thermidor an 4, devoient encore suivre ce régime, malgré les articles II et III de cette loi, et quoique ces marchandises ne fussent pas désignées nominativement dans l'état de prohibition? Telles étoient les questions que j'avois élevées dans la première livraison de ce Tarif, questions nées du silence des lois, que je ne m'étois pas permis de décider, mais sur lesquelles j'avois appelé l'avis de MM. les Préposés des Douanes. Depuis, une lettre administrative, qui m'a été communiquée, a détruit tous ces

FARINES. [Grain moulu et réduit en poudre.].............(1)	Prohibées...	—.—.	12 pluviôse 3.
	Idem......	—.—.	19 thermidor 4.
	Idem......	—.—.	26 ventôse 5.
Assimilées aux GRAINS dont elles sont extraites.			LD. 14 janv. 1808.
FER-BLANC. [C'est du fer en lames très-minces, recouvertes d'étain.]	Prohibé...	—.—.	12 pluviôse 3.
	Quintal..	6—12	19 thermidor 4.
	Idem.....	2..55	24 nivôse 5.
FER *en gueuse* et *en saumons*. [Métal d'un gris noir, clair et brillant à l'intérieur. Le fer qui est dans le premier état de fusion, en gros lingots, et qui n'a point été martelé, s'appelle *gueuse*...	Quintal..	2— 4	19 thermidor 4.
	Idem.....	5..10	24 nivôse 5.
FER en *barres*, en *loupes*, et autres qui n'ont reçu qu'une première main-d'œuvre............................(2)	Quintal..	6—12	19 thermidor 4.
	Idem.....	2—55	24 nivôse 5.
	Idem.....	0..50	9 floréal 7.
FER en *verges*, *feuillards*, *carillons*, *rondins* ou en *plaques*...(2)	Prohibé...	—.—.	19 mars 1793.
	Idem......	—.—.	12 pluviôse 3.
	Quintal..	4— 8	19 thermidor 4.
	Idem.....	1— 2	24 nivôse 5.
	Idem.....	0..50	9 floréal 7.
FÉRAILLE et VIEUX FER...........................	Prohibés..	—.—.	15 mars 1791.
	Idem......	—.—.	19 thermidor 4.

RENVOIS.

FARINE D'AVOINE. *Voyez* Gruau.
FER OUVRÉ. *Voyez* Ouvrages en fer.

doutes, et donne par conséquent aux régimes que j'indique un titre positif. Voici comment s'exprime cette lettre :

« Les ÉTOFFES AVEC OR et ARGENT FAUX, et l'OR FAUX *filé sur fil*, peuvent » sortir, ainsi que les FEUILLES DE HOUX et les ROGUES, COQUES, RAIES et RE-» SURES DE MORUE.

» La prohibition qui affecte les ÉCORCES A TAN s'applique au TAN et aux subs-» tances qui, comme le RONON, peuvent être employées au même usage.
» Les BOURDAINES comme *bois* ou *charbons*, les RETAILLES *de peaux et de parche-» min faisant partie des matières propres à la fabrication de la colle*, les CORDAGES » VIEUX, ... la SOUDE et les REGRETS D'ORFÈVRE, comme *cendres*, » sont également prohibés. (*LD*. 25 mars 1806.)

Cette lettre comprenoit le *pain* et le *biscuit* dans la nomenclature des prohibitions, mais depuis il a été décidé qu'ils suivroient le nouveau régime des grains, ainsi voyez les articles PAIN et GRAINS.

(1) Les farines suivent le même régime que les grains dont elles sont extraites. Ainsi, lorsqu'il y a lieu à l'exportation, elles payent les mêmes droits et peuvent sortir par les mêmes ports. (*DM*. 25 messid. 12.)

(2) *Voyez* la description des différens fers au *Tarif d'Entrée*.

FEUILLES *de Houx*. [Le houx est un arbre toujours vert, dont les feuilles sont armées de pointes.]................... Prohibée / (E) Faculté de sortir.		— /	15 mars 1791. / 19 thermidor 4.
Celles *de Myrte*, et autres propres à la teinture et aux tanneries....	Quintal.....	20..40	15 mars 1791.
FIL-DE-FER et D'ACIER. [C'est du fer passé et tiré en long, d'une manière très-déliée...	Quintal..... / Idem......	1— 2 / 0..50	24 nivôse 5. / 9 floréal 7.
FIL *de mulquinerie et de linon*. [Est un fil de lin très-fin.].......	Kilogramme. / Prohibé.....	244—80 /	15 mars 1791. / 19 thermidor 4.
FIL *de lin et de chanvre retors*.................................	Quintal.....	2..55	19 thermidor 4.
FILS *simples*. [Ce sont ceux qui n'ont pas été retordus.]..........	Quintal.....	20..40	15 mars 1791.
FOINS et FOURRAGES. [Ce qui s'entend de toute herbe fauchée et séchée pour la nourriture des bestiaux.].................. Prohibés.... / Idem........ / Idem........		— / .... /	1 mars 1793. / 12 pluviôse 3. / 19 thermidor 4.
Le *Foin* peut sortir par le pays de *Gex*, en payant par.....	Charriot.... / Charrette ...	0..50 / 0..25	24 nivôse 5. / *Même loi.*

RENVOIS.

FEUILLES DE FUSTET. *Voyez* Fustet.
FEUILLES DE REDOUL. *Voyez* Redoul.
FÉVEROLLES, *Voyez* aux Graines.
FIL DE CUIVRE pur, *Comme* Cuivre ouvré. (*LD.* 4 mai 1807.)
FIL DE LAITON poli, *Comme* Cuivre ouvré. (*LD.* 4 mai 1807.)
FIL DE POIL DE CHIEN. *Voyez* Poil de chien.
FILETS VIEUX, *Comme* Matières propres en papier. (*C.* 20 *floréal* 10.)
FILOSELLE. *Voyez* Soies.
FLEURETS. *Voyez* Soies.

(E) D'après l'explication donnée par la lettre administrative citée à la note A de la page précédente, les feuilles de houx peuvent sortir en vertu des articles II et III de la loi du 19 thermidor an 4 ; mais quel est le droit perceptible ? Doivent-elles comme feuilles propres à la teinture, ou comme feuilles médicinales ? Telle étoit la question que j'avois posée dans la seconde édition de ce Tarif de sortie. Il y a été répondu que les feuilles de houx payant à l'entrée comme feuilles propres à la teinture, elles devoient être traitées comme telles à la sortie, par conséquent soumises à 20 fr. 40 c. jusqu'à ce qu'il survienne une décision contraire.

Marchandise	Unité	Droits	Date
FORCES à *tondre les draps*. [Sorte de grands ciseaux.]	Pièce	3.. 0	19 thermidor 4.
FROMAGES. [Laitage caillé et égoutté, de différentes sortes et formes.]	Prohibés	—	12 pluviôse 3.
Par les dép. réunis, le *Mont-Blanc*, l'*Ain* et le *Jura*...	Quintal	5—10	19 thermidor 4.
Par les autres départemens	Prohibés	—	*Même loi.*
Par tous les départemens	Quintal	0—51	24 nivôse 5.
	Idem... (1)	1.. 0	DI. 17 pluv. 13 et loi du 30 avr. 1806.
FRUITS. [Production des arbres servant à la nourriture.]	Prohibés	—	15 août 1793.
	Exempts	—	12 pluviôse 3.
	Idem... (2)	—	19 thermidor 4.
	Droit de bal.	—	24 nivôse 5.
FUSTET (*feuilles* et *branches* de). [Arbrisseau dont le bois est jaune; propre à la teinture et au corroyage des cuirs.]	Quintal	2.. 4	15 mars 1791.
FUTAILLES *vides* ou *en bottes*. [Tonneaux de bois propres à mettre les liquides.]	Prohibés	—	15 mars 1791.
	Idem	—	12 pluviôse 3.
	Idem... (3)	—	19 thermidor 4.
GARANCE (*racine* de). [Propre à la teinture rouge. Cette racine, réduite en poudre, est d'un rouge jaune et d'une odeur très-forte.]	Exempte	—	1 août 1792.
	Droit de bal.	—	24 nivôse 5.
GAUDE. [Plante à fleurs d'un jaune verdâtre, propre à la teinture.]	Exempte	—	1 août 1792.
	Droit de bal.	—	24 nivôse 5.
	Prohibés	—	AC. 2 vend. 11.
	Prohibée	—	8 floréal 11.
	Quintal	10— 0	AC. 3 therm. 11.
	Quintal	10.. 0	22 ventôse 12.

RENVOIS.

FORGES. *Voyez* Harnois.
FOURRAGES. *Voyez* Foin.
FRAI de Poisson. *Voyez* la note à Rogues de Morue.
FROMENT perlé *comme* grains. (*LM.* 23 mai 1806)
FUMIERS. *Voyez* Matières propres à l'engrais.
FUSILS de traite, de calibre, à vent, damasquinés. *Voyez* l'art. Armes et sa note.
GANTS de Peaux. *Voyez* Ouvrages.

(1) Une décision du Ministre, du 26 avril 1808, a défendu la réexportation des FROMAGES DE HOLLANDE, qui avoient été admis en entrepôt; une nouvelle décision transmise par LD. du 10 mai 1808, défend la sortie de ces fromages, soit qu'ils aient été déclarés pour l'entrepôt, soit qu'ils aient acquitté les droits d'entrée.

(2) C'est en vertu des articles 2 et 3 de la loi du 19 thermidor an 4 que j'ai conservé l'exemption aux fruits.

(3) Les Tonneliers de Mayence peuvent exporter un nombre de futailles proportionné à la quantité de *bois merrain* qu'ils tirent de l'étranger. Le bois merrain importé, et les futailles exportées, paieront le droit de balance. (1 pluviôse 13.)

Les futailles peuvent sortir vides pour la pêche de la baleine, moyennant soumission de les faire rentrer pleines.

Celles destinées à rapporter de Hollande différentes marchandises, et notamment des vinaigres médicinaux nécessaires aux habitans du département de l'Escaut, à cause de l'air mal sain qui règne dans cette partie de la Belgique, peuvent être réexportées en Hollande, à charge par l'expéditeur de se soumettre au retour desdites futailles en France dans un délai fixé. (*DM.* 1 messid. 10.)

GOMMES. [Sucs qui découlent des arbres, durcissent ensuite, et sont solubles dans l'eau.]	Prohibées... Quintal.....	—.. 10..20	12 pluviôse 3. 19 thermidor 4.
GRAINE d'*Avignon*, ou GRAINE *jaune*. [Cette graine, production d'un arbrisseau, est de la grosseur d'un grain de froment, et est d'usage en teinture.]	Quintal.....	10..20	1er mars 1791.
—— dites *Féveroles* et *Haricots*............. Y compris le *Maïs* ou *Blé de Turquie*........... .... Comme GRAINS....	Prohibées... Quintal.... Prohibées...	—.. 0—31 —..	14 pluviôse 3. 22 thermidor 5. 3 complém. 5. DL. 13 brum. 13.
—— de *Jardin*. [Sous cette dénomination on doit comprendre toutes semences de légumes et de fleurs. (*LA*. au Directeur de Genève, du 27 brum. 8.)]	Quintal.....	3..6	1 août 1792.
—— de *Mil* et *Millet*. [Petit grain très-fin, propre à la nourriture des oiseaux.]	Quintal.....	3..6	DM. 27 vend. 7.
—— de *Trèfle*. [Semences d'une herbe à trois feuilles, propre à la nourriture des bestiaux.] Cette dénomination comprend génériquement toutes les graines ou semences de pâturage. (*LA*. au Directeur de Genève, du 27 brum. 8.)	Quintal..... Prohib... (1) Quintal.... (2) Idem... (3) Idem.	3—6 —.. 3—6 5—0 8..0	1 août 1792. 14 pluviôse 3. 19 thermidor 4. 9 floréal 7. DE. 17 pluv. 13 et loi du 30 avr. 1806.
—— de *Vesce*, nommées aussi *jarosses*. [Espèce de grain rond et noirâtre, servant à la nourriture des chevaux et des pigeons.]	Prohibées... Idem... (4)	—..	14 pluviôse 3. DM. 2 compl. 7.
GRAINES *grasses*. [Ce qui s'entend de celles propres à faire huile, telles que celles de *colzat*, d'*œillette*, de *lin*, *rabette*, *navette*, etc.] .... (5)	Quintal..... Prohibées... Idem...... Idem......	1—2 —.. —.. —..	1 août 1792. 3 septemb. 1793. 12 pluviôse 3. 19 thermidor 4.

RENVOIS.

GIBIER. *Voyez* la note à Viandes fraîches.
GLANDS. *Voyez* la note à Écorces de chêne.
GOUDRON. *Voyez* brai gras.
GRÉMENT de Navires. *Voyez* Mâts.

(1) Cette loi prohiboit en même temps les Graines de luzerne et de sainfoin.
(2) C'est en vertu des articles 2 et 5 de la loi du 19 thermidor an 4 que ce droit de 3 fr. 6 cent. étoit redevenu celui à percevoir.
(3) La graine de spergule, par lettre de l'administration au directeur de Clèves, en date du 16 thermidor an 4, a été assimilée, pour la sortie, à la graine de trèfle. Cette graine est petite, noire, d'une forme presque ovale; l'herbe qui en provient est de la hauteur de six à huit pouces, et sert à la nourriture des vaches dont elle augmente beaucoup le lait.
Les graines de prairies sont assimilées aux graines de trèfle. (*CA*. 7 prair. 8.)
(4) La graine de vesce, me paroît comprise dans l'autorisation de sortie accordée aux menus grains par la décision impériale du 2 juillet 1806.... *Voyez* cet article.
(5) On ne peut leur assimiler les noix, dont la sortie est permise. (*LD*. 25 *février* 1807.)

Graines. [Ce qui s'entend de toutes les semences qui viennent dans des épis, tels que *Blés, Seigles, Orges, Maïs,* etc.].....				*Prohibés*...	—	21 septembre 1789.
				Idem......	—	1 mars 1793.
				Idem......	—	12 pluviôse 3.
				Idem......	—	7 vendém. 4.
				Idem......	—	19 thermidor 4.
				Idem......	—	26 ventôse 5.
Pour	l'*Espagne,* le *Portugal,* l'*Allemagne,* la *Hollande,*	peuvent sortir en payant (1)	pour les seigles, maïs et autres grains...	*Quintal*...	1— 0	DI. 25 prairial, 12 et 13 brum. 13.
			pour les blés..	Idem...	2— 0	*Mêmes décrets.*
Les FROMENS peuvent sortir pour tous les pays, sous un régime conditionnel, dépendant des prix moyens des mercuriales de Départemens.		Fixés à.... 24 fr. l'hectolitre.		*Prohibés*...	——	
		à..... 23 fr............		*Quintal net.*	8— 0	
		à..... 22 fr............		*Quintal net.*	6— 0	
		à..... 21 fr............		*Quintal net.*	4— 0	Décision de S.M.I. du 2 juillet 1806.
		à..... 20 fr............		*Quintal net.*	3— 0	
		à..... 19 fr............		*Quintal net.*	2—50	
		Au-dessous de 19 fr....		*Quintal net.*	2— 0	
Les mêmes, sauf pour la Hollande, (2)		Fixés à..... 24 fr. l'hectol. (5)		*Prohibés*...	——	
		à..... 23 fr........... (4)		*Quintal net.*	16.. 0	
		à..... 22 fr............		*Quintal net.*	12.. 0	
		à..... 21 fr............		*Quintal net.*	8.. 0	DI. 15 juin 1810.
		à..... 20 fr............		*Quintal net.*	6.. 0	
		à..... 19 fr............		*Quintal net.*	5.. 0	
		Au-dessous de 19 fr....		*Quintal net.*	4.. 0	

GRAISSE d'*Asphalte*. [Sorte d'oing noir, nommé aussi *huile bitume minérale,* provenant de l'exploitation de la mine d'*Asphalte* du département du *Bas-Rhin*]..................	*Par 100 fr.*	0..15	DM. 6 vent. 5.
GRAISSES de toute autre sorte. [Ce qui s'entend de toutes les substances onctueuses provenant des animaux.]..............	*Quintal*....	6—12	15 mars 1791.
	Prohibées...	—	12 pluviôse 3.
	Idem......	—	19 thermidor 4.
GRAVELLE et TARTRE DE VIN. [Ce dernier est une espèce de sel qui s'élève des vins fumeux et qui prend la consistance de la pierre. Il est cassant et brillant. La *gravelle* est le résultat de la calcination de la lie de vin.]	*Quintal*....	7..14	15 mars 1791.

(1) Les droits sur les grains seront perceptibles au poids net, en évaluant le brut suivant les tares reçues dans le commerce. (*DM.* 5 fruct. 12.)..... Ils ne sont pas soumis au droit additionnel. (*LD.* 14 janvier 1808.)
(2) C'est par décret du 12 juin 1810 que les expéditions de grains et de blés par l'Escaut, la Meuse et le Rhin, et par quelque partie que ce soit des frontières de terre pour la Hollande, sont prohibées.
Est aussi défendue l'exportation des blés et farines pour l'étranger par tous les ports de la côte depuis l'île de Schouwen jusqu'à Lorient. (*DI.* 22 juillet 1810.
La sortie des seigles par décret du 15 juin 1810, et celle des avoines par décret du 22, sont défendues pour l'étranger, par toutes les frontières de terre et de mer.
(3) Les Préfets arrêtent, les 15 et dernier de chaque mois, les prix moyens des mercuriales du Département : si le prix vient à s'élever à 24 fr. l'hectolitre, l'exportation sera prohibée dans les vingt-quatre heures de la notification qu'en fera le Préfet au Directeur des Douanes : cependant les vaisseaux qui, ayant déjà payé les droits, se trouveroient encore dans le port au moment de la prohibition, auront la liberté de sortir. (*LM.* 7 juillet 1806.)..... — Ce sont les mercuriales du marché de Toulouse qui règlent les prix et la faculté d'exportation pour les ports d'Agde, Cette et la Novelle.
(4) Les menus grains tels que orge, maïs, haricots, féveroles, légumes-secs, etc., et riz, à l'exception de sa sortie par la 27e. division militaire, ne payent que la moitié des droits imposés sur le froment... Il en sera de même pour les seigles et les avoines lorsque l'exportation en sera repermise.
Les grains et farines ne peuvent être envoyés d'un port de l'Empire à un autre qu'avec l'autorisation spéciale du Ministre de l'intérieur... — Cette forme, applicable aux expéditions pour nos colonies, pouvant opérer quelques lenteurs, elles en sont

GRIGNON. [Sorte de mottes à brûler faites avec du marc d'olives vieillies.]	Sera traité comme l'Amurca.		1 août 1792.
GROISIL. [Nom donné, dans les verreries, aux morceaux de glace et de verre cassés.]	Prohibé. Idem. Idem.		15 mars 1791. 12 pluviôse 3. 19 thermidor 4.
GRUAU D'AVOINE. [Substance séchée au four, et mise par le moulin en grosse farine grenue.]	Droit de bal.		LD. 13 mai 1806.
HABILLEMENS *supportés*, à l'usage des voyageurs, et n'excédant pas le nombre de six. (1)	Exempts.		DM. 27 nivôse 8.
HARNOIS *de luxe*, pour voitures et chevaux. [Ce qui comprend les Selles, les Fouets, etc., et tout ce qui sert à atteler les chevaux].	Par 100 fr. Idem.	5— 0 0..50	19 thermidor 4. 24 nivôse 5.
HERBE *de maroquin*. [Espèce d'herbe dont les maroquiniers se servent à la place du sumac.].	Quintal.	3..6	15 mars 1791.
HERBES propres à la teinture, non dénommées à l'*entrée* ni à la *sortie*.	Quintal.	10..20	15 mars 1791.
HOUBLON. [Plante dont la fleur séchée entre dans la composition de la bière.] (2)	Quintal. Prohibé.	5—10	15 mars 1791. AC. 9 frimaire 9.
HUILES *d'olive* et *d'amande*. [Les Huiles sont des liqueurs grasses et onctueuses. Celle d'olive est d'usage pour la nourriture des hommes : celle d'amande est une droguerie.].	Prohibées. Quintal.	10..20	15 août 1793. 19 thermidor 4.

RENVOIS.

GRENADIER (Ecorces de). *Voyez* aux Ecorces.
GYPSE. *Voyez* Matières servant à l'engrais.
HARICOTS. *Voyez* aux Graines.
HERBE A JAUNIR. *Voyez* Gaude.
HORLOGERIE. *Voyez* à Ouvrages.
HOUILLE. *Voyez* Charbon de terre.
HOUX (Feuilles de). *Voyez* Feuilles de houx.

affranchies par décision de S. Ex., en date du 5 juillet 1808... — En conséquence les farines, grains, riz, légumes et autres substances rangées dans cette classe, qui seront déclarées pour les colonies françaises, pourront être expédiées sans permission spéciale et avec les mêmes formalités que les marchandises ordinaires qui sont envoyées en franchise à cette destination, laquelle, suivant le droit commun, doit être assurée par un simple acquit-à-caution. (*LD*. 7 *juillet* 1808.). Les grains, farines et légumes, venus de l'étranger, peuvent toujours être réexportés sans payer de droits, en justifiant de l'entrée. (1 *pluv*. 13.).... — Ceci ne s'applique qu'à celles de ces substances déclarées en entrepôt; à l'exception cependant des grains durs venant à Marseille, à la place desquels on peut exporter, en même quantité, des blés tendres.

Les bureaux ouverts à l'exportation des grains sont indiqués par le Ministre de l'intérieur : comme elle dépend du plus ou moins d'abondance, il en résulte une variation trop instantanée pour désigner les noms de ces bureaux dans un tarif; il faut en conséquence les demander à la préfecture des départemens frontières.

(1) Les habits de théâtre qui accompagnent les acteurs dans leurs déplacemens, ne sont sujets à aucun droit. (*LD. du* 5 *germ*. 13.)
(2) L'exportation du houblon est permise pour la Hollande et l'Allemagne, par les ports d'Anvers et de Venloo [substitué à celui de Wesel]; en payant un droit de cinq francs par quintal. — L'exportation du houblon cessera quand le prix en sera monté à 120 francs le quintal, dans les marchés d'Alost et de Liége, d'après les mercuriales. [*DI. 28 mars* 1807, et *Loi du* 7 *septembre* 1807.]

Huiles de *graines*, de *noix* et de *faines*...........................	*Prohibées*... Quintal.....	..—... 6..12	12 pluviôse 3. 19 thermidor 4.
Celles de *graines* sortant par les départemens réunis, les frontières de terre et les départemens qui bordent le *Rhin*. (*DM.* 16 *fruct.* 7.)................	Quintal.....	2..55	24 nivôse 5.
Huile *de poisson*. [Elle est d'un jaune noir, et sert principalement au corroyage des cuirs.]........................	*Prohibée*.... Idem...... Quintal..... Idem......	..—... ..—... 2—50 2..50	12 pluviôse 3. 19 thermidor 4. AC. 1 pluv. 11. 8 floréal 11.
Huitres *fraîches*. [Coquillages de mer.]...................	*Le mille en N.*	0..50	15 mars 1791.
Indigo. [Suc épaissi et séché d'une plante : il est d'un bleu foncé, en petits pains carrés ou en grains.]............... (1)	*Prohibé*.... Idem......	..—... ..—...	12 pluviôse 3. 19 thermidor 4.
Ceux *étrangers*, réexportés dans les deux mois de l'arrivée, en justifiant de l'acquit des droits d'entrée...... Les *mêmes*, extraits de l'entrepôt réel, pour être réexportés dans l'année de leur mise en entrepôt...... (1)	*Exempts*:.... *Exempts*......		19 thermidor 4. LD. 3 févr. 1808.
Indique. [Pâte bleue, assez semblable à l'indigo, qui se fabrique dans le département du *Doubs*.]...................	*Prohibée*....	..—...	DM. 7 ventôse 5.
Laines *non filées*. [On nomme ainsi le poil des agneaux, brebis, moutons et béliers.]................... (2)	Quintal..... *Prohibées*.... Idem...... Idem...... Idem......	76..50 ..—... ..—... ..—... ..—...	15 mars 1791. 26 février 1792. 19 mai 1793. 12 pluviôse 3. 19 thermidor 4.

RENVOIS.

Jardinage. *Voyez* Légumes verts.
Jarosses. *Voyez* Graines de Vesce.

(1) La loi du 19 thermidor 4, a placé dans le tableau des prohibitions de sortie, l'*indigo*, à l'exception de celui étranger réexporté dans les deux mois de l'arrivée ; la loi modératrice du 24 nivôse 5 n'a rien changé à cet égard, et quoique celle du 8 floréal 11 facilite, aux titres 4 et 6, le débouché à l'étranger de plusieurs sortes de denrées coloniales, elle n'a point expressément dérogé à la restriction ordonnée en l'an 4... Ainsi la sortie des Indigos est prohibée, sauf l'exception en faveur de ceux venus de l'étranger qui y sont renvoyés dans les deux mois et aussi de ceux mis en entrepôt réel dont la réexportation directe s'effectue par mer dans le délai d'une année, conformément aux dispositions générales du titre 4 de la loi du 8 floréal 11, concernant les entrepôts... — Les circonstances actuelles rendant importante la conservation de toutes nos matières premières, on doit s'opposer à toute sortie par mer d'INDIGO *étranger* qui ne seroit pas extrait de l'entrepôt réel, pour être réexporté dans l'année de sa mise en entrepôt. (LD. 3 *février* 1808.)

(2) Les laines de toute espèce non filées sont comprises dans cette prohibition, même celles à matelas pouvant servir aux fabriques. (*Même loi*.)... *Voyez* à la page suivante.

LAINES. Celles non filées *étrangères*, réexportées dans l'année de l'arrivée............................ (1)	Exemptes... Quintal.....	0 2— 4	21 juin 1792. 24 nivôse 5.
LAINES *filées*, propres à la tapisserie. [Ce sont celles qui ont été retordues.].........................	Quintal..... Prohibées... Idem....... Idem....... Quintal.....	18—36 .—. .—. .—. 20..40	15 mars 1791. 26 février 1792. 19 mai 1793. 12 pluviôse 3. 19 thermidor 4.
LAINES *filées*, d'autre sorte. [Ce sont celles filées et non retorses.]...	Quintal..... Prohibées... Idem....... Idem....... Quintal.....	18—36 .—. .—. .—. 51.. 0	15 mars 1791. 26 février 1792. 19 mai 1793. 12 pluviôse 3. 19 thermidor 4.
LÉGUMES *secs*, de toute sorte ; tels que *Pois*, *Lentilles*, *Haricots*, etc.............................	Prohibés... Idem....... Idem....... *Assimilés* aux GRAINS...	.—. .—. .—.	1 mars 1793. 12 pluviôse 3. 19 thermidor 4. LM. 11 juill. 1806.
LÉGUMES *verts* et JARDINAGE. [Ce qui s'entend de toutes les *Herbes*, *Plantes* et *Racines potagères*.].	Prohibés... Idem....... Quintal.....	.—. .—. 0..20	12 pluviôse 3. 19 thermidor 4. 24 nivôse 5.
LIE DE VIN. [C'est la partie la plus grossière du vin, qui se dépose au fond du tonneau.]................	Quintal.....	2.. 4	15 mars 1791.
LIÈGE *non ouvré*. [Écorce spongieuse et légère d'une espèce de chêne vert.]...........................	Prohibé..... Idem....... Quintal.....	.—. .—. 2.. 4	1 mars 1793. 12 pluviôse 3. 24 nivôse 5.

RENVOIS.

LAITON. *Voyez* Cuivre.

(1) Les laines non filées, venues de l'étranger, ne pourront être réexportées qu'autant qu'elles auront été mises dans l'entrepôt réel du port d'arrivée, et qu'elles en seront expédiées directement pour l'étranger. (*DI.* 25 février 1806, et *loi du 30 avril 1806.*)

Il résulte de cette disposition une prohibition absolue à la sortie *par terre* des laines non filées, quelles que soient leur espèce et leur origine.

Cependant les laines non filées arrivant d'Espagne à Bayonne, tant par mer que par les bureaux de Béhobie et d'Ainhoa, pourront, à leur sortie de l'entrepôt, être réexportées à l'étranger en transit sur le territoire français. [*DI.* 11 mai 1807, et *Loi du 7 septembre 1807.*]

A leur réexportation *par mer* des ports d'arrivée, le droit de 2 fr. 4 cent. imposé par la loi du 24 nivôse an 5, ne me paroît plus devoir être perçu, et cette opinion est fondée sur ce que cette matière ne peut être traitée plus défavorablement que les marchandises de toutes espèces qui jouissent de la faculté d'entrepôt... MM. les receveurs des Douanes jugeront si ce doute est erroné.

Liège en planches. [Est celui choisi qui a reçu une première main-d'œuvre.].................................	Quintal..... Idem...... Idem......	3— 3— 4..	6 6 0	1 août 1792. 19 thermidor 4. DI. 17 pluv. 13 et loi du 30 avr. 1806.
Lin cru, tayé ou apprêté. [Écorce filamenteuse d'une plante à une seule tige. On appelle cru celui qui n'a reçu qu'une première main-d'œuvre. C'est avec le lin qu'on fait le fil, la toile, etc.]. Même peigné.................................	Prohibé. Idem...... Idem...... Idem......	—.... —.... —.... —....		15 mars 1791. 19 mai 1793. 12 pluviôse 3. 19 thermidor 4.
Linon. [Tissu de fil de lin, très-fin et clair.]..................	Comme Toiles			CA. 22 messid. 8.
Malherbe. [Herbe d'une odeur très-forte, propre à la teinture.]....	Quintal.....	2..	4	15 mars 1791.
Marchandises admises en entrepôt, prohibées à l'entrée, ou dont le droit excède dix pour cent de leur valeur, ne peuvent être réexportées que sur des bâtimens de cent tonneaux et plus. (1)	....			8 floréal 11.
Marchandises non comprises au Tarif, celles omises, à l'exception des herbes non dénommées propres à la teinture...........	Droit de bal.			24 nivôse 5.
Marrons et Chataignes. [Fruits ronds, bruns à l'extérieur, blancs en dedans]. (2)	Prohibés... Idem...... Idem...... Quintal.....	—.... —.... —.... 2..	0	1 mars 1793. 12 pluviôse 3. LM. 16 vend. 9. DM. 28 nov. 1806.
Matelas. [Étui de toile rembourré de laine, de coton, de crin, etc.] (3)	Comme les Matières dont ils sont composés.			1 août 1792.

RENVOIS.

Linges vieux. *Voyez* Drilles.
Maïs. *Voyez* aux Graines.
Manganèse. *V.* la note à Mines métalliques.
Marc d'olives. *Voyez* Amurca.

(1) Elles doivent en outre s'accompagner d'acquits-à-caution, qui seront déchargés par les agens du Gouvernement français dans les ports étrangers où les marchandises seront conduites. (8 *floréal* 11.)

Il y a exception pour les marchandises retirées de l'entrepôt d'Anvers pour aller en Hollande, qui peuvent être exportées par bâtimens de 60 tonneaux en faisant convoyer les bâtimens jusqu'aux limites du territoire français. (*Lettre du DG. au directeur d'Anvers, du* 15 *messidor.* 11.)

(2) Les châtaignes et marrons qu'on exporte par les frontières de la vingt-septième division militaire ne sont soumis qu'au droit de balance [*DM.* 9 *janvier* 1807.]

(3) Le passager qui s'embarque sur navire étranger peut emporter deux matelas pour son usage dans la traversée, pourvu qu'ils soient composés de *laine vieille* et hors d'état de fournir aux fabriques. (*DM.* 17 *fructidor* 4.)

Ceux à l'usage des voyageurs, et ne contenant que de vieilles laines, peuvent aussi sortir. (*Décis. du* 18 *flor.* et 8 *prair.* 9.)

Matières servant à l'engrais des terres, telles que *Fumier*, *Colombine*, *Clapons*, *Cornes rapées*, et autres............ (1)	Prohibées....... Idem........ Idem........	......—.. ......—.. ......—..	1 août 1792. 12 pluviôse 3. 19 thermidor 4.
Matières propres à la fabrication du *Papier* (2) et de la *Colle*.... (3)	Prohibées....... Idem........	......—.. ......—..	12 pluviôse 3. 19 thermidor 4.
Mats et Pièces de rechange. [Objets propres à l'équipement d'un vaisseau.]..................... (4)	Par 100 fr...	5.. 0	DM. 7 nivôse 11.
Mélasse. [Résidu des sucres raffinés.].......................	Prohibés....... Quintal..... (5)............	......—.. 2—55	19 thermidor 4. 24 nivôse 5.
Mercerie. (*Voir de quoi elle se compose au Tarif d'Entrée.*).....	Quintal.....	1.. 2	24 nivôse 5.
Celle uniquement composée de fer et d'acier........ (6)	Quintal.....	0..50	9 floréal 7.
Métal de Cloches, comme composé de cuivre et d'étain...........	Prohibé.......	......—..	DM. 27 vend. 6.
Métiers pour les fabriques...........................	Quintal..... Par 100 fr... Prohibés.... Idem... (6)	61—20 1—50 ......—.. ......—..	15 mars 1791. 1 août 1792. 12 pluviôse 3. 19 thermidor 4.

RENVOIS.

Matières d'Or et d'Argent. *Voyez* Argent.
Maurelle *Voyez* Tournesol.

(1) On en excepte la Chaux, le Plâtre et la Terre de Marne, qui sont tarifés, et le Gypse, espèce de pierre à plâtre, dont la sortie est tolérée par le département du Doubs.
(2) Les vieux papiers sont compris dans la prohibition. (L. du 26 thermid. 13.) Une décision ministérielle, du 17 brumaire an 5, en avoit excepté les rognures de papier; mais, ayant les mêmes propriétés que le papier vieux, elles ont été frappées de la même prohibition par LD. 13 août 1808.
(3) L'amidon peut sortir. (*Voyez* ce mot.)
(4) Pour prévenir les abus, les capitaines étrangers ne seront admis à se pourvoir de *mâts de rechange* que lorsqu'il sera constaté que c'est par quelque événement de force majeure, ou par quelque autre cause qu'ils n'ont pu prévoir, qu'ils s'en trouvent dépourvus. (CD. 16 nivôse 11.)
(5) L'importation des mélasses étrangères étant prohibées, depuis le 14 fructidor 10, ce droit de 2–55, ne pourroit donc plus s'appliquer qu'aux mélasses des colonies françaises... Le système établi sur les denrées coloniales par la loi du 8 floréal an 11, étant incompatible avec celui de la loi du 24 nivôse 5, il me paroît que, par cela seul, les mélasses ne peuvent devoir actuellement à la sortie que le droit de balance..., et cela paroît d'autant plus plausible que celles provenant de sucres raffinés en France, n'étoient déjà soumises qu'à ce dernier droit par DM. du 23 fructidor 8, lorsqu'elles étoient accompagnées d'un certificat de la fabrique, visé par le Maire...

Meubles et Effets à usage............................ (7)	Exempts........			DM. 17 oct. 1791.
	Droit de bal......			24 nivôse 5.
Meules de Moulin... { Au-dessus d'un mètre 949 millimètres.....	Pièce.......	30..	0	8 floréal 11.
{ Au-dessous, jusqu'à un mètre 297 millim..	Pièce.......	20..	0	*Même loi.*
{ Au-dessous d'un mètre 297 millimètres....	Pièce.......	10..	0	*Même loi.*
—— d'*Andernach*, par le *Rhin*. { Celles d'un mètre 297 millimètres et au-dessus................	Par 100 *fr.*.	10..	0	DI. 9 vend. 13 et
{ Celles au-dessous..............	Idem......	5..	0	loi du 1 pluv. 13.
Miel. [Suc doux produit par les abeilles.]...........	Prohibé......			15 août 1793.
	Idem........			12 pluviôse 3.
	Quintal....	2—55		19 thermidor 4.
	Idem......	5..	0	DI. 17 pluv. 13 et loi du 30 avr. 1806.
Mine de *Fer*, *brute et lavée*. [Les mines de fer varient pour la figure et la forme ; il y en a de blanche, de noire, d'un gris de cendre, de bleue, etc.]............................ (8)	Prohibée.....			15 mars 1791.
	Idem.......			19 thermidor 4.
Mine de *Plomb*. [Pierre minérale d'un noir argenté et luisant.] (9)	Prohibée....			19 thermidor 4.
Mines *métalliques* de toute autre sorte. [Ce qui comprend non-seulement les métaux encore mêlés avec la terre, mais même ceux épurés et non tarifés.]........................ (10)	Prohibées....			19 thermidor 4.

Millet ou Mil. *Voyez* aux Graines.
Minium. *Voyez* la note à Mine de plomb.
Montres. *Voyez* Ouvrages d'horlogerie.
Moresques. *Voyez* Soies.

(6) La prohibition prononcée par la loi du 19 thermidor an 4, de la *sortie des Métiers*, s'étend, d'après la décision du Ministre de l'intérieur, du 8 août 1806, aux outils et à toutes les parties accessoires des métiers, quoique détachés et présentés à la sortie sous le nom de *Quincaillerie*, *Mercerie*, etc. . . . mais cette prohibition ne s'applique pas aux presses d'imprimeries. (LD. 14 *mars* et 1 avril 1808.

(7) Cette sortie en exemption de droits n'est tolérée qu'à charge de justifier d'une propriété à trois ou quatre lieues des frontières, de l'identité et du rapport des effets par une soumission cautionnée, le tout par la formalité d'un acquit-à-caution.

(8) La mine de fer provenant des mines possédées en France par les Espagnols, peut sortir comme précédemment. (*Lettre du Ministre de l'intérieur, du 5 messid. 4.*)

(9) Il ne faut pas lui assimiler le *Minium*, qui n'est point un minéral naturel ; c'est le quatrième degré de l'oxidation du plomb, les potiers de terre en font le plus grand usage : on s'en sert aussi pour la médecine et la peinture.

(10) Une décision du Ministre des finances, du 2 fructidor an 4, porte que l'on ne peut comprendre sous la dénomination de *mines métalliques* le *Manganèse*, minéral assez semblable à l'Antimoine qu'emploient les émailleurs, les potiers de terre et les vitriers ; le Manganèse peut donc sortir. . . La même faculté a été accordée au *Régule d'Antimoine* sous le droit de balance par LM. du 11 décembre 1807. . . — La *Calamine*, sorte de minerai à l'usage des fondeurs, doit, sous ce rapport, être considérée comme matière première ; mais n'étant comprise ni directement ni indirectement dans la classe des objets prohibés à la sortie, elle peut être exportée en payant le droit de balance. (*CA. du ... pluviôse an 4.*)

MOUSSELINES [Tissu fort fin et fort clair fait avec du coton.]	Quintal	1	2	24 nivôse 5.
MOUTONS et BREBIS	Pièce	0	25	15 mars 1791.
	Prohibés			1 mars 1793.
Pour l'*Espagne*	Pièce	0	75	19 thermidor 4.
Idem	Idem	0	35	24 nivôse 5.
Par toutes les frontières.................... (1)	Idem	1	0	DI. 17 pluv. 13 et loi du 30 avr. 1806.
MULES et MULETS	Pièce	2	0	15 mars 1791.
	Prohibés			1 mars 1793.
	Idem			12 pluviôse 3.
	Idem			19 thermidor 4.
Au-dessous d'un an, pour l'*Espagne*	Pièce	5	0	*Même loi*.
Pour le *Piémont* et l'*Helvétie*	Idem	5	0	9 floréal 7.
Sans distinction d'âge, et par toutes les frontières... (2)	Pièce	10	.	DI. 17 pluv. 13 et loi du 30 avr. 1806.
MUNITIONS de guerre. [Ce qui comprend toutes les provisions nécessaires à une armée, les *Boulets, Canons, Cuirasses, Selles de chevaux de cavalerie*, etc, etc.]...................... (3)	Prohibées			10 juillet 1791.
	Idem			22 août 1792.
	Idem			12 pluviôse 3.
	Idem			19 thermidor 4.
MUNITIONS *navales*. [C'est tout ce qui tient à l'armement et à l'équipement des vaisseaux.].................... (4)	Prohibées			12 pluviôse 3.
	Idem			19 thermidor 4.
NAVIRES. [Bâtimens propres à aller sur mer.] Même ceux de *prise*. (5)	Prohibés			19 thermidor 4.

RENVOIS.

MOUT. *Voyez* Vendange.
MUSIQUE. *V.* les observ. sur les Cartes à jouer.
MYRTE. *Voyez* l'euilles de Myrte.
NAVETS. *Comme* Légumes verts. (*CA.* 22 mess. 8.)

(1) La toison doit en être enlevée si elle a plus de cinq mois. (*D.* 19 vent. 13.) La faculté d'exporter les moutons ne s'applique pas aux brebis et moutons mérinos ou métis. (*DI.* 21 frimaire 14, et loi du 30 avril 1806.) On reconnoît ces derniers à la finesse de leur laine.

(2) Ce droit est perceptible, lors même qu'ils seroient montés ou attelés, à l'exception de ceux venus de l'étranger, et sauf le remboursement des droits sur ceux qui rentreroient dans le délai de deux mois.

(3) Les denrées et approvisionnemens militaires pour les armées pourront sortir sur certificat du Commissaire ordonnateur en chef, indiquant les quantités et leur destination. (*CA.* 9 floréal 7.)

Les bâtimens de guerre espagnols ou les corsaires de cette nation qui relâchent dans les ports de l'empire, peuvent y acheter la poudre, les boulets et munitions de guerre dont ils ont besoin. (*CD.* 30 pluv. 13.) Pour prévenir toute fraude ou abus, l'exportation ne pourra être effectuée que sur l'ordre des directeurs, d'après l'autorisation de sortie détaillée, délivrée par les administrateurs de la marine.

(4) On en excepte les brais, goudrons, planches de pin, cordages, cables, mâts et pièces de rechange, sous certaines conditions, et les toiles à voiles. (*Voyez* chacun de ces articles à sa lettre.)

(5) Le Ministre des finances a décidé, le 17 messidor an 6, qu'on ne doit pas comprendre dans la prohibition des navires à la sortie, les *Bateaux*, qu'on ne peut leur assimiler, et dont la sortie est permise.

NAVIRES marchands, construits en *France* pour le compte espagnol....	*Partonneau.*	15— 0	AC. 20 vend. 11.
	Idem......	15— 0	8 floréal 11.
Construits à *Bayonne* pour le même compte, et dont la capacité n'excédera pas 500 tonneaux............ (1)	*Droit de bal.*	......	DI. 20 juill. 1808.
NERFS *de Bœuf, et autres animaux.* [Membres génitaux des animaux, arrachés et desséchés.].................	*Quintal......*	9..18	15 mars 1791.
ŒUFS. [La ponte de la poule et d'autres oiseaux.] Par *mer*........	*Prohibés....*	......	AC. 8 pluv. 10.
OR *faux*, filé sur soie. [Fil de faux or, tourné sur des fils de soie. (F)]	*Prohibé....*	......	15 mars 1791.
OREILLONS. [On donne ce nom aux rognures de peaux.]...........	*Prohibés....*	......	15 mars 1791.
Comme matière propre à la fabrication de la colle. (G)	Idem......	......	12 pluviôse 3.
	Idem......	......	19 thermidor 4.
ORGE *perlé*. [Sorte de grains petits, ronds, durs et blancs.].... (H)	*Exempt....*	......	1 août 1792.
	Droit de bal.	......	LD. 13 mai 1806.
OS *de Bœufs*, *Vaches*, et autres animaux. [Parties dures, solides et compactes des animaux, dont on se sert à divers usages.]...	*Quintal......*	Y.. 2	15 mars 1791.
OUATE. [Nom devenu générique pour désigner les matières qui servent à fourrer les habillemens, couvertures, etc.].............	*Comme les* matières *dont elle est composée.*	......	1 août 1792.

RENVOIS.

NOIX. *Voyez* la note à Graines grasses.
NUMÉRAIRE. *Voyez* Argent monnoyé.
OIGNONS. *Comme* Légumes verts. [G. 2.e mess. 8.]
OR. *Voyez* Argent.
ORFÉVRERIE. *Voyez* Ouvrages d'orfèvrerie.
OSIER. *Voyez* la note à Bois.

(1) L'autorisation du Ministre de la marine doit précéder. (*Circul. 7 prairial* 11.)

(F) La lettre administrative citée à la note A de la page 18, dit que l'OR FAUX filé sur *fil* peut s'exporter, d'où il paroîtroit que, par assimilation, l'or faux filé sur soie devroit d'autant plus suivre le même régime, que la soie ouvrée, sa matière première, jouit elle-même de la faculté de sortir. Je n'ai point cru cependant devoir lui appliquer les articles II et III de la loi du 19 thermidor an 4, par la raison que là où il y a la moindre incertitude, je me suis fait une loi de laisser plutôt le régime en blanc que de risquer une fausse application. Ainsi le trait (........) placé ci-dessus, dans la colonne des droits, indique, là comme dans les autres articles où il ne se trouve pas tous points (........), que ce n'est plus la loi y citée qui ordonne le régime au courant, ce régime fût-il même celui à suivre.

(G) Je me suis permis de classer les *oreillons* dans les matières propres à la fabrication de la colle, parce que tous les bureaux suivent cette classification, et qu'il n'y a aucun doute sur leur prohibition.

(H) Lors des premières impressions de ce Tarif de sortie, j'avois annoncé que le régime de cette orge me paroissoit douteux à cause de la possibilité de son assimilation aux grains; depuis il a été adressé, par le Directeur de Clèves, la lettre suivante, en date du 25 mai 1806. « L'orge perlé et *moulé*, ainsi que le *gruau d'avoine*, n'ont jamais fait partie de la classe des grains, parce qu'ils sont plutôt alimens sanitaires que substances ordinaires et de première nécessité. Cependant, dans plusieurs bureaux, l'un a assimilé

OUATE de Coton. [C'est du coton cardé et étendu en feuilles, dont un côté est gommé.]... (1)............	Quintal..... Droit de bal... Idem......	40—80 —.—. —.—.	19 thermidor 4. DI. 3 vendém. 13. 1 pluviôse 13.
OUVRAGES en *Acier* et *Fer*. [Les pompes à incendie sont comprises sous cette dénomination. *Lettre au Directeur de Besançon, du 23 plup. 5*].. (2)	Quintal..... Idem......	1— 2 0..50	24 nivôse 5. 9 floréal 7.
OUVRAGES (menus) en *Fer* et *Acier*. [Tels que *coutellerie, chaînes de montres, mouchettes, serrurerie, taillanderie, fil de fer*.].	Quintal..... Idem......	2—55 0..50	19 thermidor 4. 9 floréal 7.
OUVRAGES en *Fer coulé* ou en *Fonte*. [Tels que *batterie de cuisine, poêles* et *contre-cœurs, poids à peser*.].....................	Quintal..... Idem......	1— 2 0..50	19 thermidor 4. 9 floréal 7.
OUVRAGES en *Bronze*...	Quintal......	1.. 2	24 nivôse 5.
OUVRAGES de *Bijouterie*... (3 et 4)	Par 100 fr... Idem......	5— 0 0..50	19 thermidor 4. 24 nivôse 5.
OUVRAGES d'*Orfévrerie*, dont les deux tiers de la valeur seroient en main-d'œuvre... (4)	Par 100 fr... Idem......	5— 0 1.. 0	19 thermidor 4. 24 nivôse 5.
—— Gros Ouvrages d'Orfévrerie, en *vaisselle d'or et d'argent*, et en *vases d'or et d'argent* servant au culte........................	Prohibés..... Idem...... Par 100 fr...	—.— —.— 1.. 0	15 septemb. 1792. 19 thermidor 4. AC. 17 prairial 10.

RENVOIS.

OUVRAGES EN COTON. *Voyez* Toiles de Coton.

» l'orge perlé et mondé aux grains, et l'on a refusé d'en permettre l'exportation. J'ai » cru devoir en référer à M. le Directeur général, qui, par sa lettre du 13 de ce mois, » m'a fait connoître que l'on ne devoit pas s'opposer à l'exportation de l'orge mondé » et perlé, sous l'acquittement du simple droit de balance. »

(1) La prohibition qui affecte les cotons en laine, est-elle applicable à la Ouate?... M'étant fait une loi de ne rien indiquer que de positif, j'émets ce doute pour qu'il y soit statué.

(2) *Voyez*, pour exception, la note 6, article MÉTIERS.

(3) Par ouvrages de bijouterie, on ne doit comprendre que ceux dans lesquels les métaux précieux entrent comme matières principales. Ainsi les candelabres, vases et ornemens de cheminée, composés de bronze, cuivre doré, etc., ni les piédestaux dorés qui ornent les pendules, n'appartiendront pas à cette classe. Les bronzes ne doivent que 1 fr. 2 cent. du quintal, et les autres objets que le droit de balance. (*Lettre au Directeur de Rouen, du 2 compl. 5.*)

Voyez aussi ce qui a été dit à la note de l'article *Diamans*.

(4) Les ouvrages d'or et d'argent reconnus par les préposés des douanes sans la marque de garantie, doivent être saisis. (*Décis. 8 therm. 8.*) Mais il est accordé à la fabrique d'horlogerie et de bijouterie du département du Léman une exemption du droit de garantie sur tous les ouvrages d'or et d'argent destinés pour l'étranger : ces ouvrages seront soumis au seul droit d'essai.... L'exemption du droit de garantie accordée à l'horlogerie des départemens du Doubs et du Mont-Terrible est restreinte aux seuls objets destinés

Ouvrages d'*Horlogerie*, de fabrique françoise............... (1)	*Exempts*....... *Droit de bal*......	....	7 messidor 3. 24 nivôse 5.
Ouvrages en *cuir*, *maroquin*, *peaux maroquinées*, et en *souliers* de *femme* en étoffe...	Quintal...... *Par 100 fr*..	20—40 0..50	19 thermidor 4. 24 nivôse 5.
Ouvrages en *Peaux*, consistant en *culottes*, *vestes*, *gilets* et *gants*..	Quintal...... Idem......	20—40 1.. 2	19 thermidor 4. 24 nivôse 5.
Pains et Biscuits. [Composés de farine pétrie et cuite. Le biscuit est du pain qui a reçu deux cuissons]......................... *Assimilés* aux Grains dont ils sont composés (2)	*Prohibés*...... Idem......	....	15 août 1793. OM. 3 frimaire 9. LD. 14 janv. 1808.
Pains ou Tourteaux *de navette*, *lin* et *colzat*................ Ceux *d'oliette*, *de rabette* et de *chénevois*..................... } *seront traités comme* pains de navette. Pendant l'an 11................................. Jusqu'à nouvel ordre................................	Quintal...... ...... Quintal...... Idem...... Idem...... Idem......	1— 2 ...... 4— 0 4— 0 4— 0 4.. 0	15 mars 1791. 1 août 1792. AC. 1 pluv. 11. 8 floréal 11. AC. 8 frim. 12. 22 ventôse 12.
Papier. [Composition faite de vieux linges broyés à l'eau, et ensuite étendue par feuilles.] Celui *ordinaire*, *blanc et gris*, *soit* *pour l'écriture ou l'impression*............................ (3)	*Prohibé*...... Idem...... *Par 100 fr*.. Idem......	.... 15— 0 1.. 0	15 août 1793. 12 pluviôse 3. 19 thermidor 4. 24 nivôse 5.

pour l'étranger. (*DI.* 21 *août* 1806.)
   Lorsque les ouvrages neufs d'or et d'argent de fabrique nationale, ayant acquitté les droits de garantie, sortiront de France, les deux tiers des droits de garantie seront restitués au fabricant. Cette restitution sera faite par le bureau de garantie, sur certificat de l'administration des douanes constatant la sortie.
   Les bureaux ouverts à l'exportation des ouvrages d'or et d'argent sont, *par mer*, Baïonne, Bordeaux, la Rochelle, Nantes, Port-Malo, Rouen, le Havre, Vallery-sur-Somme, Boulogne, Calais, Dunkerque, Ostende, Anvers, Nice, Toulon, Marseille, Cette, Port-Vendre et Agde; *par terre*, Pas-de-Behobie, Ainhoa, Turnhout, Cologne, Coblentz, Mayence, Strasbourg, Bourg-Libre, Pontarlier, Versoix, le Brulou, et Verceil....
   (1) Les montres, même avec leurs mouvemens, ne doivent que le droit de balance; mais si les boîtes de montres sont exportées isolément, elles doivent comme ouvrages d'orfèvrerie. (*Lettre du* 11 *avril* 1806.)
   Voyez, pour le droit de garantie, la note 3 de la page précédente.
   (2) C'est-à-dire qu'ils sont soumis aux mêmes conditions que les grains, celles de payer les droits proportionnels et de ne sortir que par les bureaux ouverts à leur exportation lorsqu'elle est autorisée.
   (3) N'étoient pas compris dans la prohibition des papiers, par la loi du 15 août 1793, ceux de tenture marbrés, peints ou veloutés.

PAPIER *fin*, et PAPIER *mousse*, à cartier et aux *trois lunes*.........	*Prohibés*....	.....	15 août 1793.
	Par 100 fr...	5— 0	19 thermidor 4.
	Idem......	0..50	24 nivôse 5.
PARCHEMIN *brut*. [Peaux de mouton, de chèvre ou de veau de lait, préparées par la mégisserie. Il est reconnoissable par la fleur blanche qu'on voit sur toute sa superficie.]............ (1)	*Quintal*....,	12—24	15 mars 1791.
	Prohibé...	....	LM. 11 floréal 12.
PARCHEMIN *neuf*. [Est celui raturé et poncé qui a subi une seconde préparation par le parcheminier.]............... (1 *et* 2)	*Quintal*.....	12..24	15 mars 1791.
—— *Travaillé*, quoique neuf. [Ce qui ne doit s'entendre que du parchemin ouvré, ou autrement ouvragés en parchemin.] (1)	*Exempt*......	....—	1 août 1792.
	Droit de bal.	....	24 nivôse 5.
PASSEMENTERIE. [Tissus de différens fils et de différentes formes.] Voir de quoi elle se compose au *Tarif d'Entrée*.............	*Quintal*.....	1.. 2	24 nivôse 5.
PEAUX *passées en blanc* ou *mégie*, *bronzées* ou *chamoisées*...... (3)	*Quintal*.....	51— 0	19 thermidor 4.
	Par 100 fr...	1.. 0	24 nivôse 5.
PEAUX *de Loutre*, et PELLETERIES *sauvagines non apprêtées*..... (4)	*Exemptes*....	....—	1 août 1792.
	Par 100 fr...	10— 0	20 thermidor 3.
	Idem......	5— 0	19 thermidor 4.
	Idem......	2..50	24 nivôse 5.

RENVOIS.

PAPIERS VIEUX. *Comme* Matières propres, etc.
PATE D'ITALIE. *Voyez* Vermicel.
PATE DE PAPIER. *Voyez* Cartons gris.

(1) Il est nécessaire de lire la note qui se trouve au Tarif d'entrée, à l'article PARCHEMIN.

(2) Les bandes de parchemin ne sont point sujettes à ce droit, quoique le parchemin soit neuf. (*D* 1 décemb. 1791.)

(3) Les peaux en basane et celles pour la bufleterie sont comprises dans cette classe. (*LD*. 23 juillet 1808.)

(4) Les peaux de chats n'étant propres qu'à faire fourrure, peuvent être exportées, quel que soit le degré de préparation qu'elles aient reçu, et sont ainsi rangées dans la classe des pelleteries sauvagines. (*LD*. 29 germinal 11.)

PEAUX de Chien de mer, quoique non ouvrées........................	Droit de bal........		DM. 9 therm. 5.
PEAUX non ouvrées, appartenant à la mégisserie et à la chamoiserie, et qui ne sont pas propres à faire fourrures............... }	Prohibées.......		DM. 7 nivôse 11.
PEAUX de Lièvres et de Lapins, crues................ Et Peaux de Castor........................	Prohibées... Idem........		15 mars 1791. 19 thermidor 4.
PEAUX de Chevreuils en poils.............................	Prohibées...		DM. 7 nivôse 11.
PEAUX en poils et autres, excepté les pelleteries............... (1)	Prohibées...		19 thermidor 4.
PEAUX de Bœufs et de Vaches, salées et en vert............ (2)	Quintal...... Prohibées... Idem........ Idem........	12—24 ..—.. ..—.. ..—..	15 mars 1791. 26 février 1792. 12 pluviôse 3. 19 thermidor 4.
PEAUX de Cheval et d'Ane, en vert..................... (2)	Quintal...... Prohibées... Idem........ Idem........	12—24 ..—.. ..—.. ..—..	15 mars 1791. 26 février 1792. 12 pluviôse 3. 19 thermidor 4.
PEAUX de Moutons, Brebis et Agneaux, en vert............ (2)	Quintal...... Prohibées... Idem........ Idem........	30—60 ..—.. ..—.. ..—..	15 mars 1791. 26 février 1792. 12 pluviôse 3. 19 thermidor 4.

RENVOIS. (1) Les pelleteries ouvrées ou apprêtées qui sont distraites de la prohibition portée par la loi du 12 pluviôse an 5, et colles sans aucune distinction également exceptées de la prohibition portée sur les peaux en poil, peuvent sortir en payant le droit de balance. (CD. 21 nivôse 11.)

(2) Voyez aussi à CUIRS. On appelle cuir vert, crud ou frais, celui qui a été levé sur le corps de l'animal. Cuir salé est celui qu'on a salé avec du sel marin et de l'alun ou avec du natron, pour empêcher qu'il ne se corrompe. Cuirs secs en poil sont ceux séchés sans en avoir ôté le poil ou bourre. Cuir tanné est celui dont on a ôté le poil dans le plain, et qui a été ensuite mis dans la fosse au tan. Cuir plaqué est un cuir fort qui, après avoir été tanné, a été séché à l'air et nettoyé de son tan. Cuirs forts, sont ainsi nommés pour les distinguer des plus foibles. Cuir coudré est celui qu'on a étendu dans une cuve où l'on a jeté de l'eau chaude et du tan par-dessus, pour le rougir et lui donner le grain. Cuir en croûte est celui qui a été plamé, coudré et tanné, et qu'on a fait sécher après l'avoir tiré de la fosse au tan. Cuir corroyé est celui tanné qui a été apprêté par le foulage et l'huile, en gras ou en sec.

Les peaux de chèvres sont aussi prohibées.

PEAUX de Veaux, salées et en vert.................... (1)	Quintal......	30—60	15 mars 1791.
	Prohibées....	——	26 février 1792.
	Idem........	——	12 pluviôse 3.
	Idem........	——	19 thermidor 4.
PEAUX non dénommées, salées et en vert............ (1)	Quintal......	12—24	15 mars 1791.
	Prohibées....	——	26 février 1792.
	Idem........	——	12 pluviôse 3.
	Idem........	——	19 thermidor 4.
PENNES ou PAINES de laine et de fil. [Ce sont les bouts qui restent sur les métiers après que les étoffes ont été fabriquées.]	Prohibées....	——	15 mars 1791.
	Idem........	——	19 thermidor 4.
Les PENNES de coton.............................	Quintal......	1— 0	LM. 21 mars 1806.
	(2).........		
PIERRES à feu. [Sorte de pierres de différentes couleurs qui, battues contre du fer, jettent des étincelles.] Celles de fusil......	Prohibées....	——	19 thermidor 4.
	Par 100 fr...	1— 0	24 nivôse 5.
A briquet et à fusil de chasse.....................	Prohibées....	——	AD. 25 vendém. 7.
	Idem........	——	19 brumaire 8.
	Par 100 fr..	1— 0	AC. 6 prairial 10.
	Idem........	1— 0	8 floréal 11.
Taillées ou brutes...............................	Prohibées....	——	LD. 23 vend. 14.
	Par 100 fr..	1.. 0	LD. 21 juill. 1806.
PLATRE. [Calcination de pierres gypseuses, très-blanches, propre à la maçonnerie.]...............................	1565 kilogr..	1.. 0	19 thermidor 4.
PLOMB non ouvré. [Métal grisâtre, mou, pesant et livide.]......	Prohibé......	——	19 mai 1793.
	Idem........	——	12 pluviôse 3.
	Idem. (3)..	——	19 thermidor 4.

RENVOIS.

PEAUX DE CHATS. *Voyez* Peaux de Loutre.
PEAUX OUVRÉES. *Voyez* Ouvrages en peaux.
PEAUX tannées, corroyées, pour reliures, etc. *Voyez* Cuirs.
PELLETERIES ouvrées et apprétées. *Voyez* la note à Peaux en poils.
PELLETERIES sauvagines. *V.* Peaux de Loutre.
PIASTRES. *Voyez* Argent.
PIÈCES de rechange. *Voyez* Mâts.
PIERRERIES. *Voyez* Diamant.
PIERRES A CHAUX comme chaux. (*Lettre du* 18 *septembre* 1807.)
PLANCHES DE PIN ET DE SAPIN. *Voyez* Bois.
PLOCS. *Voyez* Bourres.

(1) Voir la note 2 à la page précédente.
(2) Avant cette disposition, les pennes de coton suivoient le régime de ceux de laine et fil; ce ne fut donc que parce que la sortie du coton fut permise, qu'on accorda la même faculté aux pennes de cette matière.... Or le décret impérial qui vient de prohiber les cotons, n'entend-il pas tacitement que ce nouveau régime soit suivi à l'égard des pennes.... Ceci paroît si plausible que je crois devoir indiquer leur sortie au moins comme douteuse.
(3) On en excepte celui des mines de Poullaouen, qui peut sortir par Morlaix en payant le droit de balance. (*A* 9 *therm.* 10.)

Plomb *ouvré*. [C'est celui qui a reçu quelque main-d'œuvre.]......	Quintal......	5..10	24 nivôse 5.	
Poil en masse et non *filé*, de *Castor*, *Chameau*, *Chèvre*, *Chevreau*, *Lapin*, *Lièvre* et *Loutre*............................	Prohibé...... Idem...... Idem. (1)......		15 mars 1791. 12 pluviôse 3. 19 thermidor 4.	
Poil *de Chien*, même *filé*.......................................	Prohibé...... Idem......		12 pluviôse 3. 19 thermidor 4.	
Poissons *frais*. [Animaux de différentes espèces qui vivent dans l'eau.]	Prohibés...... Idem...... Par 100 fr... Exempts......	2—50	15 août 1793. 12 pluviôse 3. 19 thermidor 4. 24 nivôse 5.	
Poissons de toute autre sorte, *salés*, *secs*, *fumés* et *marinés*........	Prohibés...... Idem...... Idem......		15 août 1793. 12 pluviôse 3. 19 thermidor 4.	
Par terre............... Par toutes les frontières..........................	Quintal...... Quintal......	1— 2 1., 2	24 nivôse 5. 2 nivôse 7.	
Pommes-de-terre. [Légume sec propre à la nourriture.]......... (2)	Prohibées...... Idem...... Idem......		12 pluviôse 3. 19 thermidor 4. DM. 7 pluviôse 8.	
Potasse. [Espèce de cendre gravelée servant à la teinture, de la consistance de la chaux, et de couleur noirâtre.]............	Prohibée...... Exempte...... Prohibée......		15 mars 1791. 1 août 1792. 19 thermidor 4.	

RENVOIS.

Poissons (Frai de). *Voyez* la note à Rogues.
Poivres. *Voyez* Denrées coloniales.
Poix blanche. *Voyez* la note à Résines.
Pompes à incendie. *Voyez* Ouvrages en fer.
Porcs. *Voyez* Cochons.

(1) La loi du 24 nivôse an 5 avoit autorisé la sortie, pendant trois mois seulement, du poil de lapin, en payant 15 centimes par hectogramme. Une loi du 5 pluviôse an 5 a prohibé cette sortie.

(2) De ce que les légumes secs peuvent sortir aux mêmes conditions que les grains, il est plausible de conclure que la pomme de terre, qui est plus particulièrement un légume farineux qu'un légume sec, doit avec plus de raison encore jouir de la même permission.... Néanmoins comme il n'y a pas de décision positive, je note le régime actuel des pommes de terre comme douteux.

Poudre à *can.on*[Composition très-inflammable faite de charbon, de salpêtre et de soufre.]	*Prohibée*.... *Idem*...... *Idem*(1)...	— — —	12 pluviôse 3. 19 thermidor 4. 13 fructidor 5.
Poudre à *poudrer*. [Composition d'amidon et d'os de bœufs brûlés jusqu'à blancheur.]	*Quintal*...... *Prohibée*. (2)	2— 4 —	24 nivôse 5. DM. 27 pluv. 10.
Peut sortir depuis *Clèves* jusqu'à *Genève*............ Par les *frontières de terre*, à destination des États neutres ou amis............................. (3)	*Quintal*...... *Idem*...... *Idem*......	2— 4 2— 4 2.. 4	DM. 2 brum. 12. LM. 14 mars 1806. LM. 6 déc. 1806.
Quincaillerie. [Voir de quoi elle se compose au *Tarif d'Entrée*.]	*Quintal*......	1.. 2	24 nivôse 5.
Celle uniquement composée de *Fer* et d'*Acier*...... (4)	*Quintal*......	0..50	9 floréal 7.
Quinquina. (Écorce d'un arbre du Pérou : le plus puissant des fébrifuges..	*Prohibé*..... *Droit de bal*.	— —	DM. 11 mai 1808. Déc. Imp. par LD. 13 août 1808.
Raisins. [Fruit à grappes qui croît sur la vigne.] *Dans son état de fruit propre à manger*.................................	*Droit de bal*.	—	LD. 29 messid. 12.
Récoltes, faites par les *Étrangers* sur les terres qu'ils possèdent en *France*..	*Exemptes*.... *Prohibées*.... *Idem*. (5).	— — —	DM. 17 nov. 1791. AD. 7 fructidor 4. LM. 8 therm. 9.
Redoul ou Roudon (feuilles de). [Espèce de sumac propre à la teinture.]..	*Quintal*......	1..53	15 mars 1791.

RENVOIS.

Poutres de Pin et de Sapin. *Voyez* Bois.
Raisins, *comme* Vendanges. *V.* Vendanges.

(1) Il y a exception pour les poudres de guerre nécessaires à l'approvisionnement des bâtimens de commerce et pour celles dites *de traites* dont les négocians auront besoin pour faire des échanges dans les colonies. . . . — Elles seront exclusivement délivrées par l'administration des poudres et accompagnées d'un certificat de la quantité et de la qualité. (*AC.* 27 prairial 10.) Les poudres de chasse accompagnées du passeport des administrateurs des poudres peuvent également sortir. (*DM.* 18 brum. 9.) Mais aucunes autres poudres ne peuvent être exportées, pas même celles provenant de prises ou de saisies.

(2) Celle parfumée est comprise dans la prohibition (*DM.* 12 germ. 10.).

(3) *Voyez* la note à Amidon.

(4) Une circulaire administrative, du 3 thermidor an 7, ordonne l'application de la loi du 9 floréal an 7 à tous les ouvrages dans lesquels il n'entre pas d'autre matière que du fer ou de l'acier; par conséquent la *quincaillerie*, uniquement composée de ces métaux, doit être réduite, ainsi que la mercerie de même nature, au droit de 50 centimes.

Voyez, pour exception, la note 6 à l'article Métiers.

(5) Les habitans de la partie batave de Putte, possesseurs de terres avant la publication de la loi du 1 pluviôse an 13, peuvent exporter les grains et gerbes desdites terres, à la charge de déclarer au bureau la quantité de gerbes, et d'y souscrire une soumission cautionnée d'importer dans six mois une quantité de grains et de fumier calculée sur le nombre de gerbes exportées. (1 pluv. 13.)

Les habitans d'Ileumen (territoire batave), qui possèdent des terres situées dans l'étendue de la commune de Mook, jouiront du même avantage. (30 avril 1806.)

REDON ou RODON. [Sorte de plante dont on se sert à la place du tan, et qui en a la propriété.].................................... Comme Écorces à tan........................... (K)	Prohibé........ Idem............	..—.. 1—	15 mars 1791. 19 thermidor 4.
RÉSINES. [Liquide épais, gras, ténace et très-inflammable, qui coule de certains arbres.] Du cru françois.................... Pour l'*Espagne*........................... Idem............................ Par toutes les frontières, { par navires étrangers........ { par navires françois et par *terre*. (1)	Prohibées.... Idem............ Idem............ Quintal....... Idem............ Quintal....... Idem............	..—.. 1— ..—.. 1— 0—51 1— 0 0—50	3 septembre 1793. 12 pluviôse 3. 19 thermidor 4. *Même loi.* 24 nivôse 5. AC. 14 fruct. 10, et loi du 8 flor. 11, ...
RETAILLES de *Peaux* et de *Parchemin.* [Ce sont les morceaux qu'on abat des peaux lors de leur fabrication.].................... Comme matières propres à la fabrication de la colle. (L)	Prohibées.... Idem............	..—.. 1—	26 février 1792. 19 thermidor 4.
RIZ. [Sorte de grains blancs.] Par la 27ᵉ division militaire..... (2)	Quintal.......	3.. 0	DI. 9 pluv. 13 et loi d'avril 1806.
ROGUES, COQUES, RARES ou RESURES *de Morue.* [Ce sont les œufs, et différentes parties délicates de la morue.]................. (M) *Faculté* de sortir.	Prohibées....	..—.. 1—	15 mars 1791. 19 thermidor 4.
RUBANS. [Tissu plat, mince et étroit de différens fils.]............	Quintal.......	1.. 2	24 nivôse 5.
SALINS. [Potasse non calcinée, ordinairement noire jaunâtre et salée. Le salin de Bourgogne est blanc, c'est le résultat de la combustion des lies de vin desséchées. Les sels alkalis sont aussi des salins. — Les herbes propres à faire la soude sont encore comprises parmi les salins. (*LD*. 30 *janvier* 1810.)....	Prohibés....	1—	19 thermidor 4.

RENVOIS.

REGRETS D'ORFÉVRE. *Voyez* Cendres.
RÉGULE d'antimoine. *Voyez* la note à Mines métalliques.

(1) Le décret du 17 pluviôse 13 et la loi du 30 avril 1806 ayant, à l'importation, assimilé les Résines aux Brais, et les différens régimes à la sortie ayant toujours été les mêmes pour ces deux objets, il s'ensuit qu'il faut les traiter comme Brais. *Voyez* ce mot.
Il ne faut pas traiter ainsi la *poix blanche grasse* ou *de Bourgogne*, composée de résine de térébenthine; elle peut sortir en payant le droit de balance. (*DM.* 19 brumaire an 10.
(2) Riz par les autres divisions, suit le régime des grains.
(K); Il n'y a pas le moindre doute sur cette assimilation : la prohibition qui affecte les écorces à tan s'applique aux substances qui peuvent être employées au même usage. *Voyez* la note A de la page 182. (SORTIE. 18.)
(L) Les retailles de peaux et de parchemin font partie des matières propres à la fabrication de la colle, prohibées par la loi du 19 thermidor an 4. *Voir* la note A à la page 182. (SORTIE. 18.)
(M) La sortie des rogues, coques, raves et résures de morue, ne peut souffrir de difficulté ; mais comment doit-on les traiter?... La lettre citée à la note A de la page 182 (SORTIE. 18.) ne le dit pas. Plusieurs receveurs, consultés sur le régime suivi, ont répondu qu'on les traitoit comme FRAI DE POISSONS, soumis au droit de balance à la sortie, par circulaire du 16 messidor an 10.

SALPÊTRES. [Sorte de sel qui se tire des plantes et des vieilles murailles, qui entre dans la composition de la poudre à canon, et sert à la teinture, aux verreries, aux eaux fortes, et à la fonte des métaux.]............................	*Prohibés*......	......	13 fructidor 5.
SAVONS. [Composition pâteuse d'huile et de sel alkali, propre à blanchir le linge. Il y en a de dure et sèche et d'autre molle et liquide.]...	*Prohibés*...... *Exempts* (N).. *Droit de bal.*.. *Prime.* (1)...	...—.. ...—.. ...—..	15 août 1793. 19 thermidor 4. 24 nivôse 5. 8 floréal 11.
SEL. *Celui de cuisine*. [Substance dure, sèche, friable, soluble dans l'eau, et composée de petites parties blanches ou grises.]... (2)	*Prohibé*...... *Exempt.* (N) *Droit de bal.*	...—.. ...—..	15 août 1793. 19 thermidor 4. 24 nivôse 5, et 24 avril 1806.
Sel employé aux salaisons exportées pour l'Espagne et le Portugal.. (3)	*Prime*.........	......	DI. 20 juillet 1806.
SOIES *à coudre, grenadine, rondelette* et *mi-perlée*, des Départemens inférieurs de la République, assimilées au fil à coudre, le poids de chaque écheveau n'excédant pas 3 décagrammes. (4)	*Kilogr. net*...	0..10	8 floréal 11.
SOIES *Cuites*, propres à faire de la tapisserie. [Ce sont celles qu'on a fait bouillir pour en faciliter le filage et le dévidage.]......	*Kilogr. net*...	1.. 2	19 thermidor 4.
SOIES *teintes* et *plates*, propres à faire de la tapisserie. [Ce sont celles non torses.]...	*Prohibées*.....	......	DI. 23 germin. 13.
SOIES *teintes* et FLEURETS *teints*, propres à la fabrication des étoffes. Par *Lyon*... Par *Nice*.. Par *Lyon*... Par *Nice*.. Par toutes les frontières...........................	*Kilogr. net*... *Idem*......... *Kilogr. net*... *Idem*......... *Prohibés*......	0—20 0—30 4— 0 6— 0	AC. 18 pluv. 11. *Même arrêté.* AC. 19 ventôso 11. *Même arrêté.* AC. 5 germ. 11, et loi du 8 flor. 11.

RENVOIS.

SAUCISSONS. *Voyez* la note à Viandes.
SELLES. *Voyez* Harnois.
SIROP DE MÉLASSE. *Voyez* Mélasse.
SOIERIES. *Voyez* Etoffes.

(N) Comme non compris dans l'état de prohibition de la loi du 19 thermidor an 4. (*articles* 2 *et* 3 *de ladite loi.*)

(1) La prime consiste dans le remboursement des trois quarts des droits payés dans l'année sur les huiles entrées dans leur fabrication, en justifiant de ce paiement. (*Art.* 30.) La quantité d'huile jugée nécessaire à la fabrication d'un quintal de savon blanc, rouge ou marbré, est fixée à 75 kilogr. pesant. (*D.* 25 *brum.* 11.) Quand on ne justifie point du paiement des droits d'entrée sur les huiles ayant servi à leur fabrication, les savons ne peuvent jouir de cette prime; ils acquittent en conséquence le droit de balance à leur sortie.

(2) Les sels employés à la pêche et aux salaisons maritimes doivent jouir de l'immunité toute entière; ceux expédiés pour l'étranger acquittant seuls le droit de balance de commerce. (*CD.* 24 *juillet* 1806.). . . — Les sels en nature, expédiés pour les Colonies françaises doivent aussi ce droit de balance, mais ceux employés aux salaisons de viandes destinées aux armemens et approvisionnemens de ces colonies, jouissent de l'immunité entière.

(3) Le droit payé pour le sel employé aux salaisons exportées pour la consommation de l'Espagne et du Portugal par la frontière des Pyrénées, sera restitué à la sortie dans les proportions suivantes... 1°. Pour 100 kilog. de cochon ou bœuf salé, le *montant du droit sur* 20 *kilog. de sel*, ou 2 *fr*... — 2°. Pour 100 kilog. de jambon, le *montant du droit de* 25 *kilog. de sel*, ou 2 *fr.* 50 *cent.* ... — 3°. Pour 100 kilog. de lard en planches, le *montant du droit sur* 27 *kilog. de sel*, ou 2 *fr.* 70 *cent.*...... Ceux qui voudront exporter lesdites salaisons par la frontière des Pyrénées, en feront la déclaration au premier bureau des Douanes, où il

Soies *grèzes* de toute sorte. [C'est la soie telle qu'elle a été tirée de dessus les cocons.]..	*Prohibées*... Idem......... Idem.........	— — —	15 mars 1791. 12 pluviôse 3. 19 thermidor 4.
Soies (cocons de). [C'est la coque qui enferme le vers à soie quand il a achevé de filer..	*Prohibés*... Idem........ Idem........ Idem........	— — — —	15 mars 1791. 12 pluviôse 3. 19 thermidor 4. DI. 4 therm. 13 et loi du 30 avr. 1806.
Soies provenant des départemens du *Pô*, de la *Sésia*, de la *Stura*, de la *Doire*, de *Maringo*, et des arrondissemens qui en ont été détachés (1), paieront comme suit :			
— *Ouvrées en poil*, *trame*, *organsin* et *à coudre écrues*. [Ce sont celles moulinées et propres à mettre en teinture] A *Lyon*..	*Kilogr. net*... Idem....... Idem.......	3— 0 6— 0 3.. 0	AC. 18 pluv. 11. 8 floréal 11. DI. 4 termid. 13 et loi du 30 avr. 1806.
A *Turin*..	*Kilogr. net*... Idem....... Idem.......	4— 0 8— 0 4.. 0	AC. 18 pluv. 11. 8 floréal 11. DI. 4 therm. 13 et loi du 30 avr. 1806.
— *Rondelettes*, ou *trames de doupion écrues*. [Ce sont les moindres de toutes les soies.] A *Lyon*...	*Kilogr. net*... Idem....... Idem.......	1—50 2— 0 1.. 0	AC. 18 pluv. 11. 8 floréal 11. DI. 4 therm. 13 et loi du 30 avr. 1806.
A *Turin*..	*Kilogr. net*... Idem....... Idem.......	2— 0 4— 0 1..50	AC. 18 pluv. 11. 8 floréal 11. DI. 4 therm. 13 et loi du 30 avr. 1806.
— *A coudre teintes*. A *Lyon*..	*Kilogr. net*... Idem....... Idem.......	0— 5 0—10 0..10	AC. 18 pluv. 11. 8 floréal 11. DI. 4 therm. 13 et loi du 30 avr. 1806.

RENVOIS.

sera délivré un acquit-à-caution. — Sur la déclaration des employés du bureau de sortie, constatant le passage des salaisons à l'étranger, et sur la représentation de l'acquit-à-caution dûment déchargé, le droit sera restitué, comme il est dit ci-dessus, par le bureau qui aura délivré ledit acquit-à-caution. (DI. 20 *juillet* 1808.)

(*) La faculté de sortir n'est applicable qu'aux soies à coudre non écrues. (LD. 1er. *septembre* 1807.),. . Voyez aussi le 3e. paragraphe de la note suivante.

(1) Elles ne pourront être exportées que par les bureaux de *Lyon*, *Nice*, *Gênes*, *Saint-Remi*, *Verceil* et l'entrepôt d'*Alexandrie*. Ces soies seront conduites et vérifiées à la douane de *Turin*. Celles qui devront sortir par *Nice*, *Gênes*, *Saint-Rémy* et *Verceil* acquitteront les droits à *Turin*. Celles qui devront passer à *Lyon* seront expédiées sous plombs et acquits-à-caution pour la douane de cette ville, où, après avoir acquitté ces droits, elles recevront leur destination ultérieure, et ne pourront sortir de France que par les bureaux de *Cologne*, *Mayence*, *Strasbourg* et *Versois*. (DI. 4 therm. 15, et *loi du 30 avril* 1806.)

Sur la réclamation de la chambre de commerce de *Turin*, il est intervenu des ordres en vertu desquels il est défendu aux Préposés des Douanes d'introduire dans les ballots de soie la sonde de fer, qui détériore les matériaux d'organsin ; il leur

SOIES. A Turin............................		Kilogr. net... Idem...... Idem......	0—10 0—20 0..15	AC. 18 pluv. 11. 8 floréal 11. DI. 4 therm. 13 et loi du 30 avr. 1806.
—— Fleurets et Filoselles, ou Bourre de soie cardée. A Lyon............................		Kilogr. net... Idem...... Idem......	0—15 0—30 0..15	AC. 18 pluv. 11. 8 floréal 11. DI. 4 therm. 13 et loi du 30 avr. 1806.
A Turin............................		Kilogr. net... Idem...... Idem......	0—20 0—40 0..20	AC. 18 pluv. 11. 8 floréal 11. DI. 4 therm. 13 et loi du 30 avr. 1806.
—— Bourre de soie non cardée. A Lyon............................		Kilogr. net... Idem...... Idem......	1—50 2—20 1.. 0	AC. 18 pluv. 11. 8 floréal 11. DI. 4 therm. 13 et loi du 30 avr. 1806.
A Turin............................		Kilogr. net... Idem...... Idem......	1—75 3—50 1..50	AC. 18 pluv. 11. 8 floréal 11. DI. 4 therm. 13 et loi du 30 avr. 1806.
—— Moresques, ou Restes de soie. A Lyon............................		Kilogr. net... Idem...... Idem......	0—20 0—40 0..20	AC. 18 pluv. 11. 8 floréal 11. DI. 4 therm. 13 et loi du 30 avr. 1806.
A Turin............................		Kilogr. net... Idem...... Idem......	0—30 0—60 0..25	AC. 18 pluv. 11. 8 floréal 11. DI. 4 therm. 13 et loi du 30 avr. 1806.

RENVOIS. est enjoint de procéder à la vérification des marchandises par l'ouverture des ballots. Le tarif de 1791 prohiboit des soies ici dénommées, celles ouvrées en trame, poil, organsin et à coudre écrues, les fleurets et filoselles crues, les fleurets teints, les bourres de soie de toute sorte, celles cardées, les cocons et soies grèzes de toute sorte. La loi du 12 pluviôse an 5 a prohibé toutes les soies, même filées. La loi du 19 thermidor an 4 a maintenu ces prohibitions, excepté pour les soies cuites propres à faire de la tapisserie. Depuis lors, jusqu'aux dates citées aux différens articles Soies, il n'y a point eu de dispositions.

Soies. Côtes de Doupion. [Espèce grossière dite *Costa di Doppione* (1), propre à la fabrication des tapis.] A *Lyon*............	Kilogr. net...	0..10	DI. 4 therm. 13 et loi du 30 avr. 1806.
A *Turin*..	Kilogr. net...	0..15	DI. 4 therm. 13 et loi du 30 avr. 1806.
Soude. [Cendre d'herbe ou sel gris artificiel, propre à la verrerie, à la savonnerie et au blanchiment.]...................... Comme *Salins*.................................(O)	Prohibée.... Idem......		15 août 1793. 19 thermidor 4.
Soufre. [Suc minéral jaune ou gris, coagulé, sec, friable, très-inflammable.]................................	Prohibée.... Idem...... Quintal.....	1.. 2	12 pluviôse 3. 19 thermidor 4. 24 nivôse 5.
Sucre *raffiné* et *candi*. [Jus du roseau nommé *canne à sucre*, nettoyé par l'eau, la chaux et des blancs d'œufs, et cuit après. Celui *candi* est le plus épuré : on le réduit en congélation.].	Prohibé...... Idem...... Idem...... Quintal..... Prime... (2)	1.. 2	15 août 1793. 12 pluviôse 3. 19 thermidor 4. 24 nivôse 5. AC. 3 therm. 10, et loi du 8 flor. 11.
Sucres *tappés en petits pains*, pour le *Levant*.... Jouissent de la même *Prime*. (2)...........			LM. 22 prair. 11.
Suifs. [Graisse d'animaux fondue et épurée.]................	Quintal....... Prohibés.... Idem...... Idem......	3— 6	15 mars 1791. 19 mai 1793. 12 pluviôse 3. 15 thermidor 4.
Sumac. [Feuilles, branches et fleurs d'un arbrisseau, pilées, propres à la teinture verte et aux maroquiniers.]................	Prohibé...... Quintal.....	10..20	12 pluviôse 3. 19 thermidor 4.

Solives de Pin et de Sapin. *Voyez* Bois.
Souliers et bottes *comme* ouvrages en peaux.
(LD. 3 août 1808.)
Spergule. *Voyez* la note à Graines de trèfle.
Sucre brut, tête et terré. *V.* Denrées coloniales.

(1) Une lettre du Ministre de l'intérieur, en date du 5 fructidor an 11, avoit déclaré que cette espèce de soie devoit continuer à rester sous la prohibition dont celles non dénommées étoient frappées à la sortie; cette disposition se trouve changée par le décret du 4 thermidor an 13.
(2) Accompagnés de l'acquit de paiement des nouveaux droits et du certificat du raffineur dûment légalisé, ils jouissent d'une prime de 25 francs par 5 myriagrammes. Ce certificat doit être envoyé avec celui de sortie à l'étranger, au directeur général des douanes pour ordonner le paiement de la prime.
L'exportation ne pourra être faite que par les ports qui ont un entrepôt fictif, savoir : Nice, Toulon, Marseille, Cette, Baïonne, Bordeaux, Rochefort, la Rochelle, Nantes, l'Orient, Brest, Morlaix, Saint-Malo, Granville, Cherbourg, Rouen, le Havre, Honfleur, Fécamp, Dieppe, Saint-Vallery-sur-Somme, Boulogne, Calais, Dunkerque, Ostende, Bruges, Anvers et Gand, ou par les passages de Versoix, Bourg-Libre, Strasbourg, Mayence, Cologne, le Sas-de-Gand, Verceil et Pozzolo.
Quand on ne peut justifier du paiement des droits d'entrée, les Sucres raffinés sont passibles des droits à leur sortie.
(O) Si on n'appliquoit pas à la *soude* la prohibition ordonnée sur les *salins* par la loi du 19 thermidor an 4, on devroit la considérer comme *cendres*, et elle se trouveroit également prohibée par ladite loi ; il ne peut plus y avoir de doute sur ce régime, qui d'ailleurs est indiqué par la lettre administrative citée à la note A de la page 182. (Sortie 18.)

207. (Sortie 43.)

Tabacs. [Plante à longues feuilles qui, séchées, sont d'un noir jaunâtre.] Ceux *étrangers* en feuilles (1), sortant de l'entrepôt pour être réexportés............................		*Exempts*........		5 ventôse 12.
Tabacs *indigènes* en feuilles.	Par *Bourg-Libre*..................	*Quintal*......	4—8	19 thermidor 4.
	Par les départemens du *Rhin*.......	Idem......	1—53	24 nivôse 5.
	Par les autres départemens.........	Idem......	0—51	*Même loi*.
	Par toutes les frontières..........	Idem......	7..0	5 ventôse 12.
Tabacs en *côtes*, ou *Côtes de Feuilles de Tabac*............... (2)		*Quintal*.....	1..50	DI. 7 ventôse 13 et loi du 30 avr. 1806.
Tabacs *fabriqués*... (3)		*Quintal*.....	0..51	24 nivôse 5.
Tan. [Écorces de chêne battues et réduites en grosse poudre.].....		*Prohibé*.....		15 mars 1791.
		Idem........		16 nivôse 2.
(P)		Idem........		19 thermidor 4.
Terre *de Marne*. [Terre grasse et calcaire, de couleur blanche ou rousse.]..		*Les 2000 kil.*	0..15	19 thermidor 4.
Terre *des Monnoies*. [Substance analogue aux cendres d'orfèvres.]		*Prohibées*....		AC. 12 brum. 11.
		Idem........		8 floréal 11.
Terre *de Pipe*. [Sorte de terre glaise d'un gris verdâtre, douce au toucher.]... (4)		*Les 2000 kil.*	10..20	19 thermidor 4.

Tartre de Vin. *Voyez* Gravelle.
Térébenthine en pâte. *Voyez* Essence de térébenthine.
Terre de Porcelaine. *Voyez* Derle.

(1) Ils ne pourront sortir de l'entrepôt ou de la douane, pour entrer dans l'intérieur, qu'accompagnés d'acquits-à-caution et destinés pour une fabrique dénommée. (5 *vent*. 12.) Ils jouissent, comme par le passé, de la faculté d'être réexportés à l'étranger, en sortant de l'entrepôt, sans payer de droits. (*Même loi*, *art*. 28) Mais ceux pour lesquels on obtient des prolongations d'entrepôt, ne peuvent être réexportés. (*LD*. 10 octobre 1806.)

(2) Avant ce décret, les *côtes de tabac* devoient les mêmes droits que les tabacs en feuilles. (*LM*. 17 *prairial* 5.)

(3) Il sera fait restitution, par le bureau de la régie des droits-réunis qui l'aura perçu, du droit de fabrication aux tabacs de fabrique nationale, tant en poudre qu'en carotte, qui seront exportés à l'étranger, moyennant déclaration aux préposés de cette régie, qui délivreront un acquit-à-caution, lequel devra être déchargé par la douane d'exportation. (5 *ventôse* 12.). — Ces tabacs sont aussi exempts de la taxe de deux décimes par kilogramme, établie par l'art. 46 de la loi du 24 avril 1806. (*DI*. 16 *juin* 1808.):
L'exportation doit s'effectuer, *par terre*, par l'un des bureaux de Cologne, Coblentz, Mayence, Worms, Spire, Strasbourg, Bourg-Libre, Bienne, Pontarlier, Morez, Versoix, Genève, ... Pas-de-Belobie, Ainhoa, le Boulou, Mont-Libre et Ax; *par mer*, par Saint-Jean-de-Luz, Baïonne, Bordeaux, Rochefort, La Rochelle, Nantes, Lorient, Brest, Port-Malo, Cherbourg, Honfleur, Rouen, le Hàvre, Dieppe, Valery-sur-Somme, Boulogne, Calais, Dunkerque, Ostende, Anvers, Antibes, Nice, Toulon, Marseille, Cette, Agde, et Port-la-Victoire. (*A*. 11 *niv*. et 23 *pluv*. 7.)
En vérifiant les tabacs fabriqués qui seront présentés à la sortie sous acquits-à-caution des droits réunis, on s'assurera désormais qu'ils sont dépourvus de la marque ou vignette de l'administration; dans le cas où cette empreinte subsisteroit, les tabacs seront retenus jusqu'à ce qu'elle ait été enlevée par le principal préposé des droits réunis établi dans l'arrondissement, et l'on constatera concurremment ce qui aura été fait à cet égard [*CD*. 6 *avril* 1807.] Le directeur général ajoute qu'il devra être fait mention dans le certificat de décharge s'ils ont trouvé les tabacs dépourvus de cette marque, ou s'ils ont exigé qu'elle fut retirée par les employés de la régie....

Toiles. [Tissu de fils entrelacés.] Celles à *Voiles*............		Prohibées...	......—...	12 pluviôse 3.
		Idem........	......—...	19 thermidor 4.
		Quintal.. (5)	1.. 2	24 nivôse 5.
Toiles de Coton........................... (6)		Prime.....	......—...	DI. 22 fév. 1806 et loi du 30 avr. 1806.
Toiles de toute sorte.................... (7)		Quintal....	1.. 2	24 nivôse 5.
Tournesol, ou *Maurelle en drapeau*. [Ce sont des chiffons de toile imbibés et empreints d'une teinture rouge préparée avec le suc du *croton teignant* et un peu de liqueur urineuse.]....		Quintal.....	2..55	15 mars 1791.
Tuf en pierre, provenant des carrières d'Andernach. [Matière pierreuse, de nature calcaire ou volcanique, poreuse, légère, tendre, sans être fragile, facile à tailler, principalement propre aux constructions des voutes.]............ (8)		Quintal.....	1.. 0	DI. 6 janvier 1807.
		Idem.......	1.. 0	7 septemb. 1807.
Vaches..		Pièce......	0—75	15 mars 1791.
		Prohibées...	......—...	1 mars 1793.
Comme bestiaux dont l'autorisation de sortie n'est pas nominativement désignée par les lois............		Idem........	......—...	12 pluviôse 3.
		Idem........	......—...	19 thermidor 4.
Seulement pour l'*Espagne*.......................		Pièce......	0—75	24 nivôse 5.
Aussi pour le *Piémont* et l'*Helvétie*........ (9)		Idem........	0—75	9 floréal 7.
Par toutes les frontières..................... (9)		Idem........	5.. 0	DI. 17 pluv. 13 et loi du 30 avr. 1806.
Veaux. [Pour être réputé veau, il faut que ce bétail ait moins d'un an.]		Pièce......	0—30	15 mars 1791.
		Prohibés....	......—...	1 mars 1793.
Ceux au-dessus de six mois...................		Idem........	......—...	19 thermidor 4.
De six mois et au-dessous.....................		Pièce......	0—50	*Même loi.*
Par *mer*..		Prohibés....		AC. 8 pluv. 10.
Sans distinction d'âge ni de frontières......		Pièce......	1.. 0	DI. 17 pluv. 13 et loi du 30 avr. 1806.

Tilleul. *Voyez* Écorces de tilleul.
Tourbes. *Voyez* la note à Charbon de terre.
Tourteaux. *V.* Pains de navette, œillette, etc.
Toutenague. *Voyez* Zinc.

— Cette mesure doit être rigoureusement observée, parce que, sans cela, on pourroit abuser des marques ci-dessus, et s'en servir pour des tabacs étrangers qu'on voudroit introduire.

(P) Le Tan n'étant autre chose que des écorces moulues propres à cet usage, suit le régime qui affecte les écorces à tan, prohibées par la loi du 19 thermidor an 4.....

— *Voyez* la note A à la page 182. (Sortie 18.)
(4) La sortie par les départemens réunis en avoit déjà été autorisée par un arrêté du Directoire en date du 9 prairial an 4.
(5) Les toiles à voiles conservent la faculté de sortir, nonobstant la guerre maritime. (*DM.* 9 brumaire 12.)
(6) Il est accordé, pour l'exportation à l'étranger des toiles, bonneteries et autres ouvrages en coton, une prime de 50 fr. par quintal décimal, en justifiant qu'ils proviennent de fabrique française (30 avril 1806.).. Il suffit actuellement pour obtenir cette prime que la marchandise soit accompagnée d'une simple déclaration de sa fabrication française, visée par le préfet ou le sous-préfet: (*DM.* 15 février 1810.).. Ces déclarations seront vérifiées, retenues au bureau de sortie et endossées d'un certificat attestant l'exportation consommée qu'on aura grand soin de surveiller.—Deux vérificateurs au moins signeront ce certificat, que le chef du bureau contresignera pour garantie de sa responsabilité personnelle, et il sera adressé au directeur du département pour en légaliser les signatures et être immédiatement envoyé à M. le directeur général afin d'ordonnancer la prime.—Des ordres ont été donnés d'observer la plus grande exactitude dans la transmission des déclarations et certificats, afin de prévenir tout retard pour le paiement de la prime. [*CD.* 22 février 1810.)
Les bureaux désignés pour les vérifications sont ceux d'Anvers, de Strasbourg, Mayence, Cologne; le Havre, Caen, Lorient, Nantes; Bordeaux, Bayonne, Marseille, Gênes, Verceil, Verrières de Joux, Versoix, Perpignan et des Guinguettes;.....
Les toiles ou étoffes mêlées ne participent point à cette prime, exclusivement réservée aux fabrications de pur coton. (*C. du 30 septembre 1806 et 21 septembre 1807.*)
(7) Le droit perçu à l'entrée des toiles blanches pour impression sera restitué lorsque ces mêmes toiles sortiront de France après

VENDANGES et le *Moût*, par les frontières des départemens du *Pô*, de la *Doire*, de la *Sésia*, de la *Stura* et du *Tanaro*. (10)...	*Quintal*......	1—80	22 ventôse 12.
Payeront les deux tiers des droits sur le vin...			DI. 7 ventôse 13 et loi du 30 avr. 1806.
VERMICELLI. [Espèce de pâte de farine de riz assez semblable à de petits vers blanchâtres.] Les pâtes d'Italie sont comprises sous cette dénomination. (*LD.* 25 avril 1807.)............	*Prohibé*......		12 pluviôse 3.
	Idem.........		19 thermidor 4.
	Quintal......	2..55	24 nivôse 5.
VIANDES. [Chair des animaux.] Celles *fraîches*, *salées* et *fumées*...	*Prohibées*....		15 août 1793.
	Idem.........		12 pluviôse 3.
	Idem.........		19 thermidor 4.
	Quintal......	1— 2	24 nivôse 5.
Celles SALÉES, sauf pour l'*Espagne* et *Venise*....... (11)	*Prohibées*....		AC. 5 frimaire 9.
Sortant pour l'*Espagne*........... (12)	*Quintal*......	4 .. 0	DI. 17 pluv. 13 et loi du 30 avr. 1806.
Sortant par les Etats de Parme et de Plaisance pour le pays de *Venise*........	*Quintal*....	4 .. 0	DI. 6 janv. 1807.
Celles FRAÎCHES, par *mer*.................	*Prohibées*...		AC. 8 pluv. 10.
Les mêmes, par *mer* et par *terre*................ (13)	*Quintal*....	3 .. 0	DI. 17 pluv. 13 et loi du 30 avr. 1806.
VINAIGRE. [Liqueur aigrie.] Celui de *Bière*, par les départemens correspondans à ceux *du Nord*..............................	268 *litres*....	2 .. 0	1 août 1792.
VINAIGRE de *Vin*..	Paiera comme le Vin. (14)		15 mars 1791.

VERRE CASSÉ. *Voyez* Groisil.
VESSIE. *Voyez* aux Graines.
VIEUX LINGE. *Voyez* Drilles et Chiffons.

avoir été imprimées. (*AC.* 6 brum. an 12, et loi du 22 ventôse an 12.)
(8) Toutes les éditions de la loi du 7 septembre 1807, portent que le *tuf* en pierre ne doit à sa sortie que 50 cent.,... mais, en tarifant ainsi dans la 3ᵉ. édition de cet ouvrage, j'ai observé que le motif qui avoit déterminé la tarification du tuf à 1 franc du quintal, existant toujours, il devoit y avoir erreur de *copie* dans l'impression de cette loi.... Le Ministre Secrétaire d'Etat, prévenu de cette erreur, a mandé le 5 novembre 1807, qu'il en avoit ordonné la correction dans les archives... — Ainsi le tuf doit à 1 franc par la loi même du 7 septembre 1807.
(9) Mêmes conditions que pour les *mules* et *mulets*: (Voir la note).
(10) Par les autres départemens, les vendanges et le moût doivent également les deux tiers des droits imposés à la sortie des vins, ensuite des explications données par le directeur général, le 29 messidor an 12.
(11) La prohibition des viandes salées n'affecte pas celles de prise. (*Décis*. du 18 niv. an 9.)...... — On en excepte aussi les Saucissons, dont la sortie est permise par décision du 8 prairial an 9; ils doivent 4 francs par quintal.
(12) Les sels employés aux salaisons exportées pour l'Espagne et le Portugal jouissent d'une prime. — *Voyez* la note à l'article *Sels*.
(13) Les volailles, quand elles sont mortes, sont comprises sous la dénomination de *viande fraîche*. (*LD*. 25 ventôse 13.).....
— Le gibier a toujours suivi le régime de la volaille à la sortie... — Tous deux doivent comme viandes fraîches. (*LD*. 9 octob. 1807.)
(14) Ainsi les droits se perçoivent d'après les distinctions admises pour les ports et bureaux d'exportation.

Vins. [Liqueur, propre à boire, qu'on tire du raisin.] Par *Mer*. (1) Depuis *Baïonne* jusqu'à *Saint-Jean-de-Luz*............	268 litres....	1.. 0	19 thermidor 4.
Par la *Garonne* et la *Dordogne*, la valeur du tonneau excédant 200 fr. Le rouge..............................	268 *litres*....	7.. 0	19 thermidor 4.
Le *blanc*...........................	Idem......	4.. 0	19 thermidor 4.
Par les mêmes rivières, le tonneau valant moins de 200 fr.	Idem......	2..50	24 nivôse 5.
Par la *Charente inférieure* et la *Vendée*. Le rouge......	Idem......	1.. 0	19 thermidor 4.
Par les mêmes rivières. Le *blanc*....................	Idem......	0..50	19 thermidor 4.
Par la *Loire inférieure*. Le *blanc* du cru du département.	Idem......	0..50	19 thermidor 4.
Par la même rivière. *Autre* que du cru du département.	Idem......	2.. 0	19 thermidor 4.
Par l'*Océan*, depuis la rivière de *Villaine* jusqu'à *Anvers*.	Idem......	7.. 0	19 thermidor 4.
Par les *Bouches-du-Rhône*, le *Var* et les *Alpes maritimes*.	Idem......	1..50	19 thermidor 4.
Par l'*Hérault* et les *Pyrénées orientales*............ (2)	Idem......	2.. 0	19 thermidor 4.
Vins par *Terre*. De *Lillo* à la ligne du *Rhin*.......................	268 *litres*....	7.. 0	19 thermidor 4.
Par le *haut* et *bas Rhin*, et les départemens qui ont le *Rhin* pour limites................................ (3)	Idem......	1..25	AD. 5 fructid. 6.

(1) Toute espèce de vins et de vinaigres avoit été frappée de prohibition à la sortie par décret du 15 août 1793 : celui du 3 septembre 1793 a déclaré ne pas comprendre dans la prohibition les vins en bouteilles et les vinaigres cosmétiques. La loi du 12 pluviôse an 3 a permis l'exportation des vins en payant 5 sous par pinte. Celle du 19 thermidor an 4 a rétabli les droits fixés par le tarif du 15 mars 1791, excepté pour les vins du département du *Lot*, qui paieront 2 fr. 50 cent. par muid, moyennant certificat d'origine; ceux sortant par le département du *Mont-Blanc*, les mêmes droits que ceux par l'*Isère*; ceux exportés par le département du *Mont-Terrible*, les mêmes droits que ceux par les départemens du *Rhin*; ceux sortant par le département des *Alpes-Maritimes*, les mêmes droits que ceux par le département du *Var*. La loi du 24 nivôse an 5 a tarifé à 2 fr. 50 cent. par muid les vins exportés par la *Garonne* et la *Dordogne*, dont le tonneau ne vaudroit que 200 fr. Un arrêté du 5 fructidor an 6 a imposé les mêmes droits sur les vins sortant par les ports de la rive gauche du *Rhin* que ceux sortant par les départemens des *Haut* et *Bas-Rhin*. Un autre arrêté avoit primitivement fixé le droit de sortie des vins de la vingt-septième division militaire à 5 fr. les 268 litres; mais le décret impérial du 7 ventôse an 13 a annullé cette perception. Ainsi, à l'exception des changemens cités dans cette note, les droits cotés plus haut comme fixés par la loi du 19 thermidor an 4, sont les mêmes que ceux établis par le tarif du 15 mars 1791.

(2) Les Vins exportés par le département de l'*Aude* payent le même droit.

(3) Pour n'acquitter qu'un franc 25 centimes, il ne suffit pas que l'exportation se fasse par les départemens qui ont le Rhin pour limites, il faut absolument qu'elle ait lieu par un port de la rive gauche du Rhin, et non par terre ou par la rive du Meuse. (*Lettre du Directeur de Clèves au Receveur de Cranenbourg, du 28 floréal an 7.*)

VINS.	Par la *haute Saone*, le *Doubs* et le *Jura*............	268 *litres*....	0..50	19 thermidor 4.
	Par l'*Ain*, le *Léman* et le *Mont-Blanc*.............	Idem......	1.. 0	19 thermidor 4.
	Par les départemens de la 27ᵉ Division militaire.......	Idem......	1..50	DI. 7 ventôse 13 et loi du 30 avr. 1806.
	Par l'*Arriège* et les frontières d'*Espagne*............ (1)	Idem......	1..50	19 thermidor 4.
VINS du *Corso*...		Idem...... Idem...... *Suppression des Douanes* dans cette île...	1—50 1—50	AC. 20 vend. 11 et loi du 8 flor. 11. DI. 12 juin 1808.
——	*Muscats* et de *liqueur* de toute sorte. Par toutes les frontières. (2)	Idem......	6.. 0	19 thermidor 4.
VINS *en bouteilles*, ou *en doubles futailles*, ou dans des *futailles emballées* ou à *double fond*......................... (3)		Idem......	7.. 0	1 août 1792.
VITRIOL. [Sel formé par l'union d'un métal et d'un acide : il y en a de blanc, de bleu et de vert.].........................		*Prohibé*...... *Quintal*......	.... 4.. 8	12 pluviôse 3. 19 thermidor 4.
ZINC. [Métal qui est toujours à l'état d'oxide. Celui réduit à l'état de *régule* ou *métal pur* est d'un blanc tirant sur le bleu.]......		*Prohibé*......	....	DM. 8 pluviôse 9.

FIN DU TARIF DE SORTIE.

RENVOIS.

VOLAILLES. *Voyez* la note à Viandes fraîches.

(1) Les vins sortant du port de *Cette*, soit pour la France, soit pour l'étranger paieront, pendant cinq ans, un droit extraordinaire d'un franc par muid de 268 litres. (*Loi du* 21 *nov.* 1808.)
(2) Excepté pour le département de l'Hérault, où il ne doit que 2 francs. (*LA. au directeur de Cette, en date du* 7 *pluviôse* 4.)
(3) Les bouteilles ou barbues sont sujettes au droit de balance, quoique pleines de vin ou de liqueur. (*C. du* 5 *complément. an* 5.).

TARIF DE NAVIGATION,

ET

DISPOSITIONS RELATIVES A CETTE PERCEPTION;

Conformément à l'Acte de Navigation du 21 septembre 1793, aux Décrets en date du même jour et à la Loi du 27 vendémiaire an 2.

Les droits de navigation ne sont perceptibles que du jour où les préposés ont connoissance que la loi, qui les fixe, a été reçue par le préfet du département.

Ils doivent être perçus d'après les lois existantes à l'époque de la déclaration précédée de l'arrivée.

Ils sont dus de l'époque de la déclaration, quoique la jauge qui peut opérer des changemens dans la perception ait été différée.

Si un bâtiment, forcé d'entrer dans un port de France autre que celui de sa destination, y est retenu par un embargo qui l'empêche d'arriver avant une augmentation de droits qu'il n'auroit pas éprouvée sans l'embargo, on ne peut exiger, sur son chargement que les droits existans à l'époque où il seroit arrivé à sa destination sans l'embargo. (*Décis. conforme à ce principe du 7 vent. an 5.*)

Il doit être perçu, en sus des droits de navigation fixés ci-dessous, le décime par franc établi en l'an 7.

DE LA FRANCISATION.

Pour naviguer, sous pavillon français, et jouir des priviléges et avantages qui lui sont attachés, il faut être muni d'un certificat de nationalité, qu'on appelle *Acte de francisation.*

Bâtimens susceptibles d'être francisés.

Sont exclusivement dans le cas d'être francisés :

1°. Les bâtimens construits en France ou dans une possession française. (*Acte de navigation, art. 2.*)

2°. Ceux pris sur l'ennemi et déclarés de bonne prise. (*Même article.*)

3°. Ceux confisqués pour contravention aux lois. (*Même article.*)

4°. Les bâtimens qui, quoiqu'étrangers, appartenoient à des Français et étoient inscrits comme tels à la ci-devant amirauté avant le 12 nivôse an 2.

5°. Ceux jetés sur les côtes ou possessions de France, qui, vendus par les propriétaires ou assureurs, sont devenus propriété française, et ont reçu un radoub ou réparation dont le montant ait été quadruple du prix de la vente. (*27 vend. 2. art. 7.*)

Pour qu'il ne soit point abusé de cette dernière disposition, la valeur des réparations doit être constatée par l'estimation de trois experts nommés d'office; un par la douane, un par la marine, le troisième par le tribunal de commerce. Cette estimation pourra avoir lieu devant les officiers du port, et le procès-verbal en sera dressé par triple expédition. (*Ainsi convenu entre les Ministres des finances et de la marine, le 29 thermidor an 10.*)

On ne doit délivrer d'acte de francisation à ces bâtimens que sur la représentation du contrat de propriété française et du procès-verbal en due forme des réparations faites au quadruple. L'acte expédié doit relater l'un et l'autre. (*Circulaire du 7 fructidor 10.*)

Si le bâtiment n'avoit pas été naufragé, la circonstance que les réparations auroient excédé du quadruple le prix de la vente, ne lui donneroit pas droit à être francisé. (*DM. 22 prairial 6.*)

Dans tous les cas il faut que les bâtimens présentés à la francisation, même ceux de construction nationale, appartiennent entièrement à des Français, et que les officiers et trois quarts de l'équipage soient français. (*Acte de navigation, art. 2.*)

Un Français, résidant en pays étranger, ne peut être considéré comme propriétaire de tout ou de partie d'un bâtiment français qu'autant qu'il est associé d'une maison française, faisant le commerce en France, et qu'il justifie, par un certificat du consul de France, qu'il n'a point prêté serment de fidélité à l'Etat dans lequel il réside, et qu'il s'y est soumis à la juridiction consulaire de France. (*27 vend. 2. art 12.*)

Un navire français, réparé en pays étranger, perd les avantages de sa francisation, si les frais de ce radoub excèdent six francs par tonneau. (*27 vend. 2. art. 8.*)

Formalités pour obtenir l'Acte de francisation.

1°. Rapporter au bureau de la douane les anciens congés, si le bâtiment a déjà voyagé. (*21 sept. 1793, art. 1.*)

2°. Y déposer les titres de propriété. (*Même art. et autre loi du même jour.*)

3°. Justifier, par acte délivré par le juge de paix, qu'on a passé la déclaration et prêté le serment prescrit par l'article 2 du même décret, et par l'article 13 de celui du 27 vendémiaire an 2. (*21 sept. 1793, art 2.*) (1).

4°. Signer cette même déclaration sur les registres des bâtimens français, au bureau de la douane. [*21 sept. 1793, art. 2.*]

5°. Représenter le certificat d'un mesureur-vérificateur constatant la nature, les dimensions et la contenance du bâtiment. [*21 sept. 1793, art. 2.*]

6°. Passer sa soumission, et fournir la caution exigée par les articles 11 et 16 de la loi du 27 vendémiaire 2. [*DM. 7 fruct. an 3.*]

---

(1) Cette déclaration doit être passée devant un juge-de-paix, ou tout autre officier public. (*Lettre au direct. de Nice du 22 friм. an 6*).

Tarif de l'Acte de francisation.

D'après l'art. 26 de la loi du 27 vendémiaire an 2, il sera perçu pour l'acte de navigation :

Par bât. de 100 tonneaux et au-dessous.......... 9 fr.
       de 100 tonneaux jusques et y compris 200. 18 fr.
       de 200 tonneaux et au-dessous de 300... 24 fr.
       de 300 tonneaux et au-dessus, 6 fr. *par chaque cent tonneaux de plus.*

L'acte de francisation est délivré au bureau de la douane dans l'arrondissement duquel se trouve le port auquel appartient le bâtiment. (27 *vend.* 2. *art.* 10.)

Le sceau de l'Etat, que portent les actes de francisation, ne les dispense pas du timbre auquel ils sont assujettis, conformément aux lois du 14 thermidor 4 et 13 brumaire 7, comme pièce faisant titre à la décharge ou à l'avantage des propriétaires des bâtimens. (*CA.* 19 *ventôse* 7.)

Les actes de francisation seront désormais sur parchemin et seront payés 1 fr. 20 c. indépendamment du timbre. (*LD.* 24 *prairial an* 13.)

Bâtimens non assujettis à l'acte de francisation.

Ne sont point assujettis à l'acte de francisation,

1°. Les bâtimens français frétés pour le compte du Gouvernement. [27 *vend.* 2, *art.* 3.] (1).

2°. Les bâtimens armés en course, lesquels reçoivent leurs expéditions de la marine seulement. [*DM.* 22 *vend. an* 6.]

3°. Les navires de prises voyageant sous pavillon neutre avec autorisation du Gouvernement. [*Lett.* du 5 *pluv. an* 2.]

4°. Les bâtimens désarmés tant qu'il ne mettent point en mer. [*Décis.* du 21 *nivôse* an 2.

5°. Les bâtimens qui ne font que la navigation des rivières, sans aller du côté de la mer, au-delà du premier bureau intérieur des douanes, quand ces bâtimens sont non pontés, et au-dessous de 30 tonneaux. *Voyez* CONGÉS. [*Lett.* du 5 *pluv. an* 2.]

Bâtiment navigant sans acte de francisation.

Aucun autre bâtiment ne peut être exempt de l'acte de francisation et naviguer sans lui, sous peine d'être traité comme étranger. [*LM.* 21 *nivôse* 2.]

Acte de francisation perdu, retrouvé, tombé au pouvoir de l'ennemi.

Si l'acte de francisation est perdu, le propriétaire, en affirmant la sincérité de cette perte, en obtiendra un nouveau, en observant les mêmes formalités que pour l'obtention du premier [27 *vend.* 2, *art.* 20.] Si le premier se retrouve, on annulle le deuxième, et mention en est faite en marge de la soumission.... Dans le cas où un acte de francisation seroit tombé au pouvoir de l'ennemi, cette mention porteroit que l'acte devient nul et de nul effet, et qu'en conséquence les soumissionnaires sont déchargés de leur cautionnement. Dans les deux cas il n'y a pas lieu à la restitution des droits.

Si un bâtiment est pris par l'ennemi, brûlé ou perdu, sa perte doit être constatée par des pièces régulières, dans les délais fixés par l'art. 16 de la loi du 27 vendémiaire an 2.

Acte de francisation ne pouvant plus servir par vétusté.

L'acte de francisation dure autant que le bâtiment ; son état de vétusté nécessitant la délivrance d'un nouvel acte, ne donne pas ouverture à la perception du droit fixé par l'article 26 de la loi du 27 vendémiaire an 2 : il n'y a lieu qu'au remboursement du timbre, et l'on doit énoncer le nouvel acte que l'original a été déposé pour cause de vétusté. (*LD.* 7 *frimaire* 13.

Acte de francisation ne présentant plus de blanc.

On doit ajouter une feuille blanche à l'acte de francisation qui ne présente plus de blanc. (*LA. au direct. de Rouen* du 14 *brum. an* 10.)

Jauge inexacte rectifiée sur l'acte de francisation.

Si la jauge avoit été prise d'une manière inexacte, il n'y auroit pas lieu à délivrer un nouvel acte de francisation, expédition qui donneroit lieu à un droit que les capitaines ne doivent pas, puisque l'erreur ne peut leur être imputée ; on se borne donc à rectifier cette jauge sur l'acte dont ils sont déjà munis. (*Lettre au direct. de Marseille du 28 frimaire an 5.*)

Changement de Nom permis, en prenant un nouvel acte.

Un armateur peut changer le nom de son navire, en prenant un nouvel acte de francisation, et en remplissant les formalités d'usage près du commissaire de la marine. (*Lettre au direct. de Rouen du 29 niv. an 5.*)

Si un bâtiment est changé dans sa forme, son tonnage, son nom ou de toute autre manière, le propriétaire obtiendra un nouvel acte de francisation, autrement le bâtiment seroit réputé étranger.(27 *vend.* 2, *art.* 21.)

Chaloupes et Canots comment traités.

Les chaloupes et canots d'un bâtiment ne sont pas assujettis à l'acte de francisation ; mais il doit leur en être délivré un particulier, ainsi qu'un congé, s'ils sont employés à d'autres usages que ceux qui leur sont propres, et que pour le service des bâtimens dont ils dépendent. [*Lettre au direct. de Brest du 25 fruct. an 7.*]

Paquebots comment traités.

Les paquebots français doivent être francisés dans les formes et avec les formalités ordinaires. (*LM. au Commissaire central près l'Administration des postes, du 28 pluviose an* 10.)

Exploités par cette administration, ils sont considérés comme bâtimens de l'Etat lorsqu'ils ne transportent que les dépêches et les passagers. (*Décision du 15 floréal an* 10.)

---

(1) Dans plusieurs ports on a dispensé du paiement des droits de navigation indistinctement tous bâtimens frétés extraordinairement pour le Gouvernement, comme ceux de la marine impériale. Il est essentiel de distinguer les bâtimens en trois classes.

1.° Les bâtimens appartenant à Sa Majesté ou mis en réquisition par Elle, et dont les équipages sont à sa solde.... Ceux-là sont exempts de tous droits de navigation.

2.° Ceux frétés pour l'Etat à tant par tonneau, et dont les équipages ne sont pas à sa solde... Ceux-là sont assujettis aux droits de navigation, mais exempts de francisation et congés.

3.° Les bâtimens qui ne sont ni frétés ni salariés par l'Etat. Ceux-là sont bâtimens de Commerce, et comme tels assujettis à tous les droits de navigation. [*Lettre de la commiss. des revenus ration. à l'impost. de Rouen.*]

Navires Étrangers.

Quoique la loi du 19 mai 1793 ait permis l'entrée des navires étrangers, la francisation doit en être refusée. (*Circ. du 23 pluviôse 10.*)

Vente des Bâtimens.

Le droit pour l'inscription au dos de l'acte de francisation de la vente, en tout ou en partie, d'un bâtiment est de 6 fr. (27 *vend.* 2, art. 17.)

L'acte de vente doit contenir copie de l'acte de francisation.

Vente partielle.

Si on le vendoit en quatre portions distinctes, il y auroit quatre endossemens; il seroit dû autant de 6 fr.

Propriété par héritage.

Celui qu'un héritage rend propriétaire d'un bâtiment, doit le droit, parce qu'il y a mutation de propriété à inscrire. (*Décis. du 2 germ. an 7.*)

Droit non acquitté, perçu lors d'une seconde vente.

Si, lors d'une seconde vente ou transmission, on reconnoissoit que celle antérieure n'auroit point été inscrite, il faudroit faire payer, avec le second droit, le premier non acquitté. (*Lettre du 12 vendémiaire 6.*)

Courtiers peuvent faire les ventes.

Les ventes de navires peuvent être reçues par les courtiers. (*L M. 15 ventose 12.*)

Inscription d'une vente au dos de l'acte, autorisée relativement aux lois de l'enregistrement.

L'inscription d'une vente au dos de l'acte de francisation n'étant point un contrat nouveau, n'est point comprise dans la défense portée par l'article 23 de la loi du 13 brumaire an 7, relative à l'enregistrement, lequel interdit la transcription de plusieurs actes sur la même feuille. (*Lettre au direct. de S.-Valery, du 19 messidor an 7.*)

Mais comme effet mobilier, tout navire vendu doit, indépendamment des droits ci-dessus, celui de 2 francs 20 cent. par 100 fr. de vente, par application de la loi du 22 frimaire an 7.

Inscription d'une vente partielle faite au port auquel le navire appartient.

L'inscription de la vente partielle doit être faite au port auquel le navire appartient, attendu que les soumissions et cautionnemens prescrits par les articles 11 et 16 de la loi du 27 vendémiaire an 2 ne peuvent se subdiviser en plusieurs bureaux. (*Lettre du 16 fruct. an 8.*)

Bâtiment appartenant à un port et passant à un autre.

L'acquéreur d'un bâtiment appartenant à un port et, qui veut l'attacher à un autre, doit déposer son contrat d'acquêt au bureau de navigation, déclarer l'attacher à son port, et passer la soumission cautionnée voulue par la loi. En conséquence pareille cette vente doit être inscrite au dos de l'acte de francisation, et un certificat énonçant toutes ces formalités remplies sera délivré pour que le vendeur fasse annuller la soumission relative à l'acte de francisation. (*LD. au direct. de Rouen, du 10 vend. an 11.*)

Si, dans le cas ci-dessus, l'ancien acte de francisation se trouve égaré, les vendeurs déclareront à la douane du port où l'acte de francisation a été délivré, qu'ils ont adressé l'acte de francisation au nouvel acquéreur, qui, pour se conformer à l'article 20 de la loi du 27 vendémiaire an 2, devra déclarer à la douane de son port qu'il ne lui est pas parvenu. Ces deux déclarations remises constatent la perte, et un nouvel acte doit être délivré, en remplissant les formalités des articles 11 et 16 de la même loi.

CONGÉS.

Formalités. Avant de délivrer un congé, le préposé doit s'assurer que les formalités relatives à la marque et aux inscriptions des noms ont été remplies conformément à l'article 19 de la loi du 27 vendémiaire an 2. — On y fera mention du changement de nom, s'il y en a. (*Circut. du 12 vend. an 3.*) (1)

Tarif des Congés.
Pour un bâtiment non ponté. (*Art. 6*) ... 1 fr.
Un bâtiment ponté, au-dessous de trente tonneaux. (*Même art. 6.*) 3
Ces congés sont bons pour un an.
Un bâtiment ponté, de 30 tonneaux et au-dessus. (*Art. 26.*) 6

Quoique ces derniers congés ne soient valables que pour un voyage, les bâtimens expédiés pour un port étranger peuvent y prendre des chargemens à toute destination; mais ils sont tenus de revenir dans un port de France, à l'effet d'y renouveler leurs congés, au moins dans le cours de l'année. (*Décision du 5 pluviose an 11.*)

Souvent un navire expédié d'un port pour un autre de France, ne revient pas directement dans le port du départ; si, dans celui de sa destination, il prend un chargement ou pour un autre port de France, il fait un second voyage, dès-lors il doit renouveler son congé. (*Même décision.*) — Ce nouveau congé relatera les précédens, afin de conserver la trace de celui délivré au port duquel le navire dépend.

Les bâtimens employés dans le Levant, qui ne seront pas revenus en France une année après la date du congé qui leur aura été délivré lors de leur départ, paieront double le droit du premier congé qui leur sera expédié à leur retour. Les armateurs et capitaines seront même tenus de justifier, par des certificats des commissaires des relations commerciales, des causes qui auront empêché les bâtimens de revenir en France dans le délai d'une année. (*Même décision.*)

A l'égard de ceux qui ne seroient pas revenus en France dans l'espace de deux années, la soumission qu'ils auront souscrite, conformément à l'article 11 de la loi du 27 vendémiaire an 2, sera exécutée. (*Même décision.*)

La durée des congés des bâtimens navigant du Hâvre à Rouen et dans toutes les rivières lorsqu'ils ne vont point en mer, ainsi que ceux employés à la pêche, quoiqu'ils soient de plus de 30 tonneaux, sera d'un mois, de même que pour les navires pêcheurs de Dunkerque et d'Ostende, conformément à la décision du 22 prairial an 5. (*D. 27 nivôse 8.*)

---

(1) Les soumissions se rapportant à l'acte de francisation, ne peuvent pas être renouvelées avec les congés qui se délivrent chaque voyage, puisque leur effet coexiste avec celui de l'acte primitif. (*Lettre au directeur de Lorient du 28 therm. an 5.*)

Enfin tout bâtiment non ponté, navigant dans la Seine et ne pouvant en raison de sa construction sortir de cette rivière, quelque soit sa contenance, n'est soumis qu'au congé annuel d'un franc. (*D.* 18 *germinal* 8). (1)

Bâtimens exempts d'un nouveau Congé.

Un bâtiment parti de Rouen pour le Havre en lest, ayant relâché à Honfleur, où il a chargé pour Rouen, n'est point soumis à un nouveau congé ; le retour étant consommé, conformément aux dispositions suplétives de la circulaire du 13 ventôse an 11, laquelle déclare, pour le cas de cabotage, passibles d'un nouveau congé les seuls bâtimens qui ne font point leur retour au port dont ils dépendent. (*LD.* 7 *frimaire* 12, *au directeur de Rouen.*)

Des derniers termes de cette lettre, il sembleroit découler que le renouvellement des congés, pour ceux des bâtimens assujettis à en prendre un autre à chaque voyage, devroit avoir lieu toutes les fois que le navire prendroit une autre destination que celle du port où il a été francisé ; tandis qu'au contraire, par le sens même du second paragraphe de l'article 11 de la loi du 27 vendémiaire an 2, *les congés étant bons pour un voyage*, il est évident qu'on ne doit lever un nouveau congé que lorsque le bâtiment ne repart pas pour le port d'où il venu, que ce port soit ou non celui de sa francisation, et ceci se prouve par cela qu'un voyage se composant du départ et du retour, ne peut se parfaire que par le retour au lieu même du départ.... Prendre une autre destination que celle du départ, ce n'est pas retourner, c'est entreprendre un autre voyage.

Abus des Congés.

Sauf les exceptions ci-dessus :
Tous les ans les bâtimens au-dessous de 30 tonneaux doivent prendre un nouveau congé, sous peine de confiscation et de 100 fr. d'amende, s'ils sont trouvés navigant (27 *vend.* 2, *art.* 5.)

Les propriétaires des autres bâtimens qui ne renouvelleroient pas leurs congés, au moins dans le cours de l'année, encourroient les peines prononcées par article 11 de la loi du 27 vendémiaire an 2 ; elles sont une amende de 20 fr. par tonneau si le bâtiment est au-dessous de 200 tonneaux, de 30 fr. s'il est au-dessus, et de 40 fr. s'il a plus de 400 tonneaux. (*D M.* 5 *pluviôse* 11.)

Les bâtimens employés dans le Levant ne paient que le double droit du premier congé pour n'être pas revenus une année après sa date ; mais à défaut de rentrer dans l'espace de deux ans, l'amende ci-dessus est encourue. (*CD.* 13 *pluv.* et 13 *vent.* 11.)

Congés déposés.

Les congés doivent être déposés dans les 24 heures de l'arrivée, au bureau de la douane et y rester jusqu'au départ. (27 *vend.* 2, *art.* 28.) (2).

---

(1) LA NAVIGATION INTÉRIEURE DES RIVIÈRES, qui assujettit les bâtimens aux congés, s'entend de celle qui se fait depuis la mer jusqu'au port en rivière où se trouve le dernier bureau des douanes ; *par exemple*, du Havre à Rouen, de Paimbeuf à Nantes : celle qui se fait en-deçà de ce bureau, comme de Rouen à Paris, de Nantes à Ingrande, ne donne point ouverture au congé.

(2) Les patentes que les capitaines étrangers présentent pour justifier de quelle nature est le bâtiment, doivent être retenues, comme les congés, jusqu'au départ.

Perte des Congés.

En cas de perte du congé, on en délivre un second sur le rapport certifié de l'équipage constatant cette perte.

Défaut d'imprimés.

Lorsqu'à défaut d'imprimés pour les congés ou passavans, les préposés sont obligés d'y suppléer par visa, le droit doit être également perçu. (*Lettre au directeur de Toulon, du 24 nivôse an 5.*)

DROITS DE NAVIGATION.

Les taxes dont il vient d'être question, celles enfin fixées pour la délivrance des actes de francisation et congés ne sont pas, à proprement parler, des droits, et il n'y a de droits de navigation que ceux dont il va être parlé.... Cette distinction est importante à établir à raison du droit d'acquit.

DROIT DE TONNAGE.

Le droit de tonnage concerne le bâtiment et non la cargaison.

Ce droit étant imposé sur la contenance et non sur le volume du navire, les dimensions pour la jauge doivent toutes être intérieures. (*Circul.* du 8 *therm.* an 10.)

Il n'est exigible que vingt jours après l'arrivée du bâtiment ; mais il doit être acquitté avant le départ. (4 *germinal* an 2, *titre* 3, *art.* 12.) On peut prendre des sûretés pour en assurer le paiement.

Sa quotité par tonneau.

Sur bâtiment français au-dessus de 30 tonneaux,
Venant d'un port de France sur l'Océan dans un autre port sur l'Océan, ou d'un port français sur la Méditerranée dans un autre sur la Méditerranée, doit (*art.* 30)..... 0 fr. 15 c.
— Venant d'un port de France sur l'Océan dans un sur la Méditerranée, et réversiblement (*même art.*)........ 0 fr. 20 c.
— Venant des colonies et comptoirs français d'Asie, d'Afrique, ou Amérique, dans un port de France (*article* 31.)..... 0 fr. 30 c.
Sur bâtimens étrangers (1) de toute contenance, venant dans un port de France (*article* 35)................ 2 fr. 50 c.

Droit de Tonnage, relativement aux chargemens et déchargemens dans différens ports.

Un bâtiment étranger qui charge dans un port de France des barriques vides pour aller les remplir dans un autre port français, ne doit point de droit de tonnage dans ce second port ; ce transport ne devant être regardé que comme un chargement commencé dans un port, et consommé dans un autre. (*LA.* 1.er *ventôse* 5, *au directeur de Toulon.*) (2)

Un bâtiment étranger qui, après avoir chargé des productions nationales dans un port de France, va compléter sa cargaison en marchandises aussi nationales dans un autre port où il ne fait pas de déchargement et ne reçoit point de réparation, n'est assujetti qu'à un seul droit de tonnage. (*Décision du* 8 *frimaire an* 10.)

Il ne seroit également dû qu'un droit de tonnage sur

---

(1) Quand même le bâtiment ne porteroit que des passagers. [*Décis.* du 5 *niv.* an 5.]

(2) Les droits de navigation ne devront être perçus au Havre, sur les bâtimens venant à Rouen, que lorsqu'une partie du chargement sera destinée pour le premier port. [*Direct. génér.* 1.er *flor. an* 11.]

un bâtiment dont la majeure partie du chargement consisteroit en comestibles, quoique le déchargement s'en fît dans plusieurs ports, et que, même après, ce navire allât sur son lest dans un autre port pour y prendre un chargement de retour (1). (*Arrêté du 26 ventôse 4, art. 1er.*)

Le ministre avoit décidé, le 11 ventôse an 5, qu'un bâtiment qui, après avoir déchargé sa cargaison dans un port, se rendoit dans un autre port pour y prendre un chargement, devoit dans ce dernier port un nouveau droit de tonnage ; mais le directeur général lui ayant observé qu'il arrivoit souvent qu'un navire étranger étoit obligé de repartir du premier port d'arrivée sur son lest, ou de n'y charger que des marchandises extraites d'entrepôts, et de se rendre dans d'autres ports, afin de former ou de compléter sa cargaison, il en est résulté la disposition suivante : « Les navires » neutres qui, après avoir effectué leurs déchargemens » dans un port de France, se rendent dans un ou plu- » sieurs autres ports pour y faire ou compléter leurs » cargaisons de retour, ne seront point assujettis à un » deuxième droit de tonnage, soit qu'ils aient ou non » commencé leur chargement dans le port de prime » abord, soit que le chargement commencé et celui » qui sera effectué soient composés en tout ou en partie » de marchandises étrangères prises en entrepôt. » (*DM*. 12 *germ*. 13.) Il importe, d'après cette décision, de s'assurer que les navires étrangers, arrivant sur leur lest et annoncés venir d'un autre port en France, y ont réellement abordé et payé les droits ; à cet effet il sera délivré un passavant au bureau de prime abord, annonçant le port où le capitaine aura déclaré vouloir se rendre, en relatant la date, le numéro et le montant de l'acquit de paiement des droits. Cet acquit sera reproduit au 2.e bureau avec le passavant qui y sera conservé comme pièce justificative des motifs de la non itérative perception. (*CD*. 18 *germ*. 13.)

La loi du 27 vendémiaire an 2, n'ayant point dérogé au règlement de 1701, qui n'assujettissoit qu'à un seul droit de frêt les vaisseaux entrant dans les rivières, quoique lieu chargement ou déchargement eut lieu dans plusieurs ports desdites rivières, il ne doit également être perçu dans ce cas qu'un droit de tonnage.

Droit de Tonnage relativement aux relâches forcées.

Le droit de tonnage est essentiellement droit d'abord perceptible par le seul fait de l'entrée d'un navire dans nos ports ; aussi est-il dû, même dans le cas de relâche forcée (4 *germinal* 2, *tit*. 2, *art*. 6), et quand même le bâtiment ne resteroit pas vingt-quatre heures dans le port. (*Lettre du 25 prairial* 2.)

Il est dû par un bâtiment échoué, conduit dans un port pour y être radoubé.

---

(1) Le rechargement partiel d'un bâtiment qui étoit chargé de comestibles, ne le rend pas plus passible du droit de tonnage à chacune de ses opérations que le déchargement. [*Lettre au direct. de Toulon, du 12 pluv. an 5.*]

On n'entend par comestibles que les grains, farines, légumes, et toutes subsistances exemptes du droit d'entrée. Les huiles et le poisson salé n'étant point objets de première nécessité, ayant été taxés à des droits assez forts, ne doivent pas être rangés dans cette classe. [*Lettre au direct. de Marseille, du 13 therm. an 8.*].

Le riz et les marrons ne peuvent plus être considérés comme comestibles, ayant aussi été taxés à des droits, par la loi du 30 avril 1806.

E e 217 (NAVIGATION 5.)

Mais on a excepté les bâtimens étrangers à destination pour un port de France, entrant par détresse dans un autre port, lorsqu'ils n'y font aucune opération de commerce ou n'y reçoivent pas de réparations (1). (*Arrêté du 26 vent*. 4, *art*. 2.) — Aussi un navire étranger qui va d'un port de France dans un autre, pour se réparer, est passible du droit, mais si le besoin de réparation provient d'accidens survenus, soit dans le port, soit à son entrée, soit même dans le trajet, pourvu qu'il prenne une cargaison de retour, il a rempli le but de la franchise qui est de favoriser le commerce extérieur et les exportations ; en conséquence il ne doit point être assujetti à une seconde perception. (*CD*. 8 *octobre* 1806.)

On a aussi excepté ceux qui, chargés dans un de nos ports, sont forcés de relâcher dans un autre en retournant à l'étranger. (*DM*. 27 *fructidor* 4.) (2)

Les bâtimens français expédiés d'un port de France à un autre ; lorsque, depuis leur arrivée, ils ne déchargent pas de marchandises. (*Décision du 7 nivôse an 11.*)

Les lettres des ministres des finances et de la marine exigent même que, pour donner lieu dans ce cas à la perception, il soit déchargé ou chargé une partie essentielle de la cargaison.

DEMI-DROIT DE TONNAGE.

Il sera perçu sur les navires français et étrangers une contribution égale à la moitié du droit de tonnage. (14 *floréal* 10.)

Ce nouveau droit est passible du décime par franc. (*LM*. 23 *floréal* 11.)

Il fut d'abord destiné uniquement aux frais de réparation des ports où le recouvrement s'en effectuoit, et les receveurs des douanes en étoient dépositaires ; mais ce produit n'est plus affecté exclusivement à cet entretien et les receveurs, au lieu d'en être dépositaires, doivent le verser comme leurs autres recettes aux caisses des départemens. (*DI*. 17 *janvier* 1806.)

Les quittances du demi-droit de tonnage sont séparées de celles du droit principal. (*Lettres du* 10 *messidor* 10 *et* 9 *thermidor* 12.)

Elles ne sont pas soumises au droit d'acquit, mais seulement au remboursement du prix du timbre. (*LD*. 29 *therm*. 10.)

Les bâtimens français de 30 tonneaux et au-dessous étant exempts du droit de tonnage, ne sont point passibles de ce demi-droit. (*Décision du* 29 *thermidor an* 10.)

FRAIS D'EXPÉDITION ; *leur quotité*.

Les frais d'expédition, d'entrée et de sortie d'un bâtiment étranger de 200 tonneaux et au-dessous ; etc. (*Art*. 35.) 18 00
Au-dessus de 200 tonneaux. (*Même art*.) . . . 36 00
Bâtiment français de 30 à 150 tonneaux. (Il n'est rien dû jusqu'à 30 inclusivement.) *Article* 36.) 2 00
De 150 à 300. (*Même article*.) 6 00
Au-dessus de 300 tonneaux. (*Même article*.) 15 00

---

(1) La relâche pour remplacement d'un mât ne donne pas ouverture au droit, la Régie ayant décidé que cette opération n'est pas une véritable réparation. [*Lettre au direct. de Marseille ; du 4 floréal an 8.*]

(2) Cette exemption ayant pour objet unique de favoriser nos exportations, n'est point applicable aux bâtimens étrangers sur leur lest. (*Décis. de la régie, du 5 pluv. an 5.*)

Le bâtiment exempt du droit de tonnage l'est aussi des frais d'expédition. (*Décis. du 23 pluv. an 2.*)

On a également affranchi des frais d'expédition les barques espagnoles de quatre à cinq tonneaux qui, en retournant de France en Espagne, cherchent, pendant la nuit, un abri dans un port de la Méditerranée. Ils ne doivent dans leurs diverses relâches, soit volontaires ou forcées, que le droit de tonnage, suivant les circonstances. (*Décis. du 19 brum. an 10, et circul. du 22.*)

Mais ces frais sont dus par un bâtiment parlementaire qui charge au retour des marchandises ou des voyageurs. (*Lettre du 3 nivose an 5.*)

Et par le navire qui met en mer pour la première fois, mais dans ce cas il ne paiera que les frais d'expédition de sortie; voir au Code sous le n.° 1042.

DROITS D'ACQUITS, PERMIS et CERTIFICATS.

Pour tout acquit, permis et certificat relatifs à une cargaison étrangère. (*Art. 37.*) 1 00

Les mêmes droits pour une cargaison française ne seront (*Même article*) que de...... 0 50

DROIT DE PERMIS. — Il résulte de la décision du 17 floréal an 4, qu'il faut que le droit de permis soit perçu sur chaque déclaration de chargement et de déchargement en tel nombre que soient les déclarans.... Mais il ne doit être délivré qu'un permis pour la même partie de marchandises, quelle que soit la durée de son chargement ou déchargement. (*Opinion de la régie, du 16 ventose an 4.*)

Ainsi le permis est relatif à la cargaison; donc son droit n'est pas perceptible lorsque le navire part ou arrive sur son lest... Par la conséquence contraire, il est dû dès qu'il y a lieu à embarquement ou débarquement de marchandises, même sur les navires exempts des droits de tonnage, les bâtimens français revenant d'un port étranger, naviguant dans l'intérieur des rivières, etc... Et il n'y a que les produits de la pêche faite sur nos côtes qui en ont été affranchis par faveur spéciale. (*Voir* BATIMENT VENANT DE LA PÊCHE, *au bas de la colonne suivante.*)

Cependant le particulier qui déclare embarquer une marchandise exempte de droit, ne doit pas payer cinquante centimes pour le passavant et cinquante centimes pour le permis, parce que le passavant devient le permis d'embarquer. (*LA. 5 floreal an 4.*)

Les provisions de beurre et de tabac, à l'usage des équipages, en ont aussi été dispensés, lorsque les quantités n'excèdent pas dix-sept à vingt kilogrammes de beurre et douze à quinze kilogrammes de tabac par personne. (*LA. 18 messidor an 4.*)

Le transbordement néanmoins ne donne pas ouverture au droit de permis lorsqu'il n'a lieu que par la raison que les navires sont d'une trop forte contenance pour remonter les rivières; ..... une lettre au directeur de Nantes, du 18 prairial an 7, l'a décidé ainsi relativement aux navires qui, ne pouvant entrer dans la Loire, restent au Daro, où ils reçoivent leurs cargaisons des gabares expédiées de Nantes.

Les habitans de l'île de Bréhat ne paient qu'un seul droit de permis pour le chargement et déchargement des objets qu'ils font venir de la terre ferme sur des barques de quatre à cinq tonneaux ; sous la condition d'affecter particulièrement, au transport de ces objets, un bateau dont le patron est choisi par le receveur des douanes et qui ne peut charger aucun autre objet. (*Arrêté du 25 brumaire an 6.*)

218 (NAVIGATION 6.)

DROIT DE CERTIFICAT. — Par assimilation on perçoit le droit de certificat pour la délivrance des passeports.

Le PASSEPORT a pour objet de faire connoître que le bâtiment étranger qui sort du port y a présenté les pièces justificatives de son origine, payé les droits de navigation et rempli toutes les formalités.

Aucun bâtiment étranger ne peut mettre en mer sans cette expédition ; il doit être délivré même aux capitaines des bâtimens en relâche, pourvu que, pour le même voyage, ils n'en aient pas pris déjà dans un port de France, auquel cas on se borne à viser ce dernier.

Les passeports se délivrent sans cautionnement. Lors de leur délivrance, le préposé expédie un acquit de paiement et fait mention, sur la souche restante, de cette délivrance et du droit perçu.

DROIT D'ACQUIT. — Une lettre de M. le directeur général, du 23 janvier 1807, adressée à l'un des inspecteurs généraux, a donné, sur l'ouverture de ce droit, des renseignemens bien précis ; tels en sont les termes :
— « Vous m'avez marqué, Monsieur, par votre lettre
» du 31 janvier dernier, que la perception du droit
» d'acquit ne s'effectuoit pas uniformément dans les
» bureaux que vous avez vérifiés.... J'ai rappelé aux
» directeurs le principe du droit d'acquit, lequel
» étant essentiellement accessoire du droit principal,
» n'est exigible que dans les cas où celui-ci est perceptible. — Vous demandez, par une seconde lettre du
» 17 de ce mois, la définition du droit principal ;.... je
» l'ai donnée dans diverses circulaires sur les lois de navigation ; ce sont les droits de tonnage et d'expédition.
» — Il vous paroît qu'on doit y ajouter ceux de francisation et congés... La quittance du droit de francisation étant inscrite au dos de l'acte, il n'y a pas lieu
» à l'expédition de l'acquit, ni par conséquent à la perception du droit d'acquit.... Le droit de congé est
» trop foible pour supporter un accessoire qui en feroit
» quelquefois le doublement. C'est par ce motif exprimé dans mes instructions que j'ai décidé que sa
» perception n'entraînoit pas celle du droit d'acquit ».

Le droit de permis ne donne conséquemment pas ouverture à celui d'acquit. (*Lettre au directeur de Nice, du 9 vendémiaire an 7.*) — Ni ce droit d'acquit ne peut être perçu sur celui des certificats auxquels se trouvent assimilés les passeports délivrés aux vaisseaux étrangers. (*Lettre au directeur de Toulon, du 5 pluviose an 5.*)

BATIMENS EXEMPTS DES DROITS DE NAVIGATION.

Les bâtimens français venant de la pêche, de la course, ou d'un port étranger ne payeront aucun droit. (*27 vendémiaire an 2, art. 32.*)

BATIMENS VENANT DE LA PÊCHE. Pour jouir de l'exemption, ces bâtimens ne doivent avoir à bord que les produits de leur pêche...... Si cependant il s'y trouvoit d'autres marchandises qui eussent été chargées à l'étranger, la circonstance du retour d'un port étranger, suffiroit pour les affranchir des droits de navigation.

Une décision du 28 pluviose an 10, porte que l'immunité accordée aux navires pêcheurs, par cet article 32 de la loi du 27 vendémiaire, est étendue à ceux qui les supplécnt en transportant les produits de la pêche aux lieux les plus avantageux de la vente.

Le navire français qui pêche sous pavillon neutre jouit de la même franchise. (*DM. 22 ventose an 4.*)

L'immunité n'étant accordée qu'à la pêche française, il faut, en conséquence, qu'il soit bien constant que le produit rapporté n'ait pas été acheté sur mer à des pêcheurs étrangers.

« Les navires expédiés pour la pêche nationale sur les » côtes, sont dispensés du droit de permis établi par » l'article 37 de la loi du 27 vendémiaire an 2, sur les » produits de cette pêche ». (*DI.* 10 *mars* 1809.) — Ainsi ces bâtimens se trouvent aussi affranchis du droit de permis de 50 cent., auquel sont soumises toutes les déclarations de chargement ou de déchargement de cargaisons françaises; mais cette franchise, aux termes du décret, ne peut s'appliquer aux navires français qui seroient expédiés pour des destinations lointaines; elle concerne donc uniquement la pêche que nos barques, bâteaux et autres petits bâtimens, font dans les parages de France, où ils vont journellement. (*Conséquence de la circulaire du 22 mars 1809*.)

Voir, pour d'autres immunités, le titre PRIMES *pour la pêche*, au livre 4 du Code.

BÂTIMENS VENANT DE LA COURSE. Ils ne doivent avoir à bord, pour jouir de l'exemption, que les marchandises composant la cargaison du navire capturé.

— Les navires de prises ont été affranchis de tous droits, tant de ceux de douane par l'article 5 de la loi du 19 mai 1793, que de ceux de navigation par décisions ministérielles des 9 vendémiaire an 6, 5 thermidor an 12, et circulaire du 9 *dito*.... Fussent-ils même déclarés n'être pas de bonne prise, encore seroient-ils exempts, par suite, de la décision du 6 ventôse an 7, à moins cependant qu'il ne fût vendu de leur cargaison après avoir été relâchés.

BÂTIMENS VENANT D'UN PORT ÉTRANGER. — Il est clair que l'exemption ne s'applique qu'aux bâtimens français, que pour autant qu'ils reviennent effectivement d'un port étranger........ Car s'ils s'étoient procuré leurs cargaisons de retour en mer, ils n'auroient pas acquis le privilége, puisque la loi l'attache au voyage chez l'étranger et non pas à la marchandise de l'étranger.

De la combinaison des diverses dispositions sur la Navigation, il dérive encore d'autres exemptions que celles rapportées ci-dessus.... pour que, dans ce paragraphe, on les ait toutes sous les yeux, voici un relevé des autres bâtimens affranchis :

1°. Bâtimens de la marine impériale, et ceux français ou étrangers frétés pour le compte de l'État..... (*Conséquence de l'art.* 3 *de la loi du* 27 *vendémiaire an* 2.)

2°. Paquebots qui ne transportent que les dépêches et les passagers. (*DM.* 15 *floréal an* 12... (*Même conséquence, par cela qu'ils sont considérés comme étant alors au service de l'État*.)

3°. Bâtimens parlementaires à l'usage unique du Gouvernement... (*Même conséquence*.) — Mais si les parlementaires chargeoient en retour des marchandises ou des voyageurs, ils devroient les frais d'expédition. (*DM.* 3 *nivose an* 8.) Les droits d'acquit et de permis seroient, dans ce cas, également dus. (*LM.* 2 *floréal an* 7.) — Les bâtimens qui transportent des troupes et des prisonniers ne peuvent être assimilés aux parlementaires. (*LM.* 3 *nivose an* 8.) Cependant les bâtimens affrétés par des prisonniers de guerre munis du sauf-conduit du commissaire d'échange, jouiroient de l'immunité des parlementaires s'ils n'avoient pas d'autres chargemens. (*DM.* 28 *nivose an* 9.)

4°. Bâtimens trouvés abandonnés... (*Même conséquence, par cela qu'étant épaves de mer, ils deviennent propriété de l'État.*)

5°. Bâtimens de commerce, français ou neutres, navigans sous l'escorte des vaisseaux de la marine impériale, lorsqu'ils ne font aucune opération de commerce. (*Lettre du* 9 *pluviose an* 8.)

6°. Bâtimens venant de Hollande, chargés de fascines, madriers, etc. pour la réparation des digues et polders des départemens de l'Escaut et des Deux-Nèthes. (*DM.* 2 *thermidor an* 4, 25 *thermidor an* 5, 12 *prairial an* 6, *et CD.* 28 *thermidor an* 12, *et* 5 *brumaire an* 13.) — Les navires qui sont employés dans les ports à transporter des pierres pour les réparations que le Gouvernement fait faire, ne sont pas non plus soumis aux droits de navigation. (*DM.* 16 *vendémiaire an* 14 *et LD.* 18 *dito.*)

7°. Bâtimens échoués, dont le capitaine fait l'abandon, encore que la cargaison soit sauvée. (*DM.* 7 *frimaire an* 3.)

8°. Bâtimens qui, forcés d'entrer dans un port et d'y décharger leurs cargaisons, sont condamnés comme ne pouvant plus tenir la mer. (*DM.* 7 *frimaire an* 6.)

Voici une lettre explicative de cette disposition : « Comme la décision du 7 frimaire an 6, portant » exemption du droit de tonnage pour les bâtimens » condamnés, suppose qu'ils ont entré par relâche forcée » dans un port n'étoit pas sa destination, où ils » ont été obligés de décharger leur cargaison, elle ne » pourroit être applicable que dans ce cas ou dans celui » où les bâtimens arriveroient sur leur lest. — En effet » les droits de navigation affectent le bâtiment navigant » qui transporte des marchandises et effectue son voyage ; » ainsi on doit les percevoir toutes les fois qu'il remplit » l'office de la loi et est propre, quel que soit l'état où il peut » être ultérieurement réduit. — D'après ces principes » conformes à la lettre et à l'esprit de la loi, le droit de » tonnage perceptible à l'entrée, et LA MOITIÉ DE CELUI » D'EXPÉDITION. (*ce dernier droit est donc divisible* ;) » doivent être exigés, à moins que le bâtiment ne soit » pas destiné pour le port de relâche, ou qu'il soit arrivé » sur son lest dans celui de destination, ces deux cas seuls » pouvant faire exception ». (*LD.* 19 *floréal an* 13.)

9°. Bâtiment en relâche pour remplacement d'un mât. (*Lettre du* 4 *floréal an* 8.)... *Voir* la note de la page 217.

10°. Bâtimens en relâche dans les golfes, anses, bayes où il n'y a pas de bureaux ; ceux ancrés sur rade, ou posés devant un port.... Mais dans ce cas, les capitaines ne peuvent faire aucuns versemens sans s'exposer à la saisie. (*DM.* 27 *brumaire an* 5.)

11°. Bâtimens navigans dans l'intérieur des rivières seulement, sans emprunt de la mer. (*DM.* 11 *fructidor an* 5.)... Ainsi la navigation d'un port en rivière à un autre port en rivière, par emprunt de la mer, par exemple, de Rouen à Caen, donneroit ouverture aux droits;... toutefois comme l'intérêt du commerce a fait réputer ports de mer quelques ports situés dans l'intérieur des rivières ; il n'en faut pas conclure que les parties de rivières qui se trouvent entre ces ports et la mer soient réputées Mer, ni que les bâtimens qui viennent d'un de ces ports dans un autre de la même rivière, soient assujettis aux droits de navigation. (*DM.* 7 *prairial an* 4.) Il seroit contraire au vœu de la loi de vouloir traiter comme frontières maritimes les deux bords de la rivière depuis Rouen jusqu'au Havre... Si Rouen est classé parmi les ports de la mer, c'est uniquement pour l'avantage du commerce ; en conséquence, pour lever toutes les difficultés, il a été décidé que les lois sur la navigation s'exécuteroient envers tous les bâtimens de Rouen à la Bouille, et autres ports de rivières qui vont à la mer, soit qu'ils s'y tiennent habituellement, soit qu'ils naviguent momentanément ; et quant aux autres barques et bateaux qui ne font que les transports en rivière de Paris jusqu'à la Bouille, ils n'ont pas paru devoir être astreints à la loi. Il est à observer que le Havre et Honfleur sont réellement ports de mer, aussi tout bateau qui y entre est sujet à l'acte de navigation. (*LA. 7 frimaire 4, au directeur de Rouen.*)

12°. Bâtimens employés, comme allèges, à recevoir les cargaisons des navires, qui, ne pouvant remonter les fleuves ou rivières, effectuent leurs déchargemens dans le premier port d'arrivée. (DM. 25 *mars* 1806.)

— Cette décision est fondée sur ce que ce seroit percevoir, partiellement, deux fois le même droit sur un même navire, si on y assujettissoit les allèges qui en sont en quelque sorte le doublement.

13°. Enfin, tout bâtiment français de trente tonneaux et au-dessous... (*Conséquence de l'article 30 de la loi du 27 vendémiaire an 2, qui n'impose que les bâtimens au-dessus de trente tonneaux.*)

CABOTAGE.

L'article 4 de l'acte de navigation, (Code, n°. 997,) interdit le cabotage dans nos ports aux navires étrangers pour le réserver aux nationaux.

Cette disposition à laquelle il avoit été temporairement dérogé, vient d'être remise en pleine vigueur par ordre de S. M., transmis par lettre ministérielle du 2 juillet 1810.

Ainsi tout transport d'un port de France à un autre de l'Empire, ne pourra être fait que par des bâtimens francisés, et il est interdit à ceux étrangers, s'il ne leur est accordé une permission signée de la main de Sa Majesté. (CD. 7 *juillet* 1810.)

NAVIRES NEUTRALISÉS.

Les navires français peuvent être neutralisés sous condition de réintégration. (AC. 13 *prairial an* 11.)

Le commissaire de la marine du port auquel ils appartiennent pourra accorder ces neutralisations pour un an.

Ces simulations annuelles seront néanmoins renouvelées toutes les fois que le bâtiment changera de pavillon sous lequel elles auront été accordées.

L'exportation des bleds, légumes, huiles, etc. et autres objets de première nécessité pour une puissance ennemie, ne pourra avoir lieu à l'avenir que sur navires français simulés ou non simulés, lorsque la sortie n'en sera pas défendue.

A l'avenir il ne sera plus accordé de licences qu'à des bâtimens français. (CD. 7 *juillet* 1810.)

BATIMENS ITALIENS.

Les bâtimens italiens qui abordent dans nos ports ne doivent, aux termes de l'art. 17 d'un traité de commerce conclu à Paris le 20 juin 1808 entre la France et le royaume d'Italie, par mesure de réciprocité, que la moitié des droits de navigation qu'acquittent ceux étrangers, sans distinction de droits principaux et accessoires. (CD. 7 *sept*. 1808.)

NAVIRES DE PRISES.

Lorsque le capitaine d'un navire armé en course aura conduit une PRISE dans un port de France, il sera tenu d'en faire la déclaration au bureau de la Douane.

Les prises ne peuvent rester dans les rades ni aux approches des ports au-delà du temps nécessaire pour leur entrée dans ces ports. (*AC. 2 prairial* 11, *art*. 67.)

Les scellés seront apposés et ne pourront être levés sur la prise qu'en présence d'un préposé des douanes. (*Article* 69.)

Le préposé des douanes prendra à bord un état détaillé des balles, ballots, futailles et autres objets, qui seront mis à terre ou chargés dans les chalans ou chaloupes : un double de cet état sera envoyé à terre et signé par le garde-magasin, pour valoir réception des objets y portés.

A mesure du déchargement des objets, et au moment de leur entrée en magasin, il en sera dressé inventaire en présence d'un visiteur des douanes qui en tiendra état et le signera à chaque séance. (*Art*. 70.)

L'officier d'administration de la marine sera assisté, dans tous les actes relatifs aux prises, du principal préposé des douanes.

En cas d'avaries ou de détériorations de la cargaison, la vente pourra en être ordonnée après affiche et avoir appelé le principal préposé des douanes, etc..... *Cette vente ne peut avoir lieu que sous la condition du paiment des droits, ou de la réexportation, suivant le cas.*

Après que la procédure prescrites par l'instruction relative à la prise sera terminée, il sera procédé sans délai au déchargement des marchandises qui seront inventoriées et mises en magasin, lequel sera fermé de trois clefs différentes, dont l'une demeurera entre les mains du receveur des douanes, etc..... *Ce magasin est fourni par les parties intéressées à la prise.*

Les décisions du conseil des prises ne pourront être exécutées à la diligence des parties intéressées qu'avec le concours du principal préposé des douanes. (*Art*. 84.)

Les dispositions prescrites par les lois pour les déclarations à l'entrée et à la sortie, ainsi que pour les visites et paiemens de droits, seront observées relativement aux armemens en course et aux navires pris sur les ennemis de l'état, dans tous les cas où il n'y est pas dérogé par les dispositions de l'arrêté consulaire du 2 prairial 11.

Les directeurs, inspecteurs et receveurs des douanes prendront les mesures nécessaires pour prévenir toute fraude et soustractions, à peine d'en demeurer personnellement responsables.

Les droits sur les objets de prises sont à la charge des acquéreurs, et seront toujours acquittés avant la livraison, entre les mains du receveur des douanes avec lequel l'officier supérieur de l'administration de la marine se concertera pour indiquer l'heure de la livraison. (*AC. 2 prairial* 11.)

Les navires de prises, leurs agrès et apparaux sont exempts de droits (19 *mai* 1793.) Cette exemption, maintenue par DM. du 5 thermidor 12, comprend les canons dont ils sont armés (*DM*. 11 *mars* 1806,) et s'étend à tous les droits de navigation (*CD*. 9 *thermidor* 12.)

Quant aux marchandises de prises, voyez leur régime au tarif, soit au nom de ces marchandises, soit à l'article Marchandises de prises.

Les seules qui restent prohibées sont les toiles mousselines, étoffes et bonneterie de coton....; si elles ne sont réexportées à la suite de l'adjudication, elles sont mises en entrepôt réel dans les magasins de la douane ; on les inscrit sur un registre particulier en indiquant leurs espèce, nombre, poids; le nom de la prise, du capteur et de l'adjudicataire, ainsi que la date de l'adjudication et le numéro du procès-verbal de la vente. (*CD.* 26 *prairial* 11.)

RAPPORTS DE MER.

Le capitaine est tenu, dans les vingt-quatre heures de son arrivée, de faire viser son registre et de faire son rapport. (*Code du Commerce*, art. 242.)... — Le rapport est fait au greffe devant le président du tribunal de commerce ; là où il n'y a pas de tribunal, le rapport est fait au juge de paix de l'arrondissement. *art.* 243.)

Nonobstant ces deux articles du code de commerce le rapport doit se faire également au bureau de la douane, puisque l'art 2 de la loi du 21 septembre 1793, qui attribue à l'Administration des Douanes la perception des droits de navigation, le veut ainsi.....
— Cette disposition n'a jamais été abrogée, et chaque fois même qu'on s'en est écarté, des décisions ministérielles l'ont rétabli, notamment celle du 17 germinal an 5. — Ce qui prouve en outre que le rapport doit se faire même primitivement à la douane, c'est l'art. 2 du décret du 23 novembre 1807, qui enjoint aux capitaines des bâtimens entrant dans nos ports, de faire *dans le jour de l'arrivée*, leur déclaration, au bureau de la douane, du lieu de leur départ, de ceux où ils ont dû relâcher, d'y présenter leurs manifestes, connoissemens, papiers de mer et livres de bord, d'après lesquels on doit procéder à l'interrogatoire des matelots.... Cette déclaration qui doit énoncer si le navire a été en Angleterre, ou visité par les Anglais, est de nouveau prescrite devant le chef de la douane par le décret impérial du 11 janvier 1808....

Ainsi deux rapports de Mer doivent se faire, l'un, dans le jour de l'arrivée, au bureau de la douane ; l'autre, dans les vingt-quatre heures, au tribunal de commerce ou au juge de paix..... Le premier ne dispense pas du second ; tous deux sont de rigueur.... Cependant il a été décidé ministériellement le 1er juin 1808, que là où il n'existoit ni tribunal de commerce ni justice de paix, le rapport primitif aux douanes, pourroit suffire.

Les rapports de mer n'étant qu'un objet de police maritime, n'ont aucune analogie avec les certificats relatifs aux cargaisons ; ainsi on peut d'autant moins les soumettre au droit imposé sur ces certificats, que toute perception doit être fondée sur un titre positif et précis. (*Lettre au direct. de Rouen, du 4 messidor an 7.*)

Les commis à la navigation ne peuvent exiger pour les expéditions qu'ils délivrent des rapports de mer, plus que les greffiers des tribunaux auxquels la loi n'accorde qu'un franc par rôle, chaque page contenant 20 lignes et chaque ligne 7 mots. (*LD.* 30 *ventôse* 12.)

DES TAXES SUPPLÉMENTAIRES
et spéciales à certains ports.

PORTS DE CETTE, AGDE, PORT-VENDRE ET NOUVELLE.

Le droit établi, par la loi du 13 floréal 11, sur les vins et eaux-de-vie dans le port de Cette, est prorogé pendant cinq ans.... Un semblable droit sera perçu pendant le même espace de temps dans les autres ports du golfe, depuis les Bouches du Rhône jusqu'aux côtes d'Espagne. (*Loi du 21 novembre 1808.*)

Taxe sur les vins et eaux-de-vie expédiés soit pour l'étranger, soit pour les ports de France.

Un muid de vin de 268 litres............ 1 fr.
Un *idem* d'eau-de-vie................. 3

Le montant de cette perception sera versé dans la caisse du Receveur principal des Douanes. (*Loi du 13 flor.* 11.)
Le produit de ces droits formeront une masse dont le montant sera incessamment appliqué à ceux de ces ports qui présentent les besoins les plus urgens (*Loi du 21 novembre 1808.*)

PORTS DU HAVRE, D'OSTENDE, DE BRUGES ET DE LA ROCHELLE.

Taxe sur les navires admis à entrer et à séjourner dans les bassins à flot desdits ports.

Par tonneau pour chacun des deux premiers mois de séjour.

Bâtimens étrangers............... 75 cent.
Idem français................. 30
Idem de petit cabotage.......... 15

Moitié pour le troisième et quatrième mois, le quart pour les suivans.
Le moindre séjour compte pour demi-mois ; droit modéré à un dixième de la taxe pour les bâtimens français seulement, qui trois mois après avoir désarmé, séjourneroient dans lesdits bassins. En cas de réarmement, ils seroient de nouveau soumis au droit imposé dans les proportions établies ci-dessus. (*Il en est de même pour Anvers.*)
Ces dispositions sont applicables au bassin nouvellement construit à la Rochelle. (22 *février* 1810.)
Le montant de cette taxe est versé et employé comme pour le port de Cette. (12 *floréal* 11.)
Il sera aussi perçu dans les bassins non à flot desdits ports du Havre, Ostende et Bruges, sur les navires admis à y entrer et à y séjourner, une taxe d'entretien égale à la moitié de celle établie pour les bassins à flot dans lesdits ports par la loi du 12 floréal an 11.
Les navires du port de 40 tonneaux et au-dessous, employés au petit cabotage, les bateaux passagers et les bateaux pêcheurs, ne seront pas assujettis à ce droit.
Montant versé et employé comme pour les droits de même nature marqués ci-dessus. (*DI.* 25 *mars* 1806.)

PORT DE QUILLEBŒUF.

Pour subvenir aux dépenses du rétablissement du magasin de sauvetage à Quillebœuf, il sera perçu un droit additionnel au droit de tonnage sur chacun des navires ou bâtimens de mer ou de rivière qui traverseront le passage de la Seine vers Quillebœuf, savoir :
1°. Sur tous bâtimens français, navires ou allèges, navigant des ports ou anses des départemens de la Seine-Inférieure, de l'Eure et du Calvados, situés en rivière, à Rouen, et de Rouen auxdits ports et anses, *par tonneau*................ 0 fr. 1½ c.
2°. Sur tous navires français venant de quelque autre port français de l'Océan ou y allant et passant devant Quillebœuf... 0 fr. 3 c.

3°. Sur tous navires français venant de quelque port étranger de l'Europe, situé sur l'Océan ou sur les mers du Nord, ou y allant, ou bien venant de quelque port français de la Méditerranée ou y allant. 0 fr. 5 c.

4°. Sur tous navires français venant des Colonies ou y allant, ou faisant tout autre voyage au long cours. . . . . 0 fr. 10 c.

5°. Sur tous bâtimens navigant sous pavillon étranger, quelque soit leur voyage. . . 0 fr. 15 c.

Les bâtimens français de vingt tonneaux et au-dessous, quelle que soit leur navigation, ne paieront rien. (*DI.* 3 *mai* 1810, art. 6.)

Le droit ne sera acquitté qu'une fois par voyage, comprenant l'aller et le retour, et ce, en descendant la rivière : il sera perçu par le receveur de la douane à Quillebœuf, qui en tiendra le produit, mois par mois, à la disposition de la chambre de commerce de Rouen. (*Même décret*, art. 7.)

PORT D'ANVERS.

Perception d'un droit de Bassin sur tous les bâtimens de mer qui y entreront, soit qu'ils fassent usage ou non des bassins.

Ce droit est réglé ainsi qu'il suit :

Navires de 50 à 100 tonneaux. 25 cent. par ton.
Idem de 100 à 250. . . . . 50 *Idem.*
Au-dessus de 250. . . . . 75 *Idem.*

L'article de la loi du 12 floréal 11, qui n'exige des navires entrés dans les bassins à flots des ports du Havre, d'Ostende et de Bruges, que le dixième du droit pour chaque mois, de séjour excédant trois mois après le désarmement, sera commun au port d'Anvers (*DI.* 23 *avril* 1807.)

Ce droit supplémentaire n'est point applicable aux navires qui cherchent un asile dans la partie supérieure de l'Escaut et de ses affluens : en conséquence le droit n'est pas exigible dans le Ruppel ni dans la partie de l'Escaut supérieure à Ruppelmonde. (*DM.* 18 *novem.* 1808.)

Les navires au-dessous de 50 tonneaux, et ceux exclusivement employés à la pêche, seront exempts desdits droits.

Il sera également perçu dans ledit port, à dater de la publication de la loi du 24 ventose 12, et conformément au tableau ci-annexé, un droit de colis sur toutes les marchandises qui arriveront par l'Escaut, soit sur navires de mer, soit sur tout autre bateau venant de la Hollande ou de Flessingue.

Le droit sera payé indistinctement sur toutes les marchandises même déchargées de bord à bord ou passant en transit.

Il sera dû sur les déclarations faites en Douane. (24 *ventose* 12.)

Le décime par franc, établi par la loi du 9 prairial an 7, n'est pas perceptible sur ce droit de colis. (*LD.* 30 *messidor* 12.)

La perception des diverses taxes du port d'Anvers sera faite par les préposés des Douanes.

Les produits des droits de bassin et colis seront appliqués indistinctement tant à l'entretien et au balisage, qu'aux travaux du port d'échouage et du bassin d'Anvers, et aux dépenses autorisées par les art. 7 et 8 de la loi du 24 ventose an 12. (*DI.* 25 *octobre* 1806.)

Obs. *La loi portant les droits de colis ci-dessous en poids de marc, on n'en a pas fait la réduction en poids métriques, en conséquence, on observera qu'il s'agit de cet ancien poids dans le tarif ci-dessous.*

Tarif des Droits de Colis au Port d'Anvers.

ALUN, autre qu'en caisses. Les 2,000 livres poids de marc.	0 50
BOIS de teinture en bloc, autres qu'en caisses. Les 2,000 livres.	0 50
de construction, planches, poutres et mâts. Le tonneau de 2,000 livres. .	0 25
d'acajou, d'ébène, etc. Les 2,000 livres.	1 00
CACAO. Barrique de 800 à 1,000 livres.	1 00
de 400 à 500 livres.	0 75
Balle.	0 15
CAFÉ. Barrique de 800 à 1,000 livres.	1 00
de 400 à 500 livres.	0 50
de 200 à 300 livres.	0 30
Balle de 200 à 300 livres.	0 30
de 80 à 180 livres.	0 10
CHANVRE. Les 2,000 livres.	0 75
CHARBON. Idem.	0 15
CIRE. Les 100 livres.	1 00
COCHENILLE. Suron et caisse.	1 50
Balle.	1 00
COLLE de poisson. Barrique. (*Décr. du 29 fruct. an 12*).	1 50
Suron.	0 50
CORDAGES. Les 2,000 livres.	1 00
COTON en laine. Les 250 livres et au-dessus.	0 50
Les 150 livres et au-dessous.	0 30
En canastres.	0 30
COTON filé, comme mousseline. Balle.	2 00
CUIRS secs, de bœufs, vaches. La pièce. (*DI. du 29 fruct. an 12*).	0 3
verts. La pièce.	0 5
CUIVRE, autre qu'en caisses. Les 2,000 livres.	0 50
EAUX-DE-VIE. Les 27 veltes.	0 75
FERS, autres qu'en caisses. Les 2,000 livres. .	0 50
GARANCE. Barrique.	1 00
GOMMES. Barrique.	1 50
Suron.	0 50
GRAINS, graines, semences, fèves, etc. Le tonneau de 2,000 livres.	1 00
HUILES de Gallipoli, d'Aix ou de toute autre espèce. Les 18 veltes.	0 50
INDIGO. Baril, caisse ou suron.	1 50
Demi-suron.	1 00
LAINES du Nord, de Portugal, d'Espagne ou d'Italie. La balle de 250 à 300 livres.	1 00
de 100 à 200 livres. . . .	0 75
PELLETERIE. Peaux de lièvres, d'ours, de chevreuils. La barrique ou balle. .	2 00
PLOMBS, autres qu'en caisses. Les 2,000 livres.	0 50
POILS de chèvres ou de lapins. Balle.	0 75
POIVRE. La balle de 250 livres et au-dessus.	0 25
de 150 et au-dessous.	0 15
POTASSE du Nord, en grosses barriques. . .	1 00
en barrique de 300 à 500 liv.	0 75
RIZ. Baril.	0 35
Balles du Piémont.	0 15
SOUDE, en grenier. Les 2,000 livres.	0 25
SUCRE brut, terré et raffiné. Barrique.	1 00
Dito, caisse du Brésil.	1 25

Sucre tierçon......	0	60
tierçon de la Havanne...........	0	40
sac ou canastre.............	0	10
Sucre candi. Caisse ou demi-caisse......	0	10
Tabacs en feuilles, en boucauts.......	1	00
en paniers d'Amersford..........	1	00
en canastres du Brésil............	0	75
en rouleaux de Vazinas, Portorico, etc. Par paquet de 10 à 50 livres.	0	15
en toute autre espèce d'emballage non dénommé. Par chaque 100 livres,	0	15
Les 250 livres pesant et au-dessus.....	0	50
Thé. Caisses entières...............	0	50
Demi-caisse ou quart............	0	25
Toiles de coton blanche ou imprimée, à carreaux bleus, mouchoirs des Indes, nankins, mousselines, etc. La balle.	2	00
à voiles, de Russie, de Pologne, pour emballage. La balle...........	0	50
de Silésie, de Harlem, d'Aberfelt, et de ce genre. La balle........	2	00
Vins, de toute espèce. Les 27 veltes........	0	50
Marchandises non dénommées. Le quintal métrique. (*DI. 29 fruct. 12*)....	0	10
Fumiers et Engrais de toute sorte, servant à l'agriculture, ainsi que les Légumes verts et secs, sont exempts. (*DI. 29 fructidor 12.*)		

DE LA JAUGE DES BATIMENS.

Le tonnage des bâtimens sera calculé de la manière suivante :

Ajouter la longueur du pont, prise de tête en tête, à celle de l'étrave à l'estambord ; déduire la moitié du produit ; multiplier le reste par la plus grande largeur du navire ou maître-bau ; multiplier encore le produit par la hauteur de la cale et de l'entrepont, et diviser par 94.

Si le bâtiment n'a qu'un pont, prendre la plus grande longueur du bâtiment ; multiplier par la plus grande largeur du navire ou maître-bau, et le produit par la plus grande hauteur ; puis diviser par 94. (*12 nivose an 2.*)

On opère de même pour les bâtimens non-pontés, à l'exception qu'au lieu de prendre la longueur de l'étrave à l'estambord, on prend celle du bateau.

On nomme Bau, les solives placées d'un flanc à l'autre du navire pour affermir ses bordages et soutenir le pont. — La Carlingue est la pièce sur laquelle porte le mât. — L'Estambord est la pièce qui soutient la poupe du navire, et surtout le gouvernail. — L'Etrave est la pièce qui forme la proue du navire. — La Quille est la pièce qui sert de fondement au navire ; elle se prolonge de poupe à proue.

La longueur d'un navire de l'étrave à l'estambord doit être prise sur la quille. (*Décision du 19 floréal an 2.*)

La hauteur se prend de planches sous planches, sans avoir égard à la carlingue ni aux barrots.

Les Coupées qui se trouvent dans les navires, doivent être défalquées des calculs faits pour la jauge. (*Ainsi décidé par l'administration, le 5 décembre 1807, à l'égard d'un navire du port de Granville où il existoit un retranchement de sept pouces et demi.* — On nomme coupée, le retranchement qui existe quelquefois au pont du bâtiment, soit sur l'avant, soit sur l'arrière, ce qui fait que dans cette partie le pont est plus bas que dans l'autre partie.

Toutes les dimensions pour la jauge doivent être prises intérieurement ; elles donneroient un rapport exagéré si elles s'étendoient à l'épaisseur des planches et à la saillie des extrémités du bâtiment. (*CD. 8 thermidor an 10.*)

La méthode ordonnée ci-dessus n'exigeant que la connoissance de deux ou trois dimensions, il est toujours aisé de les obtenir ; cependant dans le cas d'impossibilité par le chargement du bâtiment, ou pour toute autre cause, les droits seroient perçus d'après la contenance déclarée. (*LA. 13 pluviose an 3.*)

On ne doit négliger aucune fraction résultant de l'opération, lorsqu'elle est d'un 94.ᵉ ou au-dessus.

On ne peut, à raison de ce qu'une fraction seroit au-dessus de $\frac{47}{94}$, percevoir le droit d'un tonneau entier ; ce seroit un forcement de perception.

La vérification du tonnage peut être faite dans les différens ports d'arrivée, afin de s'assurer que le bâtiment est véritablement celui pour lequel on a délivré le congé. Pour prévenir les erreurs et fixer l'attention des préposés ou les rendre responsables des variations que présente la jauge des bâtimens, ils doivent énoncer au dos de l'acquit des droits de navigation, les dimensions qui ont servi de base à leurs calculs. (*CA. 6 vendém. an 7.*)

Un arrêté du 13 brumaire an 9, sur les poids et mesures, a définitivement fixé le poids d'un tonneau de mer, au poids du volume d'un mètre cube d'eau qui est de 1000 kilogrammes. — S'il ne se calcule en douanes que sur 98 myriagrammes, c'est par erreur.

Exemple de l'opération du Jaugeage d'un navire à deux ponts, ayant

93 pieds de tête en tête.	
80 de l'étrave à l'estambord.	
25 de largeur au maître-bau.	
16 de hauteur sous planches.	
Réunir les deux longueurs........	93 pieds
	80
	173
Les réduire à moitié...........	86½
Multiplier par la largeur........	25
	430
	172
	12 6 pouces.
	2162 pieds 6 pouces.
Multiplier par la hauteur.......	16
	12972
	2162
	8
	54600
Diviser par................	94
	640	368
	760
	8
Le produit est 368 tonneaux $\frac{28}{94}$.	

TABLE des différentes Contraventions développées dans le Tableau suivant.

Acquit-a-caution................... N°. 71 à 82
Armes de Guerre.................... 83 et 84
Blocus des Isles britanniques............ 10, 28 et 38
Boissons. Leur circulation................ 85
Bureaux dépassés par les voituriers......... 41 et 42
— Bureaux dévastés ou pillés............... 12
Bonneterie. Sa circulation nocturne........... 61
Cartes a jouer. Sans filigrane ni timbre ordonné. 86
Certificat de Décharge............... 71 à 82
Certificat d'origine, non représenté ou représenté pour marchandises anglaises............... 40
Chargemens ou Déchargemens. Faits sans permis. 44
Nocturnes ou hors l'enceinte des ports......... 45
De bord à bord sans permis................. 46
Circulation dans le Rayon de terre......... 58 et 59
Sur le Rhin........................... 60
Dans le Myriamètre des côtes.............. 61
En Mer............................... 62
De Drilles............................ 88
De Grains............................ 90
De Marchandises anglaises................ 34
De Salaisons...................... 61 et 106
De Sels............................. 98
De Tabacs...................... 61, 113 et 116
Cocons de vers à soie. En fraude dans la ligne.... 87
Commerce français d'outre-mer........... 118 à 124
Conducteur de Messageries. Objets non portés sur sa feuille de route................... 50
Contravention. Celui qui y participe......... 32
Le Négociant qui en est convaincu........... 31
Contrebande. Quelles en sont les Marchandises.. 1
Contrebande à main armée........... 2 et 3
Celle sans port d'armes ni attroupement........ 33
Coton filé. Sa circulation................ 61
Courrier des postes qui importe des Marchandises. 43
Déclaration. — Par mer, ne pas exhiber le Manifeste, ou en présenter un inexact.......... 48
— Ne pas faire la Déclaration, dans les 24 heures. 49
Par terre, ne pas présenter de Déclaration sommaire.............................. 51
Ne pas faire de Déclaration en détail......... 52
Déclaration fausse. Dans l'espèce ou la qualité.. 53
Dans la quantité des balles, caisses, etc. par déficit. 54
— Idem. par excédant.................... 55
Dans le poids, la mesure et le nombre......... 56
Dans la valeur au-dessous de celle réelle....... 57
Denrées coloniales. Entrant sans certificat...... 39
Circulant dans le myriamètre des côtes......... 61
Soustraites, dans le transit, par substitution..... 69
Disposition des Caisses des Douanes............ 9
Drilles. Que l'on tente d'exporter............ 89
En dépôt ou circulant sans acquit-à-caution..... 88
Dont l'acquit-à-caution ne seroit pas déchargé.. 74
Entrepôt frauduleux................. 64 à 66
Si, après l'acquittement des Droits de sortie, les marchandises sont entreposées................. 47

Si, celles déclarées en dépôt, n'étoient point représentées............................ 65
Exportation. — Formalités non remplies.... 41 à 47
Fabriques qui favorisent la contrebande......... 66
Faux (Crime de)........................ 11
Grains et Farines. Exportés, circulant, ou en dépôt. 90
Dont l'acquit-à-caution ne seroit point déchargé. 73
Huissier qui saisiroit le produit des Droits...... 21
Importation. — Formalités non remplies..... 41 à 46
Juges. — Articles qui les concernent......... 15 à 19
Lettres et Journaux Leur transport........... 91
Livres en Français ou en Latin............... 92
Mousselines. Leur circulation............... 61
Munitions de guerre, exportées.............. 93
Nankins. Leur circulation.................. 61
Navires. Louvoyant dans les deux myriamètres... 62
Navigant sur le Rhin, entre les deux soleil..... 60
En marche sans Acquit................... 44
Ayant abordé ou touché en Angleterre......... 38
— Fonctionnaire qui en favorise l'introduction... 10
Ouvrages d'or et d'argent................. 94
Pierres a feu. Leur exportation.............. 95
Pillage des Bureaux..................... 12
Poids et Mesures anciens. Leur introduction..... 96
Poissons Salés. Leur circulation.............. 61
Poudres et Salpêtres, importés ou exportés..... 97
Préposés. — Articles qui les concernent, nos. 4 à 12, 14, 22 à 26 et 118.
Primes............................ 125 et 126
Procureur Impérial. Article qui le concerne.... 20
Prohibition absolue................... 34 à 38
— Locale............................ 39
— Relative........................... 3
Relache forcé. Objets prohibés non remis sous la clef des Douanes........................ 37
Responsabilité des Maîtres et Propriétaires..... 29
Rubannerie. Sa circulation................. 61
Saisie non fondée....................... 26
Salaisons........................ 102 à 107
Sels............................. 98 à 111
Tabacs en feuilles................. 112 à 115
Tabacs fabriqués. Introduction ou circulation.... 116
Tan exporté............................ 117
Timbre des Lettres de Voiture.............. 30
Toiles de coton. Leur circulation............. 61
Transit......................... 67 à 70
Transport rétrograde des Marchandises....... 47
Visites. — Capitaines qui s'y refusent......... 28
Commandans qui ne veulent y accompagner..... 27
Vol d'effets naufragés.................... 13
Voiturier qui n'a pas conduit directement les Marchandises au 1er. bureau d'entrée ou de sortie... 41
Celui qui a dépassé les bureaux, pris des chemins obliques ou déposé ses marchandises.......... 42

TABLEAU DES CONTRAVENTIONS

Avec les peines et amendes que la loi détermine pour chaque circonstance.

DISPOSITIONS GÉNÉRALES.

CRIMES ET DÉLITS.	PEINES.
1. Sont marchandises de contrebande, celles dont l'exportation ou l'importation est prohibée, ou celles qui, étant assujetties aux droits et ne pouvant circuler dans l'étendue du territoire soumis à la police des Douanes sans quittances, acquits-à-caution ou passavant, y sont transportées et saisies sans ces expéditions. (CODE, N°. 197.)	Art. 2 de la loi du 13 floréal an 11. OBS. Les différentes peines indiquées dans ce chapitre DES DISPOSITIONS GÉNÉRALES, sont indépendantes de celles spéciales aux contraventions qui pourroient être commises cumulativement. (Code n°. 205.) .... Ainsi les unes et les autres doivent être appliquées si les unes et les autres sont encourues.
2. Pour contrebande avec attroupement et port d'armes. (CODE, N°. 202.) La contrebande est avec attroupement et port d'armes lorsqu'elle est faite par trois personnes, ou plus, et que dans le nombre, une ou plusieurs sont porteurs d'armes en évidence ou cachées, tels que fusils, pistolets, et autres armes à feu; sabres, épées, poignards, massues, et généralement de tous instrumens tranchans, perçans ou contondans. Ni les cannes ordinaires sans dards ni ferremens, ni les couteaux fermans et servant aux usages ordinaires, ne sont réputés armes. (CODE, N°. 204.)	Arrestation des prévenus et de leurs complices, leur traduction au tribunal spécial; peine de mort. Sont complices et punis comme les contrebandiers, les assureurs de la contrebande, et tous ceux qui sciemment auroient favorisé ou protégé les coupables dans les faits qui ont préparé ou suivi la contrebande. S'ils ignoroient qu'elle étoit faite avec attroupement et port d'armes, ils ne seront condamnés qu'à la peine des fers; pour 15 ans au plus et 10 ans au moins, suivant la gravité des circonstances. (Art. 4 de la loi du 13 floréal 11.) Pourront les tribunaux, lorsque les contrebandiers n'auront point fait usage de leurs armes, ne prononcer contr'eux que la peine des fers ci-dessus. (Art. 5. et code 203.)
3. Tout contrebandier qui, ayant fait résistance, aura tué ou blessé un militaire ou un préposé des douanes. (CODE, N°. 201.)	Peine de mort. (AC, 16 frimaire an 11, art. 14.)
4. Les préposés des Douanes et toutes personnes chargées de leur prêter main-forte qui seroient convaincus d'avoir favorisé la contrebande, même sans attroupement et port d'armes. (CODE, N°. 67.)	Punition de la peine des fers qui ne pourra être prononcée pour moins de 5 ans ni pour plus de 15. Ils seroient punis de la peine de mort si la contrebande qu'ils auroient favorisée avoit été faite avec attroupement et port d'armes. (Loi du 13 floréal 11, art. 6.)
5. Les préposés prévenus d'avoir reçu directement ou indirectement quelque récompense, gratification ou présent, et de s'être laissé corrompre. (CODE, N°. 66.)	Condamnation aux peines portées dans le code pénal contre les fonctionnaires publics qui se laissent corrompre. (Art. 4. tit. 4) loi du 4 germinal an 2.) Ces peines sont par le code pénal de 1791, la dégradation civique qui entraîne la mise au carcan pendant deux heures, et une amende égale à la valeur de la somme ou de l'objet reçu. Par le code pénal de 1811, il y aura également peine du carcan, et l'amende sera double. (art. 177.) Voir aussi ci-dessus n°. 4.
6. Préposé destitué ou démissionnaire qui ne remettroit pas sa commission, les registres et autres effets dont il est chargé, ou qui ne rendroit pas ses comptes. (CODE, N°. 64.)	Contrainte par corps. (22 août 1791, art. 24, titre 13.) Leur traduction devant les cours criminelles par l'application des peines encourues pour retention des deniers ou effets publics. (Avis du Conseil d'État du 16 mars 1807.)

CRIMES ET DÉLITS.	PEINES.
7. Préposés à la perception des droits qui percevroient d'autres et de plus forts droits que ceux fixés. (CODE, N°. 30.)	Peine de concussion. (*22 août* 1791, *art.* 25, *titre* 13.) Par le code pénal du 25 septembre 1791, cette peine est de 6 années de fers, sans préjudice de la restitution des sommes reçues illégitimement. Et par le code pénal qui sera en activité en 1811, la peine sera la réclusion pendant 5 années au moins et 10 années au plus et les condamnés resteront en état d'interdiction légale.
8. Tout receveur général et particulier et généralement tout comptable convaincu d'avoir omis ou retardé de se charger en recette sur les journaux et bordereaux de situation, des sommes qui lui auront été versées pour le service public. (CODE, N°. 131.)	Destitution et peine de 15 années de fers. (*AC.* 27 *prairial an* 10, *art.* 4.)
9. Autorité civile ou militaire qui disposeroit d'aucune somme versée dans la caisse des douanes, sans ordonnance du Ministre des finances. (CODE, N°. 133.)	Responsabilité personnelle. (*AC.* 13 *nivose an* 8, *art.* 9.)
10. Tout fonctionnaire ou agent du gouvernement qui seroit convaincu d'avoir favorisé des contraventions aux décrets des 23 novembre et 17 décembre 1807, relatifs aux navires qui ont touché en Angleterre. (CODE, N°. 68.)	Leur traduction devant la cour criminelle du département de la Seine, qui se formera en tribunal spécial, pour les punir comme coupables de haute trahison. (*DI.* 11 *janvier* 1808, *art.* 5.)
11. Pour faux ou altération des expéditions de douanes, marques de marchandises, plombs, etc. (CODE, N°. 944.) Et pour faux dans les procès-verbaux de saisie. (CODE, N°. 962.)	Condamnation à la flétrissure publique, sur l'épaule droite, de la lettre F, et à la peine de 8 années de fers prononcées par le code pénal (23 *floréal an* 10, *art.* 6.) En 1811, par le nouveau code pénal, les peines applicables au faux, seront, outre la flétrissure : 1°. *Pour contrefaction ou usage de fausses marques ou de faux plombs*, la réclusion (*art.* 142.) 2°. *Pour fausses expéditions*, les travaux forcés à temps. (*Art.* 147.) 3°. *Pour procès-verbaux faux*, les travaux forcés à perpétuité. (*Art.* 145 et 146.) NOTA. Ces peines sont et seront indépendantes de celles résultantes des lois de douanes pour la fraude tentée, ou de dommages-intérêts pour réparation des procès-verbaux faux.
12. Communes sur le territoire desquelles des attroupemens se seroient portés au pillage des bureaux de douanes. (CODE, N°. 144.)	Sont responsables des délits et des dommages-intérêts auxquels ils donneront lieu. (*AD.* 8 *nivose an* 6, *art.* 1, et *AC.* 4 *compl. an* 11, *art.* 13.) Lorsque par suite de ces rassemblemens un préposé aura été pillé, maltraité ou homicidé, tous les habitans sont tenus de lui payer, ou en cas de mort à sa veuve et enfans, des dommages-intérêts. (*Mêmes arrêtés art.* 2 et 14 et loi du 10 vend. an 4 art. 6.
13. Pour enlèvement de marchandises naufragées fait sans autorisation générale. (CODE, N°. 330.)	Même peine que pour le vol. (Article 7 du titre 7 de la loi du 22 août 1791.) NOTA. Les communes sont responsables des délits commis lors de l'échouement, lorsqu'elles ne justifieront pas avoir pris les mesures convenables pour les réprimer. (Lettre du 21 pluviôse 7.)

CONTRAVENTIONS.	PEINES.
14. Personnes qui s'opposeront à l'exercice des préposés des douanes. (Code, N°. 70.)	Amende de 500 fr. (*art. 2, tit. 4, loi du 4 germinal an 2.*) Nota. *Dans le cas où il y auroit voie de fait, on en poursuivroit les auteurs au criminel pour les faire condamner aux peines portées par le code pénal contre ceux qui s'opposent avec violence, à l'exercice des fonctions publiques.*
15. Juges qui, sous quelque prétexte que ce soit, refuseroient de viser les contraintes décernées tant pour le recouvrement des droits dont il auroit été fait crédit, que pour défaut de rapport du certificat de décharge des acquits-à-caution. (Code, N°. 36.)	Peine d'être, en leur propre et privé nom, responsables des objets pour lesquels les contraintes auront été données. (*22 août 1791, article 52, titre 13.*)
16. Juges qui donneroient aucunes défenses ou sursèances contre les contraintes décernées par les receveurs des douanes. (Code, N°. 37.)	Même peine que ci-dessus. (*22 août 1791, art. 53, tit. 13.*) Nota. *Les défenses données seroient nulles et de nul effet, sauf les dommages et intérêts de la partie.* (Même article.)
17. Juges qui excuseroient les contrevenans sur l'intention. (Code, N°. 958.)	Nullité des jugemens. (*Par application de l'art. 66 de la constitution à l'art. 18 titre 4 de la loi du 9 floréal an 7.*)
18. Juges qui modereroient les droits, confiscations ou amendes. (Code, N°. 985.)	Responsabilité personnelle. (*4 germinal an 2, art. 23 tit. 6.*)
19. Juges qui expédieroient des acquits de paiement ou à caution, congés, passavans, réceptions ou décharges de soumissions, ou qui rendroient des jugemens pour en tenir lieu. (Code, N°. 960.)	Nullité des dits actes. (*Par application de l'art. 66 de la constitution à l'art. 2 titre 11 de la loi du 22 août 1791.*)
20. Procureur impérial qui ne décerneroit pas le mandat de dépôt contre les prévenus de délits de douanes, ou qui ne les poursuivroit pas sans aucune espèce d'interception ni de retard. (Code, N°. 969.)	Responsabilité personnelle. (*AC. 4 comp. an 11, art. 7.*)
21. Huissiers qui feroient aucun acte pour saisir le produit des droits de douanes, soit entre les mains des receveurs ou en celles des redevables. (Code, N°. 989.)	Nullité des dites saisies, interdiction de l'huissier et sa condamnation en l'amende de 1,000 francs, indépendamment de dommages-intérêts contre l'huissier et contre les saisissans. (*22 août 1791, article 9, titre 12.*)
22. Directeurs, Inspecteurs et Receveurs des douanes qui ne prendront pas les mesures nécessaires pour prévenir les fraudes et soustractions lors de l'admission des marchandises de prises. (Code, N°. 608.)	Ils en seroient personnellement responsables. (*AC. 2 prairial an 11, art. 87.*)
23. Receveurs qui auroient admis en paiement des droits, au-delà du 40°. de la somme en monnoie de cuivre. (Code, N°. 119.)	Seront personnellement comptables du surplus en espèces d'or ou d'argent. (*AD. 14 nivôse an 4.*) Il en seroit de même pour une recette quelconque en monnoie de cuivre et de billon de fabrique étrangère. (*DI. 11 mai 1807, art. 2, code n°. 120.*)

CONTRAVENTIONS.	PEINES.
24. Préposés qui, sans motifs légaux, refuseroient de délivrer les acquits de paiement ou à caution, congés ou passavant. (Code, N°. 960.)	Dommages-intérêts à régler par les juges. (22 *août* 1791, art. 2, *titre* 11.)
25. Douane qui n'auroit pas au-dessus de la porte de son bureau ou en un lieu apparent près ladite porte, un tableau portant ces mots : *Bureau des droits d'entrée et de sortie des Douanes impériales*. (Code, N°. 138.)	La saisie des marchandises qui auroient dépassées le bureau à l'égard duquel l'apposition dudit tableau n'auroit pas eu lieu, seroit nulle et de nul effet. (22 *août* 1791, art 5, *titre* 13.)
26. Pour saisie non fondée, (ce qu'il ne faut pas confondre avec nullité de la saisie.) (Code, N°. 951.)	Indemnité à raison d'un pour cent par mois de la valeur des objets saisis. (9 *floréal* an 7, art. 16, *titre* 4.) Si le bâtiment sur lequel étoient les objets saisis, avoit été retenu, il seroit dû au capitaine une autre indemnité proportionnée au dommage qu'il auroit souffert par cette retenue. (*Arrêt de cassation du 2 messidor an 11.*)
27. Contre les commandans, capitaines et autres officiers de marine, pour refus d'accompagner les préposés dans leurs visites entre le lever et le coucher du soleil sur les bâtimens de guerre. (Code, N°. 77.)	Amende de 500 fr. contre les commandans, capitaines et autres officiers, sauf les autres peines, s'il y a lieu à la contravention. Art. 10, tit. 13, loi du 22 *août* 1791.)
28. Capitaine qui auroit faussement déclaré n'avoir pas touché en Angleterre. (Code, N°. 225.)	Arrestation du capitaine pour n'être remis en liberté qu'après avoir payé une somme de 6,000 francs pour son amende personnelle et celle de 500 francs pour chacun des matelots arrêtés, sans préjudice des peines encourues pour falsification des papiers de mer et livres de bord. (*D*. 25 *novembre* 1807, art. 2.) Il s'ensuit aussi confiscation du bâtiment et de sa cargaison. (*Même article.*)
29. Droits, confiscations, amendes et dépens encourus par le fait des facteurs, commis agens et domestiques. (Code, N°. 290.)	Responsabilité des maîtres et propriétaires. (*Art.* 20, *tit.* 13, loi du 22 *août* 1791.)
30. Lettres de voiture, connoissemens, chartes-parties et polices d'assurance des marchandises et autres objets dont le transport se fait par terre et par eau, lesquels ne seroient pas écrits sur papier timbré. (Code, N°s. 82 et 83.)	Amende, contre les souscripteurs et porteurs solidairement, de 25 fr. pour la première fois, de 50 fr. pour la seconde, et de 100 francs pour chacune des autres récidives, indépendamment de la restitution des droits fraudés. (*Dl.* 16 *messidor* an 13, art. » *appliquant la loi du 6 prairial an 7 sur le timbre.*)
31. Tous négocians et commissionnaires convaincus d'avoir importé ou exporté, en fraude, des denrées ou marchandises, ou d'avoir, à la faveur de l'entrepôt et du transit, effectué des soustractions ou versemens dans l'intérieur, ou d'avoir prêté leurs noms pour ces fraudes. (Code, N°. 199.)	Outre les peines portées par les lois, ils pourront être privés, par arrêté spécial du Gouvernement, de la faculté de l'entrepôt et du transit, ainsi que de tout crédit de droits. (8 *floréal* an 11, art. 85.)
32. Quiconque cache ou achète des objets saisissables, participe à une contravention aux lois des Douanes. (Code, N°. 198.)	Amende de dix fois la valeur des objets cachés ou achetés en fraude. (Art. 2, tit. 6, loi du 4 *germinal* an 2.) *Voyez aussi* ENTREPÔTS FRAUDULEUX.

CONTRAVENTIONS.	PEINES.
33. Contre tout individu surpris au moment où il introduiroit (sans attroupement et port d'armes), des marchandises prohibées ou en fraude des droits, des tabacs en feuilles, des denrées coloniales. (CODE, N°. 200.)	Arrestation du prévenu pour être condamné pour la première fois à six mois de prison, et pour la seconde à un an. (Art. 26 de la loi du 22 ventôse 12.) Ainsi, sans préjudice aux peines pécuniaires et de la confiscation, toute saisie faite au moment de l'importation étant de la compétence du tribunal correctionnel, le prévenu doit être arrêté.

PROHIBITION ABSOLUE.

34. Dépôt, transport ou introduction de marchandises anglaises ou réputées telles. (*En voir la nomenclature au tarif*, titre Marchandises anglaises ou au CODE, N°. 232.)	Arrestation des prévenus, leur traduction au tribunal de première instance; amende triple de la valeur des marchandises outre leur confiscation et celle des bâtimens, voitures, et chevaux. (*Loi du 10 brumaire an 5, art. 15, et AC. 4 compl. an 11, art. 1 à 3*).
35. Marchandises prohibées (autres que celles réputées anglaises) introduites ou exportées par mer ou par terre... — Les mêmes marchandises chargées à bord ou mises à terre. (CODE, N°. 229.) OBS. Les Marchandises prohibées qui sont présentées au bureau des douanes, et déclarées sous leur propre dénomination, ne sont point assujetties à la saisie..... Cette disposition toutefois, n'est pas applicable aux marchandises réputées anglaises.	Confiscation des marchandises, bâtimens, voitures, chevaux, etc, avec amende solidaire de 500 fr. (*Art 1 et 3. tit. 5 de la loi du 22 août 1791, et art. 10, tit. 2 de celle du 4 germinal an 2.*) NOTA. L'on doit offrir main-levée sous caution, des voitures, chevaux ou bâtimens saisis ayant servi au transport des marchandises dont la consommation n'est pas absolument défendue.
36. Pour marchandises vendues à charge de réexportation, laquelle seroit différée au-delà du délai de trois mois, à compter du jour de la remise. (CODE, N°. 329.)	Confiscation de ces marchandises. (*22 avril 1791, art. 6 tit. 7.*) Les juges qui en feroient la remise seroient condamnés au payement de la valeur desdites marchandises et à une amende de 500 fr. (*Même article.*)
37. N'avoir pas, dans une relâche forcée qui exige des réparations, fait conduire, après la déclaration, les marchandises prohibées dans un magasin sous la clef des préposés des Douanes. (CODE, N°. 320 à 322.)	Confiscation, avec amende de 500 fr. (*art. 1 et 3, loi 6, du 22 août 1791.*) NOTA. Le bâtiment sera retenu pour sûreté de l'amende à moins qu'il n'en soit donné bonne et suffisante caution. Si les marchandises étoient anglaises, il y auroit amende triple, en outre confiscation des bâtimens et l'emprisonnement.(*10 brumaire 5, art. 15.*)
38. Tout bâtiment, *de quelque nation qu'il soit et quelque soit son chargement*, expédié d'Angleterre, de ses colonies ou des pays occupés par ses troupes, — ou qui aura souffert la visite d'un vaisseau anglais, touché en Angleterre, ou payé une imposition quelconque à ce gouvernement. (CODE, N°. 224.)	Saisie et confiscation du bâtiment et de la cargaison. (*DI. 28 nov. et 17 déc. 1807.*) NOTA. Il me semble qu'il y auroit lieu à la triple amende et à l'emprisonnement, si le capitaine avoit cherché à introduire sa cargaison en France.

PROHIBITION LOCALE.

39. Marchandises qu'on importeroit ou exporteroit par un autre port ou bureau que celui fixé pour leur entrée ou sortie. (CODE, N°. 233.)	Confiscation, avec amende de 100 fr. (*Art. 8, tit. 4, loi du 22 août 1791.*) Si les marchandises qu'on voudroit introduire, n'étoient pas d'ailleurs accompagnées de certificat d'origine, il y auroit alors contravention à l'art. 15 de la loi du 10 brumaire an 5, et conséquemment amende triple de leur valeur.

PROHIBITION RELATIVE.

40. Aucune marchandise, ni denrée coloniale ne pouvant être admise sans être accompagnée d'un certi-	Saisie et confiscation. (*DI. 30 ventôse 13 par extension des art. 15 et 16 de la loi du 22 ventôse 12 et de l'art. 15 de celle du 10 brumaire 5.*)

CONTRAVENTIONS.	PEINES.
ficat d'origine, celles pour lesquelles on ne représentera pas ce certificat. (CODE, N°. 237 et 242.)	OBS. Si l'on tentoit de les introduire il y auroit à appliquer, outre la confiscation, les peines dépendantes de l'espèce de Marchandises qu'on chercheroit à introduire. NOTA. S'il résultoit de la vérification des marchandises arrivées avec certificat, qu'elles proviennent des fabriques ou du commerce anglais, elles seront saisies, sans avoir égard aux certificats, dont elles seroient accompagnées. (10 brumaire 5, art 14.) — Voir n°. 54.

ENTRÉE ET SORTIE DES MARCHANDISES DANS LE RAYON DES DOUANES.

41. N'avoir pas conduit les marchandises directement au premier bureau de la ligne extérieure pour l'*Entrée*, et de la ligne intérieure pour la *Sortie*. (CODE, N°. 246.) NOTA. On entend par bureau de la ligne extérieure, celui qu'on trouve le premier en arrivant de l'étranger; et on nomme bureau de la ligne intérieure, celui qu'on rencontre en sortant de l'intérieur de la France pour passer à l'étranger. OBS. L'exception portée à la fin de l'art. 1, loi de 1791, n'a plus d'effet d'après l'art. 4 de celle de germinal; il en résulte que même les bestiaux, grains et habillemens des voyageurs, qui jouissent d'une exemption absolue, doivent être déclarés à l'entrée.	Confiscation des marchandises, avec amende de 200 fr. (Art. 4 et 5, tit. 3, loi du 4 germinal an 2, par extension des art. 1 et 3 tit. 2, loi du 22 août 1791.) OBSERVATION. Cette peine de 200 francs n'auroit pas lieu si les marchandises, ayant déjà franchi une ligne de terrein de l'extrême frontière, étoient rencontrées avant ou après avoir dépassé les bureaux de la deuxième ligne; ce seroit alors une saisie de circulation qui n'emporteroit que la peine de 100 francs, à moins que ces marchandises ne soient de l'espèce de celles saisissables comme anglaises. (*Voyez au tarif à* MARCHANDISES ANGLAISES.)
42. Avoir dépassé les bureaux de l'une ou l'autre ligne. — Avoir pris des chemins obliques. — Avoir déposé les voitures ou marchandises, avant la déclaration, dans d'autres lieux que les hangards des bureaux. (CODE, N°s. 248 et 249.)	Confiscation des marchandises, avec amende de 200 fr. (Art. 4 et 5; tit. 3, loi du 4 germinal an 2, par extension de l'art. 2, tit. 2, loi du 22 août 1791.) Voir l'observation au n°. 41.
43. Contre les courriers des malles françaises qui introduiroient des marchandises. (CODE, N°. 253.)	Confiscation des marchandises, avec amende de 300 fr., exclus de tout emploi dans les postes. (Art. 7, tit. 3, loi du 4 germinal an 2.)
44. Avoir chargé ou déchargé des marchandises sans un permis et en l'absence des préposés. — S'être mis en marche sur mer ou sur les rivières, sans un acquit de payement ou autres expéditions des Douanes. (CODE, N°. 263.)	Confiscation des marchandises, avec amende de 100 fr. (Art. 13, tit. 2; loi du 22 août 1791.)
45. Pour chargement ou déchargement faits, même avec un permis des préposés, autrement qu'en plein jour, entre le lever et le coucher du soleil, ou ailleurs que dans l'enceinte des ports. (CODE, N°. 262 à 265.)	Confiscation des marchandises. (Art. 9, tit. 13 de la loi du 22 août 1791; art. 1 et 3. tit. 6, loi du 4 germinal an 2.) NOTA. Outre la confiscation, l'amende de 100 francs infligée par l'art. 13 du titre 2 de la loi du 22 août 1791, est également applicable à cette contravention.
46. Pour versemens de marchandises de bord à bord ainsi que pour les déchargemens à terre, sans permis et sans la présence des préposés; et encore, pour transport de marchandises, par allèges, d'un bureau à un autre, sans acquit-à-caution, *si leur sortie est défendue ou sujette aux droits*. (CODE, N°. 266.)	Confiscation des marchandises, avec amende de 100 fr. (Art. 11, tit. 13, loi du 22 août 1791.)
47. Si les marchandises, après l'acquittement des droits; 230. (CONTRAVENTIONS 7.)	Confiscation des marchandises, avec amende de 100 francs

CONTRAVENTIONS.	PEINES.

ne sont pas conduites directement à l'étranger. — S'il y a transport rétrograde. — Si, hors le cas d'avarie, elles rentrent dans les magasins des marchands, ou si elles sont entreposées dans d'autres maisons. (CODE, N°s. 252 et 267.) | (Art. 26, tit. 2, loi du 22 août 1791.)

DÉCLARATIONS.

48. Pour importation par mer, soit d'un port étranger, soit d'un port français, de marchandises sans un manifeste signé du capitaine, qui exprime la nature de la cargaison, avec les marques et numéros en toutes lettres des caisses, balles, barils, boucauts... — Si le manifeste n'est pas exhibé, si quelques marchandises n'y sont pas comprises ou s'il y a différence entre les marchandises et le manifeste. (CODE, N°s. 255 et 256.) | Amende de 1000 fr. personnelle au capitaine, plus une somme égale à la valeur des marchandises omises ou différentes. (Art. 2, titre 2, loi du 4 germinal 2.)
NOTA. Dans ce cas, comme dans tout autre, les Marchandises et le Bâtiment doivent être retenus pour sûreté de l'amende, conformément à l'art. 4 du titre 2 de la loi du 22 août 1791. (CD. 5 floréal 11.).... Il n'y a donc d'abrogé de cet article que le taux de l'amende pour le Manifeste; (il n'étoit que de 500 fr.) la faculté de retenir les Bâtimens et Marchandises reste dans toute sa vigueur, malgré même la revendication qu'exerceroient les personnes à qui elles appartiennent. (Arrêt de cassation du 11 floréal 9.)

49. N'avoir pas au port de Relâche et d'Arrivée, fait, dans les 24 heures (jours de repos exceptés.), une déclaration sommaire du nombre de caisses, balles, ballots et tonneaux de chargement. — La déclaration des bâtimens devra être faite quand même ils seroient sur le lest. (CODE, N°s. 258 et 259.) | Amende de 500 fr., pour sûreté de laquelle seront retenus les vaisseaux et marchandises. (Art. 4 et 5, titre 2, loi du 22 août 1791.)
NOTA. Les mêmes dispositions et celles énoncées au n°. 21 ci-dessus, sont applicables aux vaisseaux de guerre ou autres employés pour le service du gouvernement, avec la réserve qu'ils ne peuvent être retenus pour défaut de payement de l'amende, ni sous aucun autre prétexte.

50. Contre les conducteurs de messageries pour marchandises non portées sur leurs feuilles de voyage et non déclarées. (CODE, N°. 254.) | Confiscation des marchandises, voitures, chevaux, avec amende de 500 fr., personnelle aux conducteurs, mais solidaire avec entrepreneurs de ces messageries. (Art. 8, tit. 3, loi du 4 germinal an 2.

51. Voituriers ou conducteurs entrant et sortant par terre, qui ne présenteroient pas de déclaration des marchandises. (CODE, N°. 250.) | Amende de 100 francs et confiscation des marchandises. (22 août 1791, art. 8, titre 2.)
Toutefois l'usage est de requérir l'amende de 200 fr. par invocation de l'art 4, titre 3 de la loi du 4 germinal an 2.

52. Si, outre les manifestes donnés par les capitaines et les déclarations sommaires faites par les conducteurs par terre, des déclarations en détail ne sont pas présentées. (CODE, N°. 268.) | Les marchandises seront retenues pendant deux mois, et après ce délai vendues au profit du trésor public s'il n'y a pas réclamation et déclaration en détail. (4 germinal 2, art. 9, titre 2.)

53. Pour fausse déclaration dans la qualité ou dans l'espèce, sauf les cas prononcés par les lois prohibitives. (CODE, N°. 284.) | Confiscation, avec amende de 100 fr. (Art. 21, tit. 2, loi du 22 août 1791.) Cependant si le droit fraudé est au-dessous de 12 fr., il y aura seulement lieu à l'amende sans confiscation, sauf à retenir les marchandises jusqu'au paiement d'icelle : c'est le résultat des dispositions dudit art. 21. Mais lesdites peines n'auront pas lieu en cas de vol ou de substitution juridiquement prouvée.

54. Déficit dans le nombre des balles, ballots, caisses | Amende de 500 fr. pour chaque ballot ou tonneau manquant,

CONTRAVENTIONS.	PEINES.
ses, etc., sauf le cas où il seroit justifié de naufrage ou de vol de ces marchandises. (CODE, N°. 285.)	pour sûreté de laquelle les bâtimens de mer, bateaux, voitures et chevaux ayant servi au transport seront retenus. (Art. 22, tit. 2, loi du 22 août 1791.)
55. Pour excédant dans le nombre de balles, ballots, caisses, tonneaux et futailles ; (ce qu'il ne faut pas confondre avec excédant de marchandises.) (CODE, N°. 283.)	Confiscation de l'excédant, avec amende de 100 fr. (Art. 20, tit. 2, loi du 22 août 1791.) NOTA. La contrariété de cet article avec le 2°. du titre 2 de la loi du 4 germinal 2, produit nécessairement dérogation à cette peine, relativement aux importations par mer, pour appliquer, mais aux capitaines seulement, celle portée par l'art. 2, titre 2 de la loi du 4 germinal 2. (Voyez n°. 48.)
56. Pour tout excédant dans le poids, la mesure et le nombre des marchandises, sauf le vingtième pour les métaux et un dixième pour les autres objets ; sauf aussi les liquides et sucres bruts qu'on peut ne déclarer que par espèce et par nombre de tonneaux. (CODE, N°. 281.)	Double droit pour l'excédant, quelque petit qu'il soit. (Article 18, du titre 2, de la loi du 22 août 1791.) NOTA. pour les liquides et sucres bruts. Ces marchandises ne sont pas soumises à la déclaration du poids et de la mesure, on doit en présenter les manifestes et connoissemens qui les énoncent au port du chargement ; mais si la déclaration en est faite, et qu'il y ait déficit, on y a égard comme étant l'effet du coulage. Si au contraire il se trouve un excédant, la peine du double droit est encourue, puisqu'on ne peut attribuer cet excédant qu'à l'intention de fraude. (LD du 18 prairial 10, renouvelée à Anvers le 22 frimaire 13.) Pour les tabacs. Voyez n°. 113.
57. Si les marchandises dont les droits sont perceptibles à la valeur sont portées dans la déclaration à une valeur au-dessous de celle réelle. (CODE, N°. 97.)	Retenue de la marchandise en payant le dixième en sus de la valeur déclarée. (Art. 1, loi du 4 floréal an 4.) NOTA. Les préposés qui font la retenue des marchandises ont quinze jours pour effectuer ce paiement.

CIRCULATION DANS LE RAYON DES DOUANES.

58. Pour tous objets, qui n'ont pas un régime particulier, circulant dans les deux myriamètres frontières *sans le passavant* prescrit par l'article 7 de l'arrêté des Consuls du 22 thermidor an 10. (CODE, N°. 166.) OBS. Il y a exception pour les coupons d'étoffes (CODE, N°. 166), et pour quelques denrées conduites aux marchés. (CODE, N°. 164.)	Confiscation des marchandises, avec amende de 100 fr. (Art. 15, tit. 5, loi du 22 août 1791.)
59. Pour toute circulation *nocturne* dans les deux myriamètres frontières, même *avec passavant*, hors les heures fixées, en s'écartant de la route prescrite, si les marchandises n'ont pas un régime particulier. (CODE, N°s. 162 et 163.)	Confiscation. (Art. 5, loi du 19 vendémiaire an 6.) Voir l'art. 8 de l'arrêté du 22 thermidor an 10, qui confirme cette disposition, à moins que le passavant n'en porte la permission. Outre la confiscation, il y a amende de 100 francs par suite de l'art. 15, titre 5 de la loi du 22 août 1791.
60. Tout bateau chargé de marchandises prohibées ou sujettes à des droits d'entrée, naviguant entre les deux soleils, en abordant le sol des quatre départemens du Rhin. (CODE, N°. 172.)	Confiscation des marchandises. (Arrêté du commissaire du Gouvernement du 20 thermidor an 6.) NOTA. Il s'ensuit la saisie du bateau et l'amende d'après les dispositions des lois sur cette partie, comme introduisant des marchandises en fraude. (Expression dudit arrêté.)
61. Pour transport et circulation, *pendant la nuit*, 232. (CONTRAVENTIONS 9.)	Confiscation des marchandises et amende de 500 francs. (8 flo-

CONTRAVENTIONS.	PEINES.
dans la distance d'un myriamètre des côtes et rives des rivières qui conduisent de la mer dans les ports intérieurs, de toute espèce de toiles de coton blanches, teintes ou peintes, de toiles de Nankin, de mousselines, bonneterie, rubannerie, sucres raffinés, bruts, têtes et terrés, des cafés et autres denrées coloniales, de poissons salés, cotons filés, tabacs en feuilles et fabriqués. (CODE, N° 151.)	floréal 11, art. 85.)
62. Bâtimens au-dessous de 100 tonneaux, étant à l'ancre ou louvoyant dans les deux myriamètres des côtes, hors le cas de force majeure, qui auroient à bord des marchandises dont l'entrée ou la sortie est prohibée en France. (CODE, N° 73.)	Confiscation des bâtimens et des cargaisons avec amende de 300 fr. (4 germinal an 2. art. 7, titre 2.) L'amende seroit triple de la valeur des marchandises, si elles étoient anglaises.
63. Contre les capitaines de vaisseaux, entrant ou sortant des ports, rades ou embouchures des rivières, qui se refusent à la visite des préposés. (CODE, N° 76.)	Amende de 500 fr., et déchéance de leur grade (Article 8, titre 15 de la loi du 22 août 1791.) NOTA. Ils seroient en outre passibles des condamnations derivant des contraventions qui seroient découvertes.

ENTREPOTS FRAUDULEUX.

64. Pour entrepôt de marchandises manufacturées ou dont le droit d'entrée excède 24 fr. 48 c. par quintal décimal, ou enfin dont la sortie est prohibée, autres que du cru du pays, dans une commune au-dessous de 2,000 habitans, située dans les deux myriamètres frontières. (CODE, N° 192.) NOTA. Dans les bureaux de terre au-dessous de 2,000 habitans, situés dans la demi-lieue frontière, l'origine des marchandises est justifiée par leur inscription sur un registre à ce destiné. Cette inscription doit avoir lieu, au moment de leur arrivée dans la commune, en représentant l'acquit de paiement des droits d'entrée ou le passavant d'un bureau de Douane. (AC. 22 therm. 10, et CODE, N° 157.) Dans le reste de l'étendue du rayon des Douanes il n'y a point de registre; mais on ne peut délivrer de permis de circulation que sur la représentation de l'acquit du droit d'entrée pour les objets importés, ou de l'expédition du premier bureau de la ligne pour ceux provenant de l'intérieur. (Même arrêté, et CODE, N° 159.)	Confiscation des marchandises, avec amende de 100 fr. si elle n'a pas un régime particulier. (Art. 39, tit. 13, loi du 22 août 1791.) OBS. La loi du premier vendémiaire an 4 porte que la population des hameaux ou écarts ne concourt point à former le nombre de 2000 ames : que ce nombre doit se trouver au moins dans l'enceinte où l'on veut établir des entrepôts. Cet article relativement aux vérifications, est subordonné au chapitre suivant, puisque les visites ont pour but de s'assurer, 1°. que les marchandises inscrites existent dans les dépôts; (si elles ne s'y trouvoient pas il en seroit rédigé rapport, et l'inscription seroit annulée); 2°. que les objets pour lesquels on demande un passavant sont des mêmes espèces et quantités que ceux énoncés dans les inscriptions, ainsi que dans les acquits d'entrée, et autres expéditions. S'il y avoit déficit, les passavans ne seroient délivrés que pour les quantités existantes. En cas d'excédent ou de substitution, il seroit procédé à la saisie de l'excédent ou des marchandises différentes en qualité. Si les marchandises étoient saisissables comme anglaises, voyez plus bas.
65. Si les propriétaires ou conducteurs de marchandises et denrées déclarées être en dépôt dans l'étendue des quatre lieues frontières, pour y circuler ou être transportées dans l'intérieur, refusoient ou ne pouvoient faire la représentation desdites marchandises aux préposés qui en demanderoient la vérification au moment de l'enlèvement. (CODE, N° 168.)	L'application de la peine de cette contravention indiquée par l'art. 2 de la loi du 19 vendémiaire an 6, paroît dépendre actuellement de l'espèce de marchandises. Ainsi, si la marchandise est de celles désignées par l'art. 1 et 2 de l'arrêté du 22 thermidor an 10, (code n°. 156 et 157) on doit, immédiatement après la déclaration, en exiger la représentation et la justification de l'origine avant la délivrance de l'expédition des Douanes; dans le cas de refus ou d'ignorance, le déclarant devra être poursuivi pour l'amende de 500 fr., outre la saisie, en conformité de l'art. 2 de la loi du 19 vendémiaire 6. S'il s'agit de marchandises saisissables comme anglaises (en voir la nomenclature au titre des MARCHANDISES ANGLAISES): il y a, outre la confiscation; amende triple de leur valeur. (Loi du 10 brumaire 5 et AC. du 9 vendémiaire 6.)—Voir aussi n°. 54. Lorsque ce sont d'autres marchandises que celles ci-dessus et qu'elles n'ont pas un régime particulier comme les cocotis, les drilles, les graines, les sels et sins, elles restent en magasin si la

NB. Les contraventions qui concernent les entrepôts

CONTRAVENTIONS.	PEINES.
autorisés, sont indiquées au titre INSTRUCTIONS, *pages* 4 *et suivantes*.	commune à plus de 2000 habitants; dans un autre lieu, la marchandise est saisissable avec amende de 100 f. (Voir aussi le n°. 64.) NOTA. On conçoit que ce chapitre n'ayant rapport qu'à l'enlèvement des marchandises dans le rayon des Douanes, on ne peut appliquer ici les peines relatives aux importations ou exportations frauduleuses.
66. Fabriques, manufactures ou moulins situés dans la ligne des douanes, lesquels favoriseroient la contrebande. (CODE, N°ˢ 189 et 191.)	Seront frappés d'interdiction et le déplacement ordonné. (21 *ventôse an* 11, *art*. 1, *et* 30 *avril* 1806 *art*. 76.)

TRANSIT.

67. Si les marchandises expédiées en transit sont reconnues être d'espèces différentes de celles déclarées. (CODE, N° 663.)	Condamnation à titre de confiscation, au payement de la valeur des marchandises déclarées et à une amende de 500 fr. (8 *floréal an* 11, *second paragr. de l'art*. 57.)
68. Si les mêmes marchandises ont été soustraites. (CODE, N° 663.)	Quadruple des droits de consommation et amende de 500 fr. (8 *floréal an* 11, *premier paragr. de l'art*. 57.)
69. DENRÉES *coloniales* déclarées en transit, qui ont été soustraites et auxquelles il en a été substitué d'autres. (CODE, N° 684.)	Quadruple des droits de consommation et amende de 500 fr. (8 *floréal an* 11, *art*. 54.)
70. Marchandises prohibées ou non accompagnées de certificats d'origine qui transiteroient sur le territoire français. (CODE, *dernier paragraphe de la note du N°* 685.)	Saisie et confiscation, avec application de l'amende spéciale à la marchandise. (*Conséquence de deux arrêts de cassation, rapportés sous le* n°. 238 *du code*.)

ACQUITS-A-CAUTION.

71. N'avoir point rapporté, dans le délai fixé, certificat de décharge d'un acquit-à-caution pour marchandises prohibées à la sortie et expédiées *par terre*. (CODE, N° 649.)	Amende de 500 fr. et paiement de la valeur de la marchandise, à poursuivre contre les expéditionnaires et leur caution, par voie de contrainte. (*Art*. 13, *tit*. 3, *loi du* 22 *août* 1791.) Voir le nota du n°. 82.
72. N'avoir point rapporté, dans le délai fixé, certificat de décharge d'un acquit-à-caution pour marchandises prohibées à la sortie et expédiées *par mer*. (CODE, N° 640.)	Amende de 500 fr. et paiement de la valeur de la marchandise, à poursuivre contre les expéditionnaires et leur caution, par voie de contrainte. (*Art*. 1, *tit*. 7, *loi du* 4 *germinal an* 2.) Voir le nota du n°. 82.
73. Si les marchandises pour lesquelles l'acquit-à-caution n'a pas été rapporté déchargé sont des *Grains*, *Farines*, ou autres similaires expédiés *par mer* ou par *emprunt de territoire étranger*. (CODE, N°ˢ 393 et 394.)	Le dépôt de la valeur égale à celle des grains exportés sera acquis à l'État, ou les cautions s'il y en a, seront poursuivies pour réaliser le montant de cette valeur. (*AC*. 19 *ventôse* 8, *art*. 5 *et AC*. 4 *frimaire* 9, *art*. 2.)
74. Pour non rapport d'un acquit-à-caution délivré pour la *circulation* des *Drilles* ou *Chiffes* dans les 15 kilomètres en-deçà des côtes. (CODE, N°ˢ 360 et 361.)	Poursuites pour le paiement de leur valeur et amende de 500 fr. (conformément aux lois des 3 *avril et* 15 *août* 1793, *et à l'art*. 13, *titre* 5 *de celle du* 22 *août* 1791.)

CONTRAVENTIONS.	PEINES.
75. Si la marchandise pour laquelle l'acquit-à-caution n'a point été rapporté déchargé, n'est *pas prohibée à la sortie*. (Code, N° 648.)	Double droit à exiger, par contrainte, de l'expéditionnaire et de sa caution. (*Art.* 12, *titre* 3, *loi du* 22 *août* 1791.) *Nota.* S'il s'agissoit d'ouvrages d'or et d'argent expédiés pour un bureau de garantie, il y auroit confiscation des objets et amende égale au quadruple des droits fraudés. (5 *ventôse* 12, *art.* 76.)
76. Si la marchandise qu'on veut faire caboter est inférieure à celle portée sur la déclaration, et que le *déficit* excède le vingtième de la marchandise déclarée. (Code, N° 641.)	Estimation de la valeur des quantités manquantes suivant le prix courant du commerce au moment de l'expédition, et le déclarant obligé de payer, à titre de confiscation, la somme ainsi réglée, et, de plus, une amende de 500 fr. (*Loi du* 8 *floréal an* 11, *art.* 74.)
77. Si, dans le même cas que ci-dessus, les marchandises se trouvent être d'espèces différentes. (Code, N° 642.)	Elles seront saisies et confisquées, et le déclarant condamné à payer, à titre de confiscation, une somme égale à la valeur des objets portés dans la déclaration, suivant le prix courant du commerce et une amende de 500 francs. (8 *floréal an* 11, *art.* 75.)
78. Si, sauf les cas fortuits justifiés, les marchandises expédiées par acquit à caution sont représentées au bureau de la destination ou du passage, après le délai fixé par l'acquit-à-caution. (Code, N° 654.)	Elles acquitteront le droit d'entrée comme si elles venoient de l'étranger, sans préjudice du double droit de sortie à poursuivre au bureau de départ. (22 *août* 1791, *art.* 7, *titre* 3.)
79. Si dans les bureaux de passage ou dans celui de destination, il y a excédant aux termes de l'article 19, titre 2 de la loi du 22 août 1791, dans les marchandises énoncées en l'acquit-à-caution et expédiées par terre. (Code, N° 652.)	L'excédant sera soumis au double droit, si la marchandise n'est pas prohibée à l'entrée. Dans le cas de cette prohibition, la marchandise représentée sera confisquée avec amende de 500 francs, (ou de la triple valeur si elle est anglaise,) indépendamment des poursuites à exercer au bureau du départ pour défaut de réalisation des soumissions. (22 *août*, *art.* 9, *titre* 3.)
80. Si, au port de destination, il y a *excédant* de marchandises portées par l'acquit-à-caution, quoique de même nature. (Code, N° 653.)	Confiscation de l'excédant, et une amende de 500 fr. pour les marchandises expédiées *par mer*. (8 *floréal* 11, *art.* 76.) *Nota.* Si l'excédant n'étoit que du vingtième de la quantité portée sur l'expédition, il n'y aura lieu qu'à la perception des droits imposés sur les Marchandises ou denrées de même nature, venant de l'étranger.
81. Si, dans le lieu de destination ou dans les bureaux de passage, les marchandises mentionnées en l'acquit-à-caution se trouvent différentes dans l'espèce. (Code, N° 652.)	Saisie et confiscation avec amende de 100 fr. (22 *août* 1791, *art.* 6, *titre* 3.) *Obs.* Cette amende de 100 francs ne seroit pas celle à invoquer si la marchandise représentée avoit un régime plus sévère. . . il faudroit, dans ce cas, requérir l'application de la peine spéciale à la marchandise, comme dans la circonstance suivante :
82. Si les marchandises *substituées* sont de l'espèce de celles que désigne l'article 5 de la loi du 10 brumaire an 5, comme ANGLAISES. (Code, N° 215.)	Arrestation des prévenus; leur traduction au tribunal de première instance; amende triple de la valeur des marchandises, outre leur confiscation et celle des bâtimens, voitures, etc. (*Art.* 15, *loi du* 10 *brumaire an* 5.) *Nota.* Les peines appliquées au bureau de destination, ne dispensent pas les soumissionnaires des acquits-à-caution (les certificats n'étant point rapportés), des peines et de l'effet de leur soumission au bureau du départ. S'il s'agissoit de marchandises anglaises de prises (inadmissibles ou provenant de saisies), pour lesquelles on auroit délivré un acquit-à-caution pour en assurer la réexportation, et dont le certificat de décharge ne seroit pas rapporté dans les délais, on devroit,

N. B. *La nomenclature de marchandises réputées*
235. (Contraventions 12.)

CONTRAVENTIONS.	PEINES.
anglaises se trouve aussi dans ce Tarif à l'article MAR-CHANDISES ANGLAISES.	*d'après les dispositions de la loi du 10 brumaire an 5, p*. *le paiement de la valeur des marchandises et la triple a*...

RÉGIME PARTICULIER A CERTAINES MARCHANDISES.

83. ARMES de guerre, circulant dans l'intérieur, sans acquit-à-caution. (CODE, N° 533.)	Saisie et confiscation. (22 *août* 1792, art. 2.)
84. ARMES qu'on tenteroit d'exporter. N° 339.	Confiscation des armes et moyens de transport avec a... 50 fr. par arme. (*Loi du* 21 *juillet* 1792, *art.* 2.)
85. BOISSONS transportées sans expéditions des employés des droits réunis. (CODE, N° 349.)	Confiscation des objets saisis et amende de 100 fr. (1806, *art.* 37.)
86. CARTES *à jouer* saisies sans le filigrane ni le timbre ordonnés, à l'exception de celles dites *tarots* et autres, dont la forme ou la dimension diffère des cartes usitées en France. (CODE, N° 357.)	Confiscation et amende de 1000 francs sans préjudice d... suites extraordinaires, et punition comme pour crime s'il y a contrefaçon du timbre. (*DI.* 4 *prairial* 13.)
87. COCONS *de ver à soie* que les fabricans autorisés dans le myriamètre, n'auront pas enregistrés : ceux excédant les quantités qu'ils auroient pu recevoir : ceux qu'ils ne représenteroient pas en nature ou en produit de la filature : enfin les cocons ou leurs produits transportés sans expédition. (CODE, N° 541.)	Confiscation avec amende de 500 fr. (30 *avril* 1806, ...
88. DRILLES ou chiffes en entrepôt, ou circulant dans les trois lieues frontières, soit de terre ou de mer, sans acquit-à-caution, portant destination pour l'intérieur. (CODE, N°s 360 et 361.)	Confiscation des drilles et de leurs moyens de transpor... amende de 500 fr. (Lois des 5 *avril* 1793, art. 2 et 3; et même année, art. 5.) NOTA. Si les drilles circuloient dans la quatrième li... passavant, ce seroit simplement la confiscation et l'am... 100 francs. Et si l'entrepôt des drilles est saisi dans les 5 kilomè... quatrième lieue ancienne vers l'intérieur), on rentre... question générale de l'entrepôt frauduleux.
89. DRILLES ou chiffes que l'on tenteroit d'exporter. (CODE sous le N° 361.)	Confiscation des objets, celle des bâtimens, des voitur... vaux, etc., et amende de 500 fr. (*Loi du* 15 *août* 1793, et loi du 4 *germinal* 2, *art.* 10, *tit* 2.)
90. GRAINS et FARINES. Pour exportation, circulation nocturne ou sans passavant et entrepôt des Grains et Farines dans les 5 kilomètres (*une lieue*) en deçà des frontières de terre, ou dans les 25 hectomètres (*une demie lieue*) des côtes maritimes. (CODE, N° 373.) Mais sont exceptés du passavant les grains portés de jour au moulin et les farines en revenant, dont le poids n'excedera pas six myriagrammes. (CODE, N° 374.) NB. *par DM. du* 10 *octobre* 1806, *les grains peuvent circuler librement dans les* 25 *hectomètres des côtes, tant que la liberté de leur exportation subsiste, mais dès qu'elle cessa le passavant est de nouveau de rigueur.*	Confiscation des grains et farines, des moyens de tran... mende de 10 fr. par 5 myriagrammes de grains, et d... par 5 myriagr. de farine. (26 *ventôse* 5, *art.* 2 et 6.) Et dans les 5 kilomètres des rives de l'Escaut, du Rh... la Meuse, du Rhin et du lac Léman, arrestation des p... jusqu'à l'ordre du ministre de la justice. (*AD.* 17 *prairial* 28 *germinal* 8.)

236. (CONTRAVENTIONS 13.)

CONTRAVENTIONS.	PEINES.
91. LETTRES ou JOURNAUX du poids d'un kilogramme et au-dessous, transportés par autre voie que celle de la poste. CODE, N° 395.)	Amende de 150 fr. au moins et de 300 fr. au plus par chaque contravention ; remise des lettres et paquets saisis au bureau de la poste pour être envoyés à leur destination. (AC. 27 prairial an 9.)
92. LIVRES en langue française et latine, imprimés à l'étranger, présentés à l'entrée sans permission du directeur général de l'imprimerie, ou circulant sans être estampillés, ou s'ils sont de contrefaçon. (BULLETIN, N° 1072.)	Confiscation et amende au profit de l'Etat. (DI, 5 février 1810, art. 41.) Dans le cas de contrefaçon, il y aura en outre lieu à des dommages-intérêts envers l'auteur, ou ses ayant cause et la confiscation sera à leur profit. (Même décret art. 42.)
93. MUNITIONS DE GUERRE qu'on tenteroit d'exporter. (CODE, N° 339.)	Confiscation des munitions et moyens de transport avec amende de trois fois la valeur réelle des munitions. (Loi du 21 juillet 1792, art. 2) Si l'exportation tentée avoit lieu pendant la guerre et en faveur de l'ennemi, il y auroit alors peine du crime de trahison. (Loi du 22 août 1792, art. 5.)
94. OUVRAGES D'OR et D'ARGENT dont on chercheroit à frauder le droit de garantie. (CODE, N° 416.)	Confiscation des objets de fraude et amende égale au quadruple des droits fraudés. (5 ventôse 12, art. 76.) Le droit est de 20 fr. par hectogramme d'or et d'un franc par hectogramme d'argent. (Code n°. 416)
95. PIERRES A FEU exportées pendant la guerre, de quelque espèce ou qualité qu'elles soient. (CODE, N° 422.)	Confiscation des pierres à feu, avec amende de 300 fr. (Loi du 19 brumaire an 8.) Toutefois cette loi n'est en vigueur que lorsque les pierres à feu sont prohibées; il faut donc en voir le régime au tarif.
96. POIDS et MESURES destinés à peser ou mesurer suivant l'ancien usage. (CODE, N° 423.)	Confiscation et amende du double de la valeur desdits objets. (Art. 24, loi du 18 germinal an 5.)
97. POUDRES et SALPÊTRES, importés ou exportés sans autorisation particulière. (CODE, N° 424.)	Confiscation des poudres et salpêtres, dépôt au magasin national; et amende de 10 fr. par livre ancienne ou 20 fr. 40 cent. par kilogramme; amende double si l'importation est faite par mer. (Art. 21 et 22, loi du 13 fructidor an 5.) Nota. Si les voitures sont chargées de plus de 5 kilogrammes de poudre; elles seront confisquées ainsi que les chevaux, et les voyageurs ou conducteur arrêtés. (Art. 50.) ... Dans le rayon des douanes, les moyens de transports devroient être confisqués, quelque petite que soit la quantité voiturée. Les capitaines de vaisseaux qui entreront dans les ports maritimes, déclareront, dans les vingt-quatre heures, les poudres qu'ils ont à bord et les déposeront, le jour suivant, dans les magasins nationaux, sous peine de 500 fr. d'amende. (Art. 31, même loi et code n°. 425.)
98. SELS transportés dans l'étendue soumise à la surveillance des préposés, sans acquit-à-caution; et ceux qui seroient enlevés ou circuleroient dans la même étendue, avant le lever ou après le coucher du soleil, sans permission expresse de transport pendant la nuit. (CODE, N°s 463 et 464.)	Saisie et confiscation des sels. (DI. 11 juin 1806, art. 7.)... et de plus celles des moyens de transport avec amende de 100 fr. (DI. 25 janvier 1807, art. 2.) NOTA. Toutes les saisies qui donneront lieu à la confiscation des sels, emporteront aussi celle des chevaux, ânes, mulets, voitures, bateaux, et autres embarcations employées au transport. (DI. 11 juin 1806 art. 16.) Les condamnations seront poursuivies par voie de police correctionnelle; et punies de la confiscation des objets saisis, outre l'amende de 100 fr. (24 avril 1806, art. 57.) NOTA. L'amende de 100 fr. est encourue individuellement et non collectivement, par tous porteurs surpris en fraudant du Sel; ces porteurs faisant partie d'un même attroupement et désignés dans un seul procès-verbal. [Explications envoyées par le Grand-Juge aux Commissaires Impériaux].

CONTRAVENTIONS.	PEINES.
99. Sels enlevés dans les limites sans déclaration préalable et sans avoir pris un congé ou un acquit-à-caution. (Code, N° 455.)	Saisie ou confiscation des sels par application de l'art. 7 du DI. 11 juin 1806... et de plus, confiscation des moyens de transport et amende de 100 fr. (DI. 25 janvier 1807, art. 2.)
100. Fabrique ou chaudière de Sel qui seroit établie sans déclaration préalable. (Code, N° 437.)	Confiscation des ustensiles propres à la fabrication et amende de 100 fr. (24 avril 1806, art. 51.)
101. Sels reçus en magasins ou ateliers de salaisons, dont les droits n'auroient pas été acquittés ou soumissionnés. (Code, N° 501.)	Amende de 100 fr. et le triple des droits fraudés. En cas de récidive, privation de la franchise accordée pour les salaisons, outre les peines ci-dessus. (DI. 11 juin 1806, art. 45.) NOTA. Les peines ci-dessus seront prononcées contre ceux qui, pour masquer la fraude, supposeront des salaisons qu'ils n'ont pas faites, ou substitueront, dans des barriques ou barils, à des poissons pressés, toute autre matière. (Même décret, art 46.)
102. Sels employés en salaisons de poissons sans déclaration préalable, ou en dépôt dans les lieux où se font lesdites salaisons sans qu'il soit justifié de l'acquit ou de la soumission du droit. (Code, N° 496.)	Saisie et confiscation du sel et des salaisons, avec amende du double des droits fraudés. (DI. 11 juin 1806, art. 40.)
103. Si dans les barriques et barils de SALAISONS la quantité de poisson pressé n'est pas proportionnée à la quantité de sel prétendue consommée. (Code, N° 499.)	Amende de 100 fr. et en outre le double des droits fraudés. (DI. 11 juin 1806, art. 43.)
104. Sel neuf trouvé à bord d'un bâtiment chargé de salaisons, dont la déclaration n'auroit pas été faite. (Code, N° 510.)	Confiscation du sel seulement; triple droit et amende de 100 fr. (Même décret, art. 54.) Le bâtiment peut être retenu pour sûreté de l'amende. (Idem.)
105. Salaisons abordées dans un port sans être munies d'un acquit-à-caution pour justifier que le sel qui a été employé à ces salaisons, a été lavé aux marais salans de France, et que les droits en ont été assurés. (Code, N° 506.)	Confiscation des sels et salaisons, avec amende de 100 fr. (Décret du 11 juin 1806, art. 50.)
106. Salaisons rencontrées en mer par une embarcation de Douanes, sans être munies d'expédition qui justifie l'origine du sel, et que les droits en ont été cautionnés. (Code, N° 507.)	Confiscation des sels et salaisons, avec amende de 100 fr. (Même décret, art 51.)
107. Salaisons dont la quantité ne seroit pas proportionnée à celle du sel consommé. (Code, N° 509.)	Amende de 100 fr. et le triple du droit dont le sel non représenté auroit été susceptible. (Même décret, art. 55.) Le bâtiment peut être retenu pour sûreté de l'amende. (Art. 54.)
108. Sels sortis de la ligne des Douanes pour les fabriques de soude dont il ne seroit pas justifié du transport dans ces fabriques en rapportant l'acquit-à-caution valablement déchargé. (Code, N° 518.)	Quadruple des droits sur le sel manquant à poursuivre sur les soumissionnaires. (DI. 15 octobre 1809, art. 4.)
109. Fabriquant de SOUDE qui ne pourroit justifier que	Indépendamment du payement des droits auxquels il sera assu-

238. (CONTRAVENTIONS 15.)

CONTRAVENTIONS.	PEINES.
le SEL qui lui a été livré en exemption de droits, a été employé à la fabrication de la soude. (CODE, N° 524.)	jeté, il pourra être privé de l'exemption. (DI. 15 octobre 1809, art. 10.)
110. Pour importation de sels dans les départemens au-delà des Alpes, lorsqu'ils ne sont pas destinés à l'approvisionnement de la Régie impériale. (CODE, N° 532.)	Confiscation des sels et moyens de transport avec amende de 500 fr. (Loi du 12 pluviôse an 13.)
111. SELS levés sans acquit-à-caution avec destination de l'un des ports situés au-delà des Alpes, qui ne seroient pas représentés en même quantité, déduction faite du déchet de cinq pour cent, et sauf les avaries. (CODE, N° 533.)	Double droit sur les quantités manquantes et en outre amende qui ne pourra être au-dessous de 50 fr. ni excéder 500 fr. (DI. 11 janvier 1808.
112. TABACS en feuilles importés par d'autres ports et bureaux que ceux ouverts à leur admission. (CODE, N°s. 543 à 550.)	Confiscation de la marchandise et des moyens de transport. (29 floréal an 20, art. 1 et 2.) Mêmes peines si ces tabacs sont importés, du côté de la mer, sur bâtimens au-dessous de 100 tonneaux. (Même loi art 2.)... Il n'y a d'exception que par le port d'Anvers où ils sont admis arrivant des ports de Hollande sur bâtimens de 50 tonneaux. (5°. pluviôse an 13, art. 7.)
113. TABACS en feuilles qui circuleroient sans être accompagnés d'un acquit-à-caution. (CODE, N°. 558.)	Confiscation des Tabacs et moyens de transport avec amende double des droits. [29 floréal 10, art. 8 et 6 ventôse 12, art. 26.] Voir aussi n°. 61.
114. Si lors de la vérification des TABACS en feuilles, il s'y trouvoit une quantité supérieure à celle portée dans l'acquit-à-caution. (CODE, N°. 559.)	Confiscation de la totalité du chargement, si cette quantité excède d'un dixième, le poids pour lequel l'acquit-à-caution a été délivré. Au-dessous du 10°, il y a lieu seulement au paiement des droits d'entrée pour l'excédant. (5 ventôse an 12, art. 26.)
115. Les TABACS en feuilles ne pouvant sortir de la Douane ni de l'entrepôt, sans une déclaration indicative de la fabrique ou ils doivent être mis en œuvre, et l'acquit-à-caution devant être déchargé par les préposés des droits réunis: si on ne rapportoit pas certificat de décharge de l'acquit-à-caution, dans les délais fixés. (CODE, N°s. 563 à 565.)	Poursuite à exercer contre les soumissionnaires et leurs cautions pour l'amende du quadruple des droits de fabrication. (5° ventôse an 12, art. 24.)
116. Pour introduction ou circulation dans le rayon des Douanes, de TABACS fabriqués en carottes ou filés, qui ne présenteroient pas la marque de fabrique nationale ou celle spéciale de l'un des bureaux des Droits Réunis. (CODE, N°. 579.)	Saisie des tabacs et moyens de transport avec amende de 500 fr. (DI. 3 nivôse 13, appliquant l'art. 1, titre 5, de la loi du 22 août 1791; ainsi expliqué par LD., 8 thermidor 13.) Poursuite devant le tribunal correctionnel, pour appliquer la peine de détention ordonnée par la loi du 22 ventôse an 12 dans le cas d'introduction. (LD. 27 juillet 1807.).... Voir aussi n°. 55.
117. TABAC qu'on tenteroit d'exporter. (CODE, N°. 588.)	Confiscation tant de cette matière que de la voiture et des chevaux, avec amende de 500 fr. (16 nivôse an 2.)

DISPOSITIONS PARTICULIÈRES AU COMMERCE FRANÇAIS D'OUTRE-MER.

118. Préposés qui, sans motifs et sous prétexte de visites, retarderoient le départ des navires pour les Colonies françaises. (CODE, N°. 819.)	Dommage-intérêts, s'il n'est découvert aucune fraude. (10 juillet 1791, art. 17.)

CONTRAVENTIONS.	PEINES.
119. Capitaines qui, sans permis, chargeroient ou laisseroient charger, sur les navires destinés pour les Colonies, aucune denrée ou marchandise; ou même qui laisseroient débarquer et remettre à terre celles déjà chargées. (CODE, N°. 818.)	Confiscation des denrées et marchandises et amende de 100 fr. si les objets sont sujets aux droits. (10 *juillet* 1791, *art*. 16.)
120. Capitaines qui, dans le terme de trois années, ne rapporteroient pas certificat de décharge des marchandises embarquées pour le commerce français au-delà du Cap de Bonne-Espérance. (CODE, N°. 836.)	Paiement du double droit de sortie. (6 *juillet* 1791, *art*. 2.)
121. Défaut, par l'Armateur pour les Colonies, de rapporter certificat d'arrivée et de déchargement des objets embarqués. (CODE, N°. 817.)	Il sera condamné au paiement du double droit d'entrée pour les bœufs, beurres, lards, saumons et chandelles venus de l'étranger; au double droit et à l'amende de 500 fr. ainsi qu'à la confiscation de la valeur, s'il est question d'objets dont la sortie à l'étranger est prohibée. (10 *juillet* 1791, *art*. 20.)
122. Les Négocians qui ne fournissent pas aux époques fixées et dans la forme prescrite, la déclaration des denrées et autres objets venus pour les armemens des Colonies, et qu'ils se sont soumis de représenter. (CODE, N°s. 814 et 815.)	Seront contraints au paiement des droits comme si les objets étoient entrés dans la consommation. (27 *août* 1792, *art*. 2.) S'il se trouve du déficit, le soumissionnaire sera condamné au paiement du double des droits des quantités manquantes. (10 *juillet* 1791, *art*. 14.) — On suit d'ailleurs à l'égard de ces déficits les règles générales.
123. Négocians qui à chaque réquisition ne représenteroient pas en même quantité et qualité les denrées coloniales françaises mises en entrepôt, ou qui les changeroient de magasins sans déclaration préalable et permis spécial de la Douane. (CODE, N°. 830.)	Paiement immédiat des droits en cas de mutation non autorisée et double droit dans le cas de soustraction absolue, indépendamment d'une amende qui pourra s'élever au double de la valeur de la marchandise soustraite. (8 *floréal* an 11, *art*. 15.)
124. Navire français armé pour les Colonies qui ne feroit pas directement son retour dans un port de France et sans toucher à l'étranger, hors les cas forcés. (CODE, N°. 799.)	Quarante francs d'amende par tonneau, résultant de la soumission. (10 *juillet* 1791, *art*. 2.)

DISPOSITIONS RELATIVES AUX PRIMES.

125. Pour fausses déclarations de poids ou espèces des ouvrages de coton provenant des fabriques françaises exportés à l'étranger. (CODE, N°. 898.)	Amende double de la prime qu'on auroit reçue. (*Dl.* 11 *janvier* 1808, *et loi du* 12 *janvier* 1810, *art*. 8.)
126. Pour défaut d'accomplissement des conditions relatives aux primes pour la pêche. (CODE, N°. 908.)	Restitution du double de la prime reçue pour la pêche de la baleine et du cachalot. (*AC.* 9 *Nivôse* an 10, *art*. 5.) De même pour la pêche de la morue. (*AC.* 17 *ventose* an 10, *art*. 5.) De même pour la pêche du hareng. (*AC.* 13 *pluviôse* an 11, *art*. 5.) NOTA. Pour avoir mis en fraude du hareng qui dans les barils présentés à la marque pour la prime, on encourt la peine de confiscation et une amende de mille francs qui seroit double et triple en cas de première et seconde récidive. (*AC.* 13 *pluviôse* an 11, *art*. 5.)

FIN DE L'OUVRAGE.

Changemens survenus depuis l'impression de la cinquième édition du Tarif chronologique des Douanes.

TARIF A L'IMPORTATION.

Bois d'Acajou	Quintal	50..0	DI. 5 août 1810.
Bois de Campêche	Quintal	80..0	DI. 5 août 1810.
Bois de Fernambouc	Quintal	120..0	DI. 5 août 1810.
Bois de teinture *moulus*	Quintal	100..0	DI. 5 août 1810.
Cacao	Quintal	1000..0	DI. 5 août 1810.
Café	Quintal	400..0	DI. 5 août 1810.
Cannelle ordinaire	Quintal	1400..0	DI. 5 août 1810.
Celle fine	Quintal	2000..0	DI. 5 août 1810.
Cochenille	Quintal	2000..0	DI. 5 août 1810.
Cotons du Brésil, de Cayenne, de Surinam et Demerari, et Géorgie, longue soie	Quintal	800..0	DI. 5 août 1810.
Cotons du Levant, *arrivant par mer*	Quintal	400..0	DI. 5 août 1810.
— Les mêmes, *arrivant par terre*, par les bureaux de Cologne, Coblentz, Mayence et Strasbourg	Quintal	200..0	DI. 5 août 1810.
Cotons de tout autre pays, sauf ceux de Naples	Quintal	600..0	DI. 5 août 1810.
Cotons de Naples	*L'ancien droit.*		
Girofle (*clous de*)	Quintal	600..0	DI. 5 août 1810.
Indigos	Quintal	900..0	DI. 5 août 1810.
Muscade	Quintal	2000..0	DI. 5 août 1810.
Poivre blanc	Quintal	600..0	DI. 5 août 1810.
Poivre noir	Quintal	400..0	DI. 5 août 1810.
Sucre brut	Quintal	300..0	DI. 5 août 1810.
Sucre tête et terré	Quintal	400..0	DI. 5 août 1810.
Thé Hyswin	Quintal	900..0	DI. 5 août 1810.
Thé vert	Quintal	600..0	DI. 5 août 1810.
Thé de toute autre espèce	Quintal	150..0	DI. 5 août 1810.

Nota. Lorsque les préposés des Douanes soupçonneront qu'il y a fausseté dans la déclaration sur les espèces ou qualités, ils enverront des échantillons au Directeur général des Douanes, qui les fera vérifier par les commissaires experts attachés au ministère de l'intérieur, et auxquels, pour chaque vérification, seront adjoints deux fabricans ou négocians choisis par le Ministre de l'intérieur. — S'il est reconnu que les déclarations sont fausses, les marchandises seront saisies et confisquées.

TARIF A L'EXPORTATION.

Grains. M. le Directeur général des Douanes, par sa lettre du 7 juillet 1810, a annoncé que le Riz devoit être assimilé, pour les droits, au Blé-froment, et non aux menus grains. — Cette disposition ne s'applique pas aux exportations qui se font par la 27ᵉ division militaire, pour lesquelles il y a un régime particulier.